ERICH VON DÄNIKEN
Botschaften und Zeichen
aus dem Universum

Buch

In seinen Büchern, die weltweit eine Auflage von 50 Millionen Exemplaren erreichten, hat Erich von Däniken die These vertreten, daß außerirdische Wesen vor Tausenden von Jahren die Erde besuchten und vielfältige Spuren hinterließen. Diese Botschaften und Zeichen gelte es heute zu erkennen und zu deuten. Dieses Buch bietet eine kompakte Übersicht zu den wichtigsten Ergebnissen von Dänikens jahrzehntelangen Recherchen.

Autor

Erich von Däniken wurde 1935 in Zofingen (Schweiz) geboren. Sein 1968 veröffentlichter Erstling »Erinnerungen an die Zukunft« (überarbeitete Ausgabe 1992) wurde zu einem Weltbestseller, dem bisher 18 Titel folgten. Seine Werke sind in 28 Sprachen übersetzt worden, die weltweite Auflage liegt bei über 51 Millionen Exemplaren. Seit 20 Jahren hält Erich von Däniken Vorträge; für seine Forschungsarbeit ist er international mit vielen Ehrungen bedacht worden.

Von Erich von Däniken sind im Goldmann Verlag außerdem erschienen:
Auf den Spuren der Allmächtigen (12599)
Das Erbe der Götter (12758)
Der Jüngste Tag hat längst begonnen (12739)
Die Augen der Sphinx (12399)
Der Tag an dem die Götter kamen (11669)
Die Götter waren Astronauten (15239)
Die Spuren der Außerirdischen (12392)
Die Steinzeit war ganz anders (12438)
Fremde aus dem All (12569)
Im Namen von Zeus (15102)
Neue kosmische Spuren (12355)
Raumfahrt im Altertum (12632)
Zeichen für die Ewigkeit (15033)

ERICH VON DÄNIKEN

BOTSCHAFTEN UND ZEICHEN AUS DEM UNIVERSUM

Die erfolgreichsten Bücher in einem Band:
Erinnerungen an die Zukunft,
Zurück zu den Sternen,
Strategie der Götter, Beweise,
Reise nach Kiribati,
Aussaat und Kosmos

GOLDMANN

Umwelthinweis:
Alle bedruckten Materialien dieses Taschenbuches
sind chlorfrei und umweltschonend.

Der Goldmann Verlag
ist ein Unternehmen der Verlagsgruppe Random House GmbH

7. Auflage
Originalausgabe Mai 1996
Wilhelm Goldmann Verlag, München
© 1994 C. Bertelsmann Verlag
Umschlaggestaltung: Design Team München
Umschlagabbildung: Däniken
Druck: GGP Media, Pößneck
Verlagsnummer: 12688
ss · Herstellung: Stefan Hansen
Made in Germany
ISBN 3-442-12688-6
www.goldmann-verlag.de

INHALT

VORWORT 8

EINLEITUNG 9

1. KAPITEL 11
Gibt es menschenähnliche Wesen im Kosmos? · Wachstum ohne Sauerstoff? · Das Leben gedeiht überall

2. KAPITEL 16
Eine phantastische Reise ins Universum · Besuch der Götter · Spuren in Stein

3. KAPITEL 22
11 000 Jahre alte Landkarten · Die rätselhafte Ebene von Nazca · Zeichen für die Götter · Der Kandelabro von Pisco · Unverstandenes Tiahuanaco · Ein Basislager der Götter · Sumerische Herrscher und unmögliche Regierungsjahre · Sammelsurium der Verrücktheiten · Killerphrasen · Gemäldegalerie der ALL-Mächtigen

4. KAPITEL 58
Und die Bibel hat schon recht · Eine Stadt wird vernichtet · Lebensgefährliche Bundeslade · Noah, der Außerirdische · Gaben für die Himmlischen

5. KAPITEL 66
Gilgamesch und Enkidu · Die älteste Flugsage der Menschheit · Was ist die Wahrheit?

6. KAPITEL 74
Himmelswagen über Indien · H-Explosion im Altertum · UFO im alten Land am Nil · Über die Unsterblichkeit der Pharaonen · Feuerwagen allüberall · Eine Zeitkapsel für die Zukunft

7. KAPITEL 92

Eine Tanzfläche für Riesen · Die Pyramiden und ihre Zufälle · War Cheops ein Lügner? · Götterbesuch vor elf Jahrtausenden · Die Wiedergeburt der Mumien

8. KAPITEL 107

Kontakt mit dem Kosmos · Die Rätsel lösen sich · Völkerwanderung für die Götter · Die unvergleichliche Grabplatte von Palenque · Nur Blinde sehen nichts · Schlangen am Firmament · Eine jahrtausendealte Rechenmaschine · Die köstlichen Unmöglichkeiten

9. KAPITEL 124

Gibt es Gedächtnismoleküle? · Propheten essen Bücher · Die kosmische Urerinnerung · Träume aus der Vergangenheit · Ideen werden reif

10. KAPITEL 134

Menschentiere? · Eine Erklärung für den Sündenfall · Als die Götter den genetischen Code brachten · Kronzeuge Mose · Quarantäne für die Auserwählten · Kann Gott sich irren? · Irdisches für Außerirdische · Ein Stich ins Wespennest

11. KAPITEL 153

Kriege im Universum · Die Intelligenz kam aus dem Kosmos · Fluchtplanet Erde · Leben überall · Der universelle Mensch

12. KAPITEL 165

Das Wissen des Dogon-Stammes · Eine Botschaft aus dem Sirius-System · Die Beweise liegen vor · Zum Kern der Sache · Die Krücken der Sprache · Der Adler ist gelandet · Flammenspeiende Götter · Entstehungsmythen aus Japan · Zeitverschiebungen in alten Texten · Die Dogu-Figuren · Professoren kontra Däniken · Woher kamen die ET's? · Raumschiffe in Kugelform · Augenzeugen berichten · Die Himmelfahrt des Elias · Wissenschaftlich verpackter Unsinn

13. KAPITEL 216

Im Lande der 1000 Götter · Nichts Neues auf der Erde · Die Götter waren körperlich · Kalender für die Ewigkeit · Die Geschichte wiederholt sich · Rätselhafte Explosion in Sibirien · Vimanas über dem alten Indien · Der tollkühne Affe in seiner fliegenden Kiste · Schreckliche Waffen der Vergangenheit · Himmelsbewohner und ihre Fahrzeuge · Über künstliche Befruchtungen vor Jahrtausenden · Das geheime Buch des Propheten Henoch · Herkunft und Ursprung des Werkes · Die Landung der 200 Wächter des Himmels · Prophet Henoch in einem Raumschiff · Auch Esra sprach mit Außerirdischen · Abrahams Flug in den Erdorbit · Jeremia und Abimelech – eine besondere Zeitreise · Der programmierte Mensch · Ein unwissender Gott?

14. KAPITEL 275

Was war das biblische Manna? · Technische Anweisungen in einer altjüdischen Geheimschrift · Deus est machina · Ein Ding mit zwei Schädeln · Die Manna-Maschine · Unterirdische Städte · Abschußrampe im Urwald · Eine Bibliothek in Stein · Die Überlieferung der Kayapo-Indianer

15. KAPITEL 306

Die Botschaft des Engels Moroni · Ein Buch auf Metallfolien · Die erstaunliche Geschichte von Ether und Nephi · Die Lamech-Rolle · Salem wird Jeru-Salem · Querverbindungen nach Amerika

16. KAPITEL 337

Fahrt über die Anden · In Chavín de Huantar · Woher stammen Pläne und Bautechnik? · Ein Tempel aus dem Nichts erstellt · Cherube und die Zahl Sieben · Unverstandene Raimondi-Stele · Wallfahrtsort für wen? · Der salomonische Tempel in Südamerika · Spurensuche · Der göttliche Kompaß · Mitteilungen für die Zukunft

17. KAPITEL 379

Hesekiel hatte keine Visionen · Die NASA und der Bibeltext · Eine Bombe mit Zeitzünder · Hesekiels Flug in die hohen Berge · Ein Gebäude wird vermessen · Täuschungsmanöver der Bibelexegeten – ...»denn dazu bist du hierher gebracht worden« · Der Mann in Erz · Der Krimi löst sich auf · Zufälle, nichts als Zufälle? · Aber meine Herren!

LITERATURVERZEICHNIS 407

VORWORT

Erinnerungen an die Zukunft – gibt es die? Erinnerungen an etwas, das wiederkommt? Gibt es einen ewigen Kreislauf der Natur, ein ewiges Zusammenfließen der Zeiten?

Ahnt eine Raupe, daß sie im Frühling als Schmetterling wiedererwacht? Spürt das Gasmolekül das Gesetz, nach dem es später oder früher wieder in die Sonne sinkt? Weiß die Intelligenz, daß sie mit allen Räumen der Ewigkeit verbunden ist?

Der Mensch von heute ist anders als der Mensch von gestern oder vorgestern. Der Mensch ist immer wieder neu und erneuert sich fortwährend auf der unendlichen Linie, die wir ZEIT nennen. Der Mensch wird die Zeit begreifen und – beherrschen müssen! Denn die ZEIT ist der Same des Universums. Und ohne ein Ende gibt es eine Zeit, in der alle Zeiten zusammenfließen.

Es gibt Erinnerungen an die Zukunft. Was wir heute noch nicht wissen, hält das Universum verborgen. Vielleicht werden einige Geheimnisse geklärt. Heute, morgen, irgendwann. Das Universum kennt keine Zeit und keinen Zeitbegriff.

Erich von Däniken

EINLEITUNG

Dieses Buch zu schreiben ist eine Mutfrage – es zu lesen nicht minder.
Gelehrte werden es, weil seine Thesen und Beweise nicht in das mühsam gekittete Mosaik bereits zementierter Schulweisheit passen, als Utopie auf den Index jener Bücher setzen, über die man besser nicht spricht. Und Laien, die sich von den Visionen der Zukunft noch im Schlaf beunruhigt fühlen, werden sich vor der Möglichkeit, ja der Wahrscheinlichkeit, daß unsere Vergangenheit noch geheimnisvoller, noch kühner, noch rätselhafter als die Zukunft zu entdecken sein wird, ins Schneckenhaus der ihnen vertrauten Welt zurückziehen.
Denn das ist gewiß: Mit unserer Vergangenheit, jener, die Tausende und Millionen Jahre zurückliegt, stimmt etwas nicht! In ihr wimmelt es von unbekannten Göttern, die in bemannten Raumschiffen der guten, steinalten Erde Besuche abstatteten. In ihr gab es Geheimwaffen, Superwaffen und unvorstellbare technische Erkenntnisse, deren Know-how wir heute zum Teil noch nicht wieder erworben haben.
Mit unserer Archäologie stimmt etwas nicht! Da findet man, viele tausend Jahre alt, elektrische Batterien. Da gibt es seltsame Wesen in perfekten Raumanzügen, die mit Gürtelschnallen aus Platin geschlossen sind. Da gibt es – und kein Computer hat sie hingeschrieben – fünfzehnstellige Zahlenreihen. Im grauesten Altertum werden wir einem ganzen Arsenal von Unvorstellbarem begegnen. Woher aber nahmen die Urmenschen jene Fähigkeiten, dies Unvorstellbare zu schaffen?
Und mit unseren Religionen stimmt etwas nicht! Allen Religionen ist gemeinsam, daß sie den Menschen Heil und Hilfe verheißen. Auch die uralten Götter gaben solche Versprechen. Warum hielten sie sich nicht daran? Warum setzten sie supermoderne Waffen

gegen primitive Menschen ein? Und warum planten sie deren Vernichtung?

Machen wir uns mit dem Gedanken vertraut, daß die Vorstellungswelt, die in Jahrtausenden wuchs, zusammenbrechen wird. Wenige Jahre exakter Forschung brachten bereits das Denkgebäude, in dem wir es uns wohnlich gemacht hatten, zu Fall. Erkenntnisse, die in Bibliotheken geheimer Gesellschaften verborgen wurden, sind neu entdeckt. Das Zeitalter der Raumfahrt ist kein Zeitalter der Geheimnisse mehr. Die Raumfahrt, die zu Sonnen und Sternen strebt, lotet uns auch die Abgründe unserer Vergangenheit aus. Aus dunklen Grüften treten Götter und Priester, Könige und Helden. Wir haben ihnen ihre Geheimnisse abzufordern, denn wir verfügen über die Mittel dazu, unsere Vergangenheit gründlich und – wenn wir es nur wollen – lückenlos zu entdecken.

Die Altertumsforschung muß zur Arbeit im modernen Laboratorium werden.

Der Archäologe soll sich mit hochempfindlichen Meßinstrumenten an die Stätten der Vergangenheit begeben.

Der wahrheitssuchende Priester muß wieder beginnen, an allem Etablierten zu zweifeln.

Die Götter der grauen Vorzeit haben unübersehbare Spuren hinterlassen, die wir erst heute lesen und entziffern können, denn das Problem der Raumfahrt, uns heute hautnah, gab es für den Menschen seit Jahrtausenden nicht mehr. Denn ich behaupte: Im grauen Altertum hatten unsere Vorfahren Besuch aus dem Weltall! Wenn wir auch heute noch nicht wissen, wer immer diese außerirdische Intelligenz war und von welchem fernen Stern sie herniederkam, so bin ich doch überzeugt, daß diese »Fremden« einen Teil der damals existierenden Menschheit vernichteten und einen neuen, vielleicht den ersten *Homo sapiens* zeugten.

Diese Behauptung ist grundstürzend. Sie zertrümmert den Sockel, auf dem ein scheinbar so perfektes Denkgebäude konstruiert wurde. Es ist Sache dieses Buches, zu versuchen, hierfür die entsprechenden Beweise zu liefern.

1. KAPITEL

Gibt es menschenähnliche Wesen im Kosmos? · *Wachstum ohne Sauerstoff?* · *Das Leben gedeiht überall*

Ist es denkbar, daß wir Weltbürger des 20. Jahrhunderts nicht die einzigen menschlichen Lebewesen im Kosmos sind? Da noch kein Homunculus vom andern Stern präpariert in einem Museum für Menschheitskunde zu besichtigen ist, scheint die Antwort »Nur unsere Erde hat menschliche Lebewesen« überzeugend und legitim zu sein. Der Wald von Fragezeichen freilich wächst und wächst, sobald wir Tatsachen neuester Funde und Forschungen in einen kausalen Zusammenhang bringen.

Das blanke Auge sieht in einer klaren Nacht – sagen die Astronomen – rund 4500 Sterne am Firmament. Bereits das Fernrohr einer kleinen Sternwarte holt schier zwei Millionen ins Sichtbare, während ein modernes Spiegelteleskop das Licht von Milliarden Sternen heranholt ... Lichtpunkte der Milchstraße. In den ungeheuren Dimensionen des Kosmos aber ist unser Sternensystem nur ein winziger Teil eines ungleich größeren Sternensystems – wenn man so sagen will: eines Milchstraßenbündels, das etwa zwanzig Galaxien in einem Halbmesser von 1,5 Millionen Lichtjahren zusammenhält (1 Lichtjahr = 9,5 Billionen Kilometer). Und auch diese Sternenmenge ist wiederum nur gering im Vergleich zu den vielen tausend Spiralnebeln, die elektronische Teleskope ausgemacht haben. Bis auf den heutigen Tag. Aber dieser Tag der Forschung hat erst begonnen.

Der Astronom Harlow Shapley nimmt allein im Bereich unserer Teleskope etwa 10^{20} Sterne an. Wenn Shapley nur einem unter tausend Sternen ein Planetensystem zuordnet, darf man eine sehr vorsichtige Schätzung annehmen. Spekulieren wir auf dieser Schätzung weiter und vermuten nur auf einem unter tausend Sternen die Voraussetzungen für Leben, so ergibt diese Rechnung immer noch eine Zahl von 10^{14}. Shapley fragt: Wie viele Sterne in dieser wahrhaft »astronomischen« Zahl haben eine für Leben geeignete Atmosphäre? Von tausend einer? Dann bliebe immer noch die unausdenkbare Zahl von 10^{11} Sternen, die die Prämissen für Leben trügen. Selbst wenn wir annehmen, daß aus dieser Zahl nur jeder tausendste Planet Leben erzeugt hat, dann bleiben immer noch 100 Millionen Planeten für eine Spekulation auf Leben. Diese Berechnung beruht auf den mit heutigen technischen Möglichkeiten ausgestatteten Teleskopen, die in einer fortdauernden Entwicklung stehen.

Folgt man den Hypothesen des Biochemikers Dr. S. Miller, dann haben sich auf einigen dieser Planeten Leben und Lebensbedingungen möglicherweise schneller entwickelt als auf der Erde. Folgen wir dieser kühnen Rechnung, so könnten sich auf 100 000 Planeten Zivilisationen entwickelt haben, die der unseren voraus sind.

Unzweifelhaft ist wohl die Existenz erdähnlicher Planeten – mit ähnlicher Gravitation, mit ähnlicher Flora und vielleicht sogar Fauna. Aber: Müssen es überhaupt Planeten mit erdähnlichen Konditionen sein, die Leben tragen?

Durch Forschung überholt ist die Meinung, Leben könne nur unter erdähnlichen Bedingungen gedeihen. Irrig ist es, zu glauben, ohne Wasser und ohne Sauerstoff könne Leben nicht existieren. Tatsächlich gibt es sogar auf unserer Erde Lebewesen, die keinen Sauerstoff benötigen. Das sind die anaeroben Bakterien. Eine bestimmte Menge Sauerstoff wirkt für sie wie Gift. Warum sollte es keine höheren Lebewesen geben, die des Sauerstoffs nicht bedürfen?

Wir werden unter dem Druck und Eindruck täglich neu gewonnener Erkenntnisse unsere Vorstellungs- und Begriffswelt überholen müssen. Unsere bis in die jüngste Vergangenheit auf unsere Erde konzentrierte Entdeckungsfreude hat diese unsere Welt zum idealen Planeten hochgelobt: Er ist nicht zu heiß und nicht zu kalt; Wasser gibt es in Hülle und Fülle; Sauerstoff ist in großen Mengen vorhanden; organische Prozesse verjüngen die Natur immer aufs neue.

Tatsächlich ist die Annahme, nur auf einem erdähnlichen Planeten könne sich Leben halten und entwickeln, nicht vertretbar. Auf der Erde – schätzt man – leben zwei Millionen verschiedener Arten von Lebewesen. Davon sind – wiederum schätzungsweise – 1,2 Millionen wissenschaftlich »erfaßt«. Und unter diesen von der Wissenschaft erfaßten Lebewesen vegetieren einige tausend, die nach den bisher landläufigen Vorstellungen eigentlich gar nicht leben dürften! Die Prämissen für Leben müssen neu durchdacht und geprüft werden.

Beispielsweise sollte man denken, daß hochradioaktives Wasser keimfrei wäre! Tatsächlich aber finden sich einige Bakterienarten mit diesem tödlichen Wasser, das Kernreaktoren umgibt, ab. Der Versuch des Wissenschaftlers Dr. Siegel mutet gespenstisch an: Dr. Siegel schuf im Labor die Lebensbedingungen der Jupiter-Atmosphäre und züchtete in dieser Atmosphäre, die nichts gemein hat mit den Voraussetzungen, die wir bisher dem »Leben« zumessen, Bakterien und Milben. Ammoniak, Methan und Wasserstoff töteten sie nicht ab. – Die Versuche der Entomologen Hinton und Blum von der Universität Bristol, England, ergaben nicht weniger verblüffende Resultate. Die beiden Wissenschaftler dörrten eine Zuckmückenart viele Stunden bei einer Temperatur bis zu 100 Grad Celsius; dann tauchten sie ihre Versuchswesen sofort in flüssiges Helium, das bekanntlich Weltraumtemperatur hat. Nach einer harten Bestrahlung gewährten sie den Zuckmücken wieder ihre normalen Lebensbedingungen. Das Unmögliche geschah: Die Larven setzten ihren biologischen Lebensprozeß fort, es entschlüpften ihnen völlig »gesunde« Zuckmücken. – Wir wissen von Bakterien, die in Vulkanen leben, von anderen, die Gestein fressen, und solchen, die Eisen produzieren. Der Wald der Fragezeichen wächst.

An vielen Forschungsstätten laufen die Versuche. Immer neue Beweise häufen sich, daß Leben keineswegs an die existentiellen Voraussetzungen unseres Planeten gebunden ist. Die Lebensgesetze und die Lebensbedingungen der Erde schienen über Jahrhunderte der Nabel der Welt zu sein. Diese Überzeugung verschob und verwischte die Perspektiven; sie legte den Forschenden Scheuklappen an, die sie das Weltall mit unseren Maßen und Denksystemen betrachten ließen. Teilhard de Chardin, der epochale Denker, postulierte: Im Kosmos hat nur das Phantastische eine Chance, real zu sein!

Die Umkehrung unserer Denkweise würde – ebenso phantastisch wie real – bedeuten, daß Intelligenzen eines anderen Planeten *ihre* Lebensbedingungen zum Maßstab nähmen. Falls sie bei Temperaturen zwischen minus 150–200 Grad Celsius leben, könnten sie solche unser Leben auslöschenden Temperaturen für die Voraussetzung des Lebens auf anderen Planeten werten. Das entspräche der Logik, mit der wir versuchen, das Dunkel unserer Vergangenheit zu erhellen.

Wir sind es unserer – von Generation zu Generation übernommenen – Selbstachtung schuldig, vernünftig und objektiv zu sein; lapidar gesagt, immer brav und zuverlässig mit beiden Beinen auf der Erde zu stehen. Irgendwann schien jede kühne These Utopie zu sein. Wie viele Utopien sind längst alltägliche Wirklichkeit geworden! Selbstverständlich und voller Absicht sollen hier Beispiele die extremsten Möglichkeiten andeuten. Doch indem das Unwahrscheinliche, das heute noch nicht Denkbare projiziert wird, werden Barrieren fallen, die uns unbefangen die Unmöglichkeiten, die der Kosmos noch verbirgt, erkennen lassen. Kommende Generationen werden im Weltall einer Fülle ungeahnten Lebens begegnen. Wenn wir es auch nicht mehr erleben sollten, werden sie sich damit abfinden müssen, nicht die einzige und sicher nicht die älteste Intelligenz im Kosmos zu sein.

Das Alter des Universums wird auf acht bis zwölf Milliarden Jahre geschätzt. Meteoriten bringen Spuren organischer Stoffe unter unsere Mikroskope. Millionen Jahre alte Bakterien erwachen zu neuem Leben. Sporen, infolge des Lichtdrucks einer Sonne schwebend, durchziehen das Weltall und werden irgendwann von der Gravitation eines Planeten eingefangen. Neues Leben entwickelt sich im unendlichen Kreislauf der Schöpfung seit Jahrmillionen. Zahlreiche und sorgfältige Untersuchungen verschiedenster Gesteine in allen Teilen unserer Welt beweisen, daß die Erdkruste sich vor etwa vier Milliarden Jahren gebildet hat. Ja, und seit einer Million Jahre, weiß die Wissenschaft, existiert so etwas wie der Mensch! Aus diesem riesigen Strom der Zeit gelang es mit viel Fleiß, vielen Abenteuern und forschender Neugier, ein Rinnsal von 7000 Jahren Menschheitsgeschichte einzudämmen. Was aber sind 7000 Jahre Menschheitsgeschichte gegen Milliarden Jahre Universumsgeschichte?

Wir – die Krone der Schöpfung? – brauchten 400 000 Jahre, um zu unserem heutigen Status und unserer heutigen Statur zu kommen. Wer hat die Beweislast zu tragen: Warum soll ein anderer Planet nicht günstigere Umweltbedingungen für die Entwicklung anderer oder ähnlicher Intelligenzen geboten haben? Warum können wir auf anderen Planeten nicht eine »Konkurrenz« haben, die uns ebenbürtig oder überlegen ist? Darf man diese Möglichkeit außer Betracht lassen? Bislang taten wir es.

Wie oft sanken die Säulen unserer Weisheit in Trümmer! Viele hundert Generationen glaubten, die Erde sei eine Scheibe. Viele tausend Jahre galt das eherne Gesetz: Die Sonne dreht sich um die Erde. Noch sind wir überzeugt, unsere Erde sei der Mittelpunkt des Alls – obwohl erwiesen ist, daß die Erde ein ganz gewöhnliches, der Größe nach unbedeutendes Gestirn ist: 30 000 Lichtjahre vom Zentrum der Milchstraße entfernt...

Es ist an der Zeit, daß wir durch Entdeckungen im unendlichen, unerforschten Kosmos unsere eigene Winzigkeit erkennen. Dann erst werden wir wissen, daß wir Ameisen im Staat des Universums sind. Aber unsere Chance liegt im Weltall – nämlich dort, wo es die Götter versprachen.

Erst nach einem Blick in die Zukunft werden wir Kraft und Kühnheit genug haben, unsere Vergangenheit ehrlich und unvoreingenommen zu erforschen.

2. KAPITEL

Eine phantastische Reise ins Universum · Besuch der Götter · Spuren in Stein

Jules Verne, Ahnherr aller utopischen Romane, ist ein braver Schriftsteller geworden: Sein Griff nach den Sternen ist keine Utopie mehr, und die Astronauten unseres Jahrzehnts reisen nicht in 80 Tagen, sondern in 86 Minuten einmal um die Welt. Wenn wir hier Möglichkeiten und Stationen einer phantastischen Reise notieren, wird diese in weniger Jahrzehnten realisierbar sein, als Zeit vergehen mußte, um Jules Vernes wahnwitzige Vorstellung von einer Reise um die Welt in 80 Tagen auf eine Blitzreise von 86 Minuten zusammenschnurren zu lassen. Denken wir aber nicht in zu engen Zeiträumen! Nehmen wir an, unser Raumschiff würde in 150 Jahren von der Erde zu einer fremden, fernen Sonne starten...

Das Raumschiff würde die Größe eines heutigen Ozeandampfers haben – demnach eine Startmasse von etwa 100 000 Tonnen mit einem Treibstoffanteil von 99 800 Tonnen, also einer effektiven Nutzlast von weniger als 200 Tonnen.

Unmöglich?

Heute schon könnten wir Stück für Stück ein Raumschiff auf einer Umlaufbahn um einen Planeten zusammensetzen. Selbst die Montage wird sich in weniger als zwei Jahrzehnten erübrigen, weil das Riesenraumschiff auf dem Mond startklar gemacht werden kann. Überdies ist die Grundlagenforschung für die Raketentriebwerke von morgen in vollem Gang. Triebwerke von morgen werden vor allem Staustrahltriebwerke mit einer Kernfusion von Wasserstoff zu Helium oder Materiezerstrahlungen sein, deren Strahlgeschwindigkeit die Lichtgeschwindigkeit erreicht. Theoretisch kann das Raumschiff zu 80 Prozent die Geschwindigkeit des Lichtes erreichen. Mit dieser Geschwindigkeit würden die Grenzen unseres Sonnensystems gesprengt sein!

Eine Vorstellung, wahrhaftig, die schwindlig macht. An der Schwelle eines neuen Zeitalters aber sollten wir uns erinnern, daß die Riesenschritte der Technik, die unsere Großväter erlebten, zu ihrer Zeit nicht minder schwindelerregend waren: Eisenbahn – Elektrizität – Telegraph – erstes Auto – erste Flugmaschine... Wir hörten zum ersten Mal »music in the air« – wir sehen fern in Farbe – wir erlebten die ersten Startschüsse der Raumfahrt und holen Nachrichten und Bilder von Satelliten, die die Erde umkreisen. Unsere Kindeskinder werden an interstellaren Reisen teilnehmen und an technischen Fakultäten kosmische Forschung betreiben.

Verfolgen wir die Reise unseres phantastischen Raumschiffes, dessen Ziel ein ferner Fixstern sein soll. Freilich wäre es amüsant, sich vorzustellen, wie die Besatzung des Raumschiffes sich auf ihrer Reise die Zeit vertreibt. Mögen die Entfernungen noch so ungeheuer sein, und mag die Zeit für die wartend Daheimgebliebenen noch so langsam dahinkriechen: Einsteins Relativitätstheorie gilt unbestritten! Es mag unbegreiflich sein, tatsächlich aber vergeht die Zeit in dem knapp unter der Lichtgeschwindigkeit fliegenden Raumschiff langsamer als auf der Erde.

Diese Zeitverschiebung zwischen den Raumfahrern und den Erdbewohnern läßt sich nach der folgenden Gleichung berechnen, die sich aus den Lorentz-Transformationen ergibt:

$$\frac{t}{T} = \sqrt{1 - (v/c)^2}$$

(t = Zeit der Raumfahrer, T = Zeit auf der Erde, v = Fluggeschwindigkeit, c = Lichtgeschwindigkeit)

Die Fluggeschwindigkeit des Raumschiffes läßt sich nach der von Professor Ackeret abgeleiteten Raketen-Grundgleichung berechnen:

$$v/w = \frac{1 - (1-t)^{2w/c}}{w/c \cdot [1 + (1-t)^{2w/c}]}$$

(v = Fluggeschwindigkeit, w = Strahlgeschwindigkeit, c = Lichtgeschwindigkeit, t = Treibstoffanteil am Startgewicht)

In dem Augenblick, in dem sich unser Raumschiff dem Zielstern nähert, wird die Besatzung fraglos Planeten ausmachen, orten, deren Temperatur durch Spektralanalysen messen und Umlaufbahnen berechnen. Sie wird sich schließlich den Planeten als Landeplatz auswählen, dessen Gegebenheiten denen unserer Erde am nächsten kommen. Bestände unser Raumschiff nach einer Reise von beispielsweise 80 Lichtjahren nur noch aus Nutzlast, weil die gesamte Antriebsenergie verbraucht wurde, dann müßte die Besatzung die Tanks ihres Fahrzeugs am Ziel mit spaltbarem Material ergänzen.

Nehmen wir also an, der zur Landung ausgesuchte Planet wäre erdähnlich. Wir sagten schon, daß diese Annahme gar nicht so unmöglich ist. Wagen wir auch noch die Vermutung, die Zivilisation des angelandeten Planeten stünde ungefähr dort, wo die Entwicklung der Erde vor 8000 Jahren stand. Dies alles wäre ja mit den Meßgeräten des Raumschiffes lange vor der Landung festgestellt worden. Selbstverständlich haben unsere Raumfahrer auch einen Landeplatz ermittelt, der in der Nähe eines Vorkommens von spaltbarem Material liegt: Die Instrumente zeigen schnell und zuverlässig an, in welcher Gebirgskette Uran zu finden ist.

Die Landung ist planmäßig erfolgt.

Unsere Raumfahrer sehen Wesen, die Steinwerkzeuge schleifen; sie sehen, wie sie auf der Jagd Wild mit Wurfspeeren erlegen; Schaf- und Ziegenherden grasen in der Steppe; primitive Töpferei liefert einfache Haushaltsgeräte. Fürwahr, ein seltsamer Anblick für unsere Astronauten!

Was aber denken die primitiven Wesen auf diesem Planeten von dem Ungetüm, das da eben landete, und von den Gestalten, die ihm entstiegen? Vor 8000 Jahren waren wir, vergessen wir es nicht, ja auch noch Halbwilde. Nur zu verständlich, wenn die Halbwilden, die diesem Ereignis beiwohnen, ihre Gesichter in dem Boden verbergen und nicht wagen, die Augen zu heben. Bis zu diesem Tag haben sie Sonne und Mond angebetet. Und nun ist etwas Ungeheuerliches geschehen: Die Götter sind vom Himmel gekommen!

Aus sicherem Versteck beobachten die Ureinwohner des Planeten unsere Raumfahrer: Die tragen merkwürdige Hüte mit Stäben daran auf den Köpfen (Helme mit Antennen); sie staunen, wie die Nacht taghell erleuchtet wird (Scheinwerfer); sie erschrecken, als sich die fremden Wesen mühelos in die Luft erheben (Raketengürtel); sie bohren ihre Köpfe wieder in den Boden, wenn sich unheimlich-unbekannte »Tiere« schnaubend, dröhnend, surrend aufschwingen (Helikopter-Luftkissen, Allzweckfahrzeuge), und schließlich ergreifen sie die Flucht in den sicheren Hort ihrer Höhlen, wenn aus den Bergen ein beängstigendes Grollen und Dröhnen hallt (Versuchssprengung). Wirklich, für die Primitiven müssen unsere Astronauten wie allmächtige Götter sein!

Während die Raumfahrer ihre schwere Tagesarbeit fortsetzen, wird sich vermutlich nach einiger Zeit eine Abordnung von Priestern oder Medizinmännern dem Raumfahrer, in dem sie mit Urinstinkt den Boß vermuten, nähern, um Fühlung mit den Göttern aufzunehmen. Sie bringen Geschenke, mit denen sie den Gästen huldigen wollen. Denkbar, daß unsere Leute die Sprache der Ureinwohner mit Hilfe eines Computers schnell erlernt haben und sich für die erwiesenen Artigkeiten bedanken können. Indes, es hilft nichts, daß man in ihrer Sprache erklären kann, daß keine Götter landeten, daß keine höheren, anbetungswürdigen Wesen einen Besuch abstatten. Das glauben sie nicht, unsere primitiven Freunde. Die Raumfahrer kamen von anderen Sternen, sie haben augenscheinlich ungeheure Macht und die Fähigkeit, Wunder zu tun. Sie müssen Götter sein! Es hat auch keinen Sinn, irgendeine Handreichung erklären zu wollen. Alles geht über die Vorstellungskraft der so schreckvoll Überfallenen hinaus.

So unausdenkbar die Fülle der Dinge ist, die sich vom Tage der Landung an ergibt, könnten auf einem konzipierten Plan doch solche Punkte stehen:
– Teile der Bevölkerung werden dafür gewonnen und geschult, um in einem gesprengten Krater bei der Suche nach spaltbarem Material, das für die Rückkehr zur Erde benötigt wird, mitzuwirken.
– Der Klügste der Ureinwohner wird zum »König« gewählt. Als sichtbares Zeichen seiner Macht bekommt er ein Funkgerät, mit dem er jederzeit die »Götter« erreichen und ansprechen kann.
– Unsere Astronauten versuchen, ihnen die einfachsten zivilisatorischen Lebensformen und einige Moralbegriffe beizubringen, um dadurch die Entwicklung zu einer gesellschaftlichen Ordnung zu ermöglichen.
– Unsere Gruppe wird von einem anderen »Volk« angegriffen. Da noch keine ausreichende Förderung spaltbaren Materials eingebracht ist, wird den Angreifern nach vielen Warnungen eine Abfuhr mit modernen Waffen erteilt.

– Wenige ausgesuchte Frauen werden von Raumfahrern befruchtet. So kann eine neue Rasse entstehen, die einen Teil der natürlichen Evolution überspringt.
– Aus unserer eigenen Entwicklung wissen wir, wie lange es dauern wird, bis diese neue Rasse weltraumtüchtig sein wird. Deshalb werden vor dem Rückflug zur Erde sichtbare und deutliche Spuren zurückgelassen, die allerdings erst später, viel später von einer technifizierten, mathematisch fundierten Gesellschaft begriffen werden können.
– Fragwürdig wird ein Versuch bleiben, unsere Schützlinge vor kommenden Gefahren zu warnen. Selbst wenn wir ihnen grausigste Filme von Kriegen auf der Erde und von Atomexplosionen zeigen, wird das die Wesen auf diesem Planeten ebensowenig hindern, die gleichen Torheiten zu begehen, wie das die (fast) alles wissende Menschheit nicht hindert, immer wieder mit der lodernden Flamme des Krieges zu spielen.

Während unser Raumschiff wieder in den Nebeln des Universums verschwindet, werden unsere Freunde das Wunder – »Die Götter waren da!« – bereden; sie werden es in ihre simple Sprache übersetzen, es zur Sage machen, diese Söhnen und Töchtern übermitteln, und sie werden Geschenke und Werkzeuge und alles, was die Raumfahrer zurückließen, zu Reliquien machen, die heilig sind.

Wenn unsere Freunde der Schriftzeichen mächtig sein werden, mögen sie das Geschehene aufzeichnen: unheimlich, seltsam, der Wunder voll. Dann wird zu lesen sein – und Zeichnungen werden es darstellen –, daß Götter in goldenen Kleidern da waren in einer fliegenden Barke, die in einem ungeheuren Getöse niederging. Man wird schreiben von Wagen, in denen die Götter über Meer und Steppe fuhren, und von furchtbaren Waffen, die den Blitzen glichen, und man wird erzählen, daß sie wiederkommen wollten.

Ins Gestein hämmern und kritzeln sie Bilder des einmal Geschauten:
– Unförmige Riesen, die Helme und Stäbe auf den Köpfen und Kästen vor der Brust tragen;
– Kugeln, auf denen undefinierbare Wesen sitzen und durch die Luft reiten;
– Stäbe, aus denen Strahlen wie aus einer Sonne geschleudert werden;

– Gebilde, eine Art von Fahrzeugen, die Rieseninsekten gleichen. Der Phantasie, welche bildlichen Darstellungen vom Besuch unseres Raumschiffes zurückbleiben, sind keine Grenzen gesetzt. Wir werden später sehen, welche Spuren die »Götter«, die die Erde in unserer Vorzeit besuchten, in die Tafeln der Vergangenheit eingruben.

Die Entwicklung auf dem Planeten, den unser Raumschiff besuchte, ist ziemlich einfach vorzuzeichnen: Die Ureinwohner haben sich eine Menge abgeguckt und dazugelernt; der Ort, an dem das Raumschiff stand, wird zum »heiligen Boden« erklärt, zum Wallfahrtsort, an dem die Heldentaten der Götter in Liedern gerühmt werden. Pyramiden und Tempel werden auf ihm gebaut – selbstverständlich nach astronomischen Gesetzen. Das Volk wächst, es gibt Kriege, die den Ort der Götter verschütten, und es kommen Generationen, die die heiligen Stätten wiederentdecken, freilegen und die Zeichen zu deuten versuchen.

Wie es weitergeht, ist in unseren Geschichtsbüchern nachzulesen...

Doch um zur geschichtlichen »Wahrheit« zu gelangen, muß in den Wald von Fragezeichen eine Schneise geschlagen werden, die in unsere Vergangenheit führt.

3. KAPITEL

11 000 Jahre alte Landkarten · Die rätselhafte Ebene von Nazca · Zeichen für die Götter · Der Kandelabro von Pisco · Unverstandenes Tiahuanaco · Ein Basislager der Götter · Sumerische Herrscher und unmögliche Regierungsjahre · Sammelsurium der Verrücktheiten · Killerphrasen · Gemäldegalerie der ALL-Mächtigen

Hatten unsere Vorfahren Besuch aus dem Weltall?
Beruhen Teile der Archäologie auf falschen Voraussetzungen?

Haben wir eine utopische Vergangenheit?

Gibt es auch für die Entwicklung der Intelligenz einen ewigen Kreislauf?

Ehe man auf solche Fragen eine probate Antwort setzt, muß man sich darüber klar sein, worin unsere geschichtliche Vergangenheit besteht und begründet ist. Unsere geschichtliche Vergangenheit setzt sich aus indirektem Wissen zusammen. Ausgrabungen, alte Schriften, Höhlenzeichnungen, Legenden und so fort wurden in ein Denkmodell, eine Arbeitshypothese also, eingebaut. Es ergab sich aus diesem Puzzlespiel ein ansehbares, interessantes Mosaik, aber es entstand nach einem vorher konzipierten Denkmodell, in das sich die Teile – manchmal mit etwas zu deutlich sichtbarem Kitt gefügt – einpassen ließen. So und so muß es gewesen sein. Genau so. Und siehe da – wenn man nur will, dann war es genau so. Zweifel an jedem Denkmodell ist legitim, ja notwendig, denn wenn nicht Vorhandenes in Frage gestellt wird, ist die Forschung am Ende. Also ist unsere geschichtliche Vergangenheit nur relativ wahr! Wenn sich neue Aspekte ergeben, muß das alte Denkmodell – mag es noch so vertraut gewesen sein – durch ein neues ersetzt werden. Es scheint an der Zeit, ein neues Denkmodell ins Zentrum unserer Vergangenheitsforschung zu bringen.

Neue Aspekte rechtfertigen diese Forderung. Wir dürfen die alten Dinge nicht mehr mit alten Augen betrachten. Die Anfänge unserer Zivilisation und der Beginn mancher Religionen können anders gewesen sein, als wir es bislang annahmen.

Erkenntnisse über Sonnensysteme und Weltall, über Makro- und Mikrokosmos, ungeheure Fortschritte in Technik und Medizin, in Biologie und Geologie, der Beginn der Raumfahrt – dies und vieles mehr veränderte unser Weltbild vollkommen in weniger als 50 Jahren.

Heute wissen wir, daß man Raumanzüge herstellen kann, die extreme Kälte und Hitze aushalten. Heute wissen wir, daß Raumfahrt keine utopische Vorstellung mehr ist. Wir kennen das (realisierte) Wunder des Farbfernsehens, wie wir die Lichtgeschwindigkeit messen und die Konsequenzen der Relativitätstheorie berechnen können. *Wissen* oder *ahnen* wir, daß unbekannte Intelligenzen schon vor 10 000 Jahren gewußt haben können, was wir *heute* wissen?

Unser fast schon zur Idylle eingefrorenes Weltbild beginnt zu tauen. Neue Denkmodelle brauchen neue Maßstäbe. Da wird in Zukunft beispielsweise die Archäologie nicht mehr bloße Angelegenheit von Ausgrabungen sein dürfen. Das pure Sammeln und Einordnen von Funden reicht nicht mehr aus. Andere Wissenschaften werden bemüht und hinzugezogen werden müssen, wenn ein verläßliches Bild unserer Vergangenheit gezeichnet werden soll.

Betreten wir also unbefangen und voll Neugier die Welt des Unwahrscheinlichen! Versuchen wir, Besitz zu ergreifen von dem Erbe, das uns die »Götter« hinterlassen haben!

Der Topkapi-Palast in Istanbul wurde 1929 in ein Museum für Altertümer umgewandelt. Am 9. November fand B. Halil Eldem, Direktor des Türkischen Nationalmuseums, zwei Fragmente einer Karte des Seemanns Piri Reis, der das Amt eines Admirals der Flotten im Roten Meer und im Persischen Golf bekleidet hatte. 1513 begann er in der Stadt Gallipoli mit dem Zeichnen der Karten – 1517 überreichte er sie während eines Aufenthaltes dem Eroberer von Ägypten, Sultan Selim I. – Piri Reis war in der Türkei vor diesem Fund schon eine Berühmtheit als Kartograph, besaß man doch bereits 215 von ihm gezeichnete Karten, die er in der Beischrift »Bahriye« kommentiert hatte. Dieser Fund der in feinen Farben auf Gazellenhaut gezeichneten Karten waren Fragmente der verschollen geglaubten *Weltkarten* des Flottenchefs.

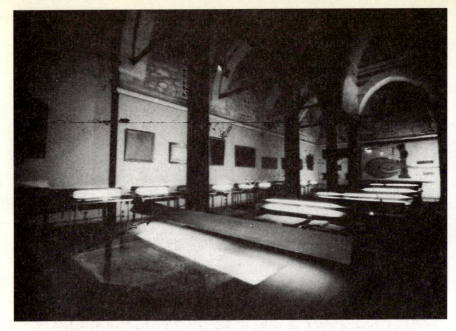

In diesem Saal des Topkapi-Palastes in Istanbul wird die Piri-Reis-Karte aufbewahrt.

In der »Bahriye« schreibt Piri Reis:
»Gezeichnet hat sie [die Karten] der arme Piri Reis, Sohn des Hadschi Mehmet, der bekannt ist als Brudersohn des Kemal Reis, in der Stadt Gelibolu [Gallipoli]. Gott verzeihe ihnen beiden, im Monat des geheiligten Muharrem des Jahres 919 [9. März – 7. April 1513].«

In den vierziger Jahren unseres Jahrhunderts wurden Kopien dieser Teilstücke einer Weltkarte in großem Maßstab von mehreren Museen und Bibliotheken erworben. 1954 kamen die Blätter auf den Schreibtisch des amerikanischen Kartographen Arlington H. Mallery, der sich über Jahrzehnte auf alte Seekarten spezialisiert hatte. Die Blätter faszinierten Mallery, weil dort Kontinente, zum Beispiel die Antarktis, eingezeichnet sind, die 1513 noch nicht entdeckt waren. – Piri Reis gibt in der »Bahriye« an, daß er seine Weltkarte aus 20 verschiedenen Karten zusammensetzte und für die Gestade und Inseln der Antilia auch eine Karte von Christoph

Die Piri-Reis-Karte. Am unteren Bildrand die Antarktis sowie Inselchen der Antarktis. Beides liegt seit 12000 Jahren unter ewigem Eis. Woher stammen die Kenntnisse?

Kolumbus benutzte; es ist anzumerken, daß bisher keine Kolumbus-Karte gefunden wurde. In der Beischrift sind über Amerika den Zeitgenossen unbekannte Details festgehalten, die Reis über den 1511 von der Entdeckungsreise zurückgekehrten Kolumbus erfahren haben könnte. Theoretisch ist das möglich, doch war sich Piri Reis der Außerordentlichkeit seines Werkes bewußt. Er schrieb: »Eine Karte von der Art dieser Karte besitzt dieser Zeit niemand.«

Arlington Mallery bat seinen Kollegen Walters vom Hydrographischen Institut der US Navy um Mitarbeit. Walters verblüffte auf Anhieb die Exaktheit der Abstände zwischen der Alten und der Neuen Welt: Anfang des 15. Jahrhunderts war Amerika noch nirgends vermerkt. Lokalisierungen der Kanarischen Inseln oder der Azoren waren ebenso verblüffend. Die beiden Männer bemerkten auch, daß Piri Reis entweder nicht die zu seiner Zeit üblichen Koordinaten benutzt oder die Erde für eine Scheibe gehalten hatte. Das machte die Forscher stutzig, und um der Sache auf den Grund zu kommen, bastelten sie ein Lesegitter, mit dem sie die alten Karten auf einen modernen Globus übertragen konnten.

Nun erst war die Überraschung perfekt: Nicht nur die Konturen der Küsten von Süd- und Nordamerika, auch die Umrisse der Antarktis saßen genau dort, wohin sie nach heutigen Kenntnissen gehören. Auf der Piri-Reis-Weltkarte verläuft der südamerikanische Zipfel von Feuerland aus in eine schmale Landverbindung und breitet sich dann zur Antarktis aus. *Heute* tobt südlich von Feuerland stürmische See. Millimeter um Millimeter wurde Reis' Karte mit Bodenprofilen verglichen, die mit modernsten Mitteln aus der Luft angefertigt wurden, auf der Basis von Infrarotaufnahmen durch Wasser hindurch, mit Echolotungen von Schiffen aus. Tatsächlich, stellte man fest, hat es vor rund 11 000 Jahren, gegen Ende der Eiszeit, diese Landbrücke zwischen Südamerika und der Antarktis gegeben! In der Antarktis hatte Piri Reis mit penibler Genauigkeit Küstenlinien, Inseln, Buchten und Berggipfel kartographiert. Man kann sie heute nicht mehr sehen. Sie liegen unter einer Eisdecke.

Während des »Internationalen Geophysikalischen Jahres 1957« nahm sich auch Pater Lineham, damals Direktor der Sternwarte Weston und Kartograph der US Navy, der Karten an. Er kam zum gleichen Schluß: Die Karten (besonders der Raum der Antarktis)

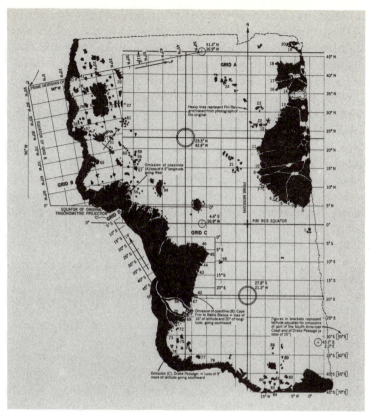

Von Kartographen wurde die Piri-Reis-Karte auf einen Globus übertragen. Resultat: Inselchen und Küstenlinie der Antarktis sind korrekt wiedergegeben.

sind von unfaßlicher Präzision mit Angaben, die *uns* erst durch die schwedisch-britisch-norwegischen Antarktisexpeditionen von 1949 und 1952 bekannt wurden.

Am 28. August 1958 stellten sich Mallery und Lineham unter Gesprächsleiter Warren in der Universität Georgetown einem Hearing. Hier Sätze aus dem Protokoll:

Warren: Es ist schwierig für uns heute, zu verstehen, wie Kartographen so genau sein konnten, so viele Jahrhunderte vor uns, während wir erst kürzlich die moderne wissenschaftliche Methode der

Kartographie erfanden. – *Mallery:* Dies ist natürlich ein Problem gewesen, über das wir rätselten... Wir können uns jedenfalls nicht vorstellen, wie sie eine so genaue Karte ohne Flugzeug hätten herstellen können. Tatsache ist, daß sie sie herstellten, und nicht nur das, sie bestimmten die Längengrade absolut korrekt, etwas, was wir erst vor zwei Jahrhunderten zu tun imstande waren. – *Warren:* Pater Lineham, Sie haben an der seismischen Erforschung der Antarktis teilgenommen. Teilen Sie den Enthusiasmus über diese neuen Entdeckungen? – *Lineham:* Sicherlich tue ich das. Wir finden mit der seismischen Methode Dinge heraus, die eine Menge der Zeichnungen zu beweisen scheinen, die auf den Karten gemacht wurden: die Landmassen, die Projektion der Berge, der Meere, Inseln... Ich denke, mit der seismischen Methode können wir mehr Eis von diesen Ländern wegnehmen, die auf den Karten verzeichnet

Der südamerikanische Kontinent ist längsverzerrt, als ob das Original der Piri-Reis-Karte einst über Kairo aufgenommen worden sei.

sind, und das wird beweisen, daß diese Karten noch korrekter sind, als wir jetzt zu glauben geneigt sind.

Inzwischen beschäftigte sich der »grand old man« der Kartographie, Professor Charles H. Hapgood, mit Piri Reis. In einer Korrespondenz mit der US Air Force, die die Antarktis kartographierte, bekam Hapgood am 6. Juli 1960 vom Kommandanten Harold Z. Ohlmeyer diesen Brief: »Die Küstenlinien müssen kartographiert worden sein, bevor die Antarktis mit Eis bedeckt war. Das Eis in diesem Gebiet ist heute etwa eine Meile dick. Wir haben keine Ahnung, wie die Daten auf dieser Karte mit dem geographischen Wissen von 1513 vereinbart werden können.« – Die Piri-Reis-Karten sind ein lästiges Indiz für meine Theorie früher Besucher aus dem All. Für mich ist klar: Extraterrestrier kartographierten von Orbitalstationen aus den Planeten; die Karten machten sie beim Besuch einem Vorfahren zum Geschenk; als heilige Requisiten überdauerten sie Jahrtausende und gelangten schließlich in die Hände des tüchtigen Admirals. Als er seine Weltkarte zeichnete, ahnte er nicht, was er darstellte.

Die Karten des türkischen Admirals sind freilich keine Originale: Sie sind Kopien von Kopien und nochmals Kopien von Kopien. Aber: Wer immer sie vor Jahrtausenden machte, mußte fliegen und sogar fotografiert haben können!

Sicherlich verschlägt diese Behauptung manchem den Atem. Uralte Karten, aus großen Höhen angefertigt – ein Gedanke, den man besser nicht zu Ende denkt. Manchmal scheint es, als ob der Mensch Angst davor hätte, den Nebel vor seiner Vergangenheit schwinden zu sehen. Warum? Weil es sich mit der Schulweisheit so gut und ruhig leben läßt?

Nur 160 Kilometer Luftlinie von Pisco, Peru, entfernt liegt die Ebene von Nazca mit ihren geheimnisvollen Bodenmarkierungen, die man erst Ende der dreißiger Jahre unseres Jahrhunderts entdeckt hat. Seither bereiten die geometrischen Liniensysteme, abstrakten Zeichnungen und wohlgeordneten Gesteinsbrocken auf dieser vollkommen planen Steinwüste, die sich über ein etwa 50 Kilometer langes Gebiet zwischen Palpa im Norden und Nazca im Süden erstreckt, den Archäologen Kopfzerbrechen. Mir vermitteln sie unzweifelhaft den Eindruck einer Flugplatzanlage.

Wer die Ebene überfliegt, dem leuchten – selbst aus großer Höhe

Oben und rechts: Scharrzeichnungen auf der Ebene von Nazca, Peru.

noch einwandfrei erkennbar – helle Linienbahnen entgegen, die sich kilometerlang dahinziehen, teilweise parallel nebeneinander verlaufen, sich schließlich kreuzen oder zu trapezoiden, bis zu 800 Meter langen Flächen zusammenlaufen. Zwischen diesen schnurgeraden Bahnen sind die Konturen überdimensionaler Tierfiguren zu erkennen, deren größte in ihrer ganzen Ausdehnung etwa 250 Meter mißt.

Aus der Nähe betrachtet erweisen sich die Linien als vertiefte Furchen, die den gelblichweißen Untergrund der Pampa freilegen und sich gegen die krustenartige Oberschicht aus braunem Wüstensand und oxydierten Steinen scharf abheben. Maria Reiche, die sich seit 1946 um die Erhaltung, Vermessung und Deutung der Bodenzeichnungen bemüht und zunächst mit Meßband und Sextanten Planzeichnungen der Dreiecke, Vierecke, der schnurgeraden Linien und der vielen Tierfiguren anfertigte, fand später heraus, warum der Boden oberhalb des Ingenio-Tales wie kaum ein anderer geeignet war, gut erkennbare Markierungen anzubringen, die die Jahrhunderte überdauern konnten: Im Nazca-Gebiet regnet es nämlich im

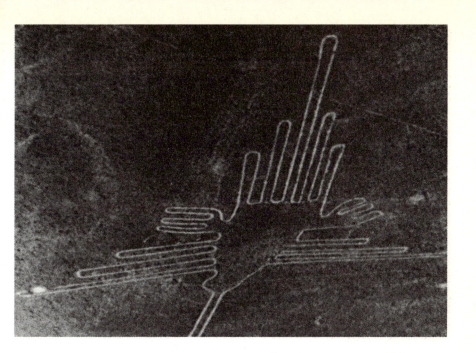

Jahresdurchschnitt nur 20 Minuten. Sonst herrscht ein trocken-heißes Klima. Verwitterungen besorgt der sandtragende Wind, der auch alles lose Material, das auf der Oberfläche liegt, mit sich hinwegträgt und nur Geröll zurückläßt, das durch die großen Temperaturunterschiede immer mehr zerbirst. Darauf hat sich dann der sogenannte Wüstenlack gebildet, der nach Oxydation braun glänzt. Um die riesigen Zeichnungen auf dem hellen Untergrund aus feinem Anschwemmungsmaterial hervorzubringen, brauchten die Konstrukteure die dunklen Oberflächensteine also nur zu entfernen und den Boden auszuscharren.

Wer aber schuf diese »Scharrbilder« und warum in einem Ausmaß, daß man sich von ihnen nur aus großer Höhe – etwa von einem Flugzeug aus – einen Gesamteindruck verschaffen kann?

Kannten die Erbauer bereits ein hochentwickeltes Winkelmessungssystem, mit dem sie ihre kleinen Entwürfe auf das exakteste ins Gigantische übertrugen?

Maria Reiche meint dazu: »Die Zeichner, die diese Vollkommenheit ihrer eigenen Schöpfungen nur von der Luft aus hätten erkennen können, müssen diese von vornherein in kleinerem Maßstab geplant und gezeichnet haben. Wie sie dann über große Entfernungen hin jedem Linienstück seinen richtigen Platz und seine Ausrichtung geben konnten, ist ein Rätsel, zu dessen Lösung man noch Jahre brauchen wird.«

Das Phänomen auf der Pampa von Nazca ist von der Wissenschaft bisher viel zuwenig beachtet worden. Zunächst glaubte man, bei den pfeilgeraden Linien handele es sich um alte Inkastraßen oder um Bewässerungskanäle. Das sind sinnwidrige Deutungen! Warum sollen »Straßen« mitten in der Ebene beginnen und dann plötzlich wieder abbrechen? Warum sollten sich die Linien, wenn sie Straßen gewesen wären, in einem Koordinatensystem schneiden? Und warum sind sie nach der Windrose angelegt, da Straßen doch die Aufgabe haben, irdische Ziele, und zwar möglichst auf kürzestem Weg, zu erreichen? Und warum sollen Bewässerungskanäle die Gestalt von Vögeln, Spinnen und Reptilien haben?

Auch Maria Reiche, die sich am längsten und intensivsten um die Enträtselung des Geheimnisses der Nazca-Ebene bemüht und darüber in ihrem 1968 erschienenen Buch »Geheimnis der Wüste« berichtet hat, lehnt diese Interpretation ab. Sie hält es vielmehr für wahrscheinlich, daß diese Zeichnungen über ihre religiöse Bedeutung hinaus der Kalenderwissenschaft zugerechnet werden können. Nach ihrer Vermutung enthalten die Bodenmarkierungen Himmelsbeobachtungen, die auf unzerstörbare Weise der Nachwelt überliefert werden sollten. Doch fügt sie einschränkend hinzu: »Es ist nicht absolut sicher, ob eine astronomische Ausdeutung aller Linien möglich ist, da es solche gibt (unter ihnen zahlreiche Nord-Süd-Linien), die keinem am Horizont innerhalb dieser Zeitepochen erscheinenden Stern entsprochen haben könnten. Falls aber Stellungen von Gestirnen nicht nur auf, sondern auch über dem Horizont aufgezeichnet werden sollten, würden die Auslegungsmöglichkeiten der Linien so groß sein, daß es außerordentlich schwierig sein würde, zu absolut beweisbaren Resultaten zu kommen.«

Ich weiß, daß Maria Reiche meine Deutung der geometrischen Zeichnungen von Nazca nicht teilt, da ihre bisherigen Versuchsergebnisse solche kühnen Schlüsse nicht rechtfertigen würden. Trotzdem sei es mir gestattet, meine Theorie zu erläutern:

In der Nähe des heutigen Städtchens Nazca landeten auf der menschenleeren Ebene irgendwann einmal fremde Intelligenzen und errichteten einen improvisierten Flugplatz für ihre Raumfahrzeuge, die in Erdnähe operieren sollten. Auf dem idealen Gelände legten sie zwei Pisten an. Oder markierten sie die Landebahnen mit einem uns unbekannten Werkstoff? Die Kosmonauten erledigten – wieder einmal – ihre Aufträge und flogen auf ihren Planeten zurück.

Die präinkaischen Stämme aber, welche die ihnen so ungeheuer imponierenden fremden Wesen bei der Arbeit beobachtet hatten, wünschten sich sehnlichst die Rückkehr dieser »Götter«. Sie warteten Jahre, und als sich ihr Wunsch nicht erfüllte, begannen sie – so wie sie es bei den »Göttern« gesehen hatten –, neue Linien in die Ebene zu bauen. So entstanden die Ergänzungen der beiden ersten Pisten.

Aber die »Götter« erschienen immer noch nicht. Was hatten sie falsch gemacht? Womit hatten sie die »Himmlischen« verärgert? Ein Priester erinnerte sich, daß die »Götter« von den Sternen gekommen waren, und gab den Rat, die lockenden Linien nach den Sternen auszurichten. Die Arbeit begann aufs neue. Es entstanden die nach den Gestirnen ausgerichteten Bahnen.

Die »Götter« aber blieben aus.

Generationen waren inzwischen geboren worden und wieder gestorben. Die ursprünglichen, die echten Pisten der fremden Intelligenzen waren längst verfallen. Die nachwachsenden Indio-Geschlechter wußten nur noch durch mündliche Berichte von den »Göttern«, die einst vom Himmel herniedergekommen waren. Die Priester machten aus den Tatsachenberichten heilige Überlieferungen und verlangten, daß man immer wieder neue Zeichen für die »Götter« errichtete, damit sie eines Tages wiederkehrten.

Da man mit der Linienzieherei keinen Erfolg gehabt hatte, begann man, große Tierfiguren auszuscharren. Zuerst stellte man Vögel aller Art dar, Vögel, die das Fliegen symbolisieren sollten – später gab ihnen die Phantasie Umrisse von Spinnen, Affen und Fischen.

Zugegeben, das ist eine hypothetische Erklärung für die »Scharrbilder« von Nazca. Aber könnte es nicht ungefähr so abgelaufen sein? Ich habe es gesehen, und jeder kann es sehen: Nur aus großer Höhe sind die Koordinaten der Landebahnen und die Tiersymbole erkennbar.

Archäologen bezeichnen diese pistenähnlichen Linien auf der Ebene von Nazca als Inkastraßen, »magische Linien« oder einen astronomischen Kalender. Die Bilder sprechen für sich!

Doch damit nicht genug. Rings um Nazca gibt es an den Felswänden Zeichnungen von Menschen, aus deren Köpfen Strahlen schießen – Heiligenscheinen christlicher Darstellungen ähnlich.

In der Nähe der südperuanischen Stadt Mollendo – 400 Kilometer Luftlinie von Nazca – bis hin in die Wüsten und Gebirge der chilenischen Provinz Antofagasta wurden große Markierungen an hohen Schrägwänden gefunden, deren Sinn und Zweck bisher nicht geklärt werden konnte. An manchen Stellen sind Rechtecke, Pfeile oder Leitern mit gebogenen Sprossen zu identifizieren, oder man sieht ganze Berghänge mit teils ornamental ausgefüllten Vierecken. Man findet entlang der bezeichneten Luftlinie an schroffen Felswänden auch Kreise mit nach innen gerichteten Strahlen, Ovale, die mit einem Schachbrettmuster gefüllt sind, und an der schwer zugänglichen Felswand in der Wüste von Tarapacár einen gigantischen »Roboter«.

Über diese Entdeckung (750 Kilometer Luftlinie südlich von Nazca) berichtete die chilenische Zeitung »El Mercurio« am 26. August 1968 unter der Überschrift »Neue archäologische Entdeckung durch Aufnahmen aus dem Flugzeug«: »Einer Gruppe von

An den Steilhängen rund um die Ebene von Nazca kleben Figuren und Gesichter mit Strahlenkränzen.

Fachleuten ist es gelungen, aus der Luft eine neue archäologische Entdeckung zu machen. Als sie über die Wüste von Tarapacár flogen, die im äußersten Norden Chiles liegt, entdeckten sie eine in den Sand gezeichnete stilisierte Figur eines Mannes. Diese Figur ist etwa 100 Meter groß, und ihre Umrisse sind mit Steinen vulkanischen Ursprungs markiert. Sie befindet sich auf einer einsamen Anhöhe von etwa 200 Metern... In wissenschaftlichen Kreisen ist man der Auffassung, daß Lufterkundigungen dieser Art zur Erforschung der Prähistorie von großer Bedeutung sind...«

Teilnehmer der Expedition schätzen also, daß dieser »Roboter« etwa 100 Meter groß ist. Sein Körper ist viereckig wie ein Kasten, seine Beine sind gerade, und auf dem dünnen Hals sitzt ein quadratischer Kopf, aus dem zwölf gleich lange, gerade Antennenstäbe herausragen. Sein linker Arm hängt nach unten, der rechte ist aufwärts angewinkelt. Von den Hüften ausgehend, sind am Körper bis zum Rumpfende rechts und links dreieckige Flugflossen angesetzt, Stummelflügeln von Überschalljägern ähnlich.

Diese Entdeckung verdanken wir Lautaro Nuñez von der Universidad del Norte in Chile, ferner General Eduardo Iensen und dem Amerikaner Delbert Trou, die bei einem Flug über die Wüste

Diese Figur an der chilenischen Steilküste bei Taracatar ist 280 Meter hoch. Sie wird heute »der Roboter« genannt.

die Bodenformationen genau beobachteten. Diese in der Tat sensationelle Entdeckung wurde bei einem weiteren Erkundungsflug von der Leiterin des Archäologischen Museums in Antofagasta, Frau Guacolda Boisset, in vollem Umfang bestätigt. Auf den Höhen von Pintados entdeckte man – und belegte es mit Luftaufnahmen – auf einer Strecke von fünf Kilometern eine Reihe weiterer stilisierter Figuren.

Im Sommer 1968 schrieb das Regierungsblatt »El Arauco«, Santiago: »Chile braucht die Hilfe eines Mannes, der unsere chronische Neugier befriedigt, denn weder Gey noch Domeyko [Archäologen] haben jemals etwas über jene Plattform El Enladrillado gesagt, von der die einen behaupten, sie sei künstlich angelegt worden, und die anderen, daß sie das Werk von Lebewesen von anderen Planeten sei.«

Im August 1968 wurden Einzelheiten über die Entdeckungen auf der Hochebene von El Enladrillado bekannt. Das felsbedeckte Plateau ist etwa drei Kilometer lang und an der durch die Zeitläufte unzerstörten Stelle etwa 800 Meter breit. Dieses Terrain vermittelt den Eindruck eines Amphitheaters. Falls seine Erbauer Menschen gewesen sein sollten, müßten sie über die legendären »übermenschlichen« Kräfte verfügt haben! Die hier bewegten Felsblöcke sind rechteckig, vier bis fünf Meter hoch und sieben bis acht Meter lang. Hätten Riesen diese Stätte benutzt, müßten auch sie noch überdimensional groß gewesen sein. Die Steinsessel lassen auf eine Unterschenkellänge von knapp vier Metern schließen. Keine Phantasie ist üppig genug, sich auszudenken, welche Sterblichen diese Steinblöcke zu einem Amphitheater zusammengefügt haben könnten. Die Zeitung »La Mañana«/Talca, Chile, vom 11.8.1968 fragt denn auch: »Könnte dieser Ort ein Landeplatz [für Götter] gewesen sein? Ohne Zweifel.« Was kann man sich noch mehr wünschen.

Die Hochebene von El Enladrillado kann man nur zu Pferde erreichen. Drei Stunden reitet man von dem kleinen Ort Alto de Vilches bis zu dem lohnenden Ziel in 1260 Meter Höhe. Die vulkanischen Blöcke, die man dort in großer Zahl findet, haben in der Mitte eine so glatte Oberfläche, wie sie nur durch sorgfältigste Bearbeitung entstanden sein kann. Auch auf dieser Hochebene läßt sich deutlich eine teilweise unterbrochene Piste erkennen, die etwa einen Kilometer lang und 60 Meter breit ist. In der Umgebung fand und findet man prähistorische Werkzeuge, mit denen – angeblich – die 233 geometrisch zugeschnittenen Felsblöcke von je etwa 10 000 Kilogramm Gewicht bearbeitet worden sein sollen. Es sind die Bausteine zum Amphitheater.

Die Zeitung »Conceptión«/El Sur, Chile, hält in ihrem Bericht vom 25.8.1968 die Hochebene von El Enladrillado für »einen geheimnisvollen Ort«. Geheimnisvoll ist der Ort in der Tat – wie eigentlich alle Fundstätten prähistorischer Überlieferungen heute noch geheimnisvoll sind. Nach Westen zu geht der Blick über riesige Abgründe, über denen Kondore und Adler kreisen, und dahinter bauen sich Vulkane wie stumme Wächter auf. Dort, zu den westlichen Hügeln hin, gibt es eine 100 Meter tiefe natürliche Höhle, in der Spuren menschlicher Arbeit feststellbar sind. Zur Zeit deutet man, ob hier Steinzeitmenschen eine Ader aus Obsidian (eine glasige Ausbildungsform verschiedener junger Ergußsteine) freigelegt haben, um eine Probe ihrer industriellen Fertigkeiten in Form von metallhaltigen Werkzeugen zu hinterlassen. Ich kann hier nicht ganz folgen: Steinzeitmenschen werden wohl kaum metallhaltige Werkzeuge besessen haben. Die bisherige These kann meiner Meinung nach nicht stimmen.

Der Leiter der wissenschaftlichen Expedition, Humberto Sarnataro Bounaud, vertritt im »El Mercurio«, Santiago, vom 26.8.1968 den Standpunkt, daß hier eine vergangene, uns unbekannte »Kultur« am Werk gewesen sein muß, weil Eingeborene dieser Zone nie zu einer solchen Leistung fähig gewesen wären. Aber, meint Bounaud, man habe von der Hochebene als einem vortrefflichen Landeplatz für alle möglichen Flugkörper bereits gewußt. Daher würden sich die geometrisch angeordneten 233 Felsblöcke erklären lassen, die himmelwärts gerichtete optische Zeichen gewesen sein könnten.

Wörtlich schreibt Bounaud:
»Oder aber es war ganz einfach so, daß es sich um unbekannte Wesen handelt, die diesen Ort für ihre Zwecke benutzten.«

Wir sollten uns immer wieder vergegenwärtigen: Die Schöpfer uralter Kulturen sind verschwunden, aber die Spuren, die sie hinterließen, blicken uns immer noch fragend und herausfordernd an. Um auf diese Fragen zutreffende Antworten zu finden, um dieser Herausforderung zu begegnen, sollten die archäologischen Forschungsstellen von ihren Regierungen, aber vielleicht auch von einer Weltorganisation ausreichende Mittel bekommen, mit denen sie ihre Forschungen systematisieren und intensivieren können. Es ist richtig und notwendig, daß die Industrienationen Milliardenbeträge in Zukunftsforschungen stecken. Darf aber deshalb die Erforschung unserer Vergangenheit als »Stiefkind« der Gegenwart behandelt werden? Es könnte der Tag kommen, an dem unter allen Stufen militärischer Geheimhaltung ein archäologisches Forschungswettrennen beginnt. Es wird dann eine Situation entstehen, wie wir sie mit der Erstlandung auf dem Mond miterlebten – aber das dann beginnende Wettrennen wird keine Prestigefrage sein, vielmehr ein Problem von blankem realen Nutzen.

In vielen Orten Perus trifft man auf Zeichnungen an den Bergwänden, die fraglos für ein in den Lüften schwebendes Wesen als Signale geschaffen wurden. Wozu sonst wären sie nützlich gewesen?

In der Bucht von Pisco ist in die rote, hohe Wand der Steilküste eine der seltsamsten Zeichnungen eingemeißelt. Vom Meer her kommend, erkennt man schon auf zwei Kilometer Entfernung eine fast 250 Meter hohe Figur. Spielt man das Spiel »Sieht aus wie…«, müßte man sagen: Diese Bildhauerarbeit sieht aus wie ein riesiger Dreizack oder wie ein gigantischer dreiarmiger Leuchter. Und in der mittleren Säule dieses Steinbildes wurde ein langes Seil gefunden! Ob es damals als Pendel diente?

Ehrlicherweise müssen wir bekennen, daß wir mit der Deutung völlig im dunkeln tappen. In die griffbereiten Denksysteme läßt es sich sinnvoll nicht einbeziehen – womit nicht gesagt sein soll, daß es keinen Dreh gäbe, mit dem man auch dieses Phänomen ins große Mosaik der bisherigen Forschungsmethode hineinzaubern könnte. Was aber sollte die präinkaischen Völker veranlaßt haben, die phantastischen Linien, die Landebahnen, von Nazca zu bauen? Welche Verrücktheit könnte sie zu dem 250 Meter hohen Steinzeichen an der roten Steilküste südlich von Lima angeregt haben?

Ohne moderne Maschinen und Geräte waren das Arbeiten, die Jahrzehnte in Anspruch nahmen. Es wäre eine durch und durch sinnlose Tätigkeit gewesen, wenn sie mit dem Ergebnis ihrer Mühen nicht Wesen, die aus großen Höhen auf sie zukamen, Zeichen hätten geben wollen. Bleibt die aufregende Frage zu beantworten: Warum taten sie das alles, wenn sie doch keine Ahnung haben konnten, daß es tatsächlich fliegende Wesen gab?

Die Identifizierung kann nicht mehr allein Sache der Archäologen sein. Schon ein Konsilium von Wissenschaftlern verschiedener Forschungsgebiete würde uns mit Sicherheit der Lösung des Rätsels näherbringen: Austausch und Gespräch würden klärende Assoziationen auslösen. Die Gefahr, daß die Forschung zu keinem schlüssigen Ergebnis kommt, liegt darin, daß man solche Fragestellungen nicht ernst nimmt und belächelt. Raumfahrer in grauer Vorzeit? Eine unzumutbare Frage für Katheder-Wissenschaftler. Am besten wäre es, den Fragesteller einem Psychiater zu überstellen.

Es gibt Archäologen, die den Dreizack an der Felswand der Bucht von Pisco als eine für die Schiffahrt bestimmte Küstenmarkierung ansehen. Gegen diese These spricht, daß der Dreizack in einer Bucht liegt und für anfahrende Schiffe keineswegs von allen Seiten her gesehen werden kann. Dagegen spricht auch, daß eine Markierung von diesem Ausmaß für die Küstenschiffahrt übertrieben groß gewesen wäre – und die Existenz einer Hochseeschiffahrt in Urzeiten ist zumindest fragwürdig. Dagegen spricht aber vor allem, daß die Schöpfer ihren Dreizack himmelwärts konstruierten. Es bleibt ferner zu fragen, wenn schon für irgendeine Art von Schiffahrt Navigationspunkte notwendig waren, warum nahm man dazu nicht die beiden Inseln, die in der Verlängerung der mittleren Säule des Dreizacks weit draußen im Meer liegen? Da boten sich naturgegebene Orientierungshilfen an, die jedem Schiff, gleich von welcher Seite es die Bucht anlief, weithin sichtbar gewesen wären. Warum also eine Markierung, die sowohl aus nördlicher als auch aus südlicher Richtung kommende Seefahrer überhaupt nicht sehen konnten? Und warum ein Navigationszeichen, das himmelwärts weist? Daß es außer einer Sandwüste nichts, aber auch gar nichts gibt, was Seefahrer hätte locken können, und daß die Gewässer mit ihren scharfen Felsriffen für die Ankerung von Schiffen auch in Vorzeiten untauglich gewesen sein dürften, das sei – der Vollständigkeit halber – am Rande erwähnt.

Die Fragen sind da, und Fragen haben gottlob die impertinente Eigenschaft, lästig im Raum stehenzubleiben, bis sie beantwortet sind. Und Fragen derart unzumutbarer Provenienz gibt es viele. Was sollte man beispielsweise sagen, wenn es aus grauester Vorzeit einen Kalender gäbe, aus dem sich die Tagundnachtgleichen, die astronomischen Jahreszeiten, die Positionen des Mondes für jede Stunde und auch die Bewegungen des Mondes – und zwar unter Berücksichtigung der Erdrotation! – ablesen ließen?

Das ist keine fiktive, kühn erdachte Frage! Diesen Kalender gibt

Tiahuanaco in Bolivien lag einst am Titicacasee. Im Laufe der Jahrtausende hat sich der See zurückgezogen.

es. Er wurde im trockenen Schlamm von Tiahuanaco gefunden. Es ist ein blamabler Fund: Er liefert unumstößliche Tatsachen und beweist – kann unser Selbstbewußtsein solchen Beweis zulassen? –, daß die Wesen, die den Kalender schufen, erdachten und anwendeten, eine höhere Kultur besaßen als wir.

In der Stadt Tiahuanaco wimmelt es von Geheimnissen. Die Stadt liegt 4000 Meter hoch und noch dazu am Ende der Welt. Hätte man an einem solchen Ort ausgerechnet eine uralte, mächtige Kultur erwarten dürfen? Von Cuzco (Peru) kommend, erreicht man Stadt und Fundstätten nach eintägiger Bahn- und Schiffahrt. Die Hochebene mutet uns an wie die Landschaft eines fremden Planeten. Für jeden Nichteinheimischen wird körperliche Arbeit zur Qual: Der Luftdruck ist um die Hälfte niedriger als auf dem Meeresspiegel, und der Sauerstoffgehalt der Luft ist entsprechend gering. Und doch hat auf dieser Hochebene eine riesige Stadt gestanden.

Über Tiahuanaco gibt es keine glaubwürdigen Überlieferungen. Vielleicht sollten wir froh darüber sein, daß man derart an den Krücken vererbter Schulweisheiten hier nicht zu den probaten

Lösungen kommen kann. Über den Ruinen, die ein unvorstellbares, bisher nicht ermitteltes Alter haben, liegen die Nebel der Vergangenheit, des Nichtwissens und der Rätsel.

100 Tonnen schwere Sandsteinblöcke sind von Mauerkuben von 60 Tonnen Gewicht überlagert. Glatte Flächen mit haarscharfen Rillen reihen sich an riesige Quader, die durch Kupferklammern zusammengehalten sind – ein Kuriosum, das uns bisher nirgendwo im Altertum begegnet ist. Und: Alle Steinarbeiten sind außerordentlich sauber ausgeführt. In zehn Tonnen schweren Blöcken findet man 2,5 Meter lange Löcher, deren Zweck bisher unerklärbar ist. Auch die fünf Meter langen, ausgetretenen, aus einem Stück gehauenen Steinfliesen tragen nicht zur Lösung der Rätsel, die Tiahuanaco birgt, bei. Wohl durch eine Katastrophe unvorstellbaren Ausmaßes wie Spielzeug durcheinandergewirbelt, finden sich im Boden steinerne Wasserleitungen: zwei Meter lang – 0,5 Meter breit und etwa gleich hoch. Diese Funde verblüffen durch ihre exakte Arbeit. Hatten unsere Vorfahren von Tiahuanaco nichts Besseres zu tun, als – ohne Werkzeuge – jahrelang Wasserleitungen von einer Präzision zu schleifen, gegen die unsere modernen Betongüsse Stümperwerk sind?

In einem heute restaurierten Hof gibt es ein Sammelsurium von steinernen Köpfen, die – genau betrachtet – ein Rendezvous verschiedenster Rassen präsentieren: Gesichter mit schmalen oder schwulstigen Lippen, mit langen oder gebogenen Nasen, mit zierlichen oder plumpen Ohren, mit weichen oder kantigen Zügen. Ja, und einige Köpfe tragen fremdartige Helme. Wollen uns all diese fremden und fremdartigen Gestalten eine Botschaft bringen, die wir – gehemmt durch Sturheit und Voreingenommenheit – nicht verstehen können oder verstehen wollen?

Eines der großen archäologischen Wunder Südamerikas ist das monolithische Sonnentor von Tiahuanaco: eine aus einem einzigen Block gemeißelte riesige Skulptur von drei Meter Höhe und vier Meter Breite. Das Gewicht dieser Steinmetzarbeit wird auf über zehn Tonnen geschätzt. In drei Reihen flankieren 48 quadratische Figuren ein Wesen, das einen fliegenden Gott darstellt.

Was erzählt die Sage über die geheimnisvolle Stadt Tiahuanaco?

Sie weiß von einem goldenen Raumschiff zu berichten, das von den Sternen kam; mit ihm kam eine Frau – Orjana war ihr Name –, um den Auftrag zu erfüllen, Urmutter der Erde zu werden. Orjana besaß nur vier Finger, die durch Schwimmhäute verbunden waren. Urmutter Orjana gebar 70 Erdenkinder, dann kehrte sie zu den Sternen zurück.

Tatsächlich finden wir in Tiahuanaco Felszeichnungen und Figuren von Wesen mit vier Fingern. Ihr Alter ist unbestimmbar. Kein Mensch irgendeiner uns bekannten Zeitepoche hat Tiahuanaco anders als in Ruinen gesehen.

Welches Geheimnis verbirgt uns diese Stadt? Welche Botschaft aus anderen Welten harrt in der bolivianischen Hochebene auf ihre Enträtselung? Es gibt weder über Ursprung noch Ende dieser Kultur eine plausible Erklärung. Dies hindert freilich einige Archäologen nicht, kühn und selbstsicher zu behaupten, das Ruinenfeld sei 1500 Jahre alt. Dieses Alter datieren sie von ein paar lächerlichen Tonfigürchen her, die aber keineswegs etwas mit der Epoche der Monolithen gemeinsam haben müssen. Man macht es sich sehr bequem: Man klebt ein paar alte Scherben zusammen, fahndet nach ein paar nächstliegenden Kulturen, klebt ein Etikett auf den restaurierten Fund, und – Simsalabim! – es paßt wieder einmal alles wundervoll in das so außerordentlich bewährte Denksystem. Diese Methode ist freilich ungleich einfacher, als die Vorstellung einer

Das Alter dieser Monolithen von Tiahuanaco ist unbestimmbar.

Die sogenannten Wasserleitungen von Tiahuanaco bezeugen die vorfabrizierten Bauteile. Kurioserweise wurden keine Unterteile – keine eigentlichen Wasserrinnen – gefunden. Waren es überhaupt Wasserleitungen oder eher Schutzrohre für Kabel?

verwirrenden Technik oder gar den Gedanken an Raumfahrer in grauer Vorzeit zu riskieren. Das würde die Sache ja unnötig komplizieren.

Vergessen wir Sacsayhuaman nicht! Es geht hier nicht um die phantastische Befestigungsanlage der Inkas, die wenige Meter über dem heutigen Cuzco liegt – nicht um die monolithischen Blöcke von über 100 Tonnen Gewicht –, nicht um die über 500 Meter langen und 18 Meter hohen Terrassenmauern, vor denen heute der Tourist steht und ein Erinnerungsfoto knipst. Hier geht es uns um das unbekannte Sacsayhuaman, das nur einen knappen Kilometer von der bekannten Inkafestung entfernt liegt.

Unsere Phantasie reicht nicht aus, sich auszudenken, mit welchen technischen Hilfen unsere Vorfahren einen monolithischen Felsblock von über 100 Tonnen Gewicht aus einem Steinbruch herausbrachen, transportierten und an entfernter Stelle bearbeiteten. Unserer durch technische Errungenschaften der Gegenwart erheblich strapazierten Phantasie wird vollends ein Schock versetzt, wenn wir vor einem schätzungsweise 20000 Tonnen schweren Block stehen. Aus den Befestigungen von Sacsayhuaman rückkeh-

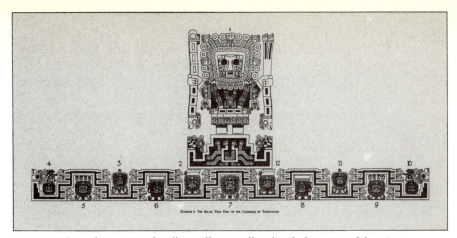

Nach Professor Dr. Schindler-Bellamy stellen die Skulpturen auf dem Sonnentor von Tiahuanaco einen Kalender dar, aus dem sich die Tagundnachtgleichen, die astronomischen Jahreszeiten sowie die Position des Mondes für jede Stunde ablesen lassen. All dies unter Berücksichtigung der Erdrotation!

rend, trifft man, wenige hundert Meter entfernt, am Berghang in einem Krater dieses Ungetüm: einen einzigen Steinblock von der Größe eines vierstöckigen Hauses. Er ist nach bester Handwerkermanier tadellos bearbeitet, hat Stufen und Rampen und ist mit Spiralen und Löchern verziert. Ist es widerlegbar, zu behaupten, daß die Bearbeitung dieses unerhörten Steinblocks keine reine Freizeitbeschäftigung der Inkas gewesen sein kann, daß sie vielmehr irgendeinem – heute noch unerklärbaren – Zweck gedient haben muß? Damit des Rätsels Lösung uns nicht zu einfach sei, steht der ganze ungetüme Block auch noch auf dem Kopf: Die Stufen kommen also von der Decke her von oben nach unten; die Löcher zeigen, wie Granateinschläge, in verschiedene Richtungen; seltsame Vertiefungen, den Formen von Sesseln nicht unähnlich, hängen schwebend im Raum. – Wer kann sich ausdenken, daß menschliche Hände und menschliche Kraft diesen Block freilegten, transportierten und bearbeiteten? Welche Kraft hat ihn umgeworfen?

    Welche titanischen Kräfte waren hier am Werk?

    Und zu welchem Zweck?

    Noch vom Staunen über dieses Steinungetüm erfüllt, findet man, kaum 300 Meter davon entfernt, Felsverglasungen, Verglasungen, wie sie eigentlich nur durch Schmelzen von Gestein unter höchsten

Temperaturen möglich sein dürften. Dem staunenden Reisenden wird an Ort und Stelle die lapidare Erklärung gegeben, das Gestein sei von den abschmelzenden Gletschermassen abgeschliffen worden. Eine absurde Erklärung! Ein Gletscher würde, wie jede fließende Masse, logischerweise nach einer Seite hin abfließen. Diese Eigentümlichkeit der Materie dürfte sich, gleich wann die Glasierungen entstanden, kaum geändert haben. Es ist jedenfalls kaum anzunehmen, daß der Gletscher auf einer Fläche von rund 15 000 Quadratmetern in sechs verschiedene Richtungen abgeflossen ist!

Sacsayhuaman und Tiahuanaco bergen eine Fülle prähistorischer Geheimnisse, für die oberflächliche, aber keine überzeugenden Erklärungen feilgeboten werden. Übrigens findet man Sandverglasungen auch in der Wüste Gobi und in der Nähe alter irakischer Fundstätten. Wer weiß eine Antwort darauf, warum diese Sandverglasungen jenen gleichen, die bei den Atomexplosionen in der Wüste Nevada entstanden sind?

Wird Entscheidendes getan, den prähistorischen Rätseln zu einer überzeugenden Lösung zu verhelfen? In Tiahuanaco sieht man unnatürlich überwachsene Hügel, deren »Dächer« auf einer Fläche von 4000 Quadratmetern völlig plan sind. Die Wahrscheinlichkeit spricht dafür, daß darunter Gebäude verborgen sind. Bislang ist kein Graben durch die Hügelkette gezogen worden, kein Spaten gräbt sich zur Lösung des Rätsels durch. Freilich, das Geld ist knapp. Doch der Reisende sieht nicht selten Soldaten, Offiziere, die offensichtlich nicht wissen, was sie Sinnvolles tun sollen. Wäre es absurd, eine Kompanie unter sachkundiger Anleitung Ausgrabungen durchführen zu lassen?

Für was nicht alles in der Welt ist Geld vorhanden! Forschung für die Zukunft ist brandnotwendig. Solange unsere Vergangenheit unentdeckt ist, bleibt ein Posten in der Rechnung für die Zukunft offen: Kann die Vergangenheit uns nicht zu technischen Lösungen verhelfen, die nicht erst gefunden werden müssen, weil sie schon in der Vorzeit praktiziert wurden?

Wenn der Drang zur Entdeckung unserer Vergangenheit als Antriebsmoment für moderne, intensive Forschungen nicht ausreicht, könnte der Rechenstift möglicherweise hilfreich tätig werden. Bisher jedenfalls wurde kein Wissenschaftler aufgefordert, mit modernsten Arbeitsgeräten in Tiahuanaco oder Sacsayhuaman, in der Wüste Gobi oder den legendären Sodom und Gomorrha Strahlungsuntersuchungen vorzunehmen. Keilschrifttexte und Täfelchen aus Ur, die ältesten Bücher der Menschheit, berichten ohne Ausnahme von »Göttern«, die von den Sternen kamen, die furchtbare Waffen besaßen und die zu den Sternen zurückkehrten. Warum suchen wir sie nicht, die alten »Götter«? Unsere Radioteleskope senden Signale ins Weltall und versuchen, Signale von fremden Intelligenzen zu empfangen. Warum aber suchen wir die Spuren fremder Intelligenzen nicht zuerst oder zugleich auf unserer doch sehr viel näher liegenden Erde? Wir tappen ja nicht blind in einem dunklen Raum – die Spuren sind eindeutig vorhanden.

Die Sumerer begannen etwa 2300 Jahre vor unserer Zeitrechnung damit, die ruhmreiche Vergangenheit ihres Volkes aufzuzeichnen. Heute noch wissen wir nicht, woher das Volk kam. Aber wir wissen, daß die Sumerer eine überlegene, ausgebildete Kultur mitbrachten, die sie den zum Teil noch barbarischen Semiten aufzwangen. Wir wissen auch, daß sie ihre Götter stets auf Berggipfeln suchten und daß sie – wenn es in ihren Siedlungsgebieten keine Gipfel gab – im Flachland künstliche »Berge« aufschütteten. Ihre Astronomie war unglaublich weit entwickelt: Ihren Observatorien gelangen Berechnungen des Mondumlaufs, die nur um 0,4 Sekunden von den heutigen Berechnungen differierten. Außer dem fabelhaften Gilgamesch-Epos, über das wir später noch sprechen werden, hinterließen sie uns eine echte, kleine Sensation: Im Hügel von Kujundschik (dem einstigen Ninive) fand sich eine Rechnung mit dem Endergebnis in unseren Werten von 195 955 200 000 000. Eine fünfzehnstellige Zahl! Unsere vielzitierten und umfänglich erforschten Ahnen abendländischer Kultur, die alten klugen Griechen, brachten es in der Glanzzeit ihres Wissens nicht über die Ziffer 10 000. Was darüber ging, bezeichnete man schlicht als »unendlich«.

Die alten Keilschriften attestieren den Sumerern eine geradezu phantastische Lebensdauer. So haben die zehn Urkönige insgesamt 456 000 Jahre regiert, und die 23 Könige, die nach der Sintflut den Ärger mit dem Wiederaufbau hatten, brachten es immerhin noch mal auf eine Regierungszeit von 24 510 Jahren, drei Monaten und dreieinhalb Tagen.

Ganz und gar unverständliche Jahreszahlen für unsere Begriffe,

Oben, unten und rechts: Sumerische und babylonische Rollsiegel sind die ältesten Kleinstdenkmäler der Erde. Sie zeigen eine Fülle von unerklärlichen, technischen Zutaten: Götter, die am »Lebensbaum« werkeln, fliegende Kugeln und Götter in Barken am Firmament.

obwohl doch die Namen all der vielen Herrscher, säuberlich auf Ziegeln und Münzen verewigt, in langer Liste vorliegen.

Wie sähe sich das an, wenn wir auch hier wagten, die Scheuklappen abzulegen und die alten Dinge mit neuen, mit heutigen Augen zu sehen?

Gesetzt den Fall, fremde Astronauten hätten das Gebiet um Sumer vor Jahrtausenden besucht. Unterstellen wir, sie hätten die Grundlagen zur Zivilisation und zur Kultur der Sumerer gelegt, um nach dieser Entwicklungshilfe auf ihren Planeten zurückzukehren. Nehmen wir an, die Neugier hätte sie alle hundert Erdenjahre an die Stätten ihrer Pionierarbeit zurückgetrieben, um zu kontrollieren, wie denn ihre Saat aufgegangen war. Mit den Maßstäben der heutigen Lebenserwartung hätten die Astronauten unschwer 500 Erdenjahre überleben können. Nicht? Die Relativitätstheorie beweist, daß die Astronauten während der Hin- und Rückflüge in einem Raumschiff, das sich knapp unter der Lichtgeschwindigkeit bewegt hätte, nur um etwa 40 Jahre gealtert wären! Die rückständigen Sumerer hätten über Jahrhunderte Türme, Pyramiden und Häuser mit allem Komfort gebaut, hätten ihren »Göttern« geopfert und auf deren Rückkehr gewartet. Und nach hundert Erdenjahren kamen sie tatsächlich zu ihnen zurück. »Und dann kam die Flut, und nach der Flut stieg das Königtum abermals vom Himmel hernieder...«, heißt es in einer sumerischen Keilschrift.

Wie stellten sich die Sumerer ihre »Götter« vor und dar? Sumerische Mythologie und einige akkadische Tafeln und Bilder geben darüber Aufschluß. Die sumerischen »Götter« hatten keine menschliche Form, und jedes Symbol eines Gottes war zugleich mit einem Stern verbunden. Auf akkadischen Bildtafeln sind Sterne so dargestellt, wie wir sie auch heute zeichnen würden. Merkwürdig ist nur, daß diese Sterne von Planeten verschiedener Größe umkreist werden. Woher wußten die Sumerer, denen unsere Technik der Himmelsbeobachtung fehlte, daß ein Fixstern Planeten hat? Es gibt Skizzen, auf denen Personen Sterne auf dem Kopf tragen, andere, die auf Kugeln mit Flügeln reiten. Es gibt eine Darstellung, die auf Anhieb den Eindruck eines Atommodells assoziiert: ein Kreis von aneinandergereihten Kugeln, die abwechslungsweise strahlen. Kein Abgrund ist so erschreckend, kein Himmel so voller Wunder wie die Hinterlassenschaft der Sumerer voller Fragen und Rätsel und Unheimlichkeiten, wenn man sie mit »Weltraumaugen« betrachtet.

Noch sind die Schlußfolgerungen auf die frühere Anwesenheit fremder Besucher aus dem Weltall rein spekulativ. Denkbar ist, daß »Götter« erschienen, die die Halbwilden im Raume Sumer um sich versammelten und ihnen Teile ihrer Kenntnisse übermittelten. Die Figürchen und Statuen, die uns heute aus Vitrinen in Museen anstarren, zeigen eine Rassenmixtur: Glotzaugen, gewölbte Stirnen, schmale Lippen und meistens gerade und lange Nasen. Ein Bild, das selbst ins schematische Denksystem und seine Vorstellung vom Primitiven schlecht, sehr schlecht hineinpaßt.

Besucher aus dem Weltall in grauer Vorzeit?

– Im Libanon gibt es glasartige Felsbrocken, sogenannte Tektiten, in denen der Amerikaner Dr. Stair radioaktive Aluminium-Isotope entdeckte.

– Im Irak und in Ägypten fanden sich geschliffene Kristall-Linsen, die sich heute nur unter Verwendung von Cäsiumoxyd herstellen lassen, einem Oxyd also, das auf elektrochemischem Weg gewonnen werden muß.

— In Heluan gibt es ein Stück Tuch, ein Gewebe von einer Feinheit und Zartheit, das sich heute nur in einer Spezialfabrik mit großen erfahrungstechnischen Kenntnissen weben ließe.
— Im Museum in Bagdad stehen elektrische Batterien, die nach dem galvanischen Prinzip arbeiten.
— An selber Stelle sind elektrische Elemente mit kupfernen Elektroden und einem unbekannten Elektrolyten zu bestaunen.
— Die Universität London besitzt in ihrer ägyptischen Abteilung einen urzeitlichen Knochen, der zehn Zentimeter über dem rechten Handgelenk in einem glatten, rechtwinkligen Schnitt fachgerecht amputiert worden ist.
— In den vorderasiatischen Berglandschaften von Kohistan gibt eine Höhlenzeichnung die genauen Positionen der Gestirne wieder, die sie realiter vor 10000 Jahren einnahmen. Venus und Erde sind durch Linien verbunden.
— Auf der Hochebene von Peru wurden Ornamente aus Platin gefunden.
— In einem Grab in Chou-Chou (China) lagen Teile eines Gürtels, die aus Aluminium bestehen.
— In Delhi existiert ein alter Pfeiler aus Eisen, der weder Phosphor noch Schwefel enthält und daher durch Witterungseinflüsse nicht zerstört werden kann.

Dieses Sammelsurium von »Unmöglichkeiten« sollte uns doch neugierig und unruhig machen. Mit welchen Mitteln, mit welcher Intuition kommen primitive, in Höhlen lebende Wesen dazu, die Gestirne in ihren richtigen Positionen zu zeichnen? Aus welcher Präzisionswerkstatt stammen die geschliffenen Kristall-Linsen? Wie konnte man Platin schmelzen und modellieren, da dieses Edelmetall erst bei Temperaturen von 1800 Grad Celsius zu schmelzen beginnt? Und wie erhielt man Aluminium, das nur unter beträchtlichen Schwierigkeiten aus dem Bauxit gewonnen werden kann?

Unmögliche Fragen, zugegeben, aber müssen wir sie nicht stellen? Da wir nicht bereit sind, anzunehmen oder zuzugeben, daß es vor unserer Kultur eine höhere, vor unserer Technik eine ähnlich perfekte gab, bleibt doch nur die Hypothese vom Besuch aus dem Weltall! Solange die Archäologie betrieben wird wie bisher, werden wir kaum je eine Chance bekommen, zu erfahren, ob unser graues Altertum wirklich grau und nicht vielleicht ganz heiter war...

Ein utopisch-archäologisches Jahr ist fällig! In diesem einen Jahr hätten sich Archäologen, Physiker, Chemiker, Geologen, Metallurgen und alle korrespondierenden Zweige dieser Wissenschaften mit der einen einzigen Frage zu beschäftigen: Erhielten unsere Vorfahren Besuch aus dem Weltall?

Beispielsweise wird ein Metallurg einem Archäologen bündig und schnell erklären können, wie kompliziert es ist, Aluminium zu gewinnen. Ist es nicht denkbar, daß ein Physiker in einer Felszeichnung auf Anhieb eine Formel erkennt? Ein Chemiker mit seinen hochentwickelten Arbeitsgeräten kann vielleicht die Vermutung, daß Obelisken durch nasse Holzkeile oder durch unbekannte Säuren aus dem Gestein gelöst wurden, bestätigen. Der Geologe schuldet uns eine ganze Reihe von Antworten auf Fragen, was es mit gewissen eiszeitlichen Ablagerungen auf sich hat. In die Crew eines utopisch-archäologischen Jahres gehört selbstverständlich auch eine Tauchmannschaft, die im Toten Meer nach radioaktiven Spuren einer eventuellen Atomexplosion über Sodom und Gomorrha forscht.

Warum sind die ältesten Bibliotheken der Welt Geheimbibliotheken? Wovor denn hat man eigentlich Angst? Ist es die Sorge, daß die viele Jahrtausende behütete und verborgene Wahrheit endlich ans Licht kommt?

Forschung und Fortschritt sind nicht aufzuhalten. Die Ägypter hielten 4000 Jahre lang ihre »Götter« für reale Wesen. Wir brachten noch im Mittelalter in glühendem weltanschaulichen Eifer »Hexen« um. Die Vermutung der geistreichen Griechen, sie könnten aus einem Gänsemagen die Zukunft deuten, ist heute ebenso überholt wie die Überzeugung der Ewiggestrigen, daß Nationalismus noch von irgendeiner Wichtigkeit sei.

Wir haben tausendundeinen Irrtum der Vergangenheit zu korrigieren. Die Selbstsicherheit, die zur Schau getragen wird, ist fadenscheinig und nur noch eine schlichte Form akuter Sturheit. Immer noch herrscht am grünen Tisch der Wahn vor, ein Ding müsse erst bewiesen sein, ehe sich ein »seriöser« Mensch mit ihm beschäftigen darf – oder kann.

Dabei ist es für uns sehr viel leichter und einfacher geworden. Ehedem mußte der, der einen neuen, noch nicht gedachten Gedanken aussprach, mit Ächtung und Verfolgung durch Kurie und Kol-

legen rechnen. Es müßte, denkt man, leichter geworden sein. Es gibt keine Bannbulle mehr, und Scheiterhaufen werden auch nicht mehr entzündet. Allein, die Methoden unserer Zeit sind zwar weniger spektakulär, aber sie sind kaum weniger fortschrittshemmend. Es geht geräuschloser und viel eleganter zu. Mit »killer phrases«, wie die Amerikaner sagen, werden Hypothesen und unerträglich kühne Gedanken zugedeckt und eingefroren. Der Möglichkeiten gibt es viele:
– Das widerspricht den Satzungen! (Immer gut!)
– Das ist zuwenig klassisch! (Imponiert zuverlässig!)
– Das ist zu radikal! (In seiner abschreckenden Wirkung ohne Vergleich!)
– Da machen die Universitäten nicht mit! (Überzeugend!)
– Das haben andere auch schon versucht! (Sicher! Aber mit Erfolg?)
– Wir können keinen Sinn darin erkennen! (Eben!)
– Das verbietet die Religion! (Was soll man dazu sagen?)

»Der gesunde Menschenverstand muß einem sagen«, rief vor 500 Jahren ein Wissenschaftler in den Gerichtssaal, »daß die Erde niemals eine Kugel sein kann, sonst würden ja die Menschen auf der unteren Hälfte ins Bodenlose stürzen!«

»Es steht nirgends in der Bibel«, sagte ein anderer, »daß die Erde sich um die Sonne dreht. Folglich ist jede solche Behauptung Teufelswerk!«

Borniertheit war schon immer ein besonderes Merkmal vor dem Beginn neuer Ideenwelten. An der Schwelle zum 21. Jahrhundert allerdings sollte der forschende Intellekt für phantastische Realitäten offen sein. Er sollte begierig darauf sein, Gesetze und Erkenntnisse, die über Jahrhunderte als Tabu galten, durch neue Erkenntnisse jedoch in Frage gestellt sind, zu revidieren. Mag eine Nobelgarde auch versuchen, diese neue geistige Flut einzudämmen, dann muß im Namen der Wahrheit, im Zeichen der Realität eine neue Welt gegen alle Unbelehrbaren erobert werden. Wer noch vor 40 Jahren in wissenschaftlichen Kreisen von Satelliten sprach, beging eine Art von akademischem Selbstmord. Heute kreisen künstliche Himmelskörper, nämlich Satelliten, um die Sonne, haben den Mars und den Jupiter fotografiert und sind inzwischen sanft auf dem Mond und auf der Venus gelandet, um mit ihren (Touristen-)Kameras erstklassige Fotos von der fremden Landschaft zur Erde zu funken. Als im Frühjahr 1965 die ersten solcher Fotos vom Mars auf die Erde gefunkt wurden, geschah dies mit einer Empfangsleistung von 0,000 000 000 000 000 01 Watt, einer Leistung von nahezu unvorstellbarer Schwäche.

Doch: *Nichts* ist mehr unvorstellbar. Das Wort »unmöglich« sollte für den modernen Forscher im wahrsten Sinne unmöglich geworden sein. Wer heute nicht mitgeht, wird morgen von der Wirklichkeit erdrückt werden.

Bleiben wir also beharrlich bei unserer Hypothese, wonach vor unbekannten tausend Jahren Astronauten von fremden Planeten die Erde besucht haben. Wir wissen, daß unsere unbefangenen und primitiven Vorfahren mit der überlegenen Technik der Astronauten nichts anzufangen wußten. Sie verehrten die Astronauten als »Götter«, die von anderen Sternen kamen, und den Astronauten blieb nichts anderes übrig, als diese göttliche Verehrung über sich ergehen zu lassen – eine Huldigung übrigens, auf die sich unsere Astronauten auf unbekannten Planeten geistig durchaus präparieren müssen.

In einigen Teilen unserer Erde leben heute noch Primitive, für die ein Maschinengewehr eine Teufelswaffe ist. Ist für sie ein Düsenflugzeug nicht vielleicht ein Fahrzeug der Engel? Hören sie aus einem Rundfunkgerät nicht die Stimme eines Gottes? Auch diese letzten Primitiven überliefern naiv und unschuldig die Eindrücke der uns bereits selbstverständlich scheinenden technischen Errungenschaften in ihren Sagen von Generation zu Generation. Immer noch ritzen sie ihre Göttergestalten und deren wunderbare, vom Himmel kommende Schiffe auf Fels- und Höhlenwände. Tatsächlich haben die Wilden uns derart bewahrt, was wir heute suchen.

Höhlenzeichnungen in Kohistan, in Frankreich, in Nordamerika und Süd-Simbabwe, in der Sahara und in Peru, sogar in Chile liegen auf der Linie unserer Hypothese. Henri Lhote, ein französischer Forscher, entdeckte im Tassili (Sahara) einige Hundert (!) von bemalten Wänden mit vielen tausend Tier- und Menschendarstellungen, darunter Gestalten mit kurzen, eleganten Röcken; sie tragen Stäbe und undefinierbare viereckige Kästen an den Stäben. Neben Tiermalereien erstaunen uns Wesen in einer Art von Taucheranzug. Der große Marsgott – so taufte Lhote die Riesenzeichnung – war ursprünglich sechs Meter hoch; der »Wilde« aber, der sie uns hinterlassen hat, hat kaum so primitiv sein können, wie wir es uns wünschen würden, damit alles adrett ins alte Denksystem paßt. Denn immerhin brauchte der »Wilde« offenbar ein Arbeitsgerüst, um derart perspektivisch zeichnen zu können, denn Niveauverschiebungen haben in diesen Höhlen während der letzten Jahrtausende nicht stattgefunden. Uns will, ohne die Phantasie sonderlich zu strapazieren, scheinen, daß der große Marsgott in einem Raum- und Taucheranzug dargestellt wurde. Auf seinen wuchtigen, plumpen Schultern liegt ein Helm, der durch eine Art von Gelenk mit dem Rumpf verbunden ist. Dort, wo Mund und Nase hingehören, zeigt der Helm verschiedene Schlitze. Bereitwillig würde man an einen Zufall glauben oder gar an die darstellerische Phantasie des vorzeitlichen »Künstlers«, wenn diese Darstellung einmalig wäre. Aber im Tassili finden sich einige dieser plumpen, gleich ausgerüsteten Figuren, und auch in den USA (Tulare Region, Kalifornien) sind sehr ähnliche Bilder an Felswänden gefunden worden.

Großzügig, wie wir die Dinge betrachten wollen, sind wir bereit, auch noch zu unterstellen, daß die Primitiven ungeschickt waren und die Figuren in dieser ziemlich verunglückten Art konterfeiten. Warum aber konnten dann dieselben primitiven Höhlenbewohner in Perfektion Rinder und normale menschliche Wesen abbilden? Darum scheint es uns glaubwürdiger, anzunehmen, daß die »Künstler« durchaus fähig waren, das darzustellen, was sie tatsächlich sahen. In Inyo County (Kalifornien) ist in einer Höhlenzeichnung eine geometrische Figur – ohne extravaganten Spleen – als regelrechter Rechenschieber in doppeltem Rahmen identifizierbar. Die Archäologie meint dazu, es seien Göttergestalten...

Auf einem Keramikgefäß, im Iran (Siyalk) gefunden, prangt ein der Rasse nach unbekanntes Tier mit riesigen, kerzengeraden Hörnern auf dem Kopf. Warum nicht? Aber die beiden Hörner zeigen links und rechts je fünf Spiralen. Wenn man sich zwei Stangen mit großen Porzellan-Isolatoren vorstellt, dann entspricht das etwa dieser Zeichnung. Was sagt die Archäologie dazu? Ganz einfach: Es handelt sich um das Symbol eines Gottes. Götter sind preiswert, man deutet vieles – mit Sicherheit alles Ungeklärte – mit Hinweis auf ihre unvorstellbare Jenseitigkeit. Im Raum des Unbeweisbaren läßt sich friedlich leben. Jedes Figürchen, das gefunden wird, jedes Ding, das man zusammenfügt, jede Gestalt, die sich aus Scherben ergänzen läßt, ordnet man flugs irgendeiner alten Religion zu. Paßt aber so ein Ding selbst mit Gewalt in keine der existenten Religionen, dann wird – wie ein Kaninchen aus dem Zylinder – schnell ein neuer, verrückter Altertumskult hervorgezaubert. Schon geht die Rechnung wieder auf!

Was ist aber, wenn die Fresken im Tassili oder in den USA oder in Frankreich tatsächlich wiedergeben, was der Primitive gesehen hat? Was soll man antworten, wenn die Spiralen an den Stäben wirklich Antennen darstellten, wie sie der Primitive bei den fremden »Göttern« gesehen hat? Darf nicht sein, was nicht sein soll? Ein »Wilder«, der immerhin die Fertigkeit besitzt, Wandmalereien zu vollbringen, kann doch gar so wild nicht mehr gewesen sein. Die Wandzeichnung der weißen Dame von Brandberg (Südafrika) könnte eine Malerei des 20. Jahrhunderts sein: im kurzärmligen Pullover, in enganliegenden Hosen, mit Handschuhen, Kniebändern und Pantoffeln. Die Dame ist nicht allein; hinter ihr steht ein hagerer Mensch mit einer seltsam-stachligen Stange in der Hand, und er trägt einen sehr komplizierten Helm mit einer Art von Visier. Als moderne Malerei widerstandslos akzeptiert! Peinlich ist nur, daß es sich um eine Höhlenzeichnung handelt.

Alle Götter, die auf Höhlenzeichnungen in Schweden und Norwegen dargestellt sind, tragen, schier uniform, undefinierbare Köpfe. Es seien Tierköpfe, sagen die Archäologen. Was für ein Widersinn liegt darin, einen »Gott« zu verehren, den man gleichzeitig schlachtet und verspeist. Oft sieht man Schiffe mit Flügeln und sehr oft ganz typische Antennen.

Im Val Camonica (Brescia, Italien) wiederum gibt es Gestalten in plumpen Anzügen, und ärgerlicherweise tragen sie auch Hörner auf dem Kopf. Wir gehen nicht so weit, zu behaupten, daß die italienischen Höhlenbewohner in regem Reiseverkehr zwischen Nordamerika oder Schweden, der Sahara und Spanien (Ciudad Real) pendelten, um einen Austausch ihrer darstellerischen Begabungen und Fortschritte zu exerzieren. Steht also die unangenehme Frage im Raum, warum die Primitiven, unabhängig voneinander, Gestalten in plumpen Anzügen mit Antennen auf den Köpfen schufen...

Kein Wort würden wir über diese ungeklärten Seltsamkeiten verlieren, gäbe es sie nur an einem Ort der Welt. Aber man findet sie fast überall.

Sobald wir die Vergangenheit mit unserem Blick sehen und aus der Phantasie unseres technischen Zeitalters erfüllen, beginnen die Schleier, die über dem Dunkel liegen, sich zu heben. Ein Studium uralter, heiliger Bücher hilft uns weiter, unsere Hypothese zu einer so denkbaren Realität werden zu lassen, daß die Vergangenheitsforschung auf die Dauer den revolutionären Fragen sich nicht mehr entziehen kann.

4. KAPITEL

Und die Bibel hat schon recht · Eine Stadt wird vernichtet · Lebensgefährliche Bundeslade · Noah, der Außerirdische · Gaben für die Himmlischen

Die Bibel steckt voller Geheimnisse und Widersprüche. Die Genesis beginnt mit der Erschaffung der Erde, die geologisch exakt wiedergegeben ist. Woher jedoch wußte der Chronist, daß die Mineralien den Pflanzen und die Pflanzen den Tieren vorangingen?

»Lasset uns Menschen machen nach unserem Bilde...«, steht in 1. Mose 26.

Warum spricht Gott im Plural? Warum sagt er »uns«, nicht »ich«, warum »unserem« und nicht »meinem«? Man darf unterstellen, daß der einzige Gott füglich in der Einzahl zu den Menschen sprechen würde, nicht im Plural.

»Als aber die Menschen anfingen, sich auf der Erde zu mehren, und ihnen Töchter geboren wurden, sahen die Gottessöhne, daß die Töchter der Menschen schön waren, und sie nahmen sich zu Weibern, welche sie nur wollten.« (1. Mose 6,1–2)

Wer kann Antwort auf die Frage geben, welche Gottessöhne sich Erdenmädchen zu Weibern nahmen? Das alte Israel hatte doch nur einen einzigen, unantastbaren Gott. Woher kommen die »Gottessöhne«?

»Zu jenen Zeiten – und auch nachmals noch –, als die Gottessöhne zu den Töchtern der Menschen sich gesellten und diese ihnen Kinder gebaren, waren die Riesen auf Erden. Das sind die Recken der Urzeit, die hochberühmten.« (1. Mose, 6,4)

Da tauchen sie erneut auf, die Gottessöhne, die sich mit den Menschen vermischen. Hier ist auch zum erstenmal von Riesen die Rede! »Riesen« tauchen immer und überall wieder auf: in der Mythologie von Ost und West, in den Sagen von Tiahuanacu und den Epen der Eskimos. »Riesen« geistern durch fast alle alten Bücher. Es muß sie also gegeben haben. Was waren das für Wesen, diese »Riesen«? Waren es unsere Vorfahren, die die gigantischen Bauten errichteten und die spielend die Monolithen herumschoben – oder waren es technisch versierte Raumfahrer von einem anderen Stern? Fest steht: Die Bibel spricht von »Riesen« und bezeichnet sie als »Gottessöhne«, und diese »Gottessöhne« mischen und vermehren sich mit den Töchtern der Menschen.

Mose übermittelt uns im 1. Mose 19,1 einen sehr ausführlichen und im Detail erregenden Bericht über die Katastrophe von Sodom und Gomorrha. Assoziieren wir unsere Kenntnisse zu den gegebenen Schilderungen, dann werden ganz und gar nicht abwegige Vorstellungen wach.

Da kamen also am Abend zwei Engel nach Sodom, als Vater Lot gerade am Stadttor von Sodom saß. Offenbar erwartete Lot diese »Engel«, die sich bald als Männer zeigten, denn Lot erkannte sie sofort und lud sie gastfreundlich über Nacht in sein Haus ein. Die Lüstlinge der Stadt, erzählt die Bibel, wünschten den fremden Männern »beizuwohnen«. Die beiden Fremden konnten jedoch mit einer einzigen Gebärde die Sexuallust der einheimischen Playboys vertreiben: Die Störenfriede waren erledigt.

Die »Engel« forderten – laut 1. Mose 19,12-14 – Lot auf, seine Frau, seine Söhne und Töchter sowie die Schwiegersöhne und Schwiegertöchter eilends und dringend aus der Stadt hinauszuführen, denn, so wußten sie zu warnen, die Stadt würde in aller Bälde vernichtet werden. Die Familie mochte dieser seltsamen Aufforderung nicht so recht trauen und hielt das Ganze für einen schlechten Scherz von Vater Lot. Nehmen wir Mose wörtlich:

»Als nun die Morgenröte heraufkam, trieben die Engel Lot zur Eile an und sprachen: Auf, nimm dein Weib und deine beiden Töchter, die hier sind, daß du nicht weggerafft werdest durch die Schuld der Stadt. Da er aber noch zögerte, ergriffen die Männer ihn und sein Weib und seine beiden Töchter bei der Hand, weil der Herr ihn verschonen wollte, führten ihn hinaus und ließen ihn draußen vor der Stadt. Und als sie dieselben hinausgeführt hatten, sprach er: Rette dich! Es gilt dein Leben! Sieh nicht hinter dich und bleibe nirgends stehen im ganzen Umkreis! Ins Gebirge rette dich, daß du nicht weggerafft werdest! ... Schnell, rette dich dorthin; denn ich kann nichts tun, bis du dort hineingekommen bist.« (1. Mose 19,15-17.22)

Unzweifelhaft ist nach dieser Berichterstattung, daß die beiden Fremden, die »Engel«, über eine den Bewohnern unbekannte Macht verfügten. Nachdenklich stimmt auch der suggestive Zwang, die Eile, mit denen sie die Familie Lot antrieben. Als Vater Lot zögerte, zerrten sie ihn an den Händen fort. Es muß um Minuten gegangen sein. Lot soll, so befehlen sie, ins Gebirge gehen und sich nicht umdrehen. Vater Lot allerdings scheint keinen unbegrenzten Respekt vor den »Engeln« gehabt zu haben, denn er riskiert immer wieder Einwände: »...aber ins Gebirge kann ich mich nicht retten; es könnte das Verderben mich ereilen, daß ich sterben müßte...« Wenig später gestehen die »Engel«, daß sie nichts für ihn tun können, wenn er nicht folgt.

Was eigentlich geschah in Sodom? Man kann sich nicht vorstellen, daß der allmächtige Gott an irgendeinen Zeitplan gebunden ist. Warum also diese Hast seiner »Engel«? Oder war die Vernichtung der Stadt doch von irgendeiner Macht auf die Minute festgelegt? Hatte das Countdown bereits begonnen, und wußten die »Engel« davon? Dann freilich wäre der Termin für die Vernichtung unaufschiebbar gewesen. Gab es keine einfachere Methode, die Familie Lot zu retten? Weshalb sollte sie partout ins Gebirge gehen? Und warum sollte sie sich nicht einmal mehr umblicken dürfen?

Unziemliche Fragen in einer ernsten Sache, zugegeben. Doch seit in Japan zwei Atombomben abgeworfen wurden, wissen wir, welche Schäden angerichtet werden und daß Lebewesen, die der direkten Strahlwirkung ausgesetzt sind, sterben oder unheilbar erkranken. Denken wir einmal schwarz auf weiß, Sodom und Gomorrha seien nach Plan, also willentlich, durch eine Kernexplosion zerstört worden. Vielleicht wollten – spekulieren wir weiter – die »Engel« ganz einfach spaltbares, gefährliches Material vernichten, mit Sicherheit aber eine ihnen unangenehme menschliche Brut ausrotten. Der Zeitpunkt der Vernichtung stand fest. Wer davonkommen sollte – wie die Familie Lot –, mußte sich einige Kilometer vom Explosionszentrum im Gebirge aufhalten: Die Felswände absorbieren selbstverständlich die harten, gefährlichen Strahlen. Ja, und – wer weiß es nicht? – Lots Weib drehte sich um und starrte genau in die Atomsonne. Niemanden wundert es mehr, daß sie auf der Stelle tot zusammenbrach. »Der Herr aber ließ Schwefel und Feuer auf Sodom und Gomorrha regnen...«

Und so endet in 1. Mose 19,27-28 der Katastrophenbericht:

»Am andern Morgen in der Frühe machte sich Abraham auf an den Ort, wo er vor dem Herrn gestanden hatte, und schaute hinab auf Sodom und Gomorrha und auf das ganze umliegende Land. Da sah er den Qualm aufsteigen von dem Lande, wie Qualm von einem Schmelzofen.«

Wir mögen gläubig sein wie unsere Väter, bestimmt sind wir nicht so leichtgläubig. Wir können uns bei bestem Willen keinen allmächtigen, allgegenwärtigen, allgütigen Gott vorstellen, der keine Zeitbegriffe kennt und zugleich nicht weiß, was geschehen wird. Gott schuf den Menschen, und er war mit seinem Werk zufrieden. Dennoch scheint ihn seine Tat später gereut zu haben, weil derselbe Schöpfer beschloß, den Menschen wieder zu vernichten. Uns aufgeklärten Kindern dieser Zeit fällt es auch schwer, einen allgütigen Vater zu denken, der unter zahllosen anderen sogenannte Lieblingskinder bevorzugt, wie eben die Familie Lot. Das Alte Testament liefert eindringliche Schilderungen, in denen Gott allein oder seine Engel unter großem Lärm und starker Rauchentwicklung direkt vom Himmel herniederflogen.

Im Buch der Bücher gibt es eine andere technische Erfindung, über die in diesem Zusammenhang und unverblendet zu berichten lohnt.

In 2. Mose, 25,10 berichtet Mose über die genauen Anweisungen, die »Gott« zum Bau der Bundeslade erteilte. Die Richtlinien werden zentimetergenau angegeben, wie und wo Stäbe und Ringe anzubringen sind und aus welcher Legierung die Metalle zusammengesetzt sein sollen. Die Anweisungen zielten auf eine genaue Ausführung, wie der »Gott« sie zu haben wünschte: Er ermahnte Mose mehrfach, keine Fehler zu machen.

»Und sieh zu, daß du alles genau nach dem Urbild machst, das dir auf dem Berge gezeigt werden soll...« (2. Mose 25, 40)

»Gott« sagte Mose auch, daß er selbst mit ihm sprechen werde, und zwar von der Deckplatte her. Niemand, schärfte er Mose ein, dürfte in die Nähe der Bundeslade kommen, und für deren Transport gab er genaue Vorschriften über die zu tragende Kleidung und das geeignete Schuhwerk. Trotz aller Sorgfalt entstand dann doch eine Panne (2. Samuel 6): Als David die Bundeslade transportieren ließ, ging Ussa daneben her. Als vorbeiziehende Rinder die Bundeslade ausmachten, sie angriffen und umzustürzen drohten, griff Ussa mit der Hand an die Lade: Er war sofort tot.

Fraglos war die Bundeslade elektrisch geladen! Wenn man nämlich die von Mose überlieferten Anweisungen heute rekonstruiert, entsteht ein auf mehrere hundert Volt geladener Kondensator. Dieser wurde durch die Goldplatten gebildet, von denen die eine positiv und die andere negativ aufgeladen war. Wirkte nun noch einer der beiden Cheruben auf der Deckplatte als Magnet, dann war der Lautsprecher – vielleicht sogar eine Art von Gegensprechanlage zwischen Mose und dem Raumschiff – perfekt. Die Details der Konstruktion der Bundeslade sind in schönster Ausführlichkeit in der Bibel nachzulesen. Ohne Gedächtnisauffrischung ist uns in Erinnerung, daß die Bundeslade oft von sprühenden Funken umgeben war und daß Mose – wann immer er Rat und Hilfe brauchte – sich dieses »Senders« bediente. Mose hörte die Stimme seines Herrn, aber er hat ihn nie zu Gesicht bekommen. Als er ihn einmal darum bat, sich ihm zu zeigen, antwortete sein »Gott«:

»Du kannst mein Angesicht nicht schauen, denn kein Mensch bleibt am Leben, der mich schaut. Und der Herr sprach: Siehe, da ist Raum neben mir; tritt auf den Felsen. Wenn nun meine Herrlichkeit vorübergeht, will ich dich in eine Kluft des Felsens stellen und meine Hand schützend über dich breiten, bis ich vorüber bin. Und wenn ich dann meine Hand weghebe, darfst du mir nachschauen, aber mein Angesicht kann niemand sehen!« (2. Mose 33, 20-23)

Es gibt verblüffende Duplizitäten. Im Gilgamesch-Epos, das von den Sumerern stammt und viel älter als die Bibel ist, steht auf der fünften Tafel seltsamerweise der gleiche Satz:

»Kein Sterblicher kommt auf den Berg, wo die Götter wohnen. Wer den Göttern ins Angesicht schaut, muß vergehen.«

In verschiedenen alten Büchern, die Teile der Menschheitsgeschichte überliefern, gibt es sehr ähnliche Schilderungen. Warum wollten sich die »Götter« nicht von Angesicht zu Angesicht zeigen? Warum ließen sie ihre Masken nicht fallen? Was fürchteten sie? Oder stammt die Schilderung in 2. Mose gar aus dem Gilgamesch-Epos? Möglich ist auch das; schließlich soll Mose am ägyptischen Königshof erzogen worden sein. Vielleicht hatte er während dieser Jahre Zutritt zu den Bibliotheken oder bekam Kunde von alten Geheimnissen.

Vielleicht müssen wir auch unsere alttestamentarische Datierung in Frage stellen, weil manches dafür spricht, daß der viel später lebende David noch gegen Riesen mit sechs Fingern und sechs Zehen kämpfte (2. Samuel 21, 18-22). Bedenken muß man auch die Möglichkeit, daß alle die uralten Geschichten, Sagen und Berichte an einem Ort gesammelt und zusammengetragen wurden und später ein bißchen gemischt und kopiert durch die Länder wanderten.

Die Funde der vergangenen Jahre am Toten Meer (Qumran-Texte) ergeben eine wertvolle und erstaunliche Ergänzung zur biblischen Genesis. Wieder erzählt eine Reihe bisher unbekannter Schriften von Himmelswagen, von Söhnen des Himmels, von Rädern und vom Rauch, den die fliegenden Erscheinungen um sich verbreiteten. In der Mose-Apokalypse (Kapitel 33) blickte Eva zum Himmel auf und sah dort einen Lichtwagen heranfahren, der von vier glänzenden Adlern gezogen wurde. Kein irdisches Wesen hätte diese Herrlichkeit beschreiben können, heißt es bei Mose. Schließlich sei der Wagen zu Adam gefahren, und zwischen den Rädern sei Rauch hervorgestoben. Diese Geschichte, am Rande notiert, sagt uns nicht viel Neues: Immerhin aber wird bereits in Zusammenhang mit Adam und Eva zum erstenmal von Lichtwagen, Rädern und Rauch als herrlichen Erscheinungen gesprochen.

In der Lamech-Rolle wurde eine phantastische Begebenheit dechiffriert. Da die Rolle nur bruchstückhaft erhalten ist, fehlen im laufenden Text Sätze und ganze Absätze. Was übrigblieb, ist allerdings wunderlich genug, um es zu berichten.

Diese Überlieferung weiß, daß eines schönen Tages Lamech, Noahs Vater, heimkam und mit der Anwesenheit eines Jungen überrascht wurde, der nach seinem Äußeren so ganz und gar nicht in die Familie paßte. Lamech machte seinem Weibe Bat-Enosch heftige Vorwürfe und behauptete, dieses Kind stamme nicht von ihm. Nun beschwor Bat-Enosch bei allem, was ihr heilig war, daß der Same von ihm, Vater Lamech, stamme – weder von einem Soldaten noch von einem Fremden, noch von einem der »Söhne des Himmels«. (In Klammern vermerkt die Frage: Von was für einer Art von »Söhnen des Himmels« sprach Bat-Enosch eigentlich? Immerhin ereignete sich dieses Familiendrama vor der Sintflut.) Lamech glaubt jedenfalls den Beteuerungen seines Weibes nicht und macht sich, zutiefst beunruhigt, auf, seinen Vater Methusalem um Rat zu fragen. Angekommen, berichtet er die ihm so betrüblich scheinende Familienstory. Methusalem hört sich das an, denkt nach und macht sich seinerseits auf den Weg, den weisen Henoch zu befragen. Das Kuckucksei in der Familie brachte so viel Aufregung, daß der alte Herr die Strapazen der weiten Reise auf sich nahm: Es mußte Klarheit in die Herkunft des kleinen Jungen gebracht werden. Methusalem schildert also, daß da in der Familie seines Sohnes ein Junge aufgetaucht sei, der weniger wie ein Mensch, vielmehr wie ein Himmelssohn aussähe: Die Augen, die Haare, die Haut, das ganze Wesen passe nicht in die Familie.

Der kluge Henoch lauscht dem Bericht und schickt den alten Methusalem mit der außerordentlich beunruhigenden Nachricht auf den Rückweg, daß ein großes Strafgericht über die Erde und die Menschheit kommen würde, und alles »Fleisch« würde vernichtet werden, weil es schmutzig und verderbt sei. Der kleine, fremde Junge aber, den die Familie beargwöhne, sei zum Stammvater der Nachkommenschaft jener bestimmt, die das große Weltgericht überleben würden; deshalb solle er seinem Sohn Lamech befehlen, das Kind auf den Namen Noah zu taufen. Methusalem reist zurück, informiert seinen Sohn Lamech über das, was ihnen allen bevorsteht. Was bleibt Lamech zu tun, als das ungewöhnliche Kind als sein eigenes anzuerkennen und es künftig Noah zu nennen!

Erstaunlich an dieser Familiengeschichte ist die Mitteilung, daß schon Noahs Eltern über die zu erwartende Sintflut unterrichtet waren und daß sogar Großvater Methusalem noch von demselben Henoch, der bald darauf der Überlieferung zufolge in einem feurigen Himmelswagen für immer entrückte, auf das schreckliche Ereignis vorbereitet wurde.

Stellt sich hier nicht ernsthaft die Frage, ob die menschliche Rasse nicht ein Akt gewollter »Züchtung« fremder Wesen aus dem Weltall ist? Was sonst kann die immer wiederkehrende Befruchtung der Menschheit durch Riesen und Himmelssöhne mit der darauffolgenden Ausrottung mißlungener Exemplare für einen Sinn haben? In solcher Sicht wird die Sintflut zu einem vorausgeplanten Projekt angelandeter unbekannter Wesen mit dem Ziel, die menschliche Rasse bis auf wenige edle Ausnahmen zu vernichten. Wenn aber die Sintflut, die in ihrem Ablauf geschichtlich bewiesen ist, mit klarer Absicht vorausgeplant und eingeleitet wurde – und zwar mehrere hundert Jahre bevor Noah den Auftrag zum Bau der Arche bekam –, dann läßt sie sich nicht mehr als göttliches Gericht hinnehmen.

Die Möglichkeit der Aufzucht einer intelligenten menschlichen Rasse ist heute keine so absurde These mehr. Wie die Sage von Tiahuanaco und die Inschrift am Giebel des Sonnentores von einem Raumschiff berichten, das die Urmutter zum Zweck des Kindergebärens auf der Erde absetzte, werden auch die alten heiligen Schriften nicht müde, zu berichten, daß »Gott« den Menschen nach seinem Ebenbild schuf. Es gibt Texte, die notieren, daß es dazu verschiedener Experimente bedurfte, bis der Mensch endlich so gelungen war, wie »Gott« ihn haben wollte. Mit der Hypothese eines Besuches fremder Intelligenzen aus dem Kosmos auf unserer Erde dürfen wir unterstellen, daß wir heute ähnlich geartet sind wie eben jene sagenhaften fremden Wesen.

In dieser Kette von Beweismitteln liefern auch die Opfergaben, welche die »Götter« den Urahnen abforderten, kuriose Rätsel. Es wurden bei weitem nicht nur Weihrauch und Tieropfer verlangt! Oft stehen Münzen nach genau vorgeschriebenen Metallegierungen auf den Wunschzetteln. De facto fand man in Ezeon-Geber die größte Schmelzanlage des alten Orients: einen regelrechten, hochmodernen Schmelzofen mit einem System von Luftkanälen, Rauchfängen und zweckbestimmten Öffnungen. Verhüttungsexperten unserer Tage stehen vor dem bislang ungeklärten Phänomen, wie in dieser uralten Anlage Kupfer geläutert werden konnte. Das war zweifellos der Fall, denn in den Höhlen und Stollen rings um Ezeon-Geber fand man große Bestände an Kupfersulfat. All diesen Funden gibt man ein Alter von mindestens 5000 Jahren.

Wenn unsere Raumfahrer eines Tages auf einem Planeten Primitiven begegnen, werden sie diesen vermutlich auch als »Himmelssöhne« oder »Götter« erscheinen. Möglicherweise werden unsere Intelligenzen in diesen unbekannten und noch ungeahnten Räumen den dortigen Ureinwohnern um den gleichen Zeitraum voraus sein, wie jene sagenhaften Erscheinungen aus dem All unseren Altvordern weit voraus waren. Welche Enttäuschung aber, wenn auch an jenem noch unbekannten Landeort die Zeit weiterging und unsere Astronauten nicht als »Götter«, sondern als weit hinter der Zeit lebende Wesen lächelnd begrüßt werden?

5. KAPITEL

Gilgamesch und Enkidu · Die älteste Flugsage der Menschheit · Was ist die Wahrheit?

Um die Jahrhundertwende wurde im Hügel von Kujundschik ein aufsehenerregender Fund gemacht: Auf zwölf Tontafeln eingekerbt, fand man ein Heldenepos von starker Ausdruckskraft; es gehörte zur Bibliothek des Assyrerkönigs Assurbanipal. Das Epos war in Akkadisch geschrieben; inzwischen wurde ein zweites Exemplar gefunden, das auf den König Hamurabi zurückgeht.

Eindeutig steht fest, daß die Urfassung des Gilgamesch-Epos den Sumerern zu verdanken ist, diesem geheimnisvollen Volk, dessen Herkunft wir nicht kennen, das uns aber die erstaunlichen Zahlenreihen und eine großartige Astronomie hinterließ. Evident ist auch, daß der rote Faden im Gilgamesch-Epos parallel zur Genesis der Bibel verläuft.

Auf der ersten Tontafel der Funde von Kujundschik wird berichtet, daß der siegreiche Held Gilgamesch die Mauer um Uruk gebaut hat. Man liest, daß der »Himmelsgott« in einem erhabenen Haus wohnte, das über Kornspeicher verfügte, und daß auf den Stadtmauern Wächter standen. Es ist zu erfahren, daß Gilgamesch eine Mischung von »Gott« und Mensch war: zu zwei Dritteln »Gott«, zu einem Drittel Mensch. Pilger, die nach Uruk kamen, sahen das Bild seines Leibes in Staunen und Furcht, weil sie nie zuvor etwas Ähnliches an Schönheit und Kraft gesehen hatten. Wieder also steht am Beginn des Berichtes der Gedanke einer Befruchtung von »Gott« und Mensch.

Die zweite Tafel weiß zu melden, wie eine weitere Gestalt – Enkidu – von der Himmelsgöttin Aruru geschaffen wird. Enkidu wird sehr genau beschrieben: Er sei am ganzen Körper behaart, er wisse nichts von Land und Leuten, er sei mit Fellen bekleidet, esse Kräuter des Feldes und trinke mit dem Vieh an gemeinsamer Tränke, auch tummle er sich in der Flut mit dem Gewimmel des Wassers.

Als Gilgamesch, der König der Stadt Uruk, von diesem wenig attraktiven Wesen hört, regt er an, man solle dem Primitiven eine schöne Frau geben, damit er von dem Vieh entfremdet werde. Enkidu, der Primitive, fällt (ob mit Vergnügen, wird nicht berichtet) auf den Trick des Königs herein und verbringt sechs Tage und sechs Nächte mit einer halbgöttlichen Schönheit. – Diese kleine königliche Kuppelei gibt zu denken: In einer barbarischen Welt liegt der Gedanke an eine Kreuzung zwischen Halbgott und Halbtier doch nicht so nahe.

Und die dritte Tafel weiß nun wieder von einer Wolke aus Staub, die aus der Ferne kam, zu berichten: Der Himmel habe gebrüllt, die Erde gebebt, und schließlich sei der »Sonnengott« gekommen und habe Enkidu mit mächtigen Flügeln und Krallen gepackt. Man liest mit Erstaunen, daß es wie Bleischwere auf Enkidus Körper gelegen habe und daß ihm das Gewicht seines Körpers wie das Gewicht eines Felsens vorgekommen sei.

Billigen wir den alten Erzählern nicht weniger Phantasie zu, als wir sie aufzubringen vermögen, und ziehen wir auch noch die Zutaten der Übersetzer und Kopisten ab, dann bleibt doch die Utopie des Berichtes übrig: Woher sollten und konnten die alten Chronisten wissen, daß die Last des Körpers bei einer gewissen Beschleunigung schwer wie Blei wird? Uns sind diese Kräfte bekannt. Wenn ein Astronaut bei seinem Start mit mehreren gravos in seinen Sitz gepreßt wird, dann ist das vorausberechnet.

Welche Phantasie aber gab den alten Chronisten diesen Gedanken ein?

Die fünfte Tafel berichtet, wie sich Gilgamesch und Enkidu auf den Weg machen, den Wohnsitz der »Götter« gemeinsam zu besuchen. Von weitem schon habe der Turm, in dem die Göttin Irninis lebte, gestrahlt. Pfeile und Wurfgeschosse, die sie als vorsichtige Wanderer auf die Wächter schleuderten, seien wirkungslos abgeprallt. Und als sie das Gehege der »Götter« erreichten, dröhnte ihnen eine Stimme entgegen:

»Kehrt um! Kein Sterblicher kommt auf den heiligen Berg, wo die Götter wohnen; wer den Göttern ins Angesicht schaut, muß vergehen.«

»Du kannst mein Angesicht nicht schauen, denn kein Mensch bleibt am Leben, der mich schaut...«, heißt es in 2. Mose.

Auf der siebten Tafel steht nun der erste Augenzeugenbericht einer Raumfahrt, von Enkidu mitgeteilt: Vier Stunden sei er in den ehernen Krallen eines Adlers geflogen. Und dies ist der Bericht im Wortlaut:

»Er sprach zu mir: ›Schau hinunter aufs Land! Wie sieht es aus? Blick auf das Meer! Wie erscheint es dir?‹ Und das Land war wie ein Berg, und das Meer wie ein kleines Gewässer. Und wieder flog er höher, vier Stunden hinauf, und sprach zu mir: ›Schau hinunter aufs Land! Wie sieht es aus? Blick auf das Meer! Wie erscheint es dir?‹ Und die Erde war wie ein Garten, und das Meer wie der Wasserlauf eines Gärtners. Und wieder vier Stunden flog er höher und sprach: ›Schau hinunter aufs Land! Wie sieht es aus? Blick auf das Meer! Wie erscheint es dir?‹ Und das Land sah aus wie ein Mehlbrei, und das Meer wie ein Wassertrog.«

Hier muß irgendein Wesen den Erdball aus großer Höhe gesehen haben! Zu richtig ist der Bericht, als daß er reines Produkt der Phantasie sein könnte! Wer hätte berichten können, daß das Land wie ein Mehlbrei, das Meer wie ein Wassertrog ausgesehen habe, wenn noch nicht die geringste Vorstellung der Erdkugel »von oben« bestanden hat? Denn tatsächlich sieht die Erde aus beträchtlicher Höhe wie ein Puzzlespiel aus Mehlbrei und Wassertrögen aus.

Wenn auf derselben Tafel berichtet wird, daß eine Tür wie ein lebender Mensch sprach, ist diese seltsame Erscheinung für uns ohne Nachdenken als Lautsprecher identifiziert. Und auf der achten Tafel stirbt derselbe Enkidu, der die Erde aus ziemlicher Höhe gesehen haben muß, an einer geheimnisvollen Krankheit – so geheimnisvoll, daß Gilgamesch fragt, ob ihn vielleicht der giftige Hauch eines Himmelstieres getroffen habe. Woher wohl nahm Gilgamesch seine Ahnung, daß der giftige Hauch eines Himmelstieres eine tödliche und unheilbare Krankheit hervorrufen konnte?

Die neunte Tafel schildert, wie Gilgamesch den Tod seines Freundes Enkidu beweint und beschließt, eine weite Reise zu den Göttern zu unternehmen, weil ihn der Gedanke nicht mehr losläßt, er könnte an derselben Krankheit wie Enkidu sterben. Im Tafelbericht steht, daß Gilgamesch zu zwei Bergen kam, die den Himmel trugen, und daß sich zwischen diesen Bergen das Sonnentor wölbte. Vor dem Sonnentor begegnete er Riesen, die ihn nach längerem Gespräch passieren ließen, weil er ja selbst zu zwei Dritteln Gott sei. Schließlich fand Gilgamesch den Park der Götter, hinter dem sich das unendliche Meer weitete. Zweimal warnten die Götter Gilgamesch auf seinem Weg:

»Gilgamesch, wohin läufst du? Das Leben, das du suchst, wirst du nicht finden. Als die Götter den Menschen erschufen, bestimmten sie den Tod für die Menschen, das Leben behielten sie für sich selbst.«

Gilgamesch ließ sich nicht warnen; auf jede Gefahr hin wollte er Utnapischtim erreichen, den Vater der Menschen. Utnapischtim aber lebte jenseits des großen Meeres; es führte kein Weg zu ihm, und außer dem Sonnengott flog kein Schiff hinüber. Unter mannigfachen Gefahren überquerte Gilgamesch das Meer, so daß die elfte Tafel seine Begegnung mit Utnapischtim schildern kann.

Gilgamesch fand die Gestalt des Vaters der Menschen nicht größer und breiter als seine eigene, und er meinte, sie seien einander ähnlich gewesen wie ein Vater dem Sohn. Utnapischtim nun schilderte Gilgamesch seine Vergangenheit, merkwürdigerweise in der Ich-Form.

Zu unserer Verblüffung bekommen wir von Utnapischtim eine genauere Schilderung der Sintflut; er erzählt, daß die »Götter« ihn vor der kommenden großen Flut warnten und ihm den Auftrag gaben, eine Barke zu bauen, auf die er Frauen und Kinder, seine Verwandtschaft und Handwerker jedweder Kunst bergen sollte. Die Beschreibung des Unwetters, der Finsternis, der steigenden Fluten und der Verzweiflung der Menschen, die er nicht mitnehmen konnte, ist von einer heute noch packenden Erzählungskraft. Wir hören auch hier – ähnlich wie in der Bibel im Bericht Noahs – die Geschichte vom Raben und der Taube, die aufgelassen wurden, und wie schließlich, als die Wasser sanken, die Barke auf einem Berg anlandete. – Die Parallele vom Bericht über die Sintflut im Gilgamesch-Epos und in der Bibel ist unzweifelhaft, sie wird auch von keinem Forscher bestritten. Faszinierend an dieser Parallelität ist, daß wir es mit anderen Vorzeichen und »Göttern« zu tun haben.

Stammt der Sintflutbericht der Bibel aus zweiter Hand, so weist die Ich-Form der Erzählung Utnapischtims darauf hin, daß im Gilgamesch-Epos ein Überlebender, ein Augenzeuge, zu Wort kam.

Daß im alten Orient vor einigen tausend Jahren eine Flutkatastrophe stattfand, ist eindeutig belegt. Altbabylonische Keilschrifttexte geben sehr genau an, wo Reste der Barke eigentlich zu finden sein müßten; an der Südseite des Ararat fand man drei Holzstücke, die vielleicht auf die Landestelle der Arche deuten. Im übrigen sind die Chancen, Reste eines Schiffes, das vornehmlich aus Holz gebaut war und das vor mehr als 6000 Jahren eine Flut überstand, zu finden, außerordentlich gering.

Im Gilgamesch-Epos finden wir nicht nur allerfrüheste Berichte, wir finden darin auch utopische Schilderungen, die von keiner Intelligenz der Entstehungszeit der Tafeln erfunden sein können und wie sie ebensowenig Übersetzer und Kopisten der Jahrhunderte, die darüber hinweggingen, erdichtet haben können. Denn in den Schilderungen sind Tatsachen verborgen, die, mit heutigen Augen gesehen, den Autoren des Gilgamesch-Epos bekannt gewesen sein müssen.

Kann eine neue Fragestellung ein wenig Licht in das Dunkel bringen? Ist es möglich, daß sich das Gilgamesch-Epos gar nicht im alten Orient, sondern im Raum Tiahuanaco ereignet hat? Ist es denkbar, daß Nachkommen des Gilgamesch aus Südamerika kamen und das Epos mitbrachten? Eine Bejahung der Fragen ergäbe immerhin eine Erklärung für die Überquerung des Meeres und zugleich für das plötzliche Auftauchen der Sumerer, denn alle Schöpfungen des späteren Babylon gehen bekanntlich auf die Sumerer zurück! Zweifellos verfügte die ägyptische Hochkultur der Pharaonen über Bibliotheken, in denen die alten Geheimnisse aufbewahrt, gelehrt, gelernt und abgeschrieben wurden. Mose wuchs – wir sagten es schon – am ägyptischen Hof auf, sicherlich hatte er Zutritt zu den ehrwürdigen Bibliotheksräumen. Mose war ein gelehriger und gelehrter Herr, er soll ja auch fünf seiner Bücher ursprünglich selbst geschrieben haben, obwohl man bis heute nicht weiß, in welcher Sprache er sie verfaßt haben könnte.

Setzen wir die Hypothese, das Gilgamesch-Epos wäre von den Sumerern über die Assyrer und Babylonier nach Ägypten gekommen und der junge Mose hätte es dort gefunden und für seine Zwecke adaptiert, dann wäre nicht die biblische, sondern die sumerische Sintflutgeschichte die echte...

Darf man solche Fragen nicht stellen? Uns scheint, daß die klassische Methode der Urgeschichtsforschung festgefahren ist und darum nicht zu den richtigen, hieb- und stichfesten Ergebnissen kommen kann. Sie ist zu sehr an ihr Denkmodell fixiert, es bleibt kein Spielraum für Phantasie und Spekulation, die allein einen schöpferischen Impuls bringen könnten.

Manche Forschungsmöglichkeiten im alten Orient scheiterten fraglos an der Unantastbarkeit und Heiligkeit der Bücher der Bibel. Man wagte nicht, vor solchem Tabu Fragen zu stellen und Zweifel laut werden zu lassen. Die angeblich so aufgeklärten Forscher noch des 19. und 20. Jahrhunderts hingen in den geistigen Fesseln jahrtausendealter Irrtümer – weil der Weg zurück Teile der Berichte der Bibel in Frage stellen muß. Dabei müßte selbst ein sehr gläubiger Christ begreifen, daß manche im Alten Testament geschilderten Begebenheiten sich wirklich nicht mit dem Wesen eines gütigen, großen und allgegenwärtigen Gottes vereinbaren lassen. Gerade der, der die Glaubensthesen der Bibel unantastbar bewahren will, muß oder müßte daran interessiert sein, zu klären, wer denn die Menschen im Altertum erzog, wer ihnen die ersten Regeln für ein gesellschaftliches Zusammenleben gab, wer ihnen Gesetze der Hygiene vermittelte und wer die Verkommenen vernichtete.

Wenn wir so denken und fragen, sind wir nicht gottlos. Wir sind fest überzeugt, daß, wenn die letzte Frage nach unserer Vergangenheit eine echte und überzeugende Antwort bekommen hat, *etwas* im Unendlichen bleiben wird, das wir mangels eines besseren Namens »Gott« nennen.

Doch die Hypothese, daß der unvorstellbare Gott zu seiner Fortbewegung Fahrzeuge mit Rädern und Flügeln brauchte, sich mit primitiven Menschen paarte und seine Maske nicht fallen lassen durfte, bleibt – solange es keine Beweise dafür gibt – eine Ungeheuerlichkeit und Anmaßung. Die Antwort der Theologen, Gott sei weise und wir könnten nicht ahnen, auf welche Art er sich zeige und sich sein Volk untertänig mache, liegt nicht auf der Linie unserer Fragestellung und ist darum unbefriedigend. Man möchte die Augen auch vor neuen Realitäten schließen. Aber die Zukunft nagt Tag für Tag an unserer Vergangenheit. In etwa zwölf Jahren werden die ersten Menschen auf dem Mars landen. Findet sich dort ein einziges, uraltes, längst verlassenes Bauwerk, findet sich ein einziger, auf frühere Intelligenzen hindeutender Gegenstand, gibt es eine noch erkennbare Felszeichnung, dann werden diese Funde unsere Religionen fragwürdig machen und unsere Vergangenheit durcheinanderwirbeln. Eine einzige Entdeckung wird die größte Revolution und Reformation in der Menschheitsgeschichte bewirken.

Wäre es angesichts der unausweichlichen Konfrontation mit der Zukunft nicht klüger, sich mit neuen, phantasievollen Gedanken unserer Vergangenheit zu erinnern? Weit davon entfernt, ungläubig zu sein, können wir es uns nicht mehr leisten, leichtgläubig zu sein. Jede Religion hat die Skizze ihres Gottes; sie ist gehalten, im Bezirk dieser Skizze zu denken und zu glauben. Derweil kommt mit dem Raumzeitalter der *geistige* Jüngste Tag immer stetiger auf uns zu. Die theologischen Wolken werden sich verflüchtigen, werden wie Nebelfetzen zerrissen. Mit dem entscheidenden Schritt in den Kosmos werden wir erkennen müssen, daß es nicht zwei Millionen Götter, nicht 20 000 Sekten oder zehn große Religionen gibt, sondern nur eine einzige.

Vielleicht tut es gut, ein simples Wort über die »Wahrheit« zu sagen. Der unangefochtene Gläubige einer Religion ist überzeugt, daß er die »Wahrheit« hat. Das gilt nicht nur für den Christenmenschen, das gilt gleichermaßen für die Mitglieder anderer großer oder kleiner Religionsgemeinschaften. Theosophen, Theologen und Philosophen haben über ihre Lehre nachgedacht, über ihren Meister und seine Lehre; sie sind überzeugt, die »Wahrheit« gefunden zu haben. Selbstverständlich hat jede Religion ihre Geschichte, ihre gemäßen Versprechungen von Gott, sie hat ihre Abmachungen mit Gott, dessen Propheten und deren weise Lehrer, die gesagt haben... Die Beweise der »Wahrheit« gehen immer vom Zentrum der eigenen Religion aus. Das Ergebnis ist ein befangenes Denken, in dem wir von Kindheit an zu denken und zu glauben erzogen wurden; immerhin lebten und leben Generationen in der Überzeugung, daß sie die »Wahrheit« haben.

Etwas bescheidener meinen wir, daß man die »Wahrheit« nicht haben kann. Man kann bestenfalls an sie glauben. Wer wirklich *die* Wahrheit sucht, kann und darf sie nicht nur unter den Vorzeichen und im Raum seiner eigenen Religion suchen. Wäre da nicht Unehrlichkeit Taufpate für eine Sache mit größtem Anspruch? Was endlich ist Zweck und Ziel des Lebens? Die »Wahrheit« zu glauben oder sie zu suchen? Mögen auch im Zweistromland Tatsachen des Alten Testaments archäologisch bewiesen werden, dann sind diese belegten Tatsachen immer noch keine Beweise für die »Wahrheit«

der betreffenden Religion. Werden irgendwo uralte Städte, Dörfer, Brunnen oder Schriften ausgegraben, dann zeigen diese Funde, daß die Geschichte jenes Volkes echt ist. Nicht erklärt ist damit, daß auch der Gott des betreffenden Volkes der einzige Gott (und kein Raumfahrer) gewesen ist.

In aller Welt beweisen heute Ausgrabungen, daß Überlieferungen den Tatsachen entsprechen. Würde es aber beispielsweise auch nur einem Christen einfallen, sich durch Ausgrabungen in Peru bewegen zu lassen, auch den Gott der präinkaischen Kultur als den *echten* Gott anzuerkennen? Wir meinen ganz schlicht, daß alles Mythos oder erlebte Geschichte eines Volkes ist. Mehr nicht. Aber das ist, meinen wir, sehr viel.

Wer also wirklich Wahrheit sucht, kann nicht nur deswegen neue und kühne und noch nicht bewiesene Aspekte ablehnen, weil sie nicht in sein Denk- (oder Glaubens-)Schema passen. Da sich vor 100 Jahren die Frage der Raumfahrt nicht gestellt hat, konnten sich unsere Väter und Großväter füglich keine Gedanken darüber machen, ob unsere Vorfahren Besuch aus dem Weltall hatten. Unterstellen wir einmal die fürchterliche, aber leider mögliche Idee, unsere heutige Zivilisation würde durch einen H-Bombenkrieg total vernichtet. 5000 Jahre später würden dann Archäologen Bruchstücke der Freiheitsstatue von New York finden. Nach dem heutigen Denkschema müßten die Zukunftsarchäologen behaupten, es handle sich um eine unbekannte Gottheit – wahrscheinlich um eine Gottheit des Feuers (der Fackel wegen) oder um eine Gottheit der Sonne (wegen der Strahlen um den Kopf der Statue). Daß es sich um eine ganz simple Figur handeln könnte, dürfte man – bliebe man beim heutigen Denkschema – gar nicht auszusprechen wagen.

Es ist nicht mehr möglich, mit Glaubenssätzen die Wege in die Vergangenheit zu blockieren. Wenn wir uns auf die beschwerliche Suche nach der Wahrheit machen wollen, müssen wir allen Mut aufbringen, die Geleise, in denen wir bisher dachten, zu verlassen und zunächst alles, was wir als richtig und wahr hinnahmen, in Zweifel zu ziehen. Können wir es uns denn noch leisten, die Augen zu schließen und die Ohren zu verstopfen, weil neue Gedanken ketzerisch und unvernünftig sein sollen?

Der Gedanke an eine Landung auf dem Mond war vor 70 Jahren übrigens durchaus unvernünftig.

6. KAPITEL

Himmelswagen über Indien · H-Explosion im Altertum · UFO im alten Land am Nil · Über die Unsterblichkeit der Pharaonen · Feuerwagen allüberall · Eine Zeitkapsel für die Zukunft

Nach unseren bisherigen Notizen und Betrachtungen gab es im Altertum Dinge, die es nach landläufigen Vorstellungen nicht hätte geben dürfen. Unser Sammlerfleiß ist aber mit den angehäuften Funden keineswegs am Ende.

Da wird doch auch in der Mythologie der Eskimos behauptet, die ersten Stämme seien von »Göttern« mit ehernen Flügeln in den Norden getragen worden! Die ältesten Indianersagen wissen von einem Thunderbird (Donnervogel), der ihnen das Feuer und die Frucht gebracht hat. Schließlich berichtet die Mythologie der Mayas, das Popol Vuh, die »Götter« hätten alles erkennen können: das All, die vier Richtungen des Horizonts und sogar das runde Antlitz der Erde.

Was phantasieren die Eskimos von metallenen Vögeln? Warum berichten die Indianer von einem Donnervogel? Woher sollen denn die Vorfahren der Mayas gewußt haben, daß die Erde rund ist?

Die Mayas waren klug, sie hatten eine hochentwickelte Kultur. Sie hinterließen nicht nur einen sagenhaften Kalender – sie vermachten uns auch unglaubliche Rechnungen. Sie kannten das Venus-Jahr mit 584 Tagen und gaben die Dauer des Erdenjahres mit 365,2420 Tagen an. (Genaue Berechnung heute: 365,2422!) Die Mayas hinterließen uns Rechnungen bis zu 64 Millionen Jahren. Neuere Inschriften beschäftigen sich sogar mit Einheiten, die wahrscheinlich auf 400 Millionen Jahre kommen. Die berühmte Venus-Gleichung könnte plausiblerweise von einem Elektronengehirn errechnet worden sein. Schwer allerdings, zu begreifen, daß sie von einem Dschungelvolk stammen soll! Die Venus-Gleichung der Mayas sieht so aus:

Das Tzolkin hat 260, das Erdenjahr 365 und das Venus-Jahr 584

Oben und nächste Seite: Nur drei Handschriften der Mayas überlebten das Zerstörungswerk der Spanier. Heute verstehen wir die Maya-Astronomie und die Maya-Mathematik – der Rest ist ein Rätsel.

Tage. In diesen Ziffern steckt eine verblüffende Divisionsmöglichkeit: 365 ist fünfmal, 584 ist achtmal durch 73 teilbar. Die unglaubliche Formel präsentiert sich so:

(Mond) $20 \times 13 \times 2 \times 73 = 260 \times 2 \times 73 = 37\,960$
(Sonne) $8 \times 13 \times 5 \times 73 = 104 \times 5 \times 73 = 37\,960$
(Venus) $5 \times 13 \times 8 \times 73 = 65 \times 8 \times 73 = 37\,960$

Nach 37 960 Tagen fallen also alle Zyklen zusammen. Die Mythologie behauptete, daß dann die »Götter« zum großen Rastplatz kommen würden.

Die präinkaischen Völker überlieferten in ihren Göttersagen, daß die Sterne bewohnt seien und daß die »Götter« aus dem Sternbild der Plejaden zu ihnen herniederkamen. Immer wieder geben sumerische, assyrische, babylonische und ägyptische Keilschrifttexte dieses gleiche Bild: »Götter« kamen von Sternen und kehrten zu ihnen zurück, sie fuhren mit Feuerschiffen oder Barken am Him-

mel, besaßen unheimliche Waffen und versprachen einzelnen Menschen die Unsterblichkeit.

Es ist vollkommen verständlich, daß die alten Völker ihre Götter am Himmel suchten, und auch, daß sie ihrer Phantasie die Zügel schießen ließen, um die Herrlichkeit dieser unbegreiflichen Erscheinungen prächtig zu schildern. All dies akzeptiert, bleiben doch zu viele Ungereimtheiten.

Woher, beispielsweise, soll der Chronist des Mahabharata gewußt haben, daß es eine Waffe geben kann, die imstande ist, ein Land mit zwölf Jahren Dürre zu bestrafen? Die mächtig genug ist, auch noch die Ungeborenen im Mutterleib zu töten? Dieses altindische Epos Mahabharata ist umfangreicher als die Bibel und selbst bei vorsichtiger Schätzung im Kern mindestens 5000 Jahre alt. Es lohnt durchaus, mit neuen Brillen in diesem Epos zu lesen.

Wir können uns kaum noch wundern, wenn wir im Ramajana erfahren, daß Vimanas, nämlich fliegende Maschinen, mit Hilfe von Quecksilber und einem großen Antriebswind in großen Höhen navigiert haben. Die Vimanas konnten unendliche Entfernungen zurücklegen, von unten nach oben, von oben nach unten und von hinten nach vorn fahren. Beneidenswert steuerbare Raumfahrzeuge! Unser Zitat stammt aus der Übersetzung von N. Dutt (England, 1891):

»Auf Ramas Befehl stieg der herrliche Wagen mit gewaltigem Getöse zu einem Wolkenberg empor...«

Wir wollen nicht überlesen, daß erneut nicht nur von einem fliegenden Objekt die Rede ist, sondern daß der Chronist wiederum von einem gewaltigen Getöse spricht. Eine andere Stelle aus dem Mahabharata:

»Bhima flog mit seiner Vimana auf einem ungeheuren Strahl, der den Glanz der Sonne hatte und dessen Lärm wie das Donnern eines Gewitters war.« (C. Roy, 1889)

Auch die Phantasie braucht Ansätze. Wie kann der Chronist Schilderungen geben, die immerhin eine Vorstellung von Raketen voraussetzen und auch das Wissen, daß so ein Fahrzeug auf einem Strahl reiten kann und einen erschreckenden Donner verursacht?

Im Samsaptakabadha werden Unterschiede zwischen Wagen, die fliegen, und solchen, die es nicht können, gemacht. Das erste Buch des Mahabharata verrät die intime Geschichte der unverheirateten Kunti, die nicht nur den Besuch des Sonnengottes, sondern anschließend auch einen Sohn bekam, der leuchtend wie die Sonne selbst gewesen sein soll. Da Kunti sich – damals schon! – fürchtete, in Schande zu geraten, legte sie das Kind in ein Körbchen und setzte es auf einem Fluß aus. Adhirata, ein braver Mann aus der Suta-Kaste, fischte Körbchen und Kindchen aus dem Wasser und zog letzteres auf.

Wahrhaftig eine kaum erwähnenswerte Geschichte, wenn sie nicht eine so unübersehbare Ähnlichkeit mit der Geschichte Moses hätte! Und immer wieder taucht hartnäckig der Hinweis auf die Befruchtung des Menschen durch die »Götter« auf. Ähnlich wie Gilgamesch unternimmt Ardschuna, der Held des Mahabharata, eine weite Reise, um die Götter zu suchen und Waffen von ihnen zu erbitten. Und als Ardschuna nach vielen Gefahren die Götter gefunden hat, begegnet ihm sogar Indra, der Herr des Himmels, höchstpersönlich, an der Seite seiner Gemahlin Sachi. Beide begegnen dem tapferen Ardschuna nicht irgendwo, nein, sie begegnen ihm in einem himmlischen Streitwagen, und sie laden ihn sogar ein, mit in den Himmel zu fahren.

Im Mahabharata finden sich so genaue Zahlenangaben, daß man den Eindruck gewinnt, der Autor habe ganz präzise gewußt, was er schrieb. Er schildert voll Entsetzen eine Waffe, die alle Krieger töten konnte, die Metall am Körper trugen: Erfuhren die Krieger rechtzeitig genug vom Einsatz dieser Waffe, dann rissen sie sich alle Metallstücke, die sie trugen, vom Leibe, sprangen in die Flüsse, wuschen sich und alles, was sie berührt hatten, gründlich ab. Nicht ohne Grund, wie der Autor weiß, denn die Waffe bewirkte, daß Haare und Nägel an Händen und Füßen abfielen. Alles Lebendige, klagt er, wurde blaß und schwach.

Im achten Buch treffen wir Indra in seinem himmlischen Strahlenwagen wieder: Unter allen Menschen hat er Judhisthira ausgewählt, der als einziger in seiner sterblichen Hülle den Himmel betreten darf. Die Parallele zu den Berichten über Henoch und Elias ist auch hier nicht zu übersehen.

Im selben Buch steht (der vielleicht erste Bericht über einen H-Bombenabwurf), daß Gurkha von Bord einer mächtigen Vimana ein einziges Geschoß auf die dreifache Stadt schleuderte. Der Bericht benutzt Vokabeln, wie wir sie aus Augenzeugenberichten von der Zündung der ersten Wasserstoffbombe im Bikini-Atoll in Erinnerung haben: Weißglühender Rauch, zehntausendmal heller als die Sonne, habe sich in unendlichem Glanz erhoben und die Stadt in Asche gelegt. Als Gurkha wieder gelandet sei, habe sein Fahrzeug einem leuchtenden Block Antimonium geglichen. Und für die Philosophen sei festgehalten, daß das Mahabharata sagt, die Zeit sei der Same des Universums...

Auch die tibetanischen Bücher Tantjua und Kantjua erwähnen vorgeschichtliche Flugmaschinen, die sie »Perlen am Himmel« nennen. Beide Bücher betonen ausdrücklich, daß dieses Wissen geheim und nicht für die Öffentlichkeit bestimmt sei. Im Samarangana Sutradhara gibt es ganze Kapitel, in denen Luftschiffe beschrieben werden, aus deren Ende Feuer und Quecksilber sprühten.

Das Wort »Feuer« in alten Schriften muß kein brennendes Feuer meinen, denn zusammengenommen lassen sich etwa 40 verschiedene Arten von »Feuer« aufzählen, die sich vorwiegend auf elektrische und magnetische Phänomene beziehen. Uns fällt es schwer zu glauben, daß die alten Völker gewußt haben sollen, daß und wie man aus schweren Metallen Energie gewinnen kann. Man darf es sich auch nicht so einfach machen und die alten Sanskrittexte einfach als Mythen abtun! Die Vielzahl der hier bereits exzerpierten Stellen aus alten Schriften läßt die Vermutung fast zur Gewißheit werden, daß man im Altertum fliegenden »Göttern« begegnet ist. Mit der alten, bisher leider bewährten Methode »...Das gibt es nicht... das sind Fehler in der Übersetzung... das sind phantasievolle Übertreibungen der Autoren oder Kopisten« kommen wir nicht mehr weiter. Mit einem neuen Denkschema, nämlich dem aus den technischen Kenntnissen unseres Zeitalters entwickelten, müssen wir das Dickicht, hinter dem unsere Vergangenheit verborgen liegt, lichten. Wie das Phänomen der Raumschiffe in grauer Vorzeit zu klären ist, so bleibt auch das Phänomen der oft geschilderten grauenhaften Waffen, von denen die Götter jeweils mindestens einmal Gebrauch machten, plausibler Deutung offen. Texte aus dem Mahabharata zwingen zum Nachdenken:

»Es war, als seien die Elemente losgelassen. Die Sonne drehte sich im Kreise. Von der Glut der Waffe versengt, taumelte die Welt in Fieber. Elefanten waren von der Hitze angebrannt und rannten wild hin und her, um Schutz vor der entsetzlichen Gewalt zu finden. Das

Wasser wurde heiß, die Tiere starben, der Feind wurde niedergemäht, und das Toben des Feuers ließ die Bäume wie bei einem Waldbrand reihenweise stürzen. Die Elefanten brüllten entsetzlich und sanken in weitem Umkreis tot zu Boden. Die Pferde und Streitwagen verbrannten, und es sah so aus wie nach einem Brand. Tausende von Wagen wurden vernichtet, dann senkte sich tiefe Stille über das Meer. Die Winde begannen zu wehen, und die Erde hellte sich auf. Es bot sich ein schauerlicher Anblick. Die Leichen der Gefallenen waren von der fürchterlichen Hitze verstümmelt, daß sie nicht mehr wie Menschen aussahen. Niemals zuvor haben wir eine so grauenhafte Waffe gesehen, und niemals zuvor haben wir von einer solchen Waffe gehört.« (C. Roy, Drona Parva 1889)

Die, die noch einmal davonkamen, wird weiter berichtet, badeten sich, ihre Rüstungen und ihre Waffen, weil alles vom tödlichen Hauch der »Götter« belegt war. Wie hieß es im Gilgamesch-Epos? »Hat der giftige Hauch des Himmelstieres dich vielleicht getroffen?«

Alberto Tulli, ehemals Leiter der ägyptischen Abteilung des Vatikanischen Museums, fand ein Fragment aus der Zeit von Tuthmosis III., der etwa 1500 vor Christus lebte. Darin wird überliefert, daß die Schriftgelehrten einen Feuerball am Himmel daherkommen sahen, dessen Atem von üblem Geruch war; Tuthmosis und seine Soldaten beobachteten dieses Schauspiel, bis der Feuerball in südlicher Richtung aufstieg und den Blicken entschwand.

Alle zitierten Texte stammen aus Jahrtausenden vor unserer Zeitrechnung. Die Autoren lebten auf anderen Kontinenten und in verschiedenen Kulturen und Religionen. Nachrichtenträger gab es noch nicht, interkontinentale Reisen waren nicht an der Tagesordnung. Trotzdem kommen Überlieferungen aus allen vier Himmelsrichtungen und aus ungezählten Quellen, die nahezu Gleiches zu berichten wissen. Saß in den Hirnen der Autoren die gleiche Phantasie? Wurden sie alle auf die gleiche Weise, schier manisch, von den gleichen Phänomenen verfolgt? Unmöglich und undenkbar, daß die Chronisten des Mahabharata, der Bibel, des Gilgamesch-Epos, der Schriften der Eskimos, der Indianer, der nordischen Völker, der Tibetaner und vieler, vieler anderer Quellen zufällig und grundlos die gleichen Geschichten von fliegenden »Göttern«, von seltsamen Himmelsfahrzeugen und mit diesen Erscheinungen verbundenen furchtbaren Katastrophen berichten. Keine Phantasie kann derart rund um die Welt am Werk sein. Die fast uniformen Berichte können nur von Tatsachen, also von vorgeschichtlichen Ereignissen, herkommen: Es wurde berichtet, was zu sehen gewesen war. Mag – und daran wird sich kaum etwas geändert haben – der Reporter in grauer Vorzeit seine Berichte phantasievoll aufgeblasen haben, dann bleibt im Zentrum aller Exklusivberichte – wie heute – die Tatsache, das präzise dargestellte Ereignis. Und das kann wohl nicht an so vielen Orten zu verschiedenen Zeiten erfunden worden sein.

Konstruieren wir ein Beispiel:

Im afrikanischen Busch landet zum erstenmal ein Helikopter. Kein Eingeborener hat je eine solche Maschine gesehen. Mit unheimlichem Getöse setzt der Hubschrauber in einer Lichtung auf, Piloten in Kampfanzügen, mit Sturzhelmen und Maschinengewehren springen heraus. Der Wilde in seinem Lendenschurz steht benommen und fassungslos vor diesem Ding, das vom Himmel herniederkam, und vor den ihm unbekannten »Göttern«. Wenig später entschwindet der Helikopter wieder in den Lüften.

Wieder allein, muß der Wilde mit dieser Erscheinung fertig werden. Er wird anderen, die nicht zugegen waren, erzählen, was er sah: einen Vogel, ein Himmelsgefährt, das lärmte und stank – Wesen, die weiße Haut hatten, die Waffen trugen, die Feuer spien... Der wunderbare Besuch wird für alle Zeiten festgehalten und überliefert. Wenn der Vater seinem Sohn erzählt, wird der Himmelsvogel freilich nicht kleiner, und die Wesen, die ihm entstiegen, werden immer merkwürdiger, großartiger und mächtiger. Dies und vieles mehr wird hinzugedichtet werden. Voraussetzung für die herrliche Geschichte aber war die effektive Landung des Helikopters: Der Hubschrauber setzte in der Lichtung im Busch auf, und die Piloten waren aus ihm herausgeklettert. Fortan existiert das Ereignis in der Mythologie des Stammes weiter.

Gewisse Dinge lassen sich nicht erfinden. Wir würden auch unsere Vorgeschichte nicht nach Raumfahrern und Himmelsflugzeugen durchstöbern, wenn nur in zwei oder drei alten Büchern von solchen Erscheinungen erzählt würde. Wenn aber in der Tat nahezu alle Texte der Urvölker rund um den Erdball das gleiche erzählen, dann müssen wir doch die darin versteckten objektiven Wahrheiten zu erklären versuchen.

»Menschensohn, du wohnst inmitten des widerspenstigen Geschlechts, das Augen hat zu sehen und doch nicht sieht und Ohren hat zu hören und doch nicht hört...« (Hesekiel 12,2)

Wir wissen, daß alle sumerischen Götter in bestimmten Sternen ihre Entsprechung hatten. Marduk = Mars, der höchste der Götter, soll eine Statue von 800 Talenten Gewicht aus purem Gold gehabt haben; das entspräche, wenn man Herodot glaubt, einem Bildnis aus 24 000 Kilogramm reinem Gold. Ninurta = Sirius war der Richter des Alls, der die Entscheidungen über die sterblichen Menschen fällte. Es gibt Keilschrifttäfelchen, die an Mars, an Sirius und an die Plejaden gerichtet waren. In sumerischen Hymnen und Gebeten werden immer wieder Götterwaffen erwähnt, die in Form und Wirkung für die damalige Zeit völlig unsinnig gewesen sein müssen. Ein Loblied auf Martu schildert, daß er Feuer regnen lasse und seine Feinde mit einem leuchtenden Blitz vernichte. Inanna wird geschildert, wie sie am Himmel aufgeht, schrecklichen, blendenden Glanz ausstrahlt und die Häuser des Feindes vernichtet. Es wurden Zeichnungen und sogar das Modell einer Wohnstätte gefunden, die einem vorfabrizierten Atombunker nicht unähnlich sind: rund, wuchtig und mit einer einzigen, merkwürdig umrahmten Öffnung. Aus der gleichen Epoche, etwa 3000 vor Christus, fanden Archäologen ein Gespann mit Wagen und Lenker, dazu zwei ringende Sportsleute, das Ganze in tadelloser, sauberer Verarbeitung. Die Sumerer, das ist erwiesen, beherrschen eine perfekte Handwerkskunst. Warum modellierten sie einen klobigen »Bunker«, da andere Ausgrabungen in Babylon oder Uruk viel differenziertere Werke ans Licht brachten? Erst vor geraumer Zeit wurde in der Stadt Nippur – 150 Kilometer südlich von Bagdad – eine ganze sumerische Bibliothek von etwa 60 000 beschriebenen Tontafeln gefunden. Eingeritzt in eine sechsspaltige Tafel, besitzen wir nun die älteste Schilderung der Sintflut. Fünf vorsintflutliche Städte sind auf den Tafeln benannt: Eridu, Badtibira, Larak, Sitpar und Schuruppak. Zwei dieser Städte wurden bisher noch nicht gefunden. Auf diesen ältesten bis heute entzifferten Tafeln heißt der Noah der Sumerer Ziusudra; er soll in Schuruppak gewohnt und dort auch seine Arche gebaut haben. Nun verfügen wir also über eine noch ältere Schilderung der Sintflut, als wir sie bisher im Gilgamesch-Epos besaßen. Niemand weiß, ob neue Funde nicht noch frühere Darstellungen bringen werden.

Die Menschen der alten Kulturen scheinen von der Idee der Unsterblichkeit oder der Wiedergeburt wie besessen gewesen zu sein. Diener und Sklaven legten sich offensichtlich freiwillig mit ihren Herren ins Grab: In der Grabkammer von Schub-At lagen nicht weniger als 70 Skelette in vollkommener Ordnung nebeneinander. Ohne das geringste Zeichen von Gewalt erwarteten sie sitzend oder liegend in ihren farbenprächtigen Gewändern den Tod, der – vielleicht durch Gift – schnell und schmerzlos gekommen sein muß. Unerschütterlich davon überzeugt, werden sie ein neues Leben mit ihren Herren im Jenseits erhofft haben. Wer nur hat diesen heidnischen Völkern die Idee der Wiedergeburt in den Kopf gesetzt?

Nicht weniger verwirrend ist die Götterwelt der Ägypter. Auch die uralten Texte der Völker am Nil wissen von mächtigen Wesen, die mit Barken am Firmament entlangziehen. Ein Keilschrifttext an den Sonnengott Re lautet:

»Du mischest dich unter Sterne und Mond, du ziehst das Schiff des Aton im Himmel und auf Erden wie die unermüdlich umlaufenden Sterne und die am Nordpol nicht untergehenden Sterne.«

Hier eine Pyramideninschrift:

»Du bist der, welcher an der Spitze steht des Sonnenschiffes von Millionen von Jahren.«

Wenn auch die alten Ägypter Zahlenkünstler von hohen Graden waren, bleibt es doch immerhin seltsam, daß sie in Zusammenhang mit den Sternen und einem Himmelsschiff von Millionen von Jahren sprechen. Wie sagt das Mahabharata? »Die Zeit ist der Same des Universums.«

In Memphis überreichte der Urgott Ptah dem König zwei Modelle für das Begehen seiner Regierungsjubiläen mit der Aufforderung, diese Jubiläen sechsmal 100 000 Jahre lang zu feiern. Muß man noch erwähnen, daß der Urgott Ptah, ehe er dem König die Modelle gab, in einem glänzenden Himmelswagen von Elektron und Aton erschien und danach mit ihm am Horizont wieder entschwand? – In Edfu findet man heute noch über Türen und Tempeln Darstellungen der geflügelten Sonne oder eines schwebenden Falken, der die Schriftzeichen der Ewigkeit und des ewigen Lebens trägt. Nirgendwo sonst sind so unzählige Darstellungen von Göttersymbolen mit Flügeln erhalten wie in Ägypten.

Es ist vermutlich das Grab des Königs Udimus, in dem eine Halskette aus Gold und daran das Skelett eines vollkommen unbekannten Tieres gefunden wurden. Woher stammt das Tier? – Wie ist es zu erklären, daß die Ägypter bereits zu Beginn der ersten Dynastie das Dezimalsystem besaßen? – Wie entstand zu so früher Zeit eine so gut entwickelte Zivilisation? – Woher stammen schon zu Beginn der ägyptischen Kultur Gegenstände aus Bronze und Kupfer? – Wer gab ihnen die unglaublichen Kenntnisse der Mathematik und einer fertigen Schrift?

Ehe wir uns mit einigen Monumentalbauten, die zahllose Fragen aufwerfen, beschäftigen, nochmals ein kurzer Blick auf alte Schriften:

Woher nahmen die Erzähler der Märchen von Tausendundeiner Nacht ihren verblüffenden Einfallsreichtum? Wie kam man zu der Beschreibung einer Lampe, aus der auf Wunsch ein Zauberer sprach?

Welch kühne Phantasie erfand das »Sesam öffne dich!«, in dem sich Ali Baba mit den 40 Räubern versteckte?

Heute freilich verblüffen uns solche Ideen nicht mehr, seit das Fernsehgerät uns mit einem Knopfdruck sprechende Bilder liefert. Und seit sich in jedem größeren Warenhaus die Türen durch Fotozellen öffnen, birgt auch das »Sesam öffne dich« keine besonderen Rätsel mehr. Die Vorstellungskraft der alten Erzähler allerdings muß so unvorstellbar gewesen sein, daß unsere zeitgenössischen Autoren von utopischen Romanen dagegen recht stümperhafte Arbeiten liefern. Es sei denn, die alten Erzähler hätten ihnen zum Teil schon Bekanntes, Gesehenes, Erlebtes für die Initialzündung ihrer Phantasie parat gehabt!

In der Sagen- und Legendenwelt nicht greifbarer Kulturen, die uns noch keine fixen Anhaltspunkte bieten, beginnt der Boden vollends zu schwanken, es wird noch verwirrender.

Die isländischen und altnorwegischen Überlieferungen wissen selbstverständlich von »Göttern«, die am Himmel fahren. Die Göttin Frigg hat eine Dienerin mit Namen Gna. Mit einem Roß, das sich in der Luft über Land und Meer erhebt, schickt die Göttin ihre Dienerin in verschiedene Welten. Das Roß hieß »Hufwerfer«, und einmal, weiß die Sage, begegnete Gna hoch in den Lüften einigen fremdartigen Wagen. – Im Alwislied werden für die Erde, die

Sonne, den Mond und das Weltall verschiedene Namen gegeben, und zwar werden sie jeweils aus der Sicht des Menschen, der »Götter«, der Riesen und der Asen anders benannt. Wie, um Himmels willen, konnte man in grauester Vorzeit zu verschiedenen Anschauungen von ein und demselben Ding kommen, da doch der Horizont sehr beschränkt war?

Wenn auch der Gelehrte Sturluson die nordischen und altgermanischen Weden, Sagen und Lieder erst etwa 1200 nach Christus aufgeschrieben hat, so sind sie doch einige tausend Jahre alt. Sehr oft wird in diesen Niederschriften das Weltsymbol als Scheibe oder Kugel beschrieben – merkwürdig genug –, und Thor, der oberste der Götter, wird immer mit einem Hammer, dem Zermalmer, gezeigt. Professor Kühn vertritt die Ansicht, daß das Wort »Hammer« »Stein« bedeutet, aus der Steinzeit stammt und erst später auf Bronze- oder Eisenhammer übernommen worden ist. Demnach müßten Thor und sein Hammersymbol sehr alt sein und wahrscheinlich bis in die Steinzeit zurückreichen. Übrigens heißt das Wort »Thor« in den indischen Weden (Sanskrit) »Tanayitnu«; man könnte es sinngemäß etwa mit »der Donnernde« übersetzen. Der nordische Thor, Gott der Götter, ist Herr der germanischen Wanen, die den Luftraum unsicher machen.

In einer Diskussion über die völlig neuen Aspekte, die wir in die Vergangenheitsforschung tragen, mag der Einwand kommen, man könne doch nicht alles und jedes, das in der Überlieferung auf Himmelserscheinungen hindeute, zu einer Sequenz von Beweisen für eine vorzeitliche Raumfahrt zusammentragen! Wir tun das gar nicht, wir weisen nur auf Passagen in uralten Schriften hin, die im bislang angewandten Denkmodell keinen Platz haben. Wir bohren mit unseren Fragen an jenen, freilich unangenehmen Stellen, an denen weder Schreiber noch Übersetzer, noch Kopisten eine Ahnung von den Wissenschaften und den daraus resultierenden Vorgängen haben konnten. Wir sind sofort bereit, die Übersetzungen für falsch und die Abschriften für zuwenig genau zu halten – wenn man nicht zu gleicher Zeit diese falschen, phantasievoll ausgeschmückten Überlieferungen vollwertig akzeptiert, sobald sie sich in den Rahmen irgendeiner Religion einfügen lassen. Es ist eines Forschers unwürdig, zu negieren, wo es sein Denkmodell stört, und anzuerkennen, wo es seine Thesen stützt. Mit welcher Kraft und

Gestalt würden sich erst unsere Thesen darstellen, wenn Neuübersetzungen mit »Weltraumaugen« vorlägen!

Am Toten Meer fanden sich, um beharrlich die Kette unserer Thesen weiterzuschmieden, neuerlich Schriftrollen mit Fragmenten apokalyptischer und liturgischer Texte. Wieder ist in der Abraham- und auch der Mose-Apokryphe von einem Himmelswagen mit Rädern, der Feuer speit, die Rede, während ähnliche Hinweise im äthiopischen oder slawischen Henoch-Buch fehlen.

»Hinter den Wesen sah ich einen Wagen, der Feuerräder hatte, und jedes Rad war voll Augen ringsum, und auf den Rädern war ein Thron, und dieser war bedeckt durch Feuer, das rings um ihn floß.« (Abraham-Apokryphe 18, 11–12)

Der Auslegung von Professor Scholem folgend, entsprach die Thron- und Wagenwelt der jüdischen Mystiker etwa jener der hellenistischen und frühchristlichen Mystiker, die das Pleroma (= Lichtfülle) schildern. Das ist eine achtbare Auslegung, aber kann man sie als wissenschaftlich erwiesen hinnehmen? Dürfen wir schlicht fragen, was denn wäre, wenn wirklich einige Leute die immer wieder beschriebenen Feuerwagen gesehen hätten? In den Qumran-Rollen wurde sehr häufig eine Geheimschrift gebraucht; unter den Dokumenten der vierten Höhle wechselten in einem astrologischen Werk sogar verschiedene Schriftarten einander ab. Eine astronomische Beobachtung trägt den Titel: »Worte des Einsichtigen, die er an alle Söhne der Morgenröte gerichtet hat.«

Was eigentlich spricht so absolut und überzeugend dagegen, daß in den alten Texten reale Feuerwagen geschildert und gemeint waren? Doch nicht die ebenso platte wie vage Behauptung, daß es im Altertum keine Feuerwagen gegeben haben kann! Eine solche Antwort wäre jener, die wir mit unseren Fragen zu neuen Alternativen zwingen möchten, unwürdig. Schließlich ist es noch gar nicht so lange her, als von berufener Seite behauptet wurde, es könnten keine Steine (= Meteore) vom Himmel fallen, weil es im Himmel keine Steine gebe... Noch Mathematiker des 19. Jahrhunderts kamen zu der Berechnung, daß ein Eisenbahnzug nie schneller als 34 Stundenkilometer würde fahren können, weil sonst die Luft aus ihm herausgepreßt würde und damit die Passagiere ersticken müßten... Vor nicht 100 Jahren wurde »belegt«, daß ein Gegenstand, der schwerer sei als die Luft, niemals werde fliegen können...

In der Kritik einer angesehenen Zeitung wird Walter Sullivans Buch »Signale aus dem All« der Science-fiction-Literatur zugerechnet und festgestellt, daß es fraglos auch in fernster Zukunft unmöglich bleibe, etwa Epsilon-Eridani oder Tau-Ceti zu erreichen; auch die Wirkung der Zeitverschiebung oder gar des tiefgekühlten Winterschlafs der Astronauten könne die Barriere der unausdenkbaren Entfernungen niemals überwinden.

Wie gut, daß es in der Vergangenheit immer ausreichend kühne und der zeitgenössischen Kritik gegenüber taube Phantasten gab! Ohne sie gäbe es heute kein weltweites Eisenbahnnetz, dessen Züge 200 Kilometer und mehr Stundengeschwindigkeit fahren (Merke: Bei über 34 Kilometer Stundengeschwindigkeit sterben die Mitreisenden!)... ohne sie gäbe es heute keine Düsenflugzeuge, weil die ja ohnehin runterfallen würden (Merke: Dinge, die schwerer sind als Luft, können nicht fliegen!)... und schließlich gäbe es keine Mondraketen (Merke: weil der Mensch seinen Planeten nicht verlassen kann!). Oh, es gäbe unendlich vieles nicht ohne die gepriesenen Phantasten!

Eine Fraktion von Forschern möchte bei den sogenannten Realitäten bleiben. Dabei vergißt sie allzuleicht und zu gern, daß, was heute Realität ist, gestern noch ein utopischer Traum eines Phantasten gewesen sein kann. Einen nicht unerheblichen Teil all der epochalen Entdeckungen, mit denen unsere Zeit als Realitäten umgeht, verdanken wir glücklichen Zufällen, nicht einer Sequenz systematischer Forschungen. Und einige stehen im Hauptbuch »ernster Phantasten«, die mit ihren kühnen Spekulationen hemmende Voreingenommenheit überwanden. Dies aber ist gewiß: Die Grenzen der zukünftigen Möglichkeiten werden täglich enger. Heinrich Schliemann nahm die Bücher Homers nicht nur als Märchen und Fabeln, und so entdeckte er Troja!

Noch wissen wir zu wenig über unsere Vergangenheit, um über sie definitive Urteile abgeben zu können! Neue Funde können unerhörte Geheimnisse enträtseln, die Lektüre uralter Berichte vermag ganze Welten von Realitäten auf den Kopf zu stellen. Dabei ist uns klar, daß mehr alte Bücher zerstört als erhalten sind. In Südamerika soll es eine Schrift gegeben haben, die alle Wissenschaft des Altertums beinhaltete; durch den 63. Inkaherrscher Pachacuti IV. soll sie zerstört worden sein. In der Bibliothek von Alexandria bargen 500000 Bände des Gelehrten Ptolomäus Soter alle Überlieferungen der Menschheit; die Bibliothek wurde zum Teil durch die Römer vernichtet, den Rest ließ – Jahrhunderte später – der Kalif Omar verbrennen. Unvorstellbarer Gedanke, daß unersetzliche, kostbarste Manuskripte zum Heizen der öffentlichen Bäder von Alexandrien dienten!

Was wurde aus der Bibliothek des Tempels in Jerusalem? – Was wurde aus der Bibliothek von Pergamon, die 200000 Werke geführt haben soll? – Welche Schätze und Geheimnisse wurden mit den geschichtlichen, astronomischen und philosophischen Büchern auf Befehl des chinesischen Kaisers Chi-Huang im Jahre 214 vor unserer Zeit aus politischen Gründen zerstört? – Wie viele Texte ließ der geläuterte Paulus in Ephesus vernichten? – Und gar nicht auszudenken, welch ungeheurer Reichtum an Schrifttum aller Wissensgebiete uns durch religiösen Fanatismus verlorenging! Wie viele Tausende unwiederbringlicher Schriften ließen Mönche und Missionare in blindem, heiligem Eifer in Süd- und Zentralamerika verbrennen?

Das geschah vor Hunderten und Tausenden von Jahren. Ist die Menschheit klug daraus geworden? Vor wenigen Jahrzehnten ließ Hitler Bücher auf öffentlichen Plätzen verbrennen, und erst im Jahre 1966 geschah Gleiches in China durch die Kindergarten-Revolution Maos. Gottlob existieren Bücher heute nicht, wie in Vorzeiten, in nur einem Exemplar.

Die noch vorhandenen Texte und Fragmente übermitteln uns manche Kenntnisse aus der grauen Vorzeit. Zu allen Zeiten wußten die Weisen eines Volkes, daß jede Zukunft Kriege und Revolutionen, Blut und Feuer bringen würde. Haben diese Weisen aus diesem Wissen vielleicht in den Kolossalbauten ihrer Epoche Geheimnisse und Überlieferungen vor dem Pöbel versteckt oder an sicherem Ort vor einer möglichen Vernichtung bewahrt? Haben sie Mitteilungen oder Nachrichten in Pyramiden, Tempeln oder Statuen »versteckt« oder als Chiffren hinterlassen, damit sie die Stürme der Zeiten überstehen würden? Den Gedanken muß man wohl prüfen, denn weitsichtige Zeitgenossen unserer Tage verfuhren so – für die Zukunft.

Im Jahre 1965 versenkten die Amerikaner im Boden New Yorks zwei Zeitkapseln, die so beschaffen sind, daß sie bis zum Jahre 6965 alles aushalten können, was – auch bei kühnster Phantasie – diese

Erde an Widerwärtigkeiten bieten kann. Diese Zeitkapseln enthalten Nachrichten, die wir der Nachwelt übermitteln wollen, damit einst jene, die sich bemühen, das Dunkel um die Vergangenheit ihrer Vorfahren zu erhellen, wissen, wie wir gelebt haben. Die Kapseln sind aus einem Metall geschmolzen, das härter ist als Stahl; sie können sogar eine Atomexplosion unbeschädigt überstehen. Außer »Nachrichten vom Tage« gab man in die Kapseln auch Fotografien von Städten, Schiffen, Automobilen, Flugzeugen und Raketen; sie bergen Muster von Metallen und Plastik, von Tüchern, Fasern und Geweben; sie übermitteln der Nachwelt Gegenstände des täglichen Bedarfs wie Münzen, Werkzeuge und Toilettenartikel; Bücher über Mathematik, Medizin, Physik, Biologie und Astronautik sind auf Mikrofilmen festgehalten. Um den Service für eine ferne, unbekannte Zukunft komplett zu machen, liegt in den Kapseln ein großartiges Schlüsselwerk bei, mit dessen Hilfe die geschriebenen und gezeichneten Dinge in zukünftige Sprachen übersetzt werden können.

Eine Gruppe von Ingenieuren der Westinghouse-Electric hatte die Idee, die reichbestückten Kapseln der Nachwelt zu schenken. John Harrington erfand das ingeniöse Dechiffriersystem für noch unbekannte Generationen. Arme Irre? Phantasten? Uns scheint die Ausführung dieser Idee beglückend und beruhigend: Es gibt also heute Menschen, die 5000 Jahre vorausdenken! Die Archäologen einer fernen Zukunft werden es nicht leichter haben als wir. Nach einem Atombrand nutzen nämlich alle Bibliotheken der Welt nichts mehr, und alle Errungenschaften, die uns so stolz machen, sind keinen Pfifferling mehr wert – weil sie verschwunden, weil sie zerstört, weil sie atomisiert sind. – Es muß auch, um Tat und Phantasie der Männer von New York zu rechtfertigen, kein Atombrand die Erde ramponieren: Die Verschiebung der Erdachse um wenige Grade würde Überschwemmungen unerhörten und unaufhaltbaren Ausmaßes bringen, sie würden auf jeden Fall jedes geschriebene Wort zerfressen. – Wer ist arrogant genug, zu behaupten, einen Gedanken wie die Männer von New York mit ihrer Weitsicht hätten die alten Weisen nicht auch gedacht haben können?

Unbestritten werden die Strategen eines A- und H-Bombenkrieges ihre Waffen nicht auf Zulukaffer und harmlose Eskimos richten. Sie werden sie gegen die Zentren der Zivilisation einsetzen. Also wird über die fortgeschrittenen, die höchstentwickelten Völker das radioaktive Chaos kommen. Übrig bleiben – von den Zentren der Zivilisation weit entfernte – unterentwickelte Völker, Wilde, Primitive. Sie könnten, weil sie nicht daran teilhatten, unsere Kultur nicht weiterreichen oder auch nur etwas darüber berichten. Selbst Kluge oder Traumtänzer, die sich mühten, eine unterirdische Bibliothek zu retten, könnten damit für die Zukunft nichts tun. »Normale« Bibliotheken sind ohnehin zerstört, und die überlebenden Primitiven wissen nichts von den verborgenen, geheimen Bibliotheken. Ganze Teile des Erdballs werden zu glühenden Wüsten, denn eine jahrhundertelange R-Bestrahlung läßt keine Pflanze leben. Die Davongekommenen würden vermutlich mutiert, und von den versunkenen Städten wird nach 2000 Jahren nichts mehr übrig sein. Die Natur wird sich mit ihrer ungebändigten Kraft durch die Ruinen fressen, Eisen und Stahl werden verrosten und in Sand zerfallen.

Und alles begänne von neuem! Der Mensch kann sein eigenes Abenteuer ein zweites, ein drittes Mal versuchen. Möglicherweise käme er wieder zu spät hinter das Geheimnis alter Schriften und Überlieferungen. 5000 Jahre nach der Katastrophe können dann Archäologen behaupten, der Mensch des 20. Jahrhunderts habe das Eisen noch nicht gekannt, weil sie begreiflicherweise auch bei emsigster Buddelei keines finden. An der russischen Grenze entlang fände man kilometerlange Panzersperren aus Beton, und man würde erklären, diese Funde deuteten zweifelsfrei auf astronomische Linien hin. Fände man Kassetten mit Magnettonbändern, wüßte man nichts damit anzufangen; man könnte ja auch bespielte von unbespielten Bändern nicht unterscheiden. Und vielleicht enthielten diese Bänder die Lösung für viele, viele Rätsel! – Texte, die von riesigen Städten sprechen, in denen Häuser von mehreren hundert Meter Höhe gestanden haben sollen, erklärt man für unglaubhaft, weil es solche Städte nicht gegeben haben kann. Die Londoner U-Bahnschächte wird man für eine geometrische Kuriosität halten oder für ein allerdings erstaunlich gut durchdachtes Kanalisationssystem. Und dann werden möglicherweise immer wieder Berichte auftauchen, in denen geschildert wird, wie Menschen mit riesigen Vögeln von Kontinent zu Kontinent flogen und auch von merkwürdigen, feuerspeienden Schiffen, die am Himmel entschwanden. Das wird dann wieder als Mythologie abgetan, weil es keine so großen Vögel und keine feuerspeienden Himmelsungetüme gegeben haben kann.

Man würde es den Übersetzern anno 7000 schon sehr schwermachen: Was sie da aus Fragmenten über einen Weltkrieg im 20. Jahrhundert entziffern, klingt durch und durch unglaubwürdig. Wenn ihnen aber Reden von Marx oder Lenin in die Hand kommen, wird man – welch ein Glück! – endlich zwei Oberpriester dieser unverständlichen Zeit zum Mittelpunkt einer Religion machen können.

Man wird vieles deuten können, falls ausreichende Anhaltspunkte übrigbleiben. 5000 Jahre sind eine lange, lange Zeit. Es ist eine pure Laune der Natur, daß sie bearbeitete Gesteinsquader fünf Jahrtausende überdauern läßt. Mit dicksten Eisenbahnschienen geht sie nicht so behutsam um.

Es ist eine peinliche Geschichte: In vergangenen Hochkulturen finden wir Bauten, die wir heute mit modernsten technischen Mitteln nicht nachahmen können. Diese Steinklötze sind da, sie lassen sich nicht wegdiskutieren. Da nicht sein kann, was nicht sein darf, wird krampfhaft nach »vernünftigen« Erklärungen gesucht. Legen wir die Scheuklappen ab, und suchen wir mit...

7. KAPITEL

Eine Tanzfläche für Riesen · Die Pyramiden und ihre Zufälle · War Cheops ein Lügner? · Götterbesuch vor elf Jahrtausenden · Die Wiedergeburt der Mumien

Nördlich von Damaskus, im heutigen Libanon, liegt die Terrasse von Baalbek: eine Plattform, die aus Steinblöcken gebaut ist, von denen einige über 20 Meter Seitenlänge haben und fast 2000 Tonnen wiegen. Bisher hat die Archäologie keine überzeugende Erklärung dafür geben können, warum, wie und von wem die Baalbeker Terrasse gebaut wurde. Der russische Professor Agrest allerdings hält es für möglich, daß es sich bei den Resten der Terrasse um Überbleibsel einer riesigen Landefläche handeln kann.

Nehmen wir brav das Wissen zur Kenntnis, wie es uns wohlpräpariert verabfolgt wird, dann stand das alte Ägypten plötzlich und ohne Übergang inmitten einer phantastischen Zivilisation. Große Städte und riesige Tempel, überdimensionale Statuen von großer Ausdruckskraft, von pompösen Figuren flankierte Prunkstraßen, perfekte Kanalisationsanlagen, in Fels gehauene Luxusgräber, Pyramiden von überwältigender Größe... diese und viele wunderbare Dinge mehr schossen quasi aus dem Boden. Wirkliche Wunder in einem Land, das ohne erkennbare Vorgeschichte plötzlich solcher Leistungen fähig ist!

Nur im Nildelta und auf schmalen Streifen links und rechts des Stromes gab es fruchtbares Ackerland. Nun schätzen aber Experten die Zahl der Einwohner zur Zeit des großen Pyramidenbaus auf 50 Millionen Menschen! (Eine Zahl übrigens, die in evidentem Widerspruch zu jenen 20 Millionen Menschen steht, die man der Gesamtbevölkerung der Welt anno 3000 vor Christus zugesteht!)

Bei solchen phantastischen Schätzungen kommt es auf ein paar Millionen Menschen mehr oder weniger nicht an: Fest steht, daß sie alle verpflegt werden mußten. Es gab ja nicht nur ein Riesenheer von Bauarbeitern, Steinmetzen, Ingenieuren und Schiffsleuten, es gab nicht nur hunderttausende Sklaven – es gab auch eine gut ausgerüstete Armee, einen wohllebenden zahlreichen Priesterstand, zahllose Händler, Bauern und Beamte und – last not least – den aus dem vollen lebenden Hofstaat. Haben sie alle, alle von den schmalen Erträgen der Landwirtschaft am Nildelta leben können?

Es wird uns gesagt, daß die Steinquader für den Bau der Pyramiden auf Gleitrollen fortbewegt wurden. Also doch wohl auf Holzrollen! Aber die wenigen Bäume, überwiegend Palmen, die damals (wie heute) in Ägypten wuchsen, wird man schwerlich gefällt und zu Gleitrollen verarbeitet haben, denn die Datteln der Palmen wurden dringend als Nahrungsmittel gebraucht, und Stämme und Wedel der Palmen waren die einzigen Schattenspender über ausgedörrtem Boden. Holzrollen aber müssen es ja gewesen sein, weil sonst der Bau der Pyramiden auch nicht die fadenscheinigste technische Erklärung fände. Hat man Holz importiert? Zur Holzeinfuhr aus fremden Ländern hätte es eine beträchtliche Flotte geben müssen, und in Alexandrien gelandet, hätte man das Holz den Nil aufwärts nach Kairo transportieren müssen. Da die Ägypter zur Zeit des großen Pyramidenbaus noch nicht über Pferd und Wagen verfügten, bestand keine andere Möglichkeit. Erst in der 17. Dynastie, etwa 1600 vor Christus, wurden Pferd und Wagen eingeführt. Ein Königreich für eine überzeugende Erklärung des Transports der Steinblöcke! Holzrollen, sagt man ja, seien nötig gewesen...

Um die Technik der Pyramidenbauer gibt es viele Rätsel und keine echten Lösungen.

Wie haben sie die Gräber in die Felsen gehauen? Welche Mittel hatten sie zur Verfügung, ein Labyrinth von Gängen und Räumen anzulegen? Die Wände sind glatt und meistens mit einer Reliefmalerei geschmückt. Die Schächte laufen schräg in den Felsboden; sie haben saubere, nach bester Handwerkermanier gearbeitete Stufen, die in die tiefgelegenen Grabkammern führen. Scharen von Touristen stehen staunend davor, aber keiner bekommt eine Erklärung für die rätselhafte Technik des Aushubs. Dabei steht eindeutig fest, daß die Ägypter diese ihre Stollenbaukunst seit frühester Zeit beherrschten, denn die alten Felsgräber sind genauso gearbeitet wie die jüngeren. Zwischen dem Grab des Teti aus der 6. Dynastie und dem Grab des Ramses I. aus dem Neuen Reich besteht kein Unterschied, obwohl zwischen dem Bau der beiden Gräber mindestens 1000 Jahre liegen! Offenbar hat man zur alten, einmal gelernten

Technik nichts Besseres mehr dazugelernt, vielmehr wurden die späteren Bauten immer mehr zu dürftigen Kopien ihrer alten Vorbilder.

Der Tourist, der auf einem Kamel namens »Bismarck« oder »Napoleon« – je nach landsmännischer Herkunft – westlich Kairos zur Cheopspyramide emporgeschaukelt wird, spürt in der Magengrube den seltsamen Kitzel, den Reliquien einer unfaßbaren Vergangenheit immer auslösen. Er hört, daß sich hier und dort ein Pharao eine Grabstätte bauen ließ. Und mit dieser frisch aufgewärmten Schulweisheit reitet er, nachdem er einige eindrucksvolle Fotos nahm, heimwärts. Besonders über die Cheopspyramide wurden sicher einige hundert unhaltbare, törichte Theorien aufgestellt. In dem 1864 erschienenen, 600 Seiten dicken Buch »Our Inheritance in the Great Pyramid« von Charles Piazzi Smyth lesen wir eine Menge haarsträubender Zusammenhänge zwischen der Pyramidenmasse und unserer Erdkugel.

Doch auch nach kritischster Prüfung bleiben immerhin einige Fakten, die uns nachdenklich stimmen sollten.

Es ist bekannt, daß die alten Ägypter einen regelrechten Sonnenkult betrieben: Ihr Sonnengott Re fuhr mit Barken am Himmel. Pyramidentexte des Alten Reiches schildern sogar Himmelfahrten des Königs, die er freilich mit Hilfe der Götter und deren Barken ausführte. Auch die Götter und Könige der Ägypter hatten es mit dem Fliegen...

Ist es eigentlich ein Zufall, daß die Höhe der Cheopspyramide – mit einer Milliarde multipliziert – annähernd der Distanz Erde – Sonne entspricht? Nämlich der Strecke von 149 504 000 Kilometern! Ist es ein Zufall, daß ein durch die Pyramide laufender Meridian Kontinente und Ozeane in zwei genau gleiche Hälften teilt? Ist es Zufall, daß der Umfang der Pyramide – geteilt durch die doppelte Höhe – die berühmte Ludolfsche Zahl $\pi \approx 3{,}1416$ ergibt? Ist es Zufall, daß man Berechnungen über das Gewicht der Erde fand, und ist es auch Zufall, daß der felsige Boden, auf dem das Bauwerk steht, sorgfältig und genau nivelliert ist?

Es gibt nirgends einen Hinweis, warum der Erbauer der Cheopspyramide, der Pharao Khufu, justament jenen Felsen in der Wüste zum Ort des Bauwerks bestimmte. Es ist denkbar, daß es eine natürliche Felskluft gab, die er für den Kolossalbau ausnutzte, wie

Die verschiedenen Ansichten der Pyramiden von Gizeh belegen, daß sie aus jedem Blickwinkel betrachtet faszinierend sind.

es auch eine, wenn auch nur dürftige, Erklärung sein mag, daß er von seinem Sommerpalast aus den Fortgang der Arbeiten beobachten wollte. Beide Gründe sind wider jeden Verstand: Einmal wäre es entschieden praktischer gewesen, die Baustelle näher an die östlichen Steinbrüche zu legen, um die Transportwege zu verkürzen, und zum andern läßt sich schwerlich denken, daß der Pharao vom Lärm, der auch damals schon Tag und Nacht die Baustelle erfüllte, Jahr um Jahr gestört werden wollte. Da so vieles gegen die Bilderbucherklärungen für die Standortwahl spricht, darf mit Verlaub gefragt werden, ob vielleicht auch hier die »Götter« ein Wort mitredeten, und wenn auch nur durch die fordernden Überlieferungen der Priester. Läßt man aber eine solche Deutung zu, dann gibt es einen gewichtigen Beweis mehr für unsere Theorie von der utopischen Vergangenheit der Menschheit. Die Pyramide teilt nämlich nicht nur Kontinente und Ozeane in zwei gleiche Hälften – sie liegt außerdem im Schwerpunkt der Kontinente! Und: Der Abstand der großen Pyramide zum Erdmittelpunkt ist genau gleich groß wie der Abstand zum Nordpol. Wenn die hier notierten Tatsachen keine Zufälle sind – und es fällt ungemein schwer, an solche zu glauben –, dann wurde die Baustelle von Wesen bestimmt, die genau über die Kugelgestalt der Erde und die Verteilung von Kontinenten und Meeren Bescheid wußten. Wir dürfen hier an das Landkartenwerk des Piri Reis erinnern! Nicht alles kann Zufall oder mit Märchen erklärbar sein.

Mit welcher Kraft, mit welchen »Maschinen«, mit welchem technischen Aufwand überhaupt wurde das Felsenterrain nivelliert? Auf welche Weise trieben die Baumeister die Stollen vor? Und womit haben sie sie erhellt? Weder hier noch in den Felsengräbern im Tal der Könige wurden Fackeln oder etwas Ähnliches benutzt: Es gibt keine geschwärzten Decken oder Wände oder auch nur geringste Hinweise darauf, daß solche Spuren entfernt worden wären. – Wie und womit wurden die Riesenblöcke aus den Steinbrüchen gesägt? Mit scharfen Kanten und glatten Seitenflächen? Wie wurden sie transportiert und millimetergenau aufeinandergefügt? Es gibt wieder ein Bündel von Erklärungen zur freien Wahl: schiefe Ebenen; Sandbahnen, auf denen die Steine geschoben wurden; Gerüste, Rampen, Aufschüttungen... Und natürlich die Arbeit von vielen hunderttausend Ägyptern...

Keine dieser Erklärungen hält einer kritischen Betrachtung stand. Die große Pyramide ist (und bleibt?) sichtbarer Zeuge einer nie begriffenen Technik.

2600000 riesige Blöcke wurden aus den Steinbrüchen geschnitten, geschliffen und transportiert und auf der Baustelle millimetergenau zusammengepaßt.

Der Standort der Pyramide war eine Laune des Pharao...

Die unerreichten »klassischen« Maße der Pyramide sind dem Baumeister zufällig eingefallen...

Mehrere hunderttausend Arbeiter schoben und zogen auf (nicht vorhandenen) Gleitrollen mit (nicht vorhandenen) Seilen zwölf Tonnen schwere Blöcke eine Rampe hinauf...

Dieses Arbeitsheer lebte von (nicht vorhandenem) Getreide...

Es schlief in (nicht vorhandenen) Hütten, die der Pharao vor seinem Sommerpalast erbauen ließ...

Über einen (nicht vorhandenen) Lautsprecher wurden die Arbeiter mit einem ermunternden »Hauruck!« im Takt bewegt und derart der Zwölf-Tonnen-Block himmelwärts geschoben...

Hätten die fleißigen Arbeiter je Tag die ungeheure Akkordleistung von zehn aufgetürmten Blöcken geschafft, dann hätten sie – folgt man dieser anekdotenreifen Erläuterung – in etwa 250000 Tagen = 664 Jahren die rund 2,5 Millionen Steinklötze zur herrlichen Pyramide zusammengesetzt! Ja, und dies sei nicht vergessen: Das Ganze entstand als Produkt der Laune eines exzentrischen Königs, der die Vollendung des von ihm inspirierten Bauwerks nie erlebte. Schaurig schön und unendlich traurig.

Man muß wohl kein Wort darüber verlieren, daß diese ernsthaft angebotene Theorie lächerlich ist. Wer ist einfältig genug, zu glauben, daß die Pyramide nichts als das Grab eines Königs sein sollte? Wer will weiterhin die Übermittlung mathematischer und astronomischer Zeichen für reine Zufälle halten?

Unangefochten wird die große Pyramide heute dem Pharaonen Khufu als Inspirator und Bauherrn zugeschrieben. Warum? Tatsächlich gibt es in der großen Pyramide nicht eine einzige Inschrift. Keine Glyphe, und sei sie noch so mickrig, bezeugt irgendwelche Heldentaten des allmächtigen Bauherrn Khufu/Cheops. Daß die Pyramide nicht während der Dauer eines Lebens entstanden sein kann, scheint uns überzeugend.

In der Bibliothek in Oxford liegt ein Manuskript, in dem der koptische Schriftsteller Mas-Udi behauptet, der Ägypterkönig Surid habe die große Pyramide bauen lassen. Seltsam, dieser Surid herrschte vor der Sintflut in Ägypten! Und merkwürdig, daß dieser kluge König Surid seinen Priestern befahl, die Summe ihrer Weisheit zu notieren und die Niederschriften im Innern der Pyramide zu bergen. Nach der koptischen Überlieferung ist also die Pyramide vor der Sintflut erbaut worden.

Eine solche Annahme bestätigt Herodot, der Ägypten im Juli 448 vor Christus besuchte, im 2. Buch seiner Historien: Die Priester in Theben hätten ihm 341 Kolossalfiguren gezeigt, deren jede eine hohepriesterliche Generation seit 11 340 Jahren angebe. Nun weiß man, daß jeder Oberpriester bereits zu seinen Lebzeiten seine eigene Statue fabrizierte; so weiß denn auch Herodot von seiner Reise nach Theben zu berichten, daß ihm ein Priester nach dem andern seine Statue zeigte zum Nachweis dafür, daß immer der Sohn dem Vater gefolgt sei. Und die Priester versicherten Herodot, daß ihre Angaben sehr genau seien, da sie seit Generationen alles niedergeschrieben hätten, und sie erklärten, daß jede dieser 341 Figuren ein Menschenalter darstelle und daß vor diesen 341 Generationen die Götter unter den Menschen gelebt hätten und daß danach kein Gott in Menschengestalt sie wieder besucht habe.

Landläufig wird das geschichtskundige Alter Ägyptens auf etwa 6500 Jahre geschätzt. Warum logen dann die Priester den Reisenden Herodot so schamlos mit ihren 11 340 gezählten Jahren an? Und warum betonten sie so ausdrücklich, daß seit 341 Generationen keine Götter mehr unter ihnen geweilt hätten? Diese präzisen Zeitangaben, an den Statuen demonstriert, wären vollkommen unnütz, wenn nicht vor grauen Zeiten eben doch »Götter« unter den Menschen gelebt hätten! Am Rande dies: Alle anderen antiken Historiker, die vor 2000 Jahren und mehr über Ägypten schrieben, berichten unisono über eine ägyptische Geschichte, die mehr als 12 000 Jahre zurückreicht.

Über das Wie, Warum und Wann des Pyramidenbaues wissen wir so gut wie nichts. Da steht ein knapp 150 Meter hoher und 31 200 000 Tonnen schwerer künstlicher Berg als Zeuge einer unbegreiflichen Arbeitsleistung und soll nicht mehr sein als die Grabstätte eines extravaganten Königs! Das mag glauben, wer will...

Gleichermaßen unverständlich und bisher nicht überzeugend erklärt, starren uns wie ein magisches Geheimnis die Mumien aus grauester Vorzeit an. Verschiedene Völker beherrschten die Technik der Einbalsamierung von Leichen, und die Funde sprechen für die Annahme, daß die vorzeitlichen Wesen an die Wiederkehr in einem zweiten Leben glaubten, an eine körperliche Wiederkehr. Eine solche Deutung wäre akzeptabel, wenn der Glaube an eine körperliche Wiederkehr auch nur von ferne im Ideengut des Altertums unterzubringen wäre! Hätten unsere Vorvorfahren nur an eine geistige Wiederkehr gedacht, dann hätten sie den Verstorbenen kaum eine solche Pflege zuteil werden lassen. Die Funde in den ägyptischen Gräbern aber liefern Beispiel um Beispiel für die Präparierung auf eine körperliche Wiederkehr der einbalsamierten Leichen.

Was der Augenschein, was der sichtbare Beweis aussagt, ist so absurd nicht! Tatsächlich lieferten Aufzeichnungen und Sagen Anhaltspunkte dafür, daß die »Götter« versprachen, von den Sternen zurückzukehren, um die guterhaltenen Leiber zu neuem Leben zu erwecken. Darum wohl war die Versorgung der in den Grabkammern einbalsamierten Leichen so praktisch und für ein diesseitiges Leben gedacht. Was hätten sie sonst mit Geld, mit Schmuck, mit ihren Lieblingsrequisiten anfangen sollen? Und da man ihnen sogar einen Teil ihrer Dienerschaft, fraglos bei lebendigem Leibe, mit ins Grab gab, war wohl die Fortsetzung des alten Lebens in einem neuen Leben mit all den Vorbereitungen gemeint. Die Gräber waren, quasi atombombensicher, ungeheuer dauerhaft und solide gebaut; sie konnten die Stürme aller Zeiten überdauern. Die mitgegebenen Werte waren absolut krisenfest, nämlich Gold und Edelsteine. Es geht hier nicht darum, die späteren Unsitten der Mumifizierungen zu erörtern. Hier geht es nur um die Frage: Wer hat den Heiden die Idee der körperlichen Wiedergeburt in den Kopf gesetzt? Und woher stammte der erste, kühne Gedanke, daß die Zellen des Körpers erhalten bleiben müssen, damit der Leichnam, an hundertmal gesichertem Ort aufbewahrt, nach Jahrtausenden zu neuem Leben erweckt werden kann?

Bisher wurde dieser geheimnisvolle Komplex der Wiedererweckung nur aus religiöser Sicht betrachtet. Kann sich der Pharao, der ganz gewiß mehr über Wesen und Sitten der »Götter« wußte als seine Untertanen, nicht diese, möglicherweise ganz irrwitzigen, Vorstellungen gemacht haben: Ich muß mir eine Grabstätte schaffen, die jahrtausendelang nicht zerstört werden kann und die weithin sichtbar über dem Lande liegt? Die Götter versprachen, wiederzukommen und mich aufzuwecken... (oder Mediziner einer fernen Zukunft werden Möglichkeiten finden, mich wieder lebendig zu machen...).

Was ist im Raumfahrtzeitalter dazu zu sagen?

Der Physiker und Astronom Robert C. W. Ettinger deutet in seinem 1965 erschienenen Buch »The Prospect of immortality« einen Weg an, wie wir Menschen des 20. Jahrhunderts uns so einfrieren lassen können, daß nach medizinischer, biologischer Sicht unsere Zellen billionenfach verlangsamt weiterleben. Mag dieser Gedanke einstweilen noch utopisch klingen, tatsächlich aber verfügt heute bereits jede große Klinik über eine »Knochenbank«, die jahrelang menschliche Knochen in tiefgefrorenem Zustand konserviert und bei Bedarf wiederverwendungsfähig macht. Frischblut – auch dies bereits allerorten praktiziert – kann bei minus 196 Grad Celsius unbegrenzte Zeit aufbewahrt werden, ja, und die Lagerfähigkeit lebender Zellen ist bei der Temperatur des flüssigen Stickstoffs nahezu unendlich. – Dachte der Pharao einen utopischen Gedanken, der in Bälde vor seiner Realisierung steht?

Es fanden sich vielerorts Mumien, die so vollständig und unversehrt erhalten sind, daß sie lebendig scheinen. Bei den Inkas überdauerten Gletschermumien die Zeiten, und theoretisch sind sie lebensfähig. Utopie? Im Sommer 1965 zeigte das russische Fernsehen zwei Hunde, die man eine Woche lang tiefgefroren hatte. Und am siebten Tag taute man sie wieder auf, und siehe da: Sie lebten munter wie zuvor!

Die Amerikaner, auch das ist kein Geheimnis, beschäftigen sich innerhalb ihres weitläufigen Raumfahrtprogramms ernsthaft mit dem Problem, wie man Astronauten der Zukunft für ihre langen Reisen zu fernen Sternen einzufrieren vermag...

Professor Ettinger, heute oft verspottet, prophezeit eine ferne Zukunft, in der sich die Menschen weder verbrennen noch von Würmern auffressen lassen werden – eine Zukunft, in der die Leichen, auf Tiefkühlfriedhöfen oder in Tiefkühlbunkern eingefroren, den Tag erwarten, an dem eine fortgeschrittene Medizin ihre Todesursachen beheben und ihre Leichen damit zu neuem Leben bringen kann. Wer diesen utopischen Gedanken zu Ende denkt, sieht die Schreckensvision einer Armee von tiefgekühlten Soldaten, die nach Bedarf im Kriegsfall aufgetaut werden. Wirklich schreckliche Visionen!

Was aber haben Mumien mit unserer Hypothese von Raumfahrern im grauen Altertum zu tun? Zerren wir Indizien an den Haaren herbei?

Wir fragen: Woher haben die Alten gewußt, daß Körperzellen nach einer speziellen Behandlung billionenfach verlangsamt weiterleben?

Wir fragen: Woher stammt die Idee der Unsterblichkeit, woher der Gedanke gar einer körperlichen Wiedererweckung?

Die meisten alten Völker beherrschten die Fertigkeit der Mumifizierung, die Reichen unter ihnen praktizierten sie auch. Es geht hier nicht um diese vorweisbaren Tatsachen, es geht um die Lösung des Rätsels, woher die Idee einer Wiedererweckung, einer Wiederkehr ins Leben, stammte. Ist die Idee einem König oder einem Stammesfürsten ganz zufällig gekommen, oder hat ein hochmögender Herr vielleicht »Götter« beobachtet, die ihre Leichen nach einem komplizierten Verfahren behandelten und in einem bombensicheren Sarkophag aufhoben? Oder haben irgendwelche »Götter« (= Raumfahrer) einem aufgeweckten, intelligenten Königssohn ihre Kenntnisse, wie man – nach einer speziellen Behandlung – Leichen wiedererwecken kann, mitgeteilt?

Diese spekulative Motivation bedarf einer zeitgemäßen Begründung. Die Menschheit wird in einigen hundert Jahren die Raumfahrt mit einer heute noch unausdenkbaren Perfektion beherrschen. Reisebüros werden Planetenreisen mit präzisen Abfahrts- und Rückreiseterminen in ihren Prospekten anbieten. Voraussetzung für diese Perfektion ist freilich, daß alle Wissenschaftszweige mit der Entwicklung Schritt halten. Elektronik und Kybernetik allein schaffen das Klassenziel nicht. Medizin und Biologie werden ihre Beiträge leisten, indem sie Wege ermitteln, die es ermöglichen, den Lebensprozeß des Menschen zu verlängern. Heute läuft auch dieser Teil der Raumforschung bereits auf vollen Touren. Utopische Konsequenz: Hatten Raumfahrer in Vorzeiten bereits Kenntnisse, die wir neu gewinnen müssen? Kannte bereits eine fremde Intelligenz die Methoden, mit denen Körper zu behandeln waren, um sie in x-tausend Jahren wieder lebendig machen zu können? Vielleicht hatten die »Götter«, klug wie sie waren, ein Interesse daran, wenigstens einen Toten mit allem Wissen seiner Zeit »aufzubewahren«, damit er dereinst nach der Geschichte seiner Generation befragt werden konnte? Was wissen wir denn schon! Hat nicht möglicherweise eine solche Befragung durch wiederkehrende »Götter« stattgefunden?

Aus den ersten, ordnungsmäßig präparierten Mumien wurde im Laufe der Jahrhunderte eine Modesache. Plötzlich wollte jeder wiedererweckt werden; plötzlich meinte jedermann, er würde eines Tages zu neuem Leben kommen, wenn er nur das gleiche täte wie seine Vorfahren. Die Hohenpriester, die tatsächlich über ein Wissen von solchen Wiedererweckungen verfügten, trugen kräftig dazu bei, diesen Kult zu fördern, denn ihre Klasse machte ein gutes Geschäft damit.

Wir sprachen bereits von dem physisch unmöglichen Alter der sumerischen Könige oder der biblischen Gestalten. Wir stellten die Frage, ob es sich bei diesen Wesen um Raumfahrer gehandelt haben könnte, die ihr Alter durch die Zeitverschiebungen bei interstellaren Flügen knapp unter der Lichtgeschwindigkeit nur relativ zu unserem Planeten verlängerten.

Läßt sich dem undenkbaren Alter der in den Schriften benannten Personen vielleicht auf die Spur kommen, wenn wir annehmen, daß diese Personen mumifiziert oder eingefroren wurden? Folgt man dieser Theorie, dann hätten die fremden Raumfahrer führende Persönlichkeiten des Altertums eingefroren – in künstlichen Tiefschlaf versetzt, wie Legenden berichten – und sie bei späteren Besuchen jeweils wieder aus dem Schubfach geholt, sie aufgetaut und sich mit ihnen unterhalten. Am Ende jedes Besuches wäre es Aufgabe der von den Raumfahrern instruierten und eingesetzten Priesterklasse gewesen, die Lebendig-Toten wieder zu präparieren und erneut in riesigen Tempeln zu behüten, bis eines Tages die »Götter« wiederkehrten.

Unmöglich? Lächerlich? Es sind meistens jene Leute, die sich so außerordentlich naturverbunden fühlen, die die albernsten Einwände vorbringen. Präsentiert die Natur nicht selbst eklatante Beispiele für diesen »Winterschlaf« und die Wiedererweckung?

Es gibt Fischarten, die, zu Stein und Bein gefroren, bei günstiger Temperatur wieder auftauen und quietschvergnügt im Wasser schwimmen. Blumen, Larven und Engerlinge bringen nicht nur einen biologischen Winterschlaf hinter sich – sie zeigen sich überdies im Frühjahr in schönem, neuem Kleid.

Seien wir unser eigener *advocatus diaboli:* Haben die Ägypter die Möglichkeit der Mumifizierung der Natur abgeschaut? Wäre das der Fall, dann müßte es doch wohl einen Kult der Schmetterlinge oder der Maikäfer geben oder wenigstens eine Spur davon. Nichts gibt es in dieser Richtung! Es gibt in unterirdischen Gräbern Riesensarkophage mit mumifizierten Stieren, aber den Stieren können die Ägypter den Winterschlaf nicht abgeschaut haben.

Acht Kilometer von Heluan liegen mehr als 5000 Gräber verschiedener Größe, und alle stammen aus der Zeit der 1. und 2. Dynastie. Diese Gräber beweisen, daß die Kunst der Mumifizierung älter als 6000 Jahre ist.

1953 entdeckte Professor Emery auf dem archaischen Friedhof von Nord-Sakkara ein großes Grab, das einem Pharao der 1. Dynastie (wahrscheinlich Uadjis) zugeschrieben wird. Außerhalb des Hauptgrabes lagen in drei Reihen 72 weitere Gräber, in denen die Leichen der Dienerschaft lagen, die ihren König in die neue Welt begleiten wollte. An den Körpern der 64 jungen Männer und acht jungen Frauen ist keine Spur von Gewaltanwendung erkennbar. Warum haben sich diese 72 einmauern und umbringen lassen?

Der Glaube an ein zweites Leben im Jenseits ist die bekannteste und zugleich einfachste Erklärung für dieses Phänomen. Außer Schmuck und Gold gab man dem Pharao auch Getreide, Öl und Spezereien mit ins Grab – offenbar als Proviant fürs Jenseits gemeint. Außer von Grabschändern wurden die Gräber auch von späteren Pharaonen wieder geöffnet. Der Pharao fand dann im Grab eines Vorfahren die Vorräte wohlerhalten vor. Der Tote hatte sie also weder gegessen noch ins Jenseits mitgenommen. Und wenn die Gräber wieder geschlossen wurden, gab man neue Waren in die Gruft, schloß sie einbruchsicher und versiegelte sie mit vielen Fallen. Der Gedanke scheint naheliegend, daß man an eine Wiedererweckung in späterer Zukunft glaubte und nicht an ein sofortiges Wiedererwachen im Jenseits.

Auch in Sakkara wurde im Juni 1954 ein Grab entdeckt, das nicht ausgeraubt war, denn in der Grabkammer lag ein Kasten mit Juwelen und Gold. Der Sarkophag war, anstatt mit einem Deckel, mit einer Schiebeplatte verschließbar. Am 9. Juni öffnete Dr. Goneim den Sarkophag feierlich. Er enthielt nichts. Gar nichts. Hat sich die Mumie aus dem Staub gemacht, ohne ihre Schätze mitzunehmen?

Der Russe Rodenko entdeckte 80 Kilometer von der Grenze der Äußeren Mongolei entfernt ein Grab, den sogenannten Kurgan V. Dieses Grab ist ein steinerner Hügel, der inwendig mit Holz verkleidet ist. Alle Grabkammern sind mit ewigem Eis ausgefüllt, wodurch der Grabinhalt unter den Konditionen der Tiefkühlung konserviert wurde. Eines dieser Gräber enthielt einen einbalsamierten Mann und eine gleichermaßen präparierte Frau; beide waren mit Dingen versorgt, die sie für ein späteres Leben benötigt hätten: Nahrungsmittel in Schalen, Kleider, Juwelen, Musikinstrumente. All dies tiefgefroren und gut erhalten, einschließlich der Mumien!

Mit den Funden in der Mongolei lassen sich doch wohl kaum Motive für ein zweites, geistiges Leben begründen. Die in den dortigen Gräbern angewandte Tiefkühlung – denn um eine solche handelt es sich bei den mit Holz ausgeschlagenen und mit Eis gefüllten Gräbern – ist zu diesseitig und zu sehr für irdische Zwecke bestimmt. Warum, und diese Frage bedrängt uns immer wieder, meinten die Alten, daß derart von ihnen präparierte Leichen zu Bedingungen kämen, die eine Wiedererweckung möglich machen sollten? Das ist vorläufig ein Rätsel.

In dem chinesischen Dorf Wu-Chuan existiert ein rechteckiges Grab von 14 mal 12 Metern; darin liegen die Skelette von 17 Männern und 24 Frauen. Auch hier zeigt keines der Skelette Merkmale eines gewaltsamen Todes. – In den Anden gibt es Gletschergräber, in Sibirien Eisgräber, in China und im Raume Sumer und in Ägypten Gruppen- und Einzelgräber. Mumien fanden sich im hohen Norden wie in Südafrika. Und alle Toten waren auf eine Wiedererweckung in späterer Zeit hin sorgfältig vorbereitet und versorgt. Alle Leichen wurden mit dem für ein neues Leben Notwendigen ausgestattet, und alle Gräber sind so angelegt und gebaut, daß sie Jahrtausende überstehen konnten.

Ist alles nur Zufall? Sind das nur Einfälle, seltsame Einfälle allerdings, der Vorfahren? Oder gibt es ein uns unbekanntes, altes Versprechen körperlicher Wiederkehr? Wer kann es gegeben haben?

In Jericho wurden 10 000 Jahre alte Gräber freigelegt, und es wurden 8000 Jahre alte Köpfe gefunden, die aus Gips modelliert sind. Auch das ist verwunderlich, denn dieses Volk kannte angeblich die Fertigkeiten der Töpferei noch gar nicht. In einem anderen Teil von Jericho entdeckte man ganze Reihen von runden Häusern: Die Mauern sind am oberen Ende einwärts geneigt wie Kuppeldächer.

Das allmächtige Kohlenstoffisotop C^{14}, mit dessen Hilfe sich das Alter von organischen Substanzen bestimmen läßt, liefert hier Daten bis maximal 10 400 Jahre. Diese wissenschaftlich ermittelten Daten stimmen ziemlich genau mit den Daten überein, die die ägyptischen Priester übermittelten. Diese sagten, ihre Priestervorfahren hätten mehr als 11 000 Jahre ihren Dienst versehen. Auch nur ein Zufall?

Einen besonders aparten Fund präsentieren prähistorische Steine in Lussac (Poitou, Frankreich): Zeichnungen von Menschen, die absolut modern gekleidet sind, mit Hüten, Jacken oder kurzen Hosen. Der Abbé Breuil designierte die Zeichnungen als authentisch, und seine Erklärung wirft die ganze gebündelte Prähistorie über den Haufen. Wer hat denn die Steine graviert? Wessen Phantasie reicht aus, sich einen in Felle gehüllten Höhlenbewohner vorzustellen, der Figuren des 20. Jahrhunderts an die Wände malt?

Leute, die diese Fragen für stupide halten, mögen uns dann die Widersprüche erklären: Entweder waren die steinzeitlichen Höhlenbewohner primitiv und wild, dann konnten sie an Höhlenwänden nicht die erstaunlichsten Gemälde produzieren. War der Wilde aber fähig, diese Gemälde anzufertigen, warum soll er dann nicht in der Lage gewesen sein, sich Wohnhütten als Unterschlupf zu bauen? Klügste Menschen gestehen dem Tier seit Jahrmillionen die Fähigkeit zu, sich Nester und Unterschlupfe zu bauen. Es paßt aber offenbar nicht in das Denksystem, zu jener Zeit dem *Homo sapiens* die gleiche Fertigkeit einzuräumen!

In den Subisbergen an der Westküste von Borneo wurde ein Netz kathedralenartig ausgebauter Höhlen gefunden; in den Höhlen deuten Kulturrückstände auf eine Bauzeit um 38 000 vor Christus. Unter diesen ungeheuerlichen Funden gibt es Gewebe von einer Reinheit und Zartheit, daß man sich bei bestem Willen nicht ausdenken kann, wie die Wilden so etwas fertigbrachten! Fragen, Fragen, Fragen...

Die Dinge sind keine Hypothesen, sie sind in Fülle vorhanden: Höhlen, Gräber, Sarkophage, Mumien, alte Landkarten, verrückte Bauten immenser architektonischer und technischer Leistungen, Überlieferungen verschiedenster Provenienz, die in kein Schema passen wollen.

Erste Zweifel schleichen sich in das Denkmodell der Archäologie ein, aber es müssen Breschen geschlagen werden ins Dickicht der Vergangenheit. Marksteine müssen neu gesetzt, womöglich auch eine Reihe fixer Daten neu festgelegt werden.

Dies sei klargestellt: Hier wird nicht die Geschichte der letzten 2000 Jahre angezweifelt! Wir sprechen nur und ausschließlich vom grauesten Altertum, vom tiefsten Dunkel der Zeiten, das mit neuen Fragestellungen zu erhellen wir uns bemühen.

8. KAPITEL

Kontakt mit dem Kosmos · Die Rätsel lösen sich · Völkerwanderung für die Götter · Die unvergleichliche Grabplatte von Palenque · Nur Blinde sehen nichts · Schlangen am Firmament · Eine jahrtausendealte Rechenmaschine · Die köstlichen Unmöglichkeiten

Die spanischen Konquistadoren, die Süd- und Zentralamerika eroberten, stießen überall auf die Sagen von Viracocha. Noch nie hatten sie von riesigen weißen Männern gehört, die irgendwo vom Himmel gekommen waren... Voller Staunen erfuhren sie von einer Rasse von Sonnensöhnen, die die Menschen in allerlei Künsten unterwiesen und wieder verschwanden. Und in allen Legenden, die die Spanier hörten, gab es die Versicherung, daß die Sonnensöhne wiederkommen würden.

Tatsächlich ist der amerikanische Kontinent die Heimat ganz alter Kulturen, aber unser genaues Wissen über Amerika ist kaum tausend Jahre alt. – Es ist völlig unerfindlich, warum 3000 vor Christus die Inkas in Peru Baumwolle züchteten, obwohl sie keine Webstühle kannten und besaßen... Die Mayas bauten Straßen, aber sie gebrauchten das Rad nicht, obzwar sie es kannten... Unbegreiflich die riesigen behelmten Schädel der Olmeken! Sie stehen heute im Museumspark von Villahermosa, Mexiko. Niemand weiß, wer sie schuf und welchen Vorbildern sie nacheiferten.

Es scheint sogar, als hätten sich die alten Völker ein besonderes Vergnügen daraus gemacht, mit Steingiganten über Berge und Täler zu jonglieren: Die Ägypter holten ihre Obelisken aus Assuan – die Architekten von Stonehenge besorgten ihre Steinklötze aus Südwestwales und Marlborough – die Steinmetzen der Osterinsel hievten ihre fix und fertigen Monsterstatuen aus einem weit entfernten Steinbruch an den Aufstellungsort – und die Frage, woher einige der Monolithen in Tiahuanaco kommen, weiß niemand zu beantworten. Ein seltsames Völkchen müssen unsere Altvordern schon gewesen sein; sie machten es sich wahrlich gern unbequem und bauten ihre Standbilder immer an den unmöglichsten Orten. Aus purer Lust an einem beschwerlichen Leben?

Wir wollen die Künstler unserer großen Vergangenheit nicht für so dumm halten: Sie hätten ihre Tempel und Standbilder genausogut in unmittelbarer Nähe der Steinbrüche errichten können, wenn ihnen nicht eine alte Überlieferung den Standort ihrer Werke vorgeschrieben hätte. Wir sind überzeugt, daß die Inkafestung von Sacsayhuaman nicht von ungefähr über Cuzco errichtet wurde, vielmehr weil eine Überlieferung diesen Platz als heiligen Ort bezeichnete. Wir sind auch überzeugt, daß überall dort, wo die am meisten zurückliegenden Monumentalbauten der Menschheit gefunden wurden, die interessantesten und wesentlichsten Relikte unserer Vergangenheit noch ungehoben im Boden liegen, Relikte übrigens, die durchaus von Wichtigkeit für die weitere und entscheidende Entwicklung heutiger Raumfahrt sein könnten.

Die fremden, unbekannten Raumfahrer, die vor abertausend Jahren unseren Planeten besuchten, müssen kaum weniger weitsichtig gewesen sein, als wir es heute zu sein glauben. Sie waren davon überzeugt, daß der Mensch eines Tages den Schritt ins Weltall aus eigener Kraft und eigenem Wissen tun würde. Es ist eine banale Tatsache der Universalgeschichte, daß die Intelligenz eines Planeten immer nach Verwandtschaft, nach Leben, nach korrespondierender Intelligenz im Weltall suchte.

Radioastronomen haben in jüngster Zeit die ersten Radioimpulse für fremde Intelligenzen ausgestrahlt. Wann wir Antwort bekommen werden – in zehn, in fünfzehn, in hundert Jahren –, wissen wir nicht. Wir wissen nicht einmal, welchen Stern wir anpeilen sollen, weil wir nicht ahnen, welcher Planet der interessanteste für uns ist. Doch spricht vieles dafür, daß fehlende Angaben für unsere Ziele in unserer Erde für uns deponiert sind. Wir bemühen uns um die Überwindung der Schwerkraft; wir experimentieren mit Strahltriebwerken immenser Kraft, mit Elementarteilchen und mit Antimaterie. Tun wir auch genug, um die Angaben zu finden, die in der Erde für uns verborgen sind, damit wir unsere Urheimat endlich bestimmen können?

Nimmt man die Dinge beim Wort, wird vieles, was bisher recht mühsam ins Mosaik unserer Vergangenheit eingesetzt wurde, ziemlich plausibel: nicht nur die relevanten Bezüge in alten Schriften;

auch die »harten Tatsachen«, die sich unserem kritischen Blick rund um den Globus darbieten. Schließlich haben wir unseren Verstand, um damit zu denken.

Letzte Erkenntnis des Menschen wird es also sein, zu begreifen, daß seine bisherige Lebensberechtigung und alle seine Bemühungen um Fortschritt darin bestanden, aus der Vergangenheit zu lernen, um reif für die Existenz und den Konnex mit und in dem Weltraum zu werden. Wenn dem so sein wird, muß der klügste und letzte Individualist einsehen, daß aller Aufgabe darin besteht, das Universum zu besiedeln und allen Geist, jede Energie und Erfahrung weiterzutragen. Dann kann die Verheißung der »Götter« wahr werden, daß Frieden auf Erden und der Weg in den Himmel offen ist.

Sobald die verfügbaren Mächte, Kräfte und Intelligenzen in die Weltraumforschung gesteckt werden, wird aus dem Ergebnis der Forschung die Widersinnigkeit der Erdenkriege überzeugend klarwerden. Wenn Menschen aller Rassen, Völker und Nationen sich zu der übernationalen Aufgabe vereinen, Reisen zu fernen Planeten technisch durchführbar zu machen, rückt die Erde in solchen Dimensionen mit allen ihren Miniproblemen in die richtige Relation zu den Vorgängen im Kosmos.

Okkultisten können ihre Lampen löschen, Alchimisten ihre Schmelztiegel vernichten, geheime Bruderschaften ihre Kutten ausziehen. Jahrtausendelang hervorragend verkaufter Unsinn wird nicht mehr an den Mann zu bringen sein. Öffnet uns das Weltall seine Tore, werden wir in eine bessere Zukunft gelangen.

Wir motivieren anhand der Erkenntnisse, die uns heute zur Verfügung stehen, unsere Skepsis vor der Deutung unserer frühesten Vergangenheit. Wenn wir bekennen, Skeptiker zu sein, so meinen wir das in einem Sinne, den Thomas Mann in den zwanziger Jahren in einem Vortrag so formulierte:

»Das Positive am Skeptiker ist, daß er alles für möglich hält!«

Wenn wir auch betonten, daß es nicht unsere Absicht ist, die Menschheitsgeschichte der letzten 2000 Jahre in Frage zu stellen, glauben wir doch, daß griechische und römische Götter und auch die meisten Sagen- und Legendengestalten vom Atem einer sehr fernen Vergangenheit umgeben sind. Seit es Menschen gibt, leben uralte Überlieferungen in den Völkern fort. Auch modernere Kulturen liefern uns Indizien, die in die graue, unbekannte Vergangenheit deuten.

Ruinen in den Dschungeln von Guatemala und Yukatán halten jedem Vergleich mit den ägyptischen Kolossalbauten stand. Die Grundfläche der Pyramide von Cholula – hundert Kilometer südlich der Hauptstadt Mexikos – ist größer als jene der Cheopspyramide. – 50 Kilometer nördlich von Mexiko bedeckt das Pyramidenfeld von Teotihuacan eine Fläche von fast 20 Quadratkilometern, und alle freigelegten Bauwerke sind nach den Sternen ausgerichtet. Der älteste Text über Teotihuacan berichtet uns, daß hier die Götter zusammenkamen und über den Menschen Rat hielten, noch ehe es den *Homo sapiens* überhaupt gab!

Wir sprachen schon vom Kalender der Mayas, dem genauesten der Welt; wir lernten die Venus-Gleichung kennen. Heute ist bewiesen, daß alle Bauwerke in Chichén Itzá, Tikal, Copán oder Palenque nach dem fabelhaften Kalender der Mayas ausgerichtet sind. Man baute eine Pyramide nicht, weil man sie brauchte; man baute Tempel nicht, weil man sie benötigte. Man baute Pyramiden und Tempel, weil der Kalender vorschrieb, alle 52 Jahre eine festgelegte Zahl von Stufen eines Bauwerks zu vollenden. Jeder Stein hat seinen Bezug zum Kalender, jedes vollendete Bauwerk ist astronomisch exakt ausgerichtet.

Was dann aber etwa 600 nach Christus geschah, ist platterdings unbegreiflich! Ein ganzes Volk verließ plötzlich und ohne Grund seine mühevoll und solide erbauten Städte mit den reichen Tempeln, kunstvollen Pyramiden, von Statuen eingesäumten Plätzen und den großzügigen Stadien. Der Dschungel fraß sich durch die Bauten und Straßen, zerbrach das Mauerwerk und produzierte eine ungeheure Ruinenlandschaft. Kein Einwohner kehrte je an die Orte zurück.

Man übertrage einmal dieses Ereignis, diese enorme Völkerwanderung, auf das alte Ägypten: Generationenlang baute man nach den Daten eines Kalenders Tempel, Pyramiden, Städte, Wasserspeicher und Straßen; wunderbare Skulpturen wurden mit primitiven Werkzeugen mühevoll aus Stein gehauen und an den Prunkbauten angebracht; als diese Arbeit von mehr als einem Jahrtausend beendet war, verließ man seinen Wohnort und zog in den unwirtlichen Norden. Ein solcher Vorgang, etwas näher an die uns begreifbaren

Zeitläufte herangeholt, scheint undenkbar, weil unsinnig. Je unverständlicher ein Vorgang ist, desto zahlreicher sind Deutungsversuche und vage Erklärungen. Da bot sich zuerst die Version an, die Mayas könnten von fremden Eindringlingen vertrieben worden sein. Wer aber wäre den Mayas, die auf dem Höhepunkt ihrer Zivilisation und Kultur standen, gewachsen gewesen? Nirgends fand sich irgendeine Spur, die auf eine kriegerische Auseinandersetzung schließen lassen könnte. – Durchaus erwägenswert ist der Gedanke, daß ein starker Klimaumschwung die Völkerwanderung ausgelöst haben könnte. Auch diese Lesart findet keine Indizien. Wie sollte sie auch, da der Weg der Mayas von dem Raum des Alten bis zu den Grenzen des Neuen Reiches nur runde 350 Kilometer Luftlinie mißt – eine Distanz, die für die Flucht vor einem katastrophalen Klimaumschwung nicht ausgereicht hätte? – Auch die Deutung, eine verheerende Epidemie hätte die Mayas in Bewegung gesetzt, verlangt eine ernsthafte Prüfung. Außer daß diese Deutung als eine unter vielen angeboten wurde, hat sie nichts, nicht den geringsten Beweis für sich. – Gab es einen Streit der Generationen? Hat sich die junge gegen die alte aufgelehnt? Gab es einen Bürgerkrieg, eine Revolution? Stimmt man einer dieser Möglichkeiten zu, dann wäre evident, daß nur ein Teil der Bevölkerung, nämlich der unterlegene, das Land verlassen hätte und der siegreiche an den alten Orten geblieben wäre. Untersuchungen an den Ausgrabungsstätten brachten nicht einen Hinweis, daß auch nur ein Maya zurückgeblieben wäre! Das ganze Volk wanderte plötzlich aus, es ließ seine Heiligtümer unbewacht im Dschungel zurück.

Ins Konzert der vielen Meinungen möchten wir eine neue Stimme bringen, eine These, die ebensowenig bewiesen ist, wie die anderen Deutungen bis heute keine Fakten für sich sprechen lassen können. Soviel an Wahrscheinlichkeit, wie sie die anderen Erklärungen in sich haben, muten wir kühnerweise und überzeugtermaßen auch unserem Angebot zu:

Die Vorfahren der Mayas hatten irgendwann zu einer sehr frühen Zeit den Besuch von »Göttern« (in denen wir Raumfahrer vermuten). In der Welt der Mayas gab es aber strenggehütete, heilige Überlieferungen der Astronomie, der Mathematik und des Kalenders! Da die »Götter« ihr Wort gegeben hatten, eines Tages wiederzukommen, hüteten die Priester das überkommene Wissen: Sie schufen eine neue, großartige Religion, die Religion des Kukulkan, der »Fliegenden Schlange«.

Der priesterlichen Überlieferung zufolge wollten die »Götter« zu dem Zeitpunkt wieder vom Himmel kommen, an dem die großen Bauwerke nach den Gesetzen des Kalenderzyklus fertiggestellt waren. Also spornten sie das Volk an, Tempel und Pyramiden nach diesem heiligen Rhythmus zu vollenden, weil das Jahr der Vollendung ein Freudenjahr werden sollte. Der Gott Kukulkan würde dann von den Sternen kommen, die Bauten in seinen Besitz nehmen und fortan wieder unter den Menschen leben.

Das Werk war vollendet, das Jahr der Wiederkehr des Gottes gekommen – doch nichts geschah! Das Volk sang, betete und wartete ein ganzes Jahr lang. Sklaven und Schmuck, Mais und Öl wurden erfolglos geopfert. Aber der Himmel blieb stumm und ohne Zeichen. Kein Himmelswesen erschien, man vernahm weder Rauschen noch fernes Donnern. Nichts, gar nichts geschah.

Geben wir dieser Hypothese eine Chance, dann muß die Enttäuschung der Priester und des Volkes fürchterlich gewesen sein: Die Arbeit von Jahrhunderten war umsonst getan. Zweifel wurden wach. Steckte ein Fehler in den Berechnungen des Kalenders? Würden die »Götter« an einem anderen Ort herniederkommen? War man einem schrecklichen Irrtum erlegen?

Wir müssen wissen, daß das mystische Jahr der Mayas, in dem der Kalender begann, auf das Jahr 3114 vor Christus zurückgeht. Beweise dafür liegen in den Schriften der Mayas vor. Akzeptiert man dieses Datum als erwiesen, dann lag nur eine Spanne von wenigen hundert Jahren bis zum Beginn der ägyptischen Kultur dazwischen. Dieses legendäre Alter scheint echt zu sein, weil der so präzise Maya-Kalender es wiederholt feststellt. Ist dem so, dann machen uns nicht nur der Kalender und die Völkerwanderung skeptisch. Denn eine fast neue Tatsache läßt den Wurm des Zweifels nagen.

Während seiner Forschungsarbeiten von 1949 bis 1952 entdeckte der mexikanische Archäologe Alberto Ruz Lhuillier im »Tempel der Inschriften« in Palenque eine Grabkammer. Vom Vorraum des Tempels aus, der auf der höchsten Plattform einer Stufenpyramide liegt, führt eine steile, von Feuchtigkeit glitschige Treppe fast 25 Meter tief hinab, zwei Meter unter die Erdoberfläche. Die Treppe

Tief unter dem Tempel der Inschriften in Palenque, Mexiko, wurde 1952 eine geheime Krypta entdeckt.

war derart »kaschiert«, daß es sich wohl um einen geheimgehaltenen Abstieg handelte. Maße und Lage der Kammer entsprechen »magischen oder symbolischen Vorstellungen« (Marcel Brion). Drei Jahre brauchten Archäologen mit ihren Helfern, um diesen Weg von der Höhe in die Tiefe freizulegen. – Den Boden der Kammer bildet ein Monolith von 3,80 Meter Länge und 2,20 Meter Breite mit einem phantastischen Steinrelief; mir ist keine zweite Steinarbeit von solcher Schönheit und Akkuratesse bekannt. – Rings um das Rechteck sind Maya-Glyphen ziseliert, sie sind nur zum kleinsten Teil entziffert. Die Steinplatte schmücken Glyphen, wie sie uns aus der Maya-Literatur (Codices!) und von Maya-Stelen her bekannt sind; da gibt es den Lebensbaum (oder das Lebenskreuz), einen Indianer mit der Maske des Erdengottes: Federschmuck auf dem Haupt, Jaderöhrchen und Schnüre und – last, but not least – den heiligen Quetzalvogel, eine zweiköpfige Schlange und symbolische Masken. Der Archäologe Paul Rivet, einer der besten Kenner des Objekts, meint, der Indianer sei auf dem Opferaltar sitzend dargestellt und hinter seinem Sitz wären »stilisierte Barthaare des Wettergottes« eingraviert: Motive, wie sie in Maya-

Oben und rechts: Die Bodenplatte der Krypta ist 3,80 Meter lang und 2,20 Meter breit. In einem herrlichen Relief ist diese einzigartige Darstellung herausgemeißelt. Sie benötigt keinen Kommentar.

Städten wiederkehren. – Unter diesem edel bearbeiteten Monolithen fand man in einem purpurrot ausgemalten Sarg ein Skelett; auf dem Gesicht lag eine Goldmaske, neben dem Skelett waren einige Schmuckstücke aus Jade sowie rituelles Zubehör und Opfergaben deponiert...

Seit ich diese Grabplatte in Palenque sah, habe ich sie technisch interpretiert. Es ist unerheblich, ob die Platte als Quer- oder Längsbild betrachtet wird – der Eindruck von einem raumfahrenden Wesen verfolgt einen geradezu. Die besten mir bekannten Fotos von der Grabplatte, die hinter einem gesicherten Eisengitter liegt, machte die Crew des Films »Erinnerungen an die Zukunft«. Nach achtmaligem Anlauf gestattete die Regierung eine halbstündige Arbeit mit Kamera und Scheinwerfern. Mit diesen Bildern kann ich dem Leser besser als in meinem ersten Buch dokumentieren, worum es geht. – In ihrer Gesamtheit bildet die Grabplatte einen

Rahmen, in dessen Mitte ein Wesen vornübergeneigt (wie ein Astronaut in der Kommandokapsel) sitzt. Dieses eigenartige Wesen trägt einen Helm, von dem doppelspurige Schläuche nach rückwärts verlaufen. Vor der Nase sitzt ein Sauerstoffgerät. Mit beiden Händen manipuliert der Vornübergeneigte an irgendwelchen Kontrollmechanismen: Die obere Hand ist geöffnet, so, als ob das Wesen an einem direkt vor ihm liegenden Knopf eine Feineinstellung vornimmt; von der unteren Hand sind vier Finger zu erkennen, die vom Handrücken ausgehen; der kleine Finger ist gekrümmt. Sieht es nicht so aus, als ob das Wesen mit dieser Hand einen Hebel, dem Handgashebel der Motorräder ähnlich, bedient? – Die Ferse des linken Fußes ruht auf einem Pedal mit mehreren Stufen. – Dem Betrachter der Palenque-Bilder wird auffallen, daß der Indianer auf dem Opferaltar recht modern gekleidet ist: direkt unterm Kinn, noch im Halsausschnitt sichtbar, eine Art von Rollkragenpullover – ein enganliegendes Anzugoberteil schließt sich an und endet an beiden Handgelenken in Stulpen. Um die Taille ein breiter Gurt mit einem Sicherheitsschloß, eine grobmaschige Hose, schließlich ein enges strumpfhosenartiges Beinkleid bis zu den Fußgelenken... und der Astronaut ist perfekt angezogen! – Die Apparatur, in der der Raumfahrer angespannt hockt, hat in meinen Augen diese technischen Merkmale: Vor dem angeschnallten Astronauten liegen das Zentralaggregat für Sauerstoff, Energieversorgung und Kommunikation sowie die manuellen Bedienungshebel und die Geräte für Beobachtungen außerhalb des Raumfahrzeugs. Am Bug des Schiffes, also vor der Zentraleinheit, sind große Magnete erkennbar: Sie sollen um die Raumschiffhülle ein Magnetfeld aufbauen, das bei hoher Geschwindigkeit den Aufprall von Partikeln im Weltraum abwehrt. – Hinter dem Astronauten ist eine Kernfusionseinheit zu sehen: Schematisch sind zwei Atomkerne, wahrscheinlich Wasserstoff und Helium, dargestellt, die schließlich verschmelzen. Wesentlich erscheint mir, daß am Ende des Fahrzeugs *außerhalb* des Rahmens der Raketenrückstrahl stilisiert wurde. *Neben* diesen von mir technisch ausgelegten Zeichnungen gibt es tatsächlich immer wiederkehrende Maya-Glyphen auf der Grabplatte. Ich halte es für selbstverständlich, daß die Mayas derart von ihrem »Himmelsboten« Botschaft gaben und auch dessen Geschichte in einer ihnen möglichen und bekannten Weise aufzeichneten. – Nach dem Aufenthalt eines außerirdischen Wesens hätten die Indianer den »natürlichen« Wunsch gehabt, so hohen Besuch samt dem Apparat in einem Relief zu verewigen. Abgesehen davon aber, daß die Steinmetzen nicht über technische Kenntnisse verfügten, wäre es auch unmöglich gewesen, eine technisch so komplizierte Apparatur wie dieses Ein-Mann-Raumschiff vom bloßen Augenschein her in Stein zu meißeln. Baten sie die himmlischen Gäste um Beratung? Lieferten die Extraterrestrier den Maya-Künstlern eine einfache schematische Zeichnung des Himmelsfahrzeugs? Dem Skeptiker, der mich fragt, warum denn die Außerirdischen Kenntnisse und Geheimnisse preisgegeben haben sollten, kann ich nur antworten: Sie taten es auch in diesem Fall, um späteren Generationen sichtbare Zeugnisse ihrer Anwesenheit zu hinterlassen.

Diese Spekulation akzeptiert, schließen vorhandene, teilweise entzifferte Glyphen die gleichzeitige technische Version nicht aus. Der definitive Beweis, daß es sich bei der Grabplatte um übliche

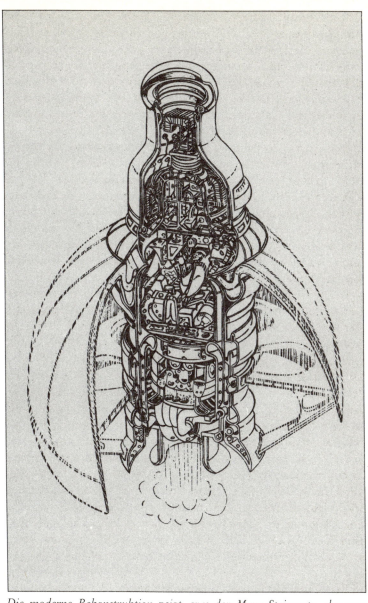

Die moderne Rekonstruktion zeigt, was der Maya-Steinmetz, der von Technologie nichts verstand, gesehen haben könnte.

Maya-Symbolik handelt, ist nicht zu führen. Aus der Literatur läßt sich nicht zwingend ableiten, daß das Relief keine technischen Elemente enthält. Es hilft wenig weiter, wenn wir vor überholten Arbeitshypothesen strammstehen. Die Archäologie lehnt es ab, Wissen von der Raumfahrttechnik einzubeziehen. Darum scheint es mir intolerant, meine Version abzulehnen. Es sollte ein Patt gelten: Die Grabplatte ist aus der Maya-Literatur nicht zufriedenstellend erklärbar, die technische Version denkbar.

Das Observatorium von Chichén ist der erste und älteste Rundbau der Mayas. Selbst heute noch wirkt das restaurierte Bauwerk wie ein modernes Observatorium. Auf drei Terrassen erhebt sich der Rundbau weithin über den Dschungel; im Innern führt eine Wendeltreppe zum obersten Ausguck; in der Kuppel sind Luken und Öffnungen nach den Sternen ausgerichtet, so daß sich nachts ein eindrucksvolles Bild des gestirnten Himmels darbietet. Die Außenwände tragen Masken des Regengottes... und die Darstellung einer menschlichen Figur mit Flügeln.

Freilich ist das Interesse der Mayas an der Astronomie keine ausreichende Motivation für unsere Hypothese einer Korrespondenz mit Intelligenzen auf fremden Planeten. Die Fülle bisher unbeantworteter Fragen ist verwirrend: Woher kannten die Mayas Uranus und Neptun? Warum sind die Ausgucke im Observatorium von Chichén nicht auf die hellsten Sterne ausgerichtet? Was besagt die Steinzeichnung des raketenfahrenden Gottes in Palenque? Was für einen Sinn hatte der Maya-Kalender mit seinen Berechnungen für 400 Millionen Jahre? Wer vermittelte die unfaßlichen astronomischen Kenntnisse? Ist jedes Faktum für sich ein zufälliges Produkt des Maya-Geistes, oder steckt hinter jedem Faktum und erst recht hinter allen Fakten vereint viel mehr, vielleicht eine grundstürzende Botschaft für eine von damals aus betrachtet fernste Zukunft?

Geben wir alle Tatsachen in ein Sieb und trennen großzügig die Spreu vom Weizen, dann bleiben so erschreckend viele Ungereimtheiten, so viele »Unmöglichkeiten« übrig, daß die Forschung eine rapide Initialzündung für große, neue Anstrengungen, die Vielzahl der Rätsel wenigstens teilweise zu lösen, bekommen müßte. Denn in unserer Zeit sollte sich die Forschung nicht mehr mit sogenannten Unmöglichkeiten zufriedengeben.

Die Schlange ist ein Symbol fast aller Maya-Bauten. Das ist

erstaunlich, denn ein Volk, das von einer üppigen, wuchernden Flora umgeben ist, sollte doch eigentlich auch Blumenmotive auf den Steinzeichnungen hinterlassen haben. Aber es fand sich bisher kein Blumenmotiv. Die ekelhafte Schlange jedoch begegnet uns allerorten. Die Schlange windet sich seit Urzeiten im Staub und dampfenden Boden. Warum bedachte man sie mit der Fähigkeit, fliegen zu können? Urbild des Bösen, ist die Schlange zum Kriechen verdammt. Wie kann man diese widerliche Kreatur als Gott verehren, und weshalb kann sie auch noch fliegen? Bei den Mayas konnte sie es. – Der Gott Kukulkan (= Kukumatz) entspricht vermutlich der Figur des späteren Gottes Quetzalcoatl. Was weiß die Maya-Legende über diesen Quetzalcoatl?

Er kam aus einem fremden Land der aufgehenden Sonne in einem weißen Gewand, und er trug einen Bart. Er hat das Volk alle Wissenschaften, Rechte, Künste und Gebräuche gelehrt sowie sehr weise Gesetze erlassen. Man rühmt, daß unter seiner Führung die Maisähren zu Mannesgröße gediehen und daß die Baumwolle farbig wuchs. Als Quetzalcoatl seine Mission erfüllt hatte, wanderte er, unterwegs seine Lehre predigend, zum Meer zurück, um dort ein Schiff zu besteigen, das ihn zum Morgenstern fuhr. Es wird uns fast peinlich, noch zu erwähnen, daß auch der bärtige Quetzalcoatl wiederzukommen versprach.

Selbstverständlich fehlt es nicht an Deutungen für die Erscheinung des klugen alten Herrn. Man dichtet ihm eine Art Messiasrolle an; freilich, denn ein Mann mit Bart ist in diesen Breitengraden nichts Alltägliches. Es gibt sogar eine kühne Version, die im alten Quetzalcoatl einen Jünger Jesu vermutet! Uns vermag das nicht zu überzeugen. Wer immer aus der Alten Welt die Mayas erreichte, kannte das Rad, das Mensch und Dinge fortbewegt. Wäre es für einen Weisen, einen Gott wie Quetzalcoatl, der als Missionar, Gesetzesgeber, Arzt und Ratgeber in vielen Dingen des Lebens erschien, nicht das Nächstliegende gewesen, die armen Mayas vor allem im Gebrauch des Rades und des Wagens zu unterweisen? Tatsächlich gebrauchten die Mayas nie einen Wagen, sie benutzten keine Räder.

Vollenden wir die Verwirrung der Geister durch ein Kompendium von Verrücktheiten aus grauer Vorzeit!

Auf der Höhe von Antikythera fanden griechische Schwammtaucher im Jahre 1900 ein altes Wrack, das mit Marmor- und Bronzestatuen beladen war. Die Kunstschätze wurden sichergestellt, und spätere Untersuchungen ergaben, daß das Schiff etwa zur Zeit Christi untergegangen sein muß. Unter all dem Plunder fand sich beim Sortieren ein formloser Klumpen, der sich als bedeutender denn alle Statuen zusammengenommen erwies. Behandelt und sorgsam präpariert, entdeckte man eine Bronzeplatte mit Kreisen, Inschriften und Zahnrädern und wußte bald, daß die Inschriften in einem Zusammenhang mit der Astronomie stehen mußten. Es entpuppte sich, als die vielen Einzelteile gesäubert waren, eine seltsame Konstruktion, eine regelrechte Maschine mit beweglichen Zeigern, komplizierten Skalen und beschrifteten Metallplatten. Die rekonstruierte Maschine verfügt über mehr als zwanzig Rädchen, über eine Art von Differentialgetriebe und über ein Kronenrad. Auf einer Seite befindet sich eine Welle, die, sobald sie sich dreht, alle Skalen mit unterschiedlichen Geschwindigkeiten in Bewegung setzt. Die Zeiger sind durch Bronzeklappen geschützt, auf denen sich lange Inschriften lesen lassen. Gibt es angesichts dieser »Maschine von Antikythera« noch geringste Zweifel darüber, daß im Altertum erstklassige Feinmechaniker am Werk waren? Überdies ist die Maschine so kompliziert, daß sie wahrscheinlich nicht das erste Modell ihrer Art war. Der amerikanische Professor Solla Price interpretierte den Apparat als eine Art Rechenmaschine, mit deren Hilfe sich die Bewegungen des Mondes, der Sonne und wahrscheinlich auch weiterer Planeten berechnen ließen.

Es ist nicht so wichtig, daß die Maschine ihr Herstellungsjahr mit 82 vor Christus meldet. Interessanter wäre es, herauszubekommen, wer das erste Modell dieser Konstruktion anfertigte, dieses Planetariums im Kleinformat!

Der Hohenstaufenkaiser Friedrich II. soll, wie berichtet wird, anno 1229 vom fünften Kreuzzug ein ganz ungewöhnliches Zelt aus dem Morgenland mitgebracht haben: Im Innern des Zeltes habe ein Uhrwerk gestanden, und durch das kuppelförmige Dach des Zeltes habe man die Sternbilder in Bewegung gesehen! Wieder einmal ein Planetarium aus dem Altertum... Wir akzeptieren seine damalige Existenz, weil uns bekannt ist, daß die handwerklichen Voraussetzungen gegeben waren. Uns irritiert die Idee eines Planetariums, denn zur Zeit Christi gab es die Vorstellung des Fixsternhimmels unter Berücksichtigung der Erdrotation noch nicht. – Selbst die kenntnisreichen chinesischen und arabischen Astronomen des Altertums geben uns für diese unerklärliche Tatsache keine Hilfe, ja, und Galileo Galilei wurde unbestritten erst 1500 Jahre später geboren... Wer nach Athen kommt, sollte sich die »Maschine von Antikythera« nicht entgehen lassen; sie steht im Nationalarchäologischen Museum. Über das Zeltplanetarium Friedrichs II. gibt es lediglich schriftliche Berichte.

Mag das Altertum grau gewesen sein, es hinterließ uns spaßige Dinge:
- 3800 Meter über dem Meeresspiegel wurden an den Felsen des Wüstenplateaus von Marcahuasi Schemen von Tieren gefunden, die es vor 10 000 Jahren in Südamerika gar nicht gab – Kamele und Löwen.
- Im Death Valley in der Wüste von Nevada gibt es Ruinen einer alten Stadt, die durch eine große Katastrophe vernichtet worden sein muß. Heute noch sieht man Spuren von geschmolzenem Felsen und Sand. Die Hitze eines Vulkanausbruchs hätte nicht ausgereicht, Felsen zu schmelzen – überdies hätte die Hitze dann zuerst die Bauten versengt. Lediglich Laserstrahlen erzeugen heute ausreichende Hitzegrade. Seltsamerweise wächst in diesem Gebiet kein Halm mehr.
- Hadschar el Guble, der Stein des Südens im Libanon, wiegt zwei Millionen Kilogramm. Es ist ein bearbeiteter Stein, aber Menschenhände können ihn wohl nicht bewegt haben.
- An unzugänglichsten Felswänden in Australien, Peru und Oberitalien gibt es künstlich hergestellte, noch nicht gedeutete Markierungen.
- Texte auf Goldplatten, die in Ur in Chaldäa gefunden wurden, berichten von menschenähnlichen »Göttern«, die vom Himmel kamen und die den Priestern die Goldplatten zum Geschenk machten.
- In Ländern wie Australien, Frankreich, Indien, Libanon, Südafrika, Chile gibt es seltsame schwarze »Steine«, die reich an Aluminium und Beryllium sind. Jüngste Untersuchungen ergaben, daß diese Steine in frühesten Zeiten einem starken radioaktiven Bombardement und hohen Temperaturen ausgesetzt gewesen sein müssen.

- Sumerische Keilschrifttafeln zeigen Fixsterne mit Planeten.
- In Rußland fand man die Reliefdarstellung eines Luftschiffes, das aus zehn aneinandergereihten Kugeln besteht, die in einem rechtwinkligen Rahmen stehen, der an beiden Seiten von dicken Säulen getragen ist. Auf den Säulen ruhen Kugeln. – Unter japanischen Funden gibt es diverse Bronzestatuen von humanoiden Wesen, die in wuchtigen Anzügen stecken, die hermetisch mit einem Helm verbunden sind. Schuhe und Handschuhe sind ebenso fest mit dem Anzug verriegelt.
- Auf dem Dresdner Kodex, einer uralten Maya-Handschrift, sind die Mondfinsternisse der Vergangenheit und der Zukunft abzulesen.

Wie will man uns diese und viele andere Rätsel erklären? Es ist nicht mehr als eine dürftige Ausrede, wenn man die alten Überlieferungen pauschal als falsch, irrig, undeutbar, ohne Bezüge abtun will. Es ist gleichermaßen eine Zumutung, in die Enge getrieben, alle Übersetzungen als mangelhaft zu bezeichnen, sich ihrer jedoch im nämlichen Augenblick zu bedienen, wenn ihre Mitteilungen in den Kram passen. Es scheint uns eine gewisse Feigheit dabei zu sein, wenn man Augen und Ohren lediglich deshalb vor Tatsachen – oder auch Hypothesen – verschließt, weil neue Schlüsse die Menschen aus einem vertraut gewordenen Denkschema reißen könnten.

Enthüllungen geschehen täglich und stündlich in der ganzen Welt. Unsere modernen Verkehrs- und Kommunikationsmittel melden Entdeckungen rund um den Globus. Aus Zufälligkeiten kann, bei rechtem Willen, ein System entwickelt werden. Wissenschaftler aller Fakultäten sollten ihre forschende Neugier mit gleichem Elan den Meldungen aus der Vergangenheit zuwenden, mit dem sie sich den Forschungen der Gegenwart widmen.

Darum, genau darum schlugen wir ein utopisch-archäologisches Jahr vor. Wie wir nicht töricht an die Weisheiten aus alten Denkmodellen »glauben« mögen, so verlangen wir nicht, daß unsere Hypothesen »geglaubt« werden. Wir erwarten und erhoffen uns allerdings, daß die Zeit bald reif sein wird, unvoreingenommen die Rätsel der Vergangenheit anzugehen – mit Hilfe der raffiniertesten Technologie.

Wir können nichts dafür, daß es im Universum Millionen anderer Planeten gibt...

Wir können nichts dafür, daß die viele tausend Jahre alte japanische Statue von Tokomai an ihrem Helm moderne Verschlüsse und Sichtblenden aufweist...

Wir können nichts dafür, daß das Steinrelief von Palenque existiert...

Wir können nichts dafür, daß Admiral Piri Reis seine alten Karten nicht verbrannt hat...

Wir können nichts dafür, daß die alten Bücher und Überlieferungen der Menschheitsgeschichte so viele Ungereimtheiten aufweisen...

Doch wir können etwas dafür, wenn wir das alles wissen, es aber nicht beachten und nicht sehr ernst nehmen!

Der Mensch hat eine grandiose Zukunft vor sich, die seine grandiose Vergangenheit noch überbieten wird. Wir brauchen Weltraumforschung und Zukunftsforschung und den Mut, unmöglich erscheinende Projekte anzupacken. Zum Beispiel das Projekt einer konzertierten Vergangenheitsforschung, das uns kostbare Erinnerungen an die Zukunft bringen kann. Erinnerungen, die dann bewiesen sein werden und ohne den Appell, an sie glauben zu sollen, die Menschheitsgeschichte erhellen. Zum Segen künftiger Generationen.

9. KAPITEL

Gibt es Gedächtnismoleküle? · Propheten essen Bücher · Die kosmische Urerinnerung · Träume aus der Vergangenheit · Ideen werden reif

Warum fallen uns so häufig Namen, Adressen, Begriffe, Telefonnummern auch bei gründlichstem Bohren in unserem Gedächtnis nicht ein? Dabei »spüren« wir genau, daß das, was wir suchen, sich irgendwo in den grauen Zellen unseres Gehirns versteckt hat und nur darauf wartet, wiederentdeckt zu werden. Wo ist die Erinnerung an etwas, das wir »genau wissen«, geblieben? Warum können wir mit unserem Wissensvorrat nicht nach Wunsch und in jedem Augenblick operieren?

Robert Thompson und James McConnell aus Texas plagten sich 15 Jahre damit ab, dem Geheimnis von Erinnerungen und ihre Präsenz experimentell auf die Schliche zu kommen. Nachdem sie die verschiedensten Versuche durchgeführt hatten, wurden schließlich Plattwürmer aus der Familie mit dem wohlklingenden Namen *Dugesia dorotocephala* die Stars eines Experiments, das zu phantastischen Ergebnissen führen sollte. Diese Tierchen gehören einerseits zu den primitivsten Organismen, die noch etwas Gehirnsubstanz besitzen, andererseits zählen sie zu den Lebewesen mit komplizierter Struktur, die sich durch Zellteilung vollständig regenerieren können. Schneidet man so einen kleinen Wurm in Stücke, dann erneuert sich jedes einzelne Stück wieder zu einem kompletten und vollständig intakten Exemplar.

Thompson und McConnell ließen ihre kleinen Stars in einer Plastikwasserrinne herumkriechen – nicht etwa, um ihnen ein besonderes Vergnügen zu bereiten! Listig, wie Forscher nun einmal mit ihren Versuchsobjekten sein können und auch sein müssen, schlossen sie die Wasserrinne an einen schwachen Stromkreis an. Außerdem installierten sie über der Rinne ihre Büroschreibtischlampe mit einer 60-Watt-Birne. Da Plattwürmer sehr lichtscheu sind, zuckten sie jedesmal zusammen, wenn die Lampe angeschaltet wurde.

Nachdem die beiden Wissenschaftler dieses Licht-an-Licht-aus-Spiel einige Stunden lang wiederholt hatten, nahmen die Würmer jedoch keine Notiz mehr von dem fortwährenden Lichtwechsel. Sie hatten wohl begriffen, daß ihnen nichts Lebensgefährliches drohte, daß auf Helligkeit auch wieder Dunkelheit folgte, und umgekehrt. Thompson und McConnell kombinierten nun den Lichtreiz mit einem schwachen elektrischen Schlag, der die Tierchen jeweils eine Sekunde nach dem Lichtschein traf. Hatten die Plattwürmer den Lichtreiz vorher bereits ignoriert, krampften sie sich nun auf den Stromimpuls hin wieder zusammen.

Man gewährte den Versuchstieren eine Pause von zwei Stunden, ehe man sie wieder auf die »Folter« spannte. Und da zeigte sich: Sie hatten nicht vergessen, daß sie nach dem Lichtschein den elektrischen Schlag zu erwarten hatten. Sie krampften sich auf den Lichtschein hin zusammen – auch wenn der erwartete Schlag gar nicht kam.

Nun zerschnitten die beiden geduldigen Forscher die Plattwürmer in kleine Stückchen und warteten einen Monat lang, bis die Teile sich zu kompletten Würmern regeneriert hatten. Dann kamen sie wieder in die Versuchsrinne, und wieder wurde in unregelmäßigen Abständen die Schreibtischlampe eingeschaltet. Thompson und McConnell machten eine erstaunliche Entdeckung: Nicht nur die Kopfstücke, die einen Schwanz regeneriert hatten – auch die Schwanzstücke, die ein neues Gehirn aufgebaut hatten, verkrampften sich vor dem zu erwartenden elektrischen Schlag!

Was war geschehen?

Auf welche Weise hatten die neugebildeten Kopfstücke die Erinnerung an den elektrischen Schlag bekommen?

Waren in den Zellen, die die »alten« Erinnerungen gespeichert hatten, chemische Prozesse abgelaufen, die die gemachten Erfahrungen an die neu aufgebauten Zellen weitergegeben hatten?

Genauso war es. Wenn ein »ungelernter« Plattwurm einen »gelernten« Artgenossen auffrißt, dann übernimmt er sogar von seinem Opfer dessen »angelernte« Fähigkeiten. Versuche in anderen Laboratorien führten zu der Feststellung, daß durch Einsetzen von Zellen eines Tieres, dem bestimmte Fertigkeiten beigebracht worden waren, in den Körper eines anderen Tieres diese Fertigkeiten weiterwirken. So wurden beispielsweise Ratten angelernt, eine bestimmte farbige Taste zu drücken, wenn sie an ihr Futter gelangen wollten. Beherrschten die Versuchstiere ihr Pensum perfekt, tötete man sie, entnahm ihren Gehirnen einen Extrakt und injizierte ihn undressierten Ratten in die Bauchhöhle. Nach wenigen Stunden bereits bedienten die undressierten Ratten dieselben farbigen Tasten. Versuche mit Goldfischen und Kaninchen bestätigten die Annahme, daß erlerntes Wissen durch Übertragung bestimmter Zellen in einem biologisch-chemischen Prozeß von einem Körper auf den anderen weitergegeben werden kann.

Es gilt heute als wissenschaftlich gesichert, daß sich Erinnerungen in Gedächtnismolekülen speichern und daß RNS- und DNS-Molekül Gedächtnisinhalte fixieren und transportieren. In konsequenter Fortführung dieser Forschungen könnte die Menschheit in absehbarer Zukunft die Möglichkeit haben, Wissen und Erinnerungen nicht mehr mit dem Tode eines Menschen verlorengehen zu lassen, sondern den einmal erworbenen geistigen Besitz eines Menschen zu erhalten und weiterzugeben.

Werden wir es noch erleben, daß die blitzgescheiten, auf Unterwasserforschung »programmierten« Delphine auf Tauchstation gehen? Werden wir auf den Straßen Affen bei der Arbeit sehen, deren Gehirne auf den Umgang mit Straßenbaumaschinen »programmiert« sind?

Ich meine, es gehört heute mehr Mut dazu, die denkbare Verwirklichung kühnster Möglichkeiten in Frage zu stellen, als mit ihnen ernsthaft zu rechnen.

Der wissenschaftliche Beweis, daß fremde Intelligenzen bereits vor Urzeiten mit derartigen Gedächtnismanipulationen umzugehen verstanden, steht noch aus. Immerhin schließen namhafte Wissenschaftler wie Schklowskij, Sagan und andere die Wahrscheinlichkeit nicht aus, daß es auf anderen Planeten Lebewesen gibt, die unserem wissenschaftlichen Forschungsgrad weit voraus sind.

Mir gibt wieder einmal das Alte Testament zu denken, in dem von nicht wenigen Propheten berichtet wird, daß sie von den »Göttern« Bücher zu essen bekamen.

Hesekiel 3,2–3 erzählt von einem solchen Bücher-Schmaus: »...Und er gab mir die Rolle zu essen und sprach: Menschensohn, speise deinen Leib und fülle dein Eingeweide mit dieser Rolle, die ich dir gebe. Da aß ich sie...«

Wen wundert es noch, daß die derart »ernährten« Propheten mehr als alle anderen wußten und klüger als ihre Umwelt waren!

Seit der wissenschaftlichen Entdeckung der DNS-Doppelhelix weiß man, daß der Zellkern des Gens alle Informationen enthält, nach dem ein Lebewesen aufgebaut wird. Lochkarten sind eine so geläufige Vorstellung, daß ich den Aufbauplan, der in den Zellkernen programmiert ist, etwas vereinfachend »Lochkarten des Lebens« nennen möchte.

Diese Lochkarten bauen das Leben nach einem festgelegten Terminplan auf. Um unsere Spezies zum Muster zu nehmen: Ein zehnjähriger Junge und ein achtjähriges Mädchen sind freilich schon kleine Menschen, aber sie besitzen viele Attribute noch nicht, die sie einmal als Mann und Frau haben werden. Ehe sie erwachsen sind, werden sich die Zellen in ihren Körpern noch Trillionen Male teilen, und mit jeder Zellteilung werden von Lochkarten neue Baustufen abgerufen: Junge und Mädchen schießen in die Höhe, Schamhaare, Barthaare, Brüste beginnen zu sprießen. Lochkarten machen keine Fehler, ihre Stanzungen bestimmen zeitgerecht den Ablauf des Werdens.

Dies ist, ich darf es noch einmal betonen, ein Faktum, das für jedes Lebewesen gilt. Nun möchte ich auf dieser grundsoliden wissenschaftlichen Basis einen spekulativen Gedanken zur Diskussion stellen, der mir persönlich ganz logisch zu sein scheint: Sollte es nicht – wie für jedes Einzelwesen – seit Urzeiten für die ganze Menschheit einen umfassenden programmierten Bauplan gegeben haben?

Anthropologische, archäologische und ethnologische Tatsachen geben mir den Mut, anderen Hypothesen von der Entstehung der Menschheit auch meine hinzuzufügen: Ich vermute, daß alle Informationen, also alle in die Lochkarten gestanzten Befehle, beim Urmenschen von außen her durch eine gezielte künstliche Mutation eingegeben worden sind.

Tasten wir uns auf meiner Spur zurück ins dunkle Labyrinth der Urgeschichte der Menschheit, dann ist der Mensch zugleich »Sohn der Erde« und »Kind der Götter«. Aus dieser Kreuzung ergeben sich ungeheure und phantastische Konsequenzen.

Unsere Vorfahren erlebten »ihre« Zeit, die Urvergangenheit, unmittelbar, nahmen sie in ihr Bewußtsein auf, ihr Gedächtnis speicherte alle Ereignisse. Mit jeder Zeugung ging ein Teil dieser Urerinnerung auf die nächste Generation über. Zugleich fügte jede Generation den vorhandenen Lochkartenstanzungen neue hinzu. Die Lochkarten wurden ständig durch neue Informationen angereichert. Gingen auch im Laufe der Zeiten Informationen wieder verloren oder wurden sie durch stärkere Impulse überlagert – die Summe aller Informationen minderte sich nicht! Nun aber liegen im Menschen nicht nur diese Stanzungen der *eigenen* Erinnerungen, sondern auch die Programmierung der *Götter*, die zu Adams Zeiten ja bereits Raumfahrt betrieben!

Zwischen unserem präsenten Wissen und der Fülle dieser Erinnerungen steht eine Barriere, die nur wenige Menschen in glücklichen Momenten zu durchbrechen vermögen. Sensible Menschen – Maler, Dichter, Musiker und Forscher – empfinden erregend diese Urerinnerung und versuchen in oft verzweifeltem Ringen die gespeicherten Informationen wieder zu erreichen. Der Medizinmann ließ sich durch Gifte und monotone Rhythmen in Trance versetzen, um die Sperre zur Urerinnerung durchbrechen zu können. Ich glaube auch, daß selbst hinter dem modischen Gehabe der psychedelischen Pfadfinder ein Urinstinkt wirksam ist, der die »Blumenkinder« dazu drängt, sich mit Drogen und nervenstimulierender Musik einen Zugang zum Unbewußten zu öffnen. Mag sich dabei im Einzelfall das Tor zu einer verschütteten Welt auftun, so reicht doch meist die Kraft nicht aus, die im Rausch erschlossene Welt Mitmenschen darzustellen.

Ein Beispiel:

Alle Welt spricht von »Aladins Wunderlampe«, wenn ein absolut utopisches Gerät, wenn ein unbegreiflicher Vorgang umschrieben werden soll. Ich nehme nicht nur die Propheten beim Wort, ich habe mir angewöhnt, auch hinter den oft seltsam anmutenden Urerinnerungen etwa der Menschen der Antike eine Realität zu suchen, eine Realität, die für uns Gegenwartsmenschen vielleicht noch der (Wieder-)Entdeckung harrt.

Was hat es denn mit dieser seltsamen Wunderlampe auf sich, über die Aladin verfügte? Zweifellos ermöglichte sie, Superwesen zu materialisieren. Das geschah immer dann, wenn der junge Aladin an der Lampe rieb. Setzte er durch die Reibungskraft vielleicht eine Materialisierungsmaschine in Gang?

Mit heutigem Wissen läßt sich eine denkbare Erklärung für die Wunderlampe geben: Wir wissen, daß die Atomtechnik Masse in Energie, daß die Physik Energie in Masse umsetzt. Ein Fernsehbild wird in 100 000 Zeilen zerlegt, die – in Energiewellen umgewandelt – über Relais ausgestrahlt werden. Ein Sprung ins Phantastische: Ein Tisch – auch der, an dem ich eben sitze – besteht aus einer unendlichen Zahl aneinandergereihter Atome. Gelänge es, diesen Tisch in seine atomaren Bestandteile zu zerlegen, über Energiewellen zu versenden und ihn an einem bestimmten Ort nach vorgegebenem Modell wieder aufzubauen, dann wäre der Materietransport gelungen. Blanke Utopie? Zugegeben, heute noch! Aber auch in Zukunft?

Vielleicht geisterte durch das Gedächtnis der Menschen der Antike noch eine Erinnerung an beobachtete Materialisierungen in frühester Zeit: Stahl wird heute zur Verhärtung in flüssigen Stickstoff getaucht. Ein für uns selbstverständliches Verfahren, das in der Neuzeit entdeckt wurde. Vermutlich durch eine Urerinnerung war dieser Verhärtungsprozeß bereits im Altertum eine technische Realität. Allerdings wurde er mit sehr rüden Methoden praktiziert: Zur Oberflächenverhärtung stieß man die glühenden Schwerter in die Leiber von Gefangenen! Woher aber wußte man, daß der menschliche Körper mit organischem Stickstoff vollgepumpt ist? Woher kannte man den chemischen Effekt? Lediglich aus Erfahrung?

Woher, frage ich, hatten unsere Vorfahren ihr hohes technisches Wissen und ihre modernen medizinischen Kenntnisse, wenn nicht von fremden Intelligenzen?

Woher nehmen kluge Männer und Frauen ihre Zuversicht, daß ein weit vorausgepflanzter kühner Gedanke empirisch Schritt für Schritt erreichbar ist, daß eine anfängliche Phantasie oder Utopie eines Tages Wirklichkeit wird?

Ich bin fest davon überzeugt, daß die Wissenschaftler von dem drängenden Wunsch beseelt sind, wieder so viel zu wissen, wieder so viele Erinnerungen Wirklichkeit werden zu lassen, wie in Urzeiten von fremden Intelligenzen in das Menschheitsgedächtnis eingegeben wurden. Es muß doch einen plausiblen Grund haben, warum über alle Epochen der Menschheitsgeschichte hinweg der Kosmos das große Forschungsziel war.

Waren nicht alle Etappen technischer Entwicklung, war nicht jedes Stückchen Fortschritt, waren nicht letztlich die utopischen Ideen immer nur Schritte auf das große Abenteuer: die Wiedereroberung des Weltraums?

Was für uns heute noch verwirrende und oft beängstigende futurologische Gedanken sind, war wahrscheinlich schon einmal Realität auf unserem Planeten.

Beim Studium der gerade heute viele Menschen bewegenden Bücher Teilhard de Chardins (1881–1955) stieß ich zum erstenmal auf den Begriff der »kosmischen Urteile«. Erst spätere Zeiten werden erkennen, wie entscheidend dieser Jesuit mit seinen paläontologischen und anthropologischen Forschungen, durch die er die katholische Schöpfungslehre mit den modernen naturwissenschaftlichen Erkenntnissen verbinden wollte, das Weltbild des 20. Jahrhunderts mitbestimmt hat. Im Jahre 1962, sieben Jahre nach seinem Tode, wurde nach einem heftigen Theologenstreit entschieden, daß Teilhards Auffassungen gegen die katholische Lehre verstoßen.

Ich kenne keinen Begriff, der so klar ausdrückt, was mit den kosmischen Vorgängen gemeint ist. Urteil (Ur-Teil) der Materie ist das Atom. Auch im Kosmos ist das materielle Ur-Teil das Atom. Es gibt aber noch andere Ur-Teile, nämlich Zeit, das Bewußtsein, die Erinnerung. Auf unenträtselte Weise sind alle diese Ur-Teile miteinander verbunden und aufeinander bezogen. Vielleicht werden wir eines Tages Ur-Teilen, Kräften also, auf die Spur kommen, die sich weder physikalisch noch chemisch oder nach anderen naturwissenschaftlichen Kategorien definieren oder einordnen lassen. Und trotzdem wirken sie – wenn sie auch materiell vorerst weder zu definieren noch zu fassen sind – auf das Geschehen im Kosmos ein. Dort, aber auch erst dort existiert für mich die Grenze, an der alle Forschung enden wird und wohl auch enden muß.

Ich möchte wünschen, daß meine Betrachtungen neue Wegweiser setzen, die einmal zu überzeugenden Resultaten führen. Ganz auf der Linie meiner Überzeugung, daß im Menschheitsgedächtnis Urerinnerungen auf ihre Wiederentdeckung warten, liegen zwei Fälle, die Pauwels und Bergier in ihrem Buch »Aufbruch ins dritte Jahrtausend« anführen. Beide Fälle sind weit entfernt von okkulten Phantastereien. Einmal handelt es sich um den dänischen Nobelpreisträger Niels Bohr (1885–1962), der die Grundlagen für die heutige Atomtheorie schuf. Dieser weltberühmte Physiker erzählte, wie ihm die Idee seines über viele Jahre gesuchten Atom-Modells kam: Er träumte, er säße auf einer Sonne aus brennendem Gas. Zischend und fauchend rasten Planeten an ihm vorbei, und alle Planeten schienen durch feine Fäden mit der Sonne, um die sie kreisten, verknüpft zu sein. Plötzlich aber verfestigte sich das Gas, Sonne und Planeten schrumpften zusammen und erstarrten. In diesem Augenblick, sagte Niels Bohr, sei er aufgewacht. Er habe sofort gewußt, daß das, was er im Traum gesehen hatte, das Atom-Modell war. 1922 bekam er für diesen »Traum« den Nobelpreis.

Der andere von Pauwels und Bergier erwähnte Fall hat auch zwei Naturwissenschafter als träumende und handelnde Figuren: Ein Ingenieur der US-Telefongesellschaft Bell las 1940 Berichte über die Bombenangriffe auf London. Sie beunruhigten ihn sehr. In einer Herbstnacht sah er sich selbst im Traum, wie er die Konstruktion eines Geräts aufzeichnete, das imstande war, Flakgeschütze auf eine vorberechnete Bahn von Flugzeugen einzurichten und so zu fixieren, daß sie an einem bestimmten Punkt das jeweilige Flugzeug trotz seiner Geschwindigkeit treffen würden. Am nächsten Morgen skizzierte der Bell-Ingenieur, was er im Traum schon aufgezeichnet hatte. Es kam zur Konstruktion eines Gerätes, bei dem erstmalig Radar eingesetzt wurde. Die Fertigung bis zur Fabrikationsreife leitete der berühmte amerikanische Mathematiker Norbert Wiener (1894–1964).

Ich meine: Was hier zwei geniale Naturwissenschafter »träumten«, ruhte bereits auf dem Grunde ihres »uralten« Wissens. Immer steht am Anfang eine Idee (oder ein Traum!), die (der) bewiesen werden muß. Ich halte es für gar keine so verwegene Unterstellung, daß eines Tages die Molekulargenetiker, die bereits wissen, wie der genetische Code funktioniert, auch ermitteln werden, wieviel – und vielleicht sogar »welches« – Wissen von fremden Intelligenzen in den Lochkarten unseres Lebens programmiert wurde. Es wäre phantastisch, aber warum eigentlich nicht denkbar, wenn man eines fernen Tages vielleicht sogar herausfindet, auf welches Codewort hin bestimmtes Wissen für einen bestimmten Zweck aus dem Urgedächtnis abgerufen werden kann!

Meiner Meinung nach gelangten im Laufe der Menschheitsentwicklung kosmische Erinnerungen immer stärker in unser Bewußtsein. Sie förderten die Geburt neuer Ideen, die zum Zeitpunkt des Besuchs der »Götter« schon einmal Wirklichkeit gewesen sind. In glücklichen Momenten fallen die Barrieren, die uns von der Urerinnerung trennen. Dann aber werden in uns jene Antriebskräfte mächtig, die das gespeicherte Wissen wieder an den Tag bringen.

Ist es denn nur ein Zufall, daß Buchdruck und Uhrwerk, daß Auto und Flugzeug, daß die Gesetze der Gravitation und die Funktion des genetischen Codes jeweils fast zur gleichen Zeit an verschiedenen Orten der Welt erfunden und »entdeckt« wurden?

Ist es denn nur ein Zufall, daß der erregende Gedanke, es könnten einstmals fremde Intelligenzen unseren Planeten besucht haben, zur gleichen Zeit aufkommt und in zahlreichen Büchern mit völlig verschiedenen Beweisführungen und Quellen belegt wird?

Es ist eine außerordentlich bequeme Methode, Ideen, für die scheinbar keine probaten Erklärungen zur Hand sind, als Zufälligkeiten abzutun. So einfach darf man es sich nicht machen. Schon gar nicht dürfen Wissenschaftler, die im allgemeinen hinter allen Vorgängen Gesetzmäßigkeiten zu entdecken bemüht sind, neue Ideen – mögen sie zunächst auch noch so utopisch erscheinen – mit lapidaren Erklärungen aus dem Bereich ernsthafter Forschung verweisen.

Wir wissen heute, daß im Zellkern jedes Lebewesens der Plan für sein Werden und Vergehen codiert ist. Warum sollte nicht auch für die ganze Menschheit ein großer Plan vorgegeben sein, eine große lückenlose Lochkarte, in die urmenschliche und kosmische Erinnerungen eingestanzt sind? Diese Prämisse würde eine überzeugende Erklärung dafür bieten, warum zu irgendeinem Zeitpunkt weltbewegende Ideen, Entdeckungen und Erfindungen plötzlich existent werden: Der Zeitpunkt ist in den Lochkarten programmiert! Der Abtastmechanismus berührt die Speicherstellen der Lochkarten und ruft Vergessenes und Unterbewußtes ab.

Die Hektik des Alltags läßt uns keine Muße, das Unbewußte zu erkennen. Von immer neuen bewegenden Eindrücken abgelenkt, erreichen unsere Sinne die Speicherstellen der uralten Erinnerungen nicht. Für mich ist es deshalb kein Zufall, daß sich Mönchen in ihrer Zelle, Forschern in der Klausur ihrer Arbeit, Philosophen in der Abgeschiedenheit der Natur und dem einsam Sterbenden die grandiose Schau über Erinnerungen an die Vergangenheit und eine Vision der Zukunft darbieten.

Wir leben alle seit Urzeiten in einer Evolutionsspirale, die uns unaufhaltsam in die Zukunft trägt, in eine Zukunft, die – wie ich überzeugt bin – bereits einmal Vergangenheit gewesen ist; nicht menschliche Vergangenheit, sondern Vergangenheit der »Götter«, welche in uns wirkt und eines Tages Gegenwart sein wird. Noch warten wir auf die exakten Beweise der Wissenschaft. Aber ich *glaube* an die Kraft jener auserwählten Geister, denen ein subtiler Abtastmechanismus gegeben ist, der ihnen eines künftigen Tages die in Urzeiten eingespeicherten Informationen von gewesenen Wirklichkeiten freigeben wird. Bis zu dieser glücklichen Stunde halte ich es mit Teilhard de Chardin: »Ich glaube an die Wissenschaft. Aber hat sich die Wissenschaft bisher jemals die Mühe gegeben, die Welt anders als von der Außenseite der Dinge her zu betrachten?«

10. KAPITEL

Menschentiere? · Eine Erklärung für den Sündenfall · Als die Götter den genetischen Code brachten · Kronzeuge Mose · Quarantäne für die Auserwählten · Kann Gott sich irren? · Irdisches für Außerirdische · Ein Stich ins Wespennest

In grauer Vorzeit muß es ein Zwitterwesen von Mensch und Tier gegeben haben. Darüber lassen Literatur und Kunst der Frühzeit keinen Zweifel. Darstellungen von menschenköpfigen Flügeltieren, Meerjungfrauen, Skorpionmenschen, Vogelmenschen, Zentauren und mehrköpfigen Monstren sind uns allen bildhaft in Erinnerung. Alte Bücher behaupten, daß diese Zwitterwesen noch in historischer Zeit in Horden, Stämmen und sogar in der Großformation von Völkern zusammengelebt haben. Sie berichten von gezüchteten Zwitterwesen, die als »Tempeltiere« ihr Dasein fristeten und »verhätschelte Lieblinge« der Bevölkerung gewesen zu sein scheinen. Die sumerischen Großkönige und später auch die Assyrer machten Jagd auf Menschentiere – möglicherweise zur puren Belustigung. Geheimnisvolle Texte spielen auf »Halbwesen« und »Mischwesen« an, deren merkwürdige Existenz sich allerdings immer wieder in die unkontrollierbaren Bereiche des Mythischen verflüchtigt.

Der ägyptische Bock geistert noch durch die Geschichten des im 12. Jahrhundert gegründeten Templerordens. Er wird mit aufrechtem Gang, Menschenhaaren auf dem Haupt, Bockshufen, Bockshinterteil und starkem Phallus dargestellt. – Herodot (490–425 v. Chr.) spricht in seinen »Ägyptischen Geschichten« von seltsamen schwarzen Tauben, die »Menschentierweibchen« gewesen seien (II, 57). – Die im Mündungsgebiet des persischen Araxes wohnenden Menschen sollen sich »mit Fischen gesellt« haben und – nach Herodot – Fischmenschen mit Schuppenhaut gewesen sein (I, 202). – In indischen Weden wird von Müttern berichtet, die »auf Händen laufen«. – Im Gilgamesch-Epos heißt es, daß Enkidu »von den Tieren entfremdet« werden mußte. – Bei der Hochzeit des Peirithoos vergreifen sich die Zentauren, halbtierische Wesen mit Pfer-

deleib und menschlichem Oberkörper, an den Frauen der Lapithen.
– Dem stierköpfigen Minotaurus mußten sechs Jünglinge und sechs Jungfrauen »geopfert« werden. – Schließlich darf man wohl auch die lebenden Mägde des Hephaistos unter dem Aspekt geschlechtlicher Belustigung betrachten. – Es gibt für mich auch wenig Zweifel, daß der Tanz um das Goldene Kalb der Höhepunkt einer Sexorgie gewesen ist.

Platon schreibt in seinem »Gastmahl«: »Ursprünglich gab es neben dem männlichen und dem weiblichen Geschlecht noch ein drittes. Dieser Mensch hatte vier Hände und vier Füße... Groß war die Stärke dieser Menschen, ihr Sinn war verwegen, sie planten, den Himmel zu stürmen und sich an den Göttern zu vergreifen...«

Die Kabiren, auf Inschriften meist als die »Großen Götter« betitelt, trieben einen geheimnisvollen Kult mit den Fruchtbarkeitsdämonen, der sich vom ägyptischen Altertum über die hellenistische Epoche noch bis in die Blütezeit der römischen Kultur fortsetzte. Da die Kabirenweihen geheim waren, konnte bis heute nicht genau ermittelt werden, was denn die Herrschaften für robuste Sexspiele miteinander trieben. Immerhin gilt es als sicher, daß an den Vergnügungen stets zwei weibliche und zwei männliche Kabiren sowie ein Tier teilnahmen: Es paarten sich nicht nur Männlein und Weiblein, das Tier hatte einen aktiven Part!

Tacitus (Annalen XV, 37) schildert eine abendliche Orgie im Hause des Tigellinus, bei der »unter Mitwirkung von Menschentieren gebuhlt« wurde. Wie lange die Perversitäten in Geheimbünden betrieben wurden, läßt sich nicht ermitteln.

Herodot scheint die Sache mitunter etwas peinlich gewesen zu sein; er schreibt sie mit der linken Hand weg (II, 46): »...Und es vermischte sich der Bock vor den Augen aller mit einem Weibe...«

Der göttliche Pan wurde von antiken Künstlern mit Bocksfüßen und Ziegenkopf dargestellt. Auch das genierte Herodot (II, 46): »Warum sie ihn so darstellen, darüber soll man nicht reden...«

Der jüdische Talmud berichtet, daß Eva von einer Schlange begattet wurde. Diese Vorstellung animierte viele Künstler. Auf Scherben, die in Nippur gefunden wurden, ist ein Weib mit gutentwickelten Brüsten und einem Schlangenschwanz konterfeit – eine Darstellung übrigens, die denjenigen von Sirenen, die sich schönen Jünglingen begehrlich machen, nicht unähnlich ist.

Die sündige Seite in unserer Urvergangenheit läßt sich, so peinlich sie ist, nicht wegretuschieren. Pornographie war zu allen Zeiten ein begehrtes Stimulans. Prähistorische Darstellungen sexueller Exzesse auf Tontäfelchen, Felswänden und Tierknochen sprechen für sich.

Auf den Reliefs des schwarzen Obelisken Salmanassars II. im Britischen Museum sind seltsame tiermenschliche Wesen zu erkennen. – Im Louvre, im Museum von Bagdad und andernorts gibt es Darstellungen merkwürdiger tiermenschlicher Kreuzungen. – Auf der Insel Malta stehen große Steinfiguren von außergewöhnlicher Anatomie: Sie haben kugelförmige Oberschenkel und spitze Füße; geschlechtlich lassen sie sich überhaupt nicht definieren. – Auf assyrischen Kunstwerken sind Darstellungen von Halbmenschen keine Seltenheit. Die »Begleittexte« berichten von ›gefangenen Menschentieren‹, die von Kriegern gefesselt, entführt und als Tribute des Landes Musri an den Großkönig abgeliefert wurden. – Ein altsteinzeitlicher Knochen aus LeMas-d'Azil (Frankreich) zeigt ein Zwitterwesen – halb Mensch, halb Affe –, dessen Phallus besonders attraktiv gewesen sein muß.

Nach heutigen biologischen Kenntnissen ist die Kreuzung Mensch–Tier unmöglich, weil die Chromosomenzahl der Partner nicht übereinstimmt. Diese Paarung ließe nie ein lebensfähiges Wesen entstehen. Aber wissen wir denn, nach welchem genetischen Code die Chromosomenzahl der Mischwesen zusammengesetzt war?

Der geschlechtliche Mensch-Tier-Kult, der im Altertum mit Vehemenz und Genuß geübt wurde, scheint mir wider besseres Wissen zelebriert worden zu sein. Kann das »bessere Wissen« von einer artgemäßen Paarung nicht nur und ausschließlich von fremden Intelligenzen gekommen sein?

Wurden die Erdbewohner, nachdem die »Götter« wieder abgereist waren, rückfällig?

Und kam diese Rückfälligkeit einer Sünde, der Erbsünde, gleich?

Fürchteten sie vielleicht deshalb den Tag, an dem die »Götter« wiederkehren würden? Das entwicklungshemmende Element der Urzeit war anscheinend die Tiervermischung. Aus einer solchen Sicht wird der »Sündenfall« nichts anderes als die hemmende rückläufige Entwicklung durch Vermengung mit bestialischem Blut.

Auch diese kleinwüchsigen Menschentiere auf dem assyrischen Obelisken werden von Wärtern an der kurzen Leine gehalten (oben). Es sind Tiere mit menschlichen Köpfen (unten); eines der Mischwesen steckt den Daumen in den Mund – die Monster lebten!

Die »Erbsünde« wird nur dadurch logisch, daß bei jeder Zeugung etwas vom ehemals Tierischen mitvererbt wird: das Bestialische im Menschen.

Was – um alles in der Welt – gäbe es denn sonst für eine »Sünde« zu vererben?

Die Sumerer kannten für das Universum nur einen Begriff: »an-ki«, was sich etwa mit »Himmel und Erde« übersetzen läßt. Ihre Mythen erzählen von »Göttern«, die mit Barken und Feuerschiffen am Himmel fuhren, von den Sternen herniederkamen, ihre Vorfahren befruchteten, um dann wieder zu den Sternen zurückzukehren. Das sumerische Pantheon, das Heiligtum der Götter, war mit einer Gruppe von Wesen »belebt«, die leidlich erkennbare menschliche Formen besaßen, aber übermenschlich, ja unsterblich gewesen zu sein scheinen. Nun aber reden die sumerischen Texte nicht in nebuloser Ungenauigkeit von ihren »Göttern«; sie sagen ganz klar, das Volk habe diese einst mit eigenen Augen gesehen. Ihre Weisen waren überzeugt, die »Götter«, die das Werk vollbrachten, gekannt zu haben. So läßt sich in sumerischen Texten nachlesen, wie alles geschehen ist: Die Götter brachten ihnen die Schrift bei, sie gaben ihnen Anweisungen für die Herstellung von Metall (die Übersetzung des sumerischen Wortes für »Metall« heißt »Himmelsmetall«) und unterwiesen sie im Anbau von Gerste. Für unseren Gedankengang ist es wichtig zu wissen, daß nach sumerischen Aufzeichnungen die ersten Menschen aus Kreuzungen von Göttern und Erdenkindern hervorgegangen sein sollen...

Nach sumerischer Überlieferung kamen (mindestens) der Sonnengott Utu und die Venusgöttin Inanna aus dem Weltall. Das sumerische Wort für »Rippe« heißt »ti«; »ti« bedeutet zugleich auch »Leben schaffen«. Ninti ist denn auch der Name der sumerischen Göttin, die »Leben schafft«. Es wird überliefert, daß der Luftgott Enlil mehrere Menschen »schwängerte«. Eine Keilschrifttafel berichtet, daß Enlil seinen »Samen« in den Schoß von Meslamtaea ergoß: »...Der Same deines Herrn, der leuchtende Same, ist in meinem Schoß; der Same Sins, der göttliche Same, ist in meinem Schoß...«

Als die Menschen noch nicht erschaffen waren und in der Stadt Nippur nur Götter wohnten, vergewaltigte Enlil die entzückende Ninlil und schwängerte sie auf höheren Befehl. Das hübsche

Erdenkind Ninlil weigerte sich zunächst, ausgerechnet von einem »Gott« befruchtet zu werden. Über die Furcht Ninlils vor dem Vergewaltigungsakt berichtet die Keilschrift aus Nippur: »...Meine Vagina ist zu klein, sie versteht den Beischlaf nicht. Meine Lippen sind zu klein, sie verstehen nicht zu küssen...«

Der göttliche Enlil überhörte Ninlils abwehrende Worte. Es war ein Beschluß der »Götter«, die widerliche Brut unreinen Lebens auf der Erde auszutilgen, und also ergoß Enlil sich in den Schoß der Ninlil. Auf einer von dem Sumerologen S. N. Kramer übersetzten Tafel lesen wir:

»...Um den Samen der Menschheit zu vertilgen, ist der Beschluß des Rates des Götter ergangen. Nach den befehlenden Worten Ans und Enlils... Ihre Herrschaft wird ein Ende nehmen...«

Auf einer weiteren Tafel steht:

»In jenen Tagen, in der Schöpfungskammer der Götter, in ihrem Hause Duku wurden Lahar und Aschman geformt... In jenen Tagen sagt Enki zu Enlil: ›Vater Enlil, Lahar und Aschnan, sie, die im Duku erschaffen wurden, lassen wir sie aus dem Duku hinabsteigen.‹«

War die »Schöpfungskammer der Götter« mit dem »Duku« identisch? Und war der »Duku«, aus dem die Gefolgschaft »hinabsteigen« sollte, das Raumschiff der Götter? Bei soviel anschaulicher Darstellung liegt diese Vermutung greifbar nah!

Gelehrte der Universität Pennsylvania brachten 1889 von einer Expedition den ältesten maßstabgetreuen Stadtplan der Welt mit heim, den Plan der Stadt Enlil-ki (= Nippur). In dieser Stadt des Luftgottes Enlil gab es ein »Tor der sexuell Unreinen«! Ich halte dieses »Tor« für eine Schutzmaßnahme der »Götter« nach getaner Arbeit: Nachdem sie eine neue Generation gezeugt hatten, wollten sie dem Rückfall zur Sodomie vorbeugen, indem sie den »neuen Menschen« von der immer noch verseuchten Umwelt absonderten. Eine Keilschrifttafel gibt sogar einen leisen Hinweis auf die Befruchtungsmethode der »Götter«, nämlich auf die Einpflanzung göttlicher Gene.

Die Bücher des Mose, die mir schon so reichliches Anschauungsmaterial über die Fortbewegungsmittel der galaktischen Superwesen der Frühzeit lieferten, sind eine Fundgrube für meine Thesen –

sofern man die Texte kühn und phantasievoll mit den Augen der Menschen des Raumfahrtzeitalters liest. Lassen wir also erneut die »Götter« aus den Mose-Darstellungen herniederkommen! Vielleicht wissen sie auch Neues und Überraschendes zum Thema der Sodomie treibenden Urwesen...

In 2. Mose 20,16–19 steht geschrieben:

»...Als nun der dritte Tag kam, und der Morgen war, erhob sich ein Donnern und Blitzen, und eine dicke Wolke auf dem Berg, und ein Ton von einer sehr starken Posaune. Das ganze Volk aber, das im Lager war, erschrak. Und Mose führte das Volk aus dem Lager Gott entgegen, und sie traten unten an den Berg. Der ganze Berg Sinai aber rauchte, darum, weil der Herr auf den Berg herabfuhr mit Feuer, und sein Rauch ging auf wie der Rauch vom Ofen, daß der ganze Berg sehr bebte. Und der Posaunen Ton ward immer stärker...«

2. Mose 20,18: »...Und alles Volk sah den Donner und Blitz, hörte den Ton der Posaune, und sah den Berg rauchen. Da sie aber solches sahen, flohen sie und traten von ferne...«

Wer glaubt heute noch daran, daß der große, unendlich mächtige Gott zu seiner Fortbewegung ein Fahrzeug benötigt, das raucht, blitzt, Beben verursacht, und mit seinem Gefährt einen Höllenlärm macht – wie ein Düsenjäger beim Durchbrechen der Schallmauer? Gott ist überall gegenwärtig. Wie aber, so soll es doch sein, kann er seine »Kinder« hüten und beobachten, wenn er mit so spektakulärem Aufwand erscheint? Und warum erschreckt er seine »Kinder« so sehr, daß sie vor ihm davonlaufen? Der große Gott! Immerhin gab er Mose den Befehl, das Volk vom Berg der Landung fernzuhalten. Das hört sich in 2. Mose 19,23–24 so an:

»...Das Volk kann nicht auf den Berg Sinai steigen, denn du hast uns bezeugt und gesagt: Mache ein Gehege um den Berg... Du und Aaron sollen hinaufsteigen; aber die Priester und das Volk sollen nicht herbeibrechen,... daß ich sie nicht zerschmettere...«

Ein Psalm Davids gibt eine besonders dramatische Schilderung vom Erscheinen Gottes (Psalm 29,7–9):

»Die Stimme des Herrn sprüht Feuerflammen, die Stimme des Herrn wirbelt die Wüste empor, es erbebt vor dem Herrn die Wüste Kadesch, Eichen stürzen vor dem Herrn, kahl reißt sie die Wälder...«

Die leidenschaftliche Schilderung einer Raumschifflandung bietet Psalm 104,3-4:

»...Wolken sind deine Wagen, auf Flügeln des Windes fährst du dahin. Winde laufen vor dir her wie Herolde, Blitz und Feuer umgeben dich...«

Prophet Micha aber übertrumpft die Drastik der Darstellung in 1,3-4: »...Er wird herabfahren, und auf die Höhen der Erde treten, daß die Berge unter ihm schmelzen...«

Phantasie braucht Ausgangspositionen. Was aber waren diese Positionen für die Berichterstatter des Alten Testaments? Beschrieben sie etwas, was sie gar nicht gesehen hatten? Zu oft beschwören sie uns, zu glauben, daß alles genauso war, wie sie es schilderten. Und ich glaube ihnen aufs Wort: Sie gaben Augenzeugenberichte oder Selbstgeschautes wieder. Keine Phantasie konnte ihnen damals die Vorstellung von einem Gefährt eingeben, das Feuer sprüht, das die Wüste aufwirbelt, das die Berge unter sich schmelzen läßt... Wir Kinder des 20. Jahrhunderts, die die Berichte von Hiroshima gelesen haben, ahnen erst, was die Erscheinung Gottes in der Darstellung der Heiligen Schrift bedeuten könnte.

Wir wollen auch prüfen, was das Alte Testament über die künstliche Befruchtung berichtet: »Gott« (oder die »Götter«) waren in ihrem Weltraumvehikel auf der Erde gelandet. Sie begannen ihr wichtigstes Werk: Alle für ihr Experiment »Auserwählten« sonderten sie von der bestialischen Mischwelt ab und bestimmten sie für den »Auszug in die Wüste«. Dort hatten sie ihre Geschöpfe sozusagen in Quarantäne. Sie schützten sie vor den Feinden, gaben ihnen Manna und Ambrosia, damit sie nicht verhungerten. Eine Generation lang mußten sie so »in der Wüste« ausharren. 2. Mose 19,4 gibt Aufschluß:

»...Ihr habt gesehen, was ich an Ägypten getan habe, und wie ich euch auf Adlersflügeln [!] trug, und euch zu mir zog...«

Wenn es stimmt, daß die »Götter« über den genetischen Code verfügten, erhellt sich das Dunkel um viele Texte, so auch um jene Stelle in 1. Mose 1,26-27:

»...Ich will mir den Menschen machen nach meinem eigenen Bilde, mir ähnlich... Und Gott schuf den Menschen nach seinem Bilde, nach Gottes Bilde schuf er ihn...«

Erst später wurde aus dem Menschen ein Weib erschaffen, was Mose in 1. Mose 2,22 berichtet:

»...Gott der Herr baute ein Weib aus der Rippe, die er vom Menschen genommen hatte...«

Noah, Überlebender der Sintflut und Stammvater der Geschlechter, wurde von den »Göttern« in den Schoß von Bat-Enosch gelegt. Abrahams Weib Sara, die ihres hohen Alters wegen nicht mehr gebären konnte, wurde von »Gott« besucht und brachte den leuchtenden Sohn Isaak zur Welt. Kronzeuge Mose berichtet darüber in 1. Mose, 21,1–2:

»...Gott aber nahm sich der Sara an und tat an ihr, wie er gesagt hatte. Sie wurde schwanger und gebar Abraham trotz ihres hohen Alters einen Sohn...«

Dem Propheten Jeremias (1,5) vertraute der »Herr« an:

»...Ich kannte dich, ehe ich dich bereitete im Leibe deiner Mutter. Ich wählte dich aus, ehe du von deiner Mutter geboren wurdest...«

Im Sinne einer Programmierung nach dem genetischen Code ist dieses »Kennen vor der Geburt« eindeutig. Überhaupt scheinen mir viele alttestamentarische Berichte auf göttliche Befruchtungen hinzuweisen. Danach zeugten die »Götter« ein Stammgeschlecht, das die ihm übertragenen irdischen Aufgaben ausführen sollte. Mose spricht die Zukunftsaufgaben an (1. Mose 15,5):

»...[an Abraham gewendet] Schau den Himmel, zähle die Sterne, kennst du die Zahl? So viele werden deine Nachkommen sein...«

Diese Nachkommen aber sollten – nach 3. Mose 20,24 – ihre Art erhalten, denn:

»...Ich bin der Herr, der euch von den Völkern abgesondert hat.«

Mit ihren Geschöpfen aber hatten die »Götter« ihre liebe Not, denn diese konnten von der alten Mensch-Tier-Verbindung nicht ablassen. So notiert Mose denn auch in 3. Mose, 18,23 ff. Warnungen und angedrohte Strafen für die Rückfälligen:

»...Du sollst auch bei keinem Tier liegen, daß du mit ihm verunreinigt werdest. Kein Weib soll mit einem Tier zu schaffen haben, denn es ist ein Greuel.

Ihr sollt euch in keinem verunreinigen, denn in allem diesem haben sich verunreinigt die Fremden, die ich vor euch her will ausstoßen, und das Land dadurch verunreinigt ist, und ich will ihre

Missetaten an ihnen heimsuchen, daß das Land seine Einwohner ausspeie. Darum haltet meine Satzungen und Rechte...«

Die Strafen für den Sündenfall waren hart, mußten es auch sein, weil der Beischlaf mit Tieren offenbar an der Tagesordnung war. Aus dem von Mose in 3. Mose 20,15–16 angekündigten Strafregister:

»...Wenn jemand beim Vieh liegt, so soll er des Todes sterben, und das Vieh soll man erwürgen.

Wenn ein Weib sich zu einem Vieh tut, daß sie mit ihm zu schaffen hat, die sollst du töten und das Vieh auch. Des Todes sollen sie sterben...«

Erst das »auserwählte Volk« sollte von dieser Lustseuche befreit sein – nach einer 40 Jahre währenden Quarantäne in der Wüste. Danach würde die neue Generation vor tierischen Blutmischungen Ekel empfinden. So führten die »Götter« einen strengen, aber erfolgreichen Kampf gegen den Tiermenschen und für den höheren, von ihnen genetisch programmierten Menschen. Darum ließen sie auch nur die junge Generation ins Gelobte Land zurückkehren. Dazu 4. Mose 14,29–30:

»...Eure Leiber sollen in dieser Wüste verfallen. Alle, die älter sind als 20 Jahre, die ihr aufbegehrt habt gegen mich, ihr sollt nicht in das Land kommen...«

Aber auch für das Leben im Gelobten Land galten – nach Josua 23,7–13 – die gleichen strengen Gesetze:

»Mengt euch nicht unter die Völker, die in eurer Nähe wohnen... Wenn ihr leben wollt, dann haltet daran fest... Denn wenn ihr euch abkehren, und den Völkern beimengen wollt, die um euch her wohnen, wenn ihr euch mit ihnen verschwägert, in ihnen aufgeht und sie in euch, dann werden sie euch zur Falle, zu Geißeln für eure Flanken, zu Stacheln...«

Nach dem Einzug ins Gelobte Land waren Sitten und Gebräuche immer noch streng. Der Sodomie wurde erst durch neue Gesetze der »Götter« ein Ende gemacht.

Die »Götter« hinterließen der von ihnen mutierten Menschengruppe exakte hygienische Anweisungen, die in 3. Mose 13,2–4 wiedergegeben sind:

»...Wenn einem Menschen an der Haut seines Fleisches etwas aufgeht, oder Eiter weiß wird, als wollte es Aussatz werden an der

Haut seines Fleisches, soll man ihn zum Priester Aaron führen, oder zu seiner Söhne einem unter den Priestern.

Und wenn der Priester das Mal an der Haut des Fleisches sieht, daß die Haare in weiß verwandelt sind, und das Aussehen an der Stelle tiefer ist, als die übrige Haut des Fleisches, so ist's gewiß der Aussatz...

Wenn aber etwas eiterweiß ist an der Haut des Fleisches, das übrige Aussehen aber nicht tiefer, als die andere Haut des Fleisches, und die Haare nicht in weiß verwandelt sind, so soll der Priester denselben verschließen sieben Tage...«

»Götter«, fremde Intelligenzen, lehrten die neuen Menschen, Krankheiten zu diagnostizieren und – wie in diesem Fall – Kranke auf »Isolierstation« zu legen.

Moderne Anweisungen werden auch für eine totale und sorgfältige Desinfektion gegeben. Im Detail führt 3. Mose 15,4–12 diese Verhaltensvorschriften auf:

»...Alles Lager, darauf er lieget, und alles, darauf er sitzet, wird unrein und wer sein Lager anrührt, der soll seine Kleider waschen und baden... Und wer sich setzt, da der Kranke gesessen ist, der soll seine Kleider waschen und sich baden... Wer sein Fleisch anrührt, der soll seine Kleider waschen und sich baden... Wenn der Kranke seinen Speichel wirft auf den, der rein ist, der soll seine Kleider waschen und sich baden... Und der Sattel, darauf er reitet, wird unrein werden, und wer irgend etwas anrühret, das er unter sich gehabt hat, der wird unrein... Wenn er ein irdenes Gefäß anrühret, das soll man zerbrechen...«

Das sind hochmoderne hygienische Anweisungen. Wer aber konnte im Altertum diese Kenntnis besitzen? Mit meiner Brille – Baujahr 1969 – gelesen, stellen sich die Ereignisse so dar:

»Götter« kamen aus dem Kosmos.

»Götter« wählten eine Gruppe von Lebewesen aus und veränderten deren nächste Generation durch eine gezielte, künstliche Mutation.

»Götter« gaben der Gruppe, die ihr genetisches Material trug, Gesetze und Anweisungen für eine entwicklungsfähige Zivilisation.

»Götter« vernichteten rückfällig gewordene Wesen.

»Götter« schenkten der auserwählten Gruppe bedeutendes hygienisches, medizinisches, technisches Wissen.

»Götter« deponierten eine Schrift und Methoden zum Anbau von Gerste.

Ich ließ bei der Darstellung meiner Version mit Absicht die Chronologie außer acht. Die alttestamentarischen Texte sind Stufen im Aufbau einer Religion, sie spiegeln keine historisch gesicherten Zeitabläufe. Vergleiche mit dem Schrifttum anderer alter (und älterer) Völker lassen darauf schließen, daß die in den fünf Büchern Mose und in den prophetischen Schriften mitgeteilten Ereignisse sich nicht in dem Zeitraum abgespielt haben können, in dem die Religionswissenschaftler sie angesiedelt haben. Das Alte Testament ist eine grandiose Sammlung von Gesetzen und praktischen zivilisatorischen Anweisungen, von Mythen und Teilen echter Geschichte. Diese Sammlung enthält eine Fülle ungelöster Rätsel. Jahrhundertelang schon mühen sich gläubige Leser redlich darum, sie zu lösen. Aber da gibt es zu viele Fakten, die sich mit der Vorstellung von dem allmächtigen, gütigen und allwissenden Gott nicht vereinbaren lassen.

Im Zentrum dieser Bemühungen steht die Frage: Wie ist es möglich, daß der allwissende Gott sich irren kann? Ist das ein allmächtiger Gott, der nach der Erschaffung des Menschen zunächst feststellt, daß »sein Werk gut« ist, wenig später aber schon von Reue über seine Tat erfüllt wird?

Dazu 1. Mose 1,31:

»...Und Gott sah an alles, was er gemacht hatte, und siehe da, es war sehr gut...«

Dagegen 1. Mose 6,6:

»...Da reute es den Herrn, daß er den Menschen geschaffen hatte, und es bekümmerte ihn tief...«

Derselbe Gott, der den Menschen geschaffen hatte, beschloß, sein Werk wieder zu vernichten. Er tat es nicht nur einmal – er tat es oft. Warum?

Widerspruchsvoll scheint mir auch die Idee von der »Erbsünde« zu sein. Mußte der Gott, der den Menschen erschuf, nicht wissen, daß seine Geschöpfe sündigen würden? Wußte er es aber nicht, kann er dann der *allwissende* Gott sein?

Für den Sündenfall strafte Gott nicht nur Adam und Eva, sondern in einer umfassenden Sippenhaft die ganze unschuldige Nachkommenschaft. Aber die Kindeskinder hatten am Sündenfall weder teil, noch wußten sie überhaupt davon. Und in seinem Zorn wollte Gott durch das Opfer des Blutes eines Unschuldigen wieder versöhnt werden? Ich bezweifle, daß der unendlich gütige Gott Rachegefühle empfindet. Ich verstehe auch nicht, warum der allmächtige Gott seinen eigenen unschuldigen Sohn auf grausame Weise hinrichten ließ, um erst dann der ganzen Welt ihre Sünden zu verzeihen.

Es liegt mir fern, große Religionen durch solche Fragestellungen und Hinweise im wahrsten Sinne des Wortes »in Frage zu stellen«. Ich weise nur auf diese Widersprüche hin, weil ich überzeugt bin, daß der große Gott des Universums nichts, aber auch gar nichts gemein hat mit den »Göttern«, die durch Legenden, Mythen und Religionen geistern und die die Mutation vom Tier zum Menschen zustande brachten.

Bei dieser Fülle »literarischer« Belege fällt mir ein Satz von Michel Eyquem de Montaigne (1533–1592) ein, mit dem er eine Rede vor einem Kreis erlauchter Philosophen beschloß:

»Meine Herren, ich habe nur einen Strauß aus gepflückten Blumen gemacht und nichts hinzugefügt als den Faden, der sie verbindet.«

Da ich den Dingen auf den Grund gehe, erreichen mich beschwörende Worte, ich dürfte die Quellen doch nicht so wörtlich nehmen. Nun, 2000 Jahre lang waren unsere Väter gehalten, die Bibel wörtlich zu nehmen. Hätten sie Zweifel angemeldet, wäre ihnen das gar nicht gut bekommen. Heute darf über Probleme und Fragwürdiges gesprochen werden, und deshalb stelle ich weitere Fragen.

Warum zeigte sich »Gott« mit seinen »Engeln« immer im Zusammenhang mit Phänomenen wie Feuer, Rauch, Beben, Blitz, Getöse, Wind? Es werden kühne und phantasievolle Deutungen angeboten, wie sie in zwei Jahrtausenden dialektischer Schulung zu »schlagenden Beweisen« gedeihen konnten. Wo aber bleibt der Mut, einmal Geheimnisvolles als Realität zu nehmen?

Der Schweizer Professor Dr. Othmar Keel meinte, diese Gotteserscheinungen seien als Ideogramme zu verstehen – ganz im Gegensatz zu Professor Lindborg, der die gleichen Ereignisse als halluzinatorische Erlebnisse deutet. Der Alttestamentarier Dr. A. Guillaume hält die Göttererscheinungen für Naturereignisse, während

Dr. W. Beyerlein in fast allen Phänomenen rituelle Teile des israelitischen Festkultes erkennt.

Fachgelehrte Deutungen? Ich erkenne nur Widersprüche. Der Geisteswandel der jungen Generation aber ist erfrischend:

So schrieb Dr. Fritz Dumermuth in der Zeitschrift der theologischen Fakultät Basel (Nr. 21/1965), daß

»...die in Frage stehenden Berichte sich bei genauerem Hinsehen schlecht mit Naturerscheinungen meteorologischer oder vulkanischer Art zur Deckung bringen lassen... Es ist an der Zeit, die Dinge unter einem neuen Sehwinkel anzugehen, soll die Bibelforschung hier weiterkommen.«

Ich vermute, daß die fremden Intelligenzen ihre Bemühungen um einen neuen Menschen nicht nur aus altruistischen Motiven aufwandten. Wenn auch bis jetzt noch durch nichts belegt, könnte man doch annehmen, daß die »Götter« auf der Erde ein »Material« suchten, das ihnen wichtig war – etwa Treibstoff?

Manche Hinweise lassen den Schluß zu, daß die »Götter« für ihre Entwicklungshilfe einen Lohn kassierten! 2. Mose 25,2 erwähnt ein »Hebopfer«, ein Begriff, der sich leicht überlesen läßt, ohne daß man seinen Inhalt erfaßt. Versierte Übersetzer versicherten mir, daß man darunter Gegenstände verstehen könne, die hochgehoben oder auch in etwas hineingeschoben wurden. Dazu wieder Kronzeuge Mose in 2. Mose 25,2-7:

»...Sage den Kindern Israels, daß sie mir ein Hebopfer geben; und nehmet dasselbe von Jedermann, der es willentlich gibt. Dies aber ist das Hebopfer, das ihr von ihnen nehmen sollt: Gold, Silber, Erz, blauer und roter Purpur, Scharlach, köstliche weiße Leinwand, Ziegenhaar, rötliche Widderfelle, Dachsfelle, Akazienholz... Onyxsteine und eingefaßte Steine zum Leibrock und zum Amtsschild...«

Damit bei der Darbietung des Opfers keine Irrtümer unterliefen, wurde die Wunschliste genau spezifiziert, so in 4. Mose 31,50-52:

»...Darin bringen wir dem Herrn Geschenke, was ein jeglicher gefunden hat von goldenem Gerät, Ketten, Armgeschmeide, Ringe, Ohrringe und Spangen... Und Mose nahm von ihnen samt dem Priester Eleasar das Gold allerlei Geräts, und alles Goldes Hebe, das sie dem Herrn hoben, war sechzehntausend und siebenhundert und fünfzig Säckel...«

Gott aber wird für das, was er an seinen Erdenkindern Gutes tat, schwerlich blanken Lohn gefordert haben! Aus dem Mose-Text geht auch hervor, daß die Gabe nicht etwa für die Priesterschaft bestimmt war, denn die Priester mußten selbst mit einkassieren und den Lohn abliefern. Der Ertrag der Sammlung für die »Götter« wurde auch so genau abgezählt, daß eine so perfide Rechnung des wirklichen Gottes unwürdig wäre.

War das Hebopfer der von den »Göttern« verlangte Preis für die übermittelte große Menge an intelligentem Wissen?

Die alten Quellen vermitteln den Eindruck, als wären die »Götter« nicht dauernd auf unserem Planeten geblieben. Sie erledigten ihre Planungen und verschwanden dann wieder für lange Zeit. Aber sie machten sich Gedanken, wie sie das, was sie geschaffen hatten, während der Abwesenheit schützen konnten. Da sie außerordentliche Fähigkeiten besaßen, setzten sie mutmaßlich technische Geräte zur Überwachung ein.

Während der Abwesenheitsperioden der »Götter« geschah es oft, daß ein Prophet, Rat und Hilfe suchend, seinen Herrn rief – wie es 1. Samuel 3,1 schildert:

»...In der Zeit, als der Knabe Samuel am Heiligtum unter der Aufsicht Elis Dienst tat, geschah es selten, daß ein Priester oder Prophet ein Wort von Gott hörte, oder eine Weisung von Gott empfing...«

Die neuen Menschen wurden nicht schutzlos zurückgelassen. Texte sprechen von »Dienern der Götter«, die im höheren Auftrag Dienst auf der Erde taten, die die Auserwählten beschützten und die Wohnstätten der »Götter« bewachten. Waren diese »Diener der Götter« Roboter?

Das Gilgamesch-Epos schildert den dramatischen Kampf von Enkidu und Gilgamesch gegen das Ungeheuer Chuwawa, das allein und erfolgreich die Wohnstätte der »Götter« bewachte. Wurfspeere und Keulen, die Enkidu und Gilgamesch schleuderten, prallten wirkungslos an dem »leuchtenden Ungeheuer« ab, aber hinter ihm sprach eine »Tür« mit der »Donnerstimme« eines menschlichen Wesens. Der kluge Enkidu entdeckte die verwundbare Stelle des göttlichen Dieners Chuwawa, er konnte ihn kampfunfähig machen.

Chuwawa war weder »Gott« noch Mensch. Das geht aus einer Textreihe hervor, die James Pritchard im Jahre 1950 in »Ancient

Near Eastern Texts« veröffentlichte. Die Keilschriften wissen über Chuwawa:

»...Ehe ich nicht diesen ›Mann‹ umgebracht habe, wenn es ein Mann ist, ehe ich nicht diesen Gott getötet habe, wenn es ein Gott ist, will ich meine Schritte nicht zur Stadt lenken... O Herr [an Gilgamesch gerichtet], der du nicht dieses Ding gesehen hast... bist nicht von Entsetzen befallen, ich, der ich diesen »Mann« gesehen habe, bin von Entsetzen befallen. Seine Zähne sind wie Drachenzähne, sein Antlitz wie ein Löwenantlitz...«

Ist das nicht die Schilderung vom Kampf mit einem Roboter? Hat Enkidu vielleicht gewußt, wo der Hebel saß, an dem die Maschine abzustellen war, und so den ungleichen Kampf zu seinen Gunsten entschieden?

Auch eine weitere Keilschriftübersetzung von N.S. Kramer läßt einen als »Diener der Götter« programmierten Automaten vermuten:

»...die sie begleiteten, die Inanna [die Göttin] begleiteten, waren Wesen, die keine Speise kennen, die kein Wasser kennen; essen kein hingestreutes Mehl, trinken kein geopfertes Wasser...«

Von solchen Wesen, die »keine Speise essen und kein Wasser trinken«, wird auf sumerischen und assyrischen Tafeln oft berichtet. Manchmal werden diese gespenstischen Ungetüme als »fliegende Löwen«, »feuerspeiende Drachen« oder als »strahlende Gottesseier« bezeichnet.

Den von den »Göttern« hinterlassenen Wachmannschaften begegnen wir auch in griechischen Sagen. Die Herkules-Sage berichtet von dem Nemeischen Löwen, der vom Mond herabgefallen war und »von keiner menschlichen Waffe« verwundet werden konnte. Eine andere Sage beschreibt den Drachen Landon, dessen Auge keinen Schlaf kannte und der mit »Feuer und fürchterlichem Zischen« kämpfte. Medea und Jason mußten, ehe sie sich des Goldenen Vlieses bemächtigen konnten, einen Drachen überlisten, den »leuchtende Schuppen aus Eisen« einhüllten und der sich in Flammen wälzte.

Roboter finden wir auch in der Bibel. Was anderes mögen denn die Engel, die Lot und seine Familie retteten, ehe Sodom und Gomorrha untergingen, gewesen sein? Und was darf man sich unter den »Armen Gottes«, die helfend in die Schlachten der Auserwählten eingriffen, vorstellen? In 2. Mose 23,20–21 berichtet Mose von einem Engel, der im Auftrag »Gottes« hilfreich tätig war:

»...Siehe, ich sende einen Engel vor dir her, der dich behüte auf dem Wege, und bringe dich an den Ort, den ich bereitet habe.

Darum hüte dich vor seinem Angesicht, und gehorche seiner Stimme, und erbittere ihn nicht, denn er wird euer Übertreten nicht vergeben, und mein Name ist in ihm...«

Mir scheint es nur logisch, daß ein Roboter den Namen oder Geist seines Konstrukteurs »in sich« hat, und auch, daß er niemals von seiner Programmierung abweichen kann.

Wunderbar erschien mir als Schuljunge das Erlebnis des biblischen Jakob, das in 1. Mose 28,12 ff. erzählt wird: Als Jakob sich am Abend auf einer seiner Reisen niederlegte, sah er eine Leiter, die mit der Spitze »an den Himmel« rührte und auf der »Gottes« Engel hinauf- und herabkletterten. Hatte Jakob vielleicht die »göttlichen Diener« beim Verladen von Waren ins Raumschiff ertappt? War Jakobs wunderbares Erlebnis ein Augenzeugenbericht?

Zur Nagelprobe auf meine so kühnen Behauptungen sollte man einmal versuchsweise an allen Stellen, an denen in alten Texten von Drachen die Rede ist, den uns heute geläufigen Begriff »Roboter« einsetzen – es ist verblüffend, wie verständlich mit einemmal Unverständliches wird!

Ich nehme an, daß die Thesen, die ich unterbreitet habe, auf das heftigste angegriffen werden. Fremde Intelligenzen sollen der Sodomie ein Ende bereitet haben? Von fremden Intelligenzen soll eine neue Art von Menschen erste Anweisungen für ein zivilisiertes Gemeinleben bekommen haben? Fremde Intelligenzen sollen nach verrichtetem Werk wieder ins All entschwunden sein, aber Aufpasser für ihre neuen Menschen zurückgelassen haben? Und bei diesen Aufpassern soll es sich gar um Roboter, um seelenlose Automaten gehandelt haben?

Hinter Mythen, Legenden, Überlieferungen versuche ich, eine einstmals gewesene Realität zu erkennen. Ich stelle fest:

– Tibetaner und Hindus machten das Universum zur »Mutter« der irdischen Rasse.

– Die Eingeborenen von Malekula (Neue Hebriden) behaupten, die erste Grundrasse der Menschen bestünde aus Nachkommen der »Himmelssöhne«.

– Die Indianer sagen, daß sie Nachkommen der »Donnervögel« seien.
– Die Inkas wollen von den »Söhnen der Sonne« abstammen.
– Die Rapanuileute führen ihre Genesis auf die Vogelmenschen zurück.
– Die Mayas sollen »Kinder der Plejaden« sein.
– Die Germanen behaupteten, daß ihre Ahnen mit den »fliegenden Wanen« kamen.
– Die Inder wollen von Indra, Gurkha oder Bhima abstammen – alle drei fuhren mit »Feuerschiffen« am Himmel.
– Henoch und Elias verschwinden nach getaner Zeugung für ewig auf »feurigem Himmelswagen«.
– Die Südseeinsulaner wollen vom Himmelsgott Tangalao abstammen, der in einem ungeheuren blinkenden Ei vom Himmel niederfuhr.

Diesen Abstammungserzählungen ist *ein* Kern gemeinsam: »Götter« kamen, wählten eine Gruppe aus, die sie befruchteten und von den Unreinen absonderten. Sie statteten sie mit hochmodernen Kenntnissen aus, um dann auf Zeit oder für immer zu verschwinden.

Was nach so verwirrenden neuen Überlegungen bleibt, sagt Karl F. Kohlenberg in seinem Buch »Völkerkunde«:

»... das Rätsel Götter, das Rätsel der Herkunft des Menschen, ein Wust von Überlieferungen, deren wirklichen Sinn unser beschränktes Wissen noch immer nicht zu deuten weiß.«

Ein wichtiger Hinweis auf das »Rätsel Götter« sei mir noch gestattet. An früherer Stelle erwähnte ich die Relativitätstheorie, die Raketengrundgleichung sowie die Zeitverschiebung bei interstellaren Flügen. Wir haben gesehen, daß die Zeit für die Besatzung eines Raumschiffes, welches sich knapp unter Lichtgeschwindigkeit bewegt, bedeutend langsamer vergeht als für die Zurückgebliebenen auf dem Startplaneten. Sollen wir es als Zufall betrachten, daß die ältesten Schriften unabhängig voneinander immer wieder betonen, daß für die »Götter« andere Zeiteinheiten gelten als für uns?

Für den indischen Gott Vishnu bedeutet ein Menschenalter nur »einen Augenblick«. Jeder der legendären Kaiser der chinesischen Urgeschichte war ein »Himmlischer Herrscher«, fuhr mit feuerspeienden Drachen am Himmel und lebte 18 000 Erdenjahre. Ja –

P'an Ku, der erste »Himmlische Herrscher«, gondelte bereits vor 2229000 Jahren im Kosmos herum, und selbst unser vertrautes Altes Testament versichert, in der Hand Gottes werde alles »...eine Zeit und zwei Zeiten und eine halbe Zeit« (Daniel 7,25) oder, wie der Psalm 90,4 es grandios formulierte:

»...denn tausend Jahre sind vor Dir wie der Tag, der gestern verging, wie eine Nachtwache...«

11. KAPITEL

Kriege im Universum · Die Intelligenz kam aus dem Kosmos · Fluchtplanet Erde · Leben überall · Der universelle Mensch

Das ist jetzt fast 30 Jahre her und geschah so in der zweiten Klasse der Primarschule in Schaffhausen. Damals hörten wir kleinen Buben aus dem Munde unseres Religionslehrers zum erstenmal, daß im Himmel ein Kampf stattgefunden habe: Da wäre eines Tages der Erzengel Luzifer vor Gott, den Herrn, getreten und habe erklärt: »Wir dienen Dir nicht mehr!«; daraufhin habe Gott dem starken Erzengel Gabriel befohlen, Luzifer und die Aufsässigen mit dem Flammenschwert zu vernichten.

Heute weiß ich, daß es im Alten Testament keinen Luzifer gibt. Das wäre auch unmöglich, denn die sagenumwobene Gestalt des Mose, in der die Autoren des Alten Testament subsumiert werden, soll um 1225 vor Christus gelebt haben, Luzifer aber kommt aus dem Lateinischen, und diese Sprache wird nach frühestens 240 vor Christus datiert. *Lux fare* (= Luzifer) bedeutet »Lichtbringer«, »Lichtmacher«, »Lichtträger«. Lustig, daß im katholischen Religionsunterricht der schurkische Teufel ausgerechnet als Lichtbringer vorgeführt wird.

Aber das Alte Testament weiß Genaues über einen Kampf im Himmel.

Von dem judäischen Propheten Jesaja (740–701 v. Chr.) sind im Alten Testament Schilderungen von Begebenheiten und Weissagungen, soweit sie erhalten blieben, in den Kapiteln 1 bis 35 nachzulesen. In Jesaja 14,12 steht:

»Wie bist du vom Himmel gefallen, du strahlender Morgenstern! Wie bist du zu Boden geschmettert, du Besieger der Völker! Du hattest bei dir gesprochen: ›Zum Himmel empor will ich steigen, hoch über den Sternen Gottes aufrichten meinen Sitz, will thronen auf dem Götterberg...‹«

Aber auch beim Apokalyptiker Johannes lesen wir in der

»Geheimen Offenbarung« des Neuen Testaments in 12,7 ziemlich eindeutige Hinweise auf Kämpfe im Himmel:

»Und es entstand Krieg im Himmel, sodaß Michael und seine Engel Krieg führten mit dem Drachen. Und der Drache führte Krieg und seine Engel; und sie vermochten nicht standzuhalten, und ›eine Stätte für sie war im Himmel nicht mehr zu finden.‹«

Von Kriegen und Kämpfen im Himmel ist in vielen Urzeugnissen der Menschheit die Rede. – In tibetanischen Krypten wurde über Jahrtausende das Buch von Dzyan, eine Geheimlehre, gehütet. Der ursprüngliche Text (von dem nicht bekannt ist, ob es ihn noch irgendwo gibt) wurde von Generation zu Generation kopiert und durch neue Berichte und Erkenntnisse der Eingeweihten ergänzt. Erhaltene Teile des Buches von Dzyan schwirren auf Tausenden von ins Sanskrit übersetzten Texten durch die Welt, und Kenner behaupten, dieses Buch enthalte die über Millionen Jahre reichende Entwicklung der Menschheit.

In der sechsten Strophe des Buches von Dzyan heißt es:

»In der Vierten [Welt] wird den Söhnen befohlen, ihre Ebenbilder zu schaffen. Ein Drittel weigert sich, zwei gehorchen. Der Fluch ist ausgesprochen... Die älteren Räder drehten sich hinab und hinauf. Der Mutterlaich erfüllte das Ganze. Es fanden Kämpfe statt zwischen den Schöpfern und den Zerstörern und Kämpfe um den Raum; der Same erschien und erschien beständig von neuem. Mache Deine Berechnungen, Lanoo, wenn Du das wahre Alter Deines Rades erfahren willst....«

Im »Ägyptischen Totenbuch«, jener Sammlung von Texten, die Anweisungen für das Verhalten im Jenseits enthielten, die man darum den mumifizierten Toten ins Grab legte, kämpft Re, der mächtige Sonnengott, mit den abtrünnigen Kindern im Weltall, denn Re habe das Welten-Ei niemals während des Kampfes verlassen. – Der römische Dichter Ovid (43 v. Chr. – 17 n. Chr.) wurde der Nachwelt verständlicherweise mit seiner »Ars amandi« bekannter als mit seiner Sammlung mythologischer Epen, den »Metamorphosen«; in ebendiesen »Verwandlungen« berichtet Ovid von Phaëton (= der Leuchtende), der von seinem Vater, dem Sonnengott Helios, einmal die Erlaubnis erhielt, den Sonnenwagen lenken zu dürfen; Phaëton konnte den Sonnenwagen nicht steuern, stürzte ab und steckte die Erde in Brand. – In der griechischen Mythologie spielen die zwölf Kinder des Ouranos (= der personifizierte Himmel) und der Gäa (= die personifizierte Erde) eine große Rolle; es waren schreckliche Kinder, diese zwölf Titanen, die sich mit ihren ungestümen Kräften gegen eine geregelte Weltenordnung auflehnten, gegen Zeus, den König der Götter, aufbegehrten und den Olymp, die Heimstatt der Götter, angriffen. – Hesiod (um 700 v. Chr.), älterer griechischer Kollege Ovids, der in seiner »Theogonie« über die Abstammung der Götter und die Entstehung der Welt berichtete, weiß vom Titanen Prometheus, daß er nach heftigen Auseinandersetzungen mit Zeus den Menschen das Feuer vom Himmel brachte. – Zeus selbst mußte nach mörderischem Kampf die Weltherrschaft mit seinen Brüdern Poseidon und Hades teilen. Zwar durch seinen Namen als Lichtgott ausgewiesen, schildert ihn Homer (etwa 800 v. Chr.) doch als Wolkenballer, Donnergewaltigen und Streitsüchtigen, der in Auseinandersetzungen mit dem Gegner ganz unzimperlich mit Blitzen hineinfährt und so die Kämpfe für sich entscheidet. – Der Blitz als Waffe taucht auch in den Maori-Legenden der Südsee auf: Sie erzählen von einer Rebellion, die im Himmel ausgebrochen sei, nachdem Tane die Sterne geordnet habe; die Legende nennt die Rebellen, die Tane nicht mehr zu folgen gewillt waren, sogar beim Namen; dann aber sei Tane mit einem Blitz dazwischengefahren, habe die Aufständischen besiegt und auf die Erde geworfen, und seitdem kämpfe auf der Erde Mann gegen Mann, Volk gegen Volk, Tier gegen Tier, Fisch gegen Fisch. – Dem Gott Hinuno geht es in der Sage der nordamerikanischen Payute-Indianer nicht besser: Nachdem er Streit mit den Göttern begonnen hatte, wurde er aus dem Himmel verstoßen.

Die Internationale Akademie für Sanskrit-Forschung in Mysore, Indien, hatte den Mut, in einem Sanskrittext des Maharshi Bharadwaja, eines Sehers der Frühzeit, traditionelle Übersetzungsvokabeln durch Worte aus unserer modernen Begriffswelt zu ersetzen. Das Resultat war verblüffend: Die uralten Legenden wurden zur perfekten technischen Berichterstattung!

Wende ich behutsam das gleiche Verfahren an und ersetze lediglich das Wort »Himmel« durch den modernen Begriff »Weltall«, dann sind die Legenden und Mythen von den Kämpfen der Götter im Himmel im Handumdrehen Berichte von gigantischen Schlachten im Weltall zwischen zwei verfeindeten Parteien. Im Kinderhimmel der Religionen fanden freilich keine Kriege statt, dort gab und gibt es nur den einen und einzigen gütigen allwissenden Gott.

Helene Petrowna Blavatsky (1831–1891), die 1875 in London die Theosophische Gesellschaft begründete, schrieb in ihrem sechsbändigen Werk »Die Geheimlehre« (1888):

»Einer der Namen des jüdischen Jehova, ›Sabaoth‹ oder der ›Herr der Heerscharen‹ (Tsabaoth), gehört den chaldäischen Sabäern (oder Tsabäern) an und hat zur Wurzel das Wort ›tsab‹, das einen ›Karren‹, ein ›Schiff‹ und eine ›Armee‹ bedeutet. Sabaoth bedeutet somit wörtlich ›die Armee des Schiffes‹, die ›Mannschaft‹ oder das ›Schiffsgeschwader‹.«

Ich habe die Vermutung, daß bei der Erschaffung (= Erschließung) der Erde wie bei der »Schöpfung« des Menschen mehrere Götter die Hand im Spiel hatten. Der Schöpfungsmythos der Quiché-Mayas, das Popol Vuh, berichtet, wie der Mensch erschaffen wurde:

»Man sagt, daß jene erschaffen und geformt wurden, nicht Mutter hatten sie, nicht Vater, doch nannte man sie Männer. Sie wurden nicht aus einem Weibe geboren, von Schöpfer und Former wurden sie nicht erzeugt, auch nicht von Alom und Caholom, nur durch ein Wunder, durch Zauber wurden sie geschaffen und geformt...«

Das indianische Volk der Mayas, dessen ziemlich plötzlicher Eintritt in die sogenannte Geschichte kurz nach der Zeitenwende bejubelt wird, lebte zunächst höchst primitiv in den Wäldern und erlegte Wild mit den einfachsten Waffen. Ihre Köpfe waren noch nicht von höherem Wissen geweiht. Aus dieser Frühzeit aber sollen die Mythen des Popol Vuh stammen. Wie können in primitive Gedanken Formulierungen geraten sein wie:»...nicht Mutter hatten sie, nicht Vater... Sie wurden nicht aus einem Weibe geboren,... durch Zauber wurden sie geschaffen und geformt...«?

Es erscheint alles so widersprüchlich und so verworren; es ist mit bisherigen Methoden nicht unter einen Hut zu bringen. Darum möchte ich einen Denkanstoß geben.

Gab es Schlachten im Weltall, dann hatten sie (wie alle hirnrissigen Auseinandersetzungen mit Gewalt) Sieger und Besiegte. Die Sieger konnten unangefochten auf ihrem Planeten bleiben, die Unterlegenen aber mußten fliehen: Sie waren gezwungen, in kürzester Frist mit einem noch intakten Raumschiff einen anderen Planeten anzusteuern. Energiereserven und Nahrungsmittel sind in einem Raumschiff nur für begrenzte Zeit unterzubringen. Also bleibt dem Sieger nur eine bestimmte Spanne, deren Zeitmaß er kennt, um den Feind endgültig zu vernichten, auszurotten. Der geringste Zeitvorsprung verschafft dem Unterlegenen Vorteile, weil er in seinem Raumschiff Nutzen aus der Zeitdilatation zieht. Der Sieger will keine Überlebenden: Erreicht nur ein Paar der Geschlagenen ein sicheres Ziel, wird es Nachkommen zeugen, zu einem Volk heranwachsen, das Rache für seine Niederlage nehmen wird. (Verfügt ein Paar – und das wissen die Sieger – über molekularbiologische Kenntnisse, wird es auf dem Zielplaneten sogar primitives Leben verändern können.) Die Besiegten wiederum kennen die »Mentalität« der Sieger, sie haben deren technische Kenntnisse und deren »Geist«. Im Wettlauf mit der Zeit steuern sie den nächsterreichbaren Planeten an. Fanden die Besiegten nach der Schlacht im Kosmos den von der Sonne aus dritten Planeten, unsere Erde?

War unser blauer Planet Fluchtort der Besiegten aus einer kosmischen Schlacht?

Führt man die Spekulation fort, dann gab es unabdingbare Prämissen. Die Heimat der Vertriebenen mußte den Gegebenheiten auf unserer Erde mindestens ähnlich sein; der Heimatplanet hätte ungefähr den gleichen Abstand zur Sonne, etwa die gleiche Größe und damit eine ähnliche Anziehungskraft wie die Erde haben müssen und selbstverständlich auch eine sauerstoffhaltige Atmosphäre.

Wie groß ist die Möglichkeit, daß von erdähnlichen Planeten im Kosmos aus Raumflüge gestartet worden sein können?

Die statistische Wahrscheinlichkeit ist gewaltig.

Daß die Frage nach der Existenz kosmischer Nachbarn »ein seriöses Forschungsthema« geworden ist, hängt »nicht zuletzt mit der Ansicht vieler Naturwissenschaftler zusammen, die es als Größenwahn empfinden, annehmen zu wollen, wir wären die einzigen intelligenten Lebewesen im Kosmos«.

Wer weiß, wieviel Sternlein stehen?

Privatdozent Dr. rer. nat. Hans F. Ebel, Heidelberg, schreibt in seinem Essay »Mögliches Leben auf fremden Planeten«:

»Die Schätzungen der Astronomen gehen dahin, die Zahl der

erdähnlichen, bewohnbaren Planeten allein in unserer Milchstraße zu Hunderten von Millionen anzunehmen.«

An der Zahl mangelnder Plätze für Abschußrampen auf erdähnlichen Planeten muß also meine Theorie nicht scheitern. Die hypertrophe Meinung, die noch bis vor wenigen Jahren unsere »Weltanschauung« beherrschte, nur und allein die Erde könne Trägerin intelligenten Lebens sein, ist selbst aus dem Kreis strengster Kathederwissenschaftler verschwunden. Tempi passati.

Da steht ein weiteres Fragezeichen.

Mag es im Universum von Planeten und intelligentem Leben nur so wimmeln, müssen oder können sich dort nicht alle Lebensformen in völlig andere Richtungen als bei uns entwickelt haben? Ist es nicht vermessen, neben der Toleranz, die man jeder statistischen Hochrechnung zubilligt, auch noch anzunehmen, die Wesen, die ihren kosmischen Krieg führten, seien menschenähnlich gewesen?

Neueste Forschungen auf vielen dem Thema zugewandten Gebieten bestätigen, daß außerirdische Intelligenzen menschenähnlich gewesen sein *müssen*: Atomstrukturen und chemische Reaktionen sind überall im Kosmos gleich. Und – so Professor Heinz Haber:

»Es ist keineswegs so – wie man es sich früher vielfach vorgestellt hat –, daß das Phänomen des Lebens geduldig wartet, bis die unbelebte Natur Bedingungen auf einem Planeten geschaffen hat, unter denen das Leben existieren kann; es scheint vielmehr so zu sein, daß das Leben mit seiner hervorragenden chemischen Aktivität weitestgehend dazu beiträgt, seine eigene Umwelt zu schaffen und einen Planeten so umzugestalten, daß er fähig wird, Leben in bunter Fülle zu tragen.«

Lord Kelvin of Largs (1824–1907) war Professor in Glasgow. In der Naturwissenschaft hat er einen großen Namen als Physiker, denn er fand nicht nur den sogenannten Zweiten Hauptsatz der Thermodynamik, er gab auch eine strenge wissenschaftliche Definition der (heute in Kelvin-Graden gemessenen) absoluten Temperatur. Kelvin stellte außerdem die Standardformel für die Schwingungsdauer der in elektrischen Schwingungskreisen auftretenden Oszillationen auf, wie er auch den nach ihm benannten thermoelektrischen Effekt entdeckte. Lord Kelvin war, das ist aus diesen kurzen Hinweisen klar, ein großer Mann der exakten Naturwissenschaften, jedem Studenten wird er als einer der ganz Großen seines

Faches vorgeführt. Nichts aber erfährt unsere Zeit von Kelvins Überzeugung, daß »Leben« zuallererst nicht auf der Erde, unserem winzigen Planeten entstanden ist, sondern vielmehr aus den Tiefen des Alls in Form von Sporen herüberwehte. Kelvin war überzeugt, daß diese einzelligen pflanzlichen Keimkörner – ungeschlechtliche Keimzellen, aus denen neues Leben entstehen kann – derart unempfindlich gegen tiefste Kälte sind, daß sie mit Meteoren oder Meteorstaub lebensfähig auf der Erde eintrafen, sich unter der belebenden Kraft des Lichts entwickelten, so daß schließlich aus ihnen höhere Organismen gedeihen konnten. Ich bin dafür, den *ganzen* Kelvin ernst zu nehmen, also auch den, der schon zu seiner Zeit die Überheblichkeit, Leben könne nur auf unserem Planeten entstanden sein, in ihre Grenzen verwies. – Auch in diesen eigentlich nur naturwissenschaftlichen Bezirken trifft man immer wieder auf Schranken, die religiöses (= kirchentreues) Denken setzt: Da das Leben endlich ist, muß es auch im Weltall endlich sein. – Bis Naturwissenschaftler *bewiesen* haben, daß die Überzeugung des von ihnen so hochverehrten Lords ein Irrtum ist, sollte sie in dem breiten Spektrum von Meinungen, wie erstes Leben auf der Erde entstanden sein kann, einen vorzüglichen Platz in der Rangordnung der Vermutungen behalten. Das hat der ehrenwerte Lord verdient.

Nie würde ich es riskieren, eine so verwegen-großartige These in die Diskussion einzuführen. Dabei komme ich, fast am Fließband, zu der Feststellung, daß spekulative Gedanken, deretwegen man mich attackiert, bei einigem Lesefleiß aus der wissenschaftlichen Literatur zu belegen sind. Beruhigend für mich, beunruhigend für meine Kritiker.

Beispielsweise, und das ist bei der Offerte meiner Theorie vom Kampf im Weltall wichtig, treffe ich auf Skepsis, wenn ich etwa mit Darstellungen auf Höhlenzeichnungen zu belegen versuche, die dort erkennbaren Raumfahrtutensilien (Raumanzüge, Antennen, Versorgungssysteme etc.) würden auf den Besuch von Intelligenzen von anderen Sternen hinweisen. Unsinn, sagt man mir: Wenn dort solche *heute* gebräuchlichen Utensilien *aus so früher Zeit* auszudeuten wären, dann müßten sich diese fremden Intelligenzen doch ganz anders als wir weiterentwickelt haben. Präzise Argumente höre ich zwar nicht, aber es kann nicht sein, was nicht sein darf. In dem Meer von Mutmaßungen gibt es einige logische Schlüsse, die meine These, fremde Intelligenzen müßten dem *Homo sapiens* gleich oder mindestens sehr ähnlich gewesen sein, untermauern.

Professor Roland Puccetti, Mitarbeiter an solch renommierten Fachzeitschriften wie »The philosophical Quarterly« und »Analysis«, schreibt in seinem Buch »Außerirdische Intelligenz in philosophischer und religiöser Sicht«, daß er die vorliegende Studie gemacht habe, »weil es nach all den amateurhaften Schlußfolgerungen meines Erachtens an der Zeit war, die neuesten wissenschaftlichen Erkenntnisse dieses Themenkreises ohne Vorbehalte aus der Sicht eines Wissenschaftlers der Philosophie und der Theologie zu untersuchen«. – Puccetti ist mit seiner Meinung, daß intelligente Wesen im ganzen Universum dem *Homo sapiens* in großem Maße ähnlich sein müssen, in allerbester Gesellschaft von Naturwissenschaftlern. Schon 1964 veröffentlichte der bekannte Biologe Dr. Robert Bieri in »American Scientist« in seinem Beitrag »Humanoides on other planets« die gleiche Überzeugung, und auch der Biochemiker Dr. Joseph Kraut von der California University kam nach 15 Jahren Enzymforschung zu diesem Ergebnis.

Wie aber läßt sich schon »nachweisen«, daß außerirdisch-intelligentes Leben sich ähnlich entwickelt hat wie der Mensch? Die »Beweisführung« kann nur eine logische Sequenz von Schlüssen sein, die auf bewiesenen Fakten basieren.

Professor Puccetti geht davon aus, daß gleiche äußere Bedingungen zur Ausbildung ähnlicher Gestalt und Organe bei genetisch verschiedenen Lebewesen führen. Solche Konvergenz gibt es auf allen erdähnlichen Planeten, wo Lebensbedingungen für komplexe Systeme von Lebewesen auftreten. Darum dürften entwicklungsgeschichtlich Unterschiede der Evolution zwischen Lebewesen – auf unserem oder einem anderen Planeten entstanden – nur geringfügig sein. Hier wie dort begann das Leben nämlich mit der chemischen Umwandlung der Planetenoberfläche – »mit der Entstehung organischer Stoffe aus leblosem Stoff auf der Basis von Kohlenstoffverbindungen in einem Wassermedium«. Daß Pflanzenfresser und Fleischfresser sich in ihrer ozeanischen Umwelt differenziert und in besonderen Formen entwickelten, »bevor sie das Festland eroberten«, ist erwiesen: Fossilien wurden nicht nur in 60 Millionen Jahre altem Gestein gefunden, man fand sie auch in eine Milliarde Jahre altem »Nonesuch«-Schiefer.

Die Entwicklung neuer Körperformen der ehemals amphibischen Lebewesen ist nicht zufällig: Sie brauchten zur Fortbewegung, zur Flucht auf festem Grund andere Gliedmaßen, als sie die Fische haben. Die Natur entwickelte die einzig sinnvolle Art der Fortbewegung durch Gehen, denn das ist auf jedem Untergrund möglich. Hatten die amphibischen Lebewesen noch ein kleines Gehirn, brauchten Landlebewesen einen größeren Denkapparat, weil die Umweltgefahren multipliziert auftraten. Das größere Gehirn aber läßt sich gehend besser tragen und mit Blut versorgen.

Wie groß mußte für die neue Ansiedlung die Zahl der Beine sein? fragt Puccetti. Ein Bein wäre zuwenig, weil sich das Wesen nicht wieder aufrichten kann, wenn es hinfällt. Unpaare Zahlen wären unpraktisch aus Gleichgewichtsgründen, aber auch viele Paare wären nicht günstig, weil sie nur ein langsames Kriechen gestatten würden. Tatsächlich sind fossile Funde harte Beweise dafür, daß die Evolution im Laufe der Jahrmillionen die Zahl der Beine kontinuierlich verkümmern ließ, bis sich schließlich zwei Paare als außerordentlich zweckmäßig erwiesen hatten. »Zwei Beine scheinen für die Ausbildung eines großen Gehirns die beste Voraussetzung zu sein, weil bei zwei Paaren die für den Übergang zum Leben auf den Bäumen notwendige Umwandlung eines Paares in Arme ermöglicht und der Umgang mit Werkzeugen in der Entwicklungsphase erleichtert wird.«

Es ist einleuchtend, daß der Übergang vom amphibischen zum terrestrischen Lebewesen eine solche Änderung des »Fahrgestells« erzwungen hat. Wenn bei uns, dann auch anderswo. Da es an dem Faktum, daß alles Leben ozeanischen Ursprungs ist, keinen Zweifel mehr gibt, dürfte insoweit wohltuende Einigkeit bestehen. – Es erwies sich aber auch eine Neukonstruktion des »Chassis« als notwendig: Mit dem Beginn der aktiven Lebensweise von Raubtieren in zweiseitig symmetrischer Gestalt gehörte nun das Maul an den vorderen, der After an den hinteren Teil des Körpers. Diese beiden Lokalisierungen erwiesen sich bei jagenden Tieren (und nicht nur bei diesen!) für Nahrungsaufnahme und Ausscheidung als bestens geeignet.

Die wichtigsten Sinnesorgane und Greifwerkzeuge befinden sich bei allen Raubtieren an der Vorderfront in der Gegend des Maules. Kein Wunder, daß sich auch das Gehirn, das größte Nervenbündel, dort befindet: So haben die Befehle vom Gehirn den kürzesten Weg zu den Greiforganen. Mit dem Wachstum auf dem Festland vollzieht sich eine Verfeinerung des Nervengewebes, das ganz allmählich die Fähigkeit zur Begriffsbildung ermöglicht. Es ist bekannt, daß Delphine »ein beachtliches Gehirn haben, obwohl sie im Wasser leben; die Fähigkeit zur Begriffsbildung aber scheint sich nur in Verbindung mit dem Leben in einer Gemeinschaft, mit Sprache und der Verwendung von Werkzeugen einzustellen«. Da die Verwendung auch der einfachsten Werkzeuge unter Wasser außerordentlich schwierig ist, ist es »unwahrscheinlich, daß sich unter diesen Bedingungen ein zu begrifflichem Denken fähiges Gehirn entwickeln könnte, da dieser Vorgang ja eine soziale Umwelt und eine gewisse Form objektiver Sprache voraussetzt«.

Professor Puccetti schließt auch die Möglichkeit, daß intelligente Wesen vogelartig sein könnten, aus, weil ein fliegendes Wesen leicht sein muß, ein großes Gehirn aber schwer ist und eine kräftige Blutzufuhr braucht. Er erwähnt auch diese Variante von Leben, um die phantasievollen Entwicklungsspekulationen auf realistische Denkmodelle zurückzuführen.

Zu den Zwangsläufigkeiten der Evolution gehört auch die Ähnlichkeit der Augenausbildung in der Tierwelt bei ganz unterschiedlichen Gattungen: Sie verfügen über ein perfektes kameraähnliches Auge mit Linse, Netzhaut, Augenmuskeln, transparenter Hornhaut usw. Auch Zahl und Lage der Augen sind gleich, stets im Kopf in der Nähe des Gehirns installiert, wie zwei Ohren immer an der höchsten Stelle des Körpers ihren zweckmäßigsten Platz finden. Geruchs- und Geschmackssinn entwickelten sich mit Maul und Nase in unmittelbarer Nähe des Nervenzentrums.

Professor Puccetti legt seine hier gerafft wiedergegebene Beweisführung vor, um die Behauptung von Biologen zu widerlegen, technisch intelligentes Leben habe sich in unbegrenzt viele Richtungen hin entwickeln können. Mit der Behauptung von der vielfältigen und kontroversen Entwicklungsmöglichkeit soll nämlich ausgeschlossen werden, daß Leben sich unter bestimmten, erdähnlichen Bedingungen auch auf Planeten außerhalb des Sonnensystems zu intelligenten Formen entwickelt haben *muß*. Puccetti stellt fest, und das ist die These, die ich immer vertreten habe, daß bei Außenweltbedingungen, die denen auf der Erde ähnlich sind, aus dem flüssigen

Medium Wasser auch anderswo Lebewesen entstanden sein müssen, die sich zwangsläufig nach den gleichen Mustern wie auf unserer Erde entwickelten, sobald sie an Land gingen, »wo sie die Möglichkeit haben, eine Sprache zu entwickeln, Werkzeuge zu verwenden und zu sozialen Formen des Zusammenlebens überzugehen«. Dieser Evolutionsweg muß intelligentem Leben auf jedem anderen Planeten vorgezeichnet gewesen sein. Diese Entwicklungen im Universum seien aber so zahlreich gewesen, sagt Puccetti, daß Versuche, intelligenten außerirdischen Wesen zu begegnen und sich mit ihnen verständigen zu können »nicht zum Scheitern verurteilt wären«. Puccetti: »Meine Schlußfolgerung... ist ganz einfach die, daß intelligente außerirdische Wesen im ganzen Kosmos dem *Homo sapiens* in großem Maße ähnlich sein müssen.«

Der Ring schließt sich: Lord Kelvin vermutete, daß erstes Leben auf unserem Planeten aus dem All »herüberwehte«. Puccetti folgert aus dem gesicherten Wissen um die Entstehung allen Lebens, daß die Evolutionsgesetze überall die gleichen waren und sind. Joseph Kraut ist überzeugt, daß die Natur auf erdähnlichen Planeten ihre Probleme auf die gleiche Art und Weise lösen mußte wie bei uns. Und Albert Einstein sagte:

»Ich frage mich, ob die Natur nicht immer dasselbe Spiel spielt.«

Wenn man annehmen kann (oder darf), daß auf Millionen anderer Planeten intelligentes Leben existiert, ist der Gedanke, daß dieses Leben älter und darum in jeder Weise fortgeschrittener war (und ist) als irdisches Leben, zwar eine Spekulation, aber doch nicht von der Hand zu weisen. Wollen wir nicht den alten Adam als »Krone der Schöpfung« endlich begraben? Freilich kann ich meine Theorie nicht »beweisen«, doch hat auch niemand Argumente, mich vom Gegenteil überzeugen zu können.

Sofern man für eine Theorie *Indizien* vorweisen kann, darf man sie meines Erachtens in die ernsthafte Diskussion einführen. Es geht nicht um *Beweise*, die man fordert. Welche wissenschaftliche Theorie konnte vom ersten Gedanken an aus Beweisen aufgebaut werden?

Es geht auch nicht um eine »Ersatzreligion«, wie manche Kritiker unterstellen. Wenn meine Theorien den »Geschmack« einer Ersatzreligion haben könnten, dann müßten logischerweise wissenschaftliche Erstgeburten, deren Embryo eine Theorie war, auch jeweils zunächst »Ersatzreligionen« sein: Der einfache Mann kann Versuchsreihen, die zum Beweis der Theorie führen sollen, nicht nachvollziehen. Soll oder muß er an wissenschaftliche Theorien *glauben*, auf die Gefahr hin, daß sich die Resultate der Forschung letztlich als Irrtümer erweisen? Ich will mit meinen Theorien Denkanstöße geben. Nicht mehr, aber auch nicht weniger.

12. KAPITEL

Das Wissen des Dogon-Stammes · Eine Botschaft aus dem Sirius-System · Die Beweise liegen vor · Zum Kern der Sache · Die Krücken der Sprache · Der Adler ist gelandet · Flammenspeiende Götter · Entstehungsmythen aus Japan · Zeitverschiebungen in alten Texten · Die Dogu-Figuren · Professoren kontra Däniken · Woher kamen die ET's? · Raumschiffe in Kugelform · Augenzeugen berichten · Die Himmelfahrt des Elias · Wissenschaftlich verpackter Unsinn

Am 16. Mai 1792 besuchte Henri Guellemin seinen Freund Charles Sanson in Faubourg-Saint-Germain zum Abendessen. Guellemin blieb über Nacht, weil Robespierre Ausgangssperre verhängt hatte.

Sanson (1740–1793) war Scharfrichter. Er bediente, wie viele Kollegen, die vom Arzt Guillotin erfundene Hinrichtungsmaschine, die es Robespierre ermöglichte, allein in der Hauptstadt an die 15 000 Menschen »schmerzlos« vom Leben in den Tod köpfen zu lassen. Sanson hatte die Ehre, König Ludwig XVI. und Marie-Antoinette ins Jenseits zu befördern.

Als Guellemin am frühen Morgen des 17. Mai Sansons Wohnung verließ, wurde er, wenige Schritte vom Haus entfernt, verhaftet. Man beschuldigte ihn, während der letzten Nacht auf der Ile de la Cité hetzerische Flugblätter verteilt und im Handgemenge einen Jakobiner erdolcht zu haben.

Als der ehrenwerte und unentbehrliche Charles Sanson Stunden später von der Verhaftung erfuhr, begab er sich zum Revolutionstribunal und ließ protokollieren, daß Guellemin irrtümlich der ihm angelasteten Verbrechen überführt worden sein müsse, denn vom Abend des 16. Mai bis zum Morgen des 17. hätte der Freund seine Wohnung in Faubourg nicht verlassen.

Man glaubte dem Henker von Paris kein Wort, denn Guellemin hatte inzwischen – unter der Folter zwar, aber immerhin – Tatbestände ausgesagt, die nur einer wissen konnte, der bei dem Tumult der letzten Nacht dabeigewesen war, wie: daß in der linken, oberen Ecke des Flugblatts eine rote Nelke abgebildet war, wie: daß die vorletzte Zeile des Pamphlets auf dem Kopf stand, wie: daß an dem Handgemenge zwei Frauen teilgenommen hatten, denen ein Jakobiner die Kapuzen vom Haupt zerrte, wie: daß der Tatdolch eine Damaszener Klinge hatte.

Sanson begriff nicht, woher sein Freund all dieses Wissen haben konnte. Der hatte sich mit seinen Aussagen der Guillotine überliefert.

Am 29. Mai wurde Henri Guellemin am Grève-Platz auf die Mordmaschine geführt. Sein Freund ließ das Fallbeil herabsausen.

Es konnte nie geklärt werden, woher Guellemin seine Kenntnisse hatte, aber es waren teure Kenntnisse, denn er zahlte mit seinem Kopf dafür.

Nicht minder unheimliche Kenntnisse, die die Dogon haben, eigentlich aber auch nicht haben können, lassen sich erklären: mit dem Verfahren eines Tatsachenbeweises. Ich spreche von dem geheimnisumwobenen Wissen der Dogon, die glücklicherweise auf keiner Guillotine endeten, von denen vielmehr heute noch 225 000 auf dem Plateau von Bandiagara und in den Homboribergen der westafrikanischen Republik Mali leben.

Ende 1975 las ich in einer Zeitungsnotiz, der britische Astronom Robert Temple habe ein Buch geschrieben, dessen Inhalt meine Theorien bestätigte. Temple nämlich habe bewiesen, daß in der uralten Mythologie der Dogon-Neger ganz konkretes Wissen vom System des Sirius überliefert sei mit Kenntnissen, die die Dogon ihrem Bildungsstand nach eigentlich nicht haben könnten. Temple, hieß es in der Meldung, habe bewiesen, daß den Dogon seit frühen Zeiten Position, Gravitation und Umlaufbahn des unsichtbaren Begleitsterns von Sirius bekannt seien.

Diese Meldung elektrisierte mich.

Wer waren diese Dogon-Neger? Ich hatte nie von ihnen gehört. Und wer war dieser Mister Temple?

Ich schrieb einige Briefe an meine »5. Kolonne« in England. Wer ist dieser Robert Temple, und was veröffentlichte er über die Dogon und ihr geheimnisvolles Wissen? Zugleich beschaffte ich mir eine Menge Literatur über die Dogon. Darunter befand sich auch »Das

Sirius-Rätsel« von Robert K. G. Temple. Ein faszinierendes Buch. Ich schrieb ihm und gratulierte ihm zu seiner Entdeckung. Wenige Monate später trafen wir uns in London.

Es stellte sich heraus, daß Temple – entgegen der Meldung – kein britischer Astronom, sondern ein amerikanischer Linguist (Sprachforscher) ist. 1945 geboren, ist er ein außerordentlich stiller, korrekter Mann, der noch nicht ahnt, was ihm an Widerwärtigkeiten und Gehässigkeiten ins Haus steht, sofern sein Buch zu dem Erfolg wird, der ihm zukommt und den ich ihm von Herzen wünsche. Die Tatsache, daß Temple derweil Mitglied der Royal Astronomical Society ist, weist seine wissenschaftliche Qualifikation aus.

Den Extrakt über das außergewöhnliche und unbegreifliche Wissen der Dogon vom Sirius-System verdanke ich in erster Linie meinen wiederholten Gesprächen mit Robert Temple, denn erst durch ihn stieß ich auf die Dogon-Literatur.

Im Jahre 1931 besuchte der französische Anthropologe Dr. Marcel Griaule den Stamm der Dogon-Neger. Es war eine forscherische Begegnung, die Griaule verwirrte und faszinierte. Er bekam Kenntnis von einer Mythologie, die ebenso vertrackt-kompliziert war, wie sie in einem unergründlichen Zusammenhang mit den Sternen zu stehen schien. Unter den Negerstämmen gab es Zeremonien, die nur alle 50 Jahre wiederholt wurden und heute noch wiederholt werden. Jede Generation hatte dafür aufs neue Masken anzufertigen. Seit Jahrhunderten heben die Dogon sie sorgsam auf als eine Art von Dorfarchiv, das die Vergangenheit dokumentiert.

1946 reiste Griaule wieder zu den Dogon. Diesmal wurde er von der Völkerkundlerin Dr. Germaine Dieterlen begleitet, die derzeit Generalsekretärin der Société des Africanistes im Musée de l'Homme in Paris ist.

Den Ertrag vierjähriger Untersuchungen legten die beiden Forscher 1951 unter dem Titel »Ein sudanesisches Sirius-System« vor. Aber der ethnologische Bericht über Mythen eines Negerstammes ließ nur einen kleinen Kreis von Fachleuten aufhorchen. Doch in dem Bericht tickte ein Zeitzünder, der 25 Jahre später – ja, man muß sagen – explodierte.

Was gibt es so Erstaunliches in den Mythen der Dogon? Träume, religiösen Aberglauben, Phantasmagorien oder exaktes Wissen?

Griaule und Dieterlen ermittelten die einheimischen Kenntnisse über das Sirius-System in vier sudanesischen Bevölkerungsgruppen: bei den Dogon von Bandiagara, den Bambara und den Bozo aus dem Bezirk Segu und bei den Minianka aus dem Kreis Kutiala.

Zu Beginn machen die Autoren eine Feststellung, die man nicht aus dem Sinn verlieren darf, wenn man die Sachlichkeit des Mitgeteilten begreifen will. Sie schreiben:

»Von unserer Seite aus haben die gesammelten Dokumente zu keiner Hypothese oder Herkunftsforschung Anlaß gegeben. Sie wurden lediglich in dem Sinne geordnet, daß die Aussagen der vier wichtigsten Stämme in einem einzigen Exposé zusammengefügt werden können. Es wurde nie die Frage entschieden oder gestellt, zu erfahren, woher Menschen, die überhaupt keine Instrumente besitzen, den Lauf und besondere Eigenschaften von praktisch unsichtbaren Gestirnen kennen können.«

Alle 50 Jahre zelebrieren die Dogon ihr »Sigui-Fest«. Die Sigui-Zeremonie hat den Wunsch nach Erneuerung der Welt zum Inhalt. Den Zeitpunkt des Festes bestimmt *Po Tolo*, das ist der Stern des Sigui. *Po* ist das kleinste den Dogon bekannte Getreidekorn. Der botanische Name für »Po« oder »Fonio« (wie es in Westafrika genannt wird) ist *Digitaria exilis*, und unter *Digitaria* ging der kleine Po in die einschlägige Literatur ein.

Digitaria nun, weiß die Dogon-Mythologie zu berichten, würde alle 50 Jahre einmal den hell strahlenden Sirius umkreisen, und dabei sei dieser Begleiter *unsichtbar*. Ferner erzählen sich die Dogon, daß Digitaria der *schwerste Stern* sei, der die Position des Sirius bestimme, *indem er ihn auf seiner Flugbahn umkreise.*

Die Dogon-Mythologie reicht in eine unbestimmbar frühe Zeit zurück. Woher kommt das Wissen um Sirius und Sirius B, das uns erst im vorigen Jahrhundert bekannt wurde?

In der Astronomie wird der Sirius auch als »Hundsstern« bezeichnet, doch diese Bezeichnung ist überholt. Sie stammt noch aus der Zeit, als der Sirius während der Hundstage aufging, also während der ziemlich regelmäßig eintreffenden Hitzezeit zwischen Ende Juli und Ende August. Längst weiß man, daß sich durch die Präzession, die Kreiselbewegung der Erdachse, in etwa 26 000 Jahren eine Rücklaufbewegung des Schnittpunktes (Frühlingspunkt) zwischen Himmelsäquator und Ekliptik (Erdbahn) vollzieht, sich also die Koordinaten der Gestirne ändern. Beobachtungen eines Sternes müssen deshalb auf die eines anderen reduziert werden.

Der Sirius ist ein Stern 1. Größe im Sternbild des Großen Hundes am südlichen Himmel, hellster Stern der Sphäre, weiß gefärbt, in einer Entfernung von 8,5 Lichtjahren (1 Lichtjahr = 9,5 Billionen Kilometer). Sirius hat einen auch weißen ständigen Begleitstern 9. Größe. Er wurde 1844 von dem Königsberger Astronomen Friedrich Wilhelm Bessel (1784–1846) erkannt und 1862 von dem amerikanischen Optiker und Mechaniker Alvan Clarke (1804 bis 1887) zum erstenmal *gesehen!* Während der Sirius ein normaler Stern ist, gehört sein Begleiter Sirius B zur Klasse der weißen Zwergsterne mit sehr großer Dichte.

Dieser Steckbrief steht in jedem guten Nachschlagewerk.

Erst 1834 entdeckte Bessel, daß die Eigenbewegungen des Sirius unregelmäßig waren, daß er sich nicht gradlinig, sondern eher in einer Art von Wellenform bewegte. Zehn Jahre lang ließ er von seinem Assistenten die Positionen des Sirius in regelmäßigen Abständen vermessen. Dann fand er seinen Verdacht bestätigt, daß *irgend etwas* die Sirius-Bahn beeinflußte. Das unsichtbare *Etwas* nannten die Astronomen Sirius B. – Auch mit den besten Fernrohren der damaligen Zeit, noch im ersten Drittel des vorigen Jahrhunderts, blieb Sirius B ein nicht auszumachendes Himmelsobjekt. Man nahm an, daß es sich um einen nichtleuchtenden Stern handelte. Man nahm an...

Aber: 1862 fand der Amerikaner Clarke, der sich als Konstrukteur vieler großer Fernrohre bereits einen Namen gemacht hatte, mit einem aus Linsen von 47 Zentimeter Durchmesser gebauten Fernrohr an der von Bessel angenommenen Stelle den bis dahin unsichtbar gewesenen Sirius B! Wegen des geringen Abstandes zum außerordentlich hellen Sirius ließ sich die Helligkeit des nun entdeckten Begleiters nicht feststellen: Sirius B stand nicht im Schatten, sondern im zu hellen Licht seines großen Bruders.

Inzwischen wurde Sirius B als »weißer Zwerg« registriert. Weiße Zwerge haben eine sehr große Dichte, aber nur eine Leuchtkraft von etwa 0,0003 Prozent. Auf Sirius A bezogen, ist die Dichte von Sirius B = 0,42 : 27 000! Sirius B hat einen Durchmesser von 41 000

Kilometern, ist aber von gleicher Masse wie die Sonne. Wegen dieser ungeheuren Schwere ist Sirius B fähig, die Bahn des hellen Sirius A in einem Rhythmus von 50,04 ± 0,09 Jahren zu beeinflussen, indem er ihn auf eine sich wiederholende Wellenlinie lenkt.

Tabellarisch sieht das so aus:

Absolute Helligkeit	In Sonneneinheiten		
	Masse	Radius	Dichte
Sirius A 1,3	2,4	1,8	0,42
Sirius B 11,2	0,96	0,934	27 000

Der amerikanische Linguist Robert Temple zeichnete nach Angaben in Dogon-Mythen und nach den Daten modernster astronomischer Forschungen Diagramme der Umlaufbahn von Sirius B. – Sein Kommentar:

»Die Ähnlichkeit ist so verblüffend, daß auch das ungeübteste Auge sofort sehen wird, daß die Identität der beiden Darstellungen bis ins kleinste Detail gewährleistet ist. Es ist unnötig, daß Perfektionisten ihre Millimetermaßstäbe herausholen! Die Tatsache ist demonstriert, und sie sagt: Der Dogon-Stamm besitzt ein allgemeines Wissen über die unglaublichsten und subtilsten Prinzipien von Sirius B und seinem Orbit um Sirius A.«

Deckungsgleichheit also von modernem Wissen und Kenntnissen in uralten Mythen!

Wenn die Dogon überliefern, daß Digitaria sich *innerhalb eines Jahres um sich selbst drehe,* weiß man zwar nicht, ob es sich um ein irdisches oder um ein Digitaria-Jahr handeln soll, doch ich halte allein die Tatsache für verblüffend, daß ein primitiver Negerstamm überhaupt etwas von der *Eigenrotation* eines Himmelskörpers wußte. Immerhin ist die Erkenntnis, daß sich unsere Erde um die eigene Achse dreht, noch nicht gar so alt. Die Dogon wissen aber auch schon seit uralten Zeiten, daß der *Wirbelkreis die Grundbewegung der Welt* ist! Heute weiß jedermann, daß die Galaxien sich in Spiralbewegungen drehen.

Vermutlich werden unsere Astronomen eines Tages auch noch entdecken, was die Dogon schon lange – wie lange? – wissen: daß Sirius B keineswegs der einzige Begleiter des strahlenden Sirius ist. Dogon-Mythen berichten vom Stern *Emme Ya, weiblicher Sorgho,*

Heutiges Wissen	*Dogon-Wissen*
Sirius B als Lenker von Sirius A wurde erst Mitte des vorigen Jahrhunderts entdeckt und gesichtet.	Sirius ist nicht die Basis des Systems: Er ist einer der Mittelpunkte in der Umlaufbahn eines winzigen Sternes, genannt »Digitaria«. Die Dogon haben Digitaria nie gesehen.
Sirius B war unsichtbar. Es bedurfte modernster, starker Teleskope und intensiver Forschungen, um seine Umlaufbahn ausmachen zu können.	Die geistigen und materiellen Bestandteile des Opfers wurden Digitaria gesandt, von dessen Existenz man *wußte,* der aber *unsichtbar* blieb.
Sirius B ist ein winziger Stern, ein »weißer Zwerg«.	Digitaria ist *unendlich klein.* Er gab während seiner Entwicklung alles, was existiert.
Die Umlaufbahn von Sirius B beträgt 50,04 ± 0,09 Jahre.	Die Umlaufbahn des Digitaria beträgt *etwa 50 Jahre* und entspricht somit den sieben ersten Regierungszeiten von je sieben Jahren.
Sirius B ist ein »weißer Zwerg« von außerordentlicher Dichte.	Digitaria ist *der schwerste Stern.* Er bestimmt besonders die Position von Sirius, indem er ihn mit seiner Flugbahn umkreist.

größer als Digitaria, aber viermal leichter, der auch in 50 Jahren in der *gleichen Richtung* wie Sirius B eine *größere Umlaufbahn* haben soll. Nach den ermutigenden Verifizierungen des Sirius-Systems der Dogon sollten unsere Astronomen die Fleißaufgaben ernst nehmen, die die Mythen stellen. Sie überliefern nämlich, daß Emme Ya *von einem Satelliten begleitet* wird, der sich »Stern der Frauen« nennt. Sie wissen noch von einem dritten Begleiter des Sirius, dem sie den Namen *Schuster* gaben. Der Schuster soll weiter als alle anderen Planeten von Sirius entfernt sein und sich in *entgegengesetzter Richtung* drehen.

Die Angaben zu Emme Ya und Schuster sind noch nicht überprüfbar. Es fehlt die technisch-astronomische Apparatur, um bei einem 8,5 Lichtjahre entfernten Stern irgendwelche Satelliten orten zu können. Emme Ya und Schuster zähle ich deshalb bis zu ihrer wissenschaftlichen Verifizierung noch nicht zu jenen Augenscheinsobjekten, die eindeutig belegen, daß die Dogon über Kenntnisse verfügten, die sie ihrem Wissensstand nach nicht haben *konnten*.

Ich sehe meine Kritiker verzweifelt nach einem Hintertürchen suchen, hinter dem sie die Dogon-Geschichte, Simsalabim, einsperren könnten.

Kann man denn, höre ich sie fragen, den Untersuchungen der beiden französischen Forscher überhaupt »glauben«? Aber, aber! Wer barmt denn hier um »Glauben«? Griaule und Dieterlen operierten seriöser als jene, die gern im Handumdrehen aus exaktem Wissen einen Appell an den »Glauben« machen möchte. Als die beiden Franzosen 1951 ihren Bericht vorlegten, schien eine Mondlandung noch blanke Utopie zu sein, und meine Bücher erschienen fast 20 Jahre später. Ich kann sie mit meiner Phantasie nicht infiziert haben. Warum, bei allen Dogon-Göttern, sollten zwei angesehene Wissenschafter eine solche Story erfinden? Nein, sie brachten Tatsachenmaterial aus dem afrikanischen Busch mit.

Vernünftig könnte es sich anhören, wenn einer fragen würde, ob nicht vielleicht ein Afrikareisender das ungeheure Wissen vom System Sirius ins unwirtlich heiße Land »eingeschleppt« habe, einer, der von den astronomischen Entdeckungen aus der Mitte des 19. Jahrhunderts Kenntnis gehabt hätte. Dieser Reisende müßte Astronom von hohen Graden gewesen sein... und an partiellem Irrsinn gelitten haben. Wer sonst hätte den absurden Ehrgeiz entwickeln können, primitiven Negern Aufschluß über den unsichtbaren Sirius-Begleiter zu geben?

Ich muß alle Skeptiker bitter enttäuschen, die sich an dem Strohhalm festhalten, irgendwann müsse doch wohl ein großer Unbekannter die Dogon gründlich informiert haben, weil doch – das müsse man ehrlich zugeben – deren Wissen einfach unerklärlich sei.

Dieser Mister X müßte dann aber schon vor Jahrhunderten seine astronomischen Fortbildungskurse in Mali, der Heimat der Dogon, abgehalten haben – zu einer Zeit, als es bei uns noch keinen Hauch, nicht die winzigste Spur vom Wissen über Sirius B gab! Die Sigui-Holzmasken weisen eine in ununterbrochener Folge archivierte Sammlung auf, die von Wissenschaftlern in die Anfänge des 15. Jahrhunderts datiert wurde. Wer mir im Fundus verifizierten westlichen Wissens aus dieser Zeit Kenntnisse vom System Sirius B nachweist, den lade ich hiermit zu einer Reise nach Mali ein.

Man soll doppelt und dreifach nähen, wo der rote Faden es erlaubt. Da gibt es bei den Dogon auch noch die Familienbierfässer, die Rückschlüsse auf ganz, ganz frühe Sigui-Feiern zulassen.

Von alters her mußte jeder Hogon (Dorfvorsteher) für die Feiern einen Behälter aus den Fasern des Affenbrotbaumes flechten. Das war ein wasserdichtes Gewebe, in dem das erste rituelle Bier gegoren wurde. Dieses erste Bier wurde allen Familien in kleinen Portionen zugeteilt, sie mischten es unter ihr eigenes Gebräu. Während der Sigui-Zeremonie mußten die Familienbier*fässer* mit dem Gärbehälter des Hogon in Berührung gebracht werden. Nach dem Fest wurden alle Gärbehälter am Hauptbalken des Hogonhauses in übersichtlichen und dauerhaften Serien aufgehängt. – Der Patriarch Ongnonlu Dolo, einer der ältesten Hogon des Gebietes, wußte zu berichten, daß sein Urgroßvater über die an seinem Haus hängenden Behälter hinaus acht weitere und viel ältere besessen hatte. – Außer an den Masken ließ sich auch an den Gärbehältern die erste Sigui-Feier bis ins 12. Jahrhundert zurückverfolgen. Die Völkerkundler sind sich aber keineswegs sicher, daß um diese frühe Zeit die erste Feier anzusetzen ist. Man gibt den Sigui-Feiern 1000 Jahre Alter mehr, weil die Dogon, soweit bekannt, nicht seit eh und je im gleichen geographischen Raum lebten: Man nimmt an, daß sie aus noch unbekannten Gebieten in Mali einwanderten. Wann immer sie begonnen haben mögen, sind Sigui-Zeremonien ohne das Wissen um Sirius B nicht möglich gewesen.

Nichts ist zu töricht, als daß ich es nicht aus dem kommenden Echo vorweg abräumen möchte.

Wenn ich – muß ich es ausdrücklich erwähnen? – postuliere, daß die Dogon ihr Wissen von Außerirdischen empfangen haben *müssen*, werden Superkluge einwenden, Sirius B sei kein Planet, also hätten von dort keine extraterrestrischen Wesen kommen können. Würde ich nie behaupten. Das steht auch nicht in den Dogon-Mythen. Dort wird nämlich von *Satelliten* gesprochen.

Es ist viel darüber diskutiert worden, ob ein Doppelsternsystem Planeten besitzen und ob innerhalb der Lebenszonen von zwei Sonnen ein Planet überhaupt existieren könnte. Die Astronomie lehnt im allgemeinen Planeten mit lebensmöglichen Bedingungen um Doppelgestirne ab, weil Planeten – bedingt durch die komplizierten Gravitationsverhältnisse zwischen den beiden Sonnen – eine »unmögliche Umlaufbahn« um ihre beiden Zentralkörper durchlaufen müßten.

Das sind Meinungen vom Tage. Beweisen lassen sie sich nicht. Mit den heute verfügbaren Teleskopen sind Planeten in anderen Sonnensystemen nicht feststellbar. Ob aber das Sirius-System Planeten besitzt oder nicht, ändert nichts an den Fakten: Die Dogon kennen seit frühesten Zeiten Sirius B. Ohne Netz und doppelten Boden und ohne die bescheidensten Fernrohre.

Wenn nichts mehr hilft, greift man heutzutage zu den Nadeln der Akupunktur – oder zu den unbegrenzten Möglichkeiten der Parapsychologie. Akupunktur ist schmerzlos. Parapsychologie tut weh, wenn sie Rationales mit Irrationalem erklären soll. Ganz Schlaue sagen vielleicht: »Ist doch ganz einfach! Da hat irgendwie, irgendwann und irgendwo ein Dogon-Gehirn mediale Fähigkeiten entwickelt. Sein Geist schwebte Richtung Sirius B und bekam dort alles Wissen!« – Na bitte, so einfach ist das zu erklären.

Mme. Geneviève Calame-Griaule gab 1970 nach Unterlagen ihres verstorbenen Vaters das Buch »Schwarze Genesis« heraus. Darin befinden sich Antworten auf die Frage nach dem Woher des Dogon-Wissens.

– Amma war der einzige Urgott.
– Amma erschuf die Sterne aus Erdklumpen,
  die er in den Raum schleuderte.

Diese Überlieferung erinnert mich verteufelt an die derzeit von der Wissenschaft als die wahrscheinlichste Erklärung für die Entstehung des Universums angenommene »Urknall-Theorie«. – Der belgische Physiker und Mathematiker Georges Lemaître führte sie in die Wissenschaft ein. Sie postuliert, daß alle Materie vor Jahrmilliarden in einem Uratom verdichtet war, eine schwere Materiemasse im Universum, die sich zum Kern hin dauernd zusammenpreßte. Die Kräfte multiplizierten sich so gewaltig, daß der Materieklumpen explodierte und in viele Milliarden Teile aufsplitterte. Über eine lange Konsolidierungszeit hinweg sammelten sich die Teile in unendlich vielen Galaxien. Diese Theorie vom Urknall ist unter dem lustigen Begriff »Big Bang« ins Schrifttum eingegangen.

Stand der Name von Gott Amma für diesen Vorgang des Big Bang?

Der Dogon-Priester Ogotemmeli gab zu Protokoll:

»Die Lebenskraft der Erde ist das Wasser... Selbst im Stein gibt es diese Kraft, denn die Feuchtigkeit ist in allem... Nommo stieg auf die Erde herab und brachte Fasern aus Pflanzen, die schon in den himmlischen Gefilden wuchsen... Nach der Erschaffung von Erde, Pflanzen und Tieren erschuf Nommo das erste Menschenpaar, aus dem später acht menschliche Vorahnen hervorgingen. Diese Vorahnen lebten unendlich lange.«

Daß Nommo nach getanem Werk »in den Himmel« zurückkehrte, ist selbstverständlich, wenn man sich in den Mythologien aller Kontinente nur ein wenig auskennt. Neu und verblüffend ist aber die Feststellung, daß »Wasser selbst im Stein« ist. Eine kühne Idee der Mythenerzähler, wenn man bedenkt, daß sie in der Sahara und in den Savannen Steine in Massen nur als ungenießbare Ärgernisse herumliegen sahen.

Im Gestein ist Wasser, aber das ist ein brandneues Wissen. Als man alle Möglichkeiten für Überlebenschancen der Männer in bemannten Raumstationen auf dem Mond abklopfte, führte man auch Experimente mit Steinen durch. Es ergab sich die technische Lösung, wie sich mit erheblichem Aufwand aus Gestein Wasserstoff- und Sauerstoffmoleküle lösen und aneinanderketten ließen.

Ogotemmeli sind Überlieferungen zu verdanken, die nur auf den ersten Blick rätselhaft erscheinen. Die allerersten menschlichen Urahnen hätten versucht, gab er zu Protokoll, ihren Schöpfer Nommo im Himmel aufzusuchen, doch obwohl *alle im Wesen einander gleich* waren, hätten sie stets getrennt leben müssen, und sie hätten sich gegenseitig nicht besuchen dürfen. Einer, der später zum ersten irdischen Schmied avancierte, habe das Verbot mißachtet und eine andere Frau aufgesucht. Ogotemmeli:

»Da sie dadurch unrein geworden waren, mußten sie sich von den anderen trennen. Damit sie aber leben konnten, gingen sie auf die Erde... denn hier hatten sie sich verunreinigt.«

Spontan denke ich an Quarantäne!

Unterstellt man, daß Nommo als Außerirdischer nicht auf unserem Planeten aufwuchs, dann hatte er keine irdischen Vorfahren. Dieser im All beheimatete Nommo veränderte also durch gezielte künstliche Mutation vorhandenes, doch in seinem Verständnis unterentwickeltes Leben »nach seinem Ebenbild«. Dieses »veredelte« Leben wuchs fortan unter den Bedingungen des Planeten Erde auf; es entwickelte aus dieser Umwelt und gegen diese Umwelt Abwehrstoffe gegen lebensgefährdende irdische Bakterien. Das mutierte Leben immunisierte sich in seinem Lebensraum. Um sein eigenes Leben nicht zu riskieren, durfte darum Nommo auch im »Himmel« mit seinen Produkten nicht zusammenkommen. Die mußten unter ihresgleichen zurück auf die Erde, wo sie sich »verunreinigt« hatten.

14 Jahre nach ihrem ersten Bericht legten Griaule/Dieterlen in dem Buch »Der blasse Fuchs« (»Le renard pâle«) weiteres Material vom Dogon-Wissen über das Sirius-System vor. Aus ihren Protokollen wiesen sie nach, daß die astronomischen Dogon-Kenntnisse weit über das schon erforschte System hinausreichen. Es wurden auch Informationen über unser Sonnensystem, über Jupiter und Venus überliefert. Die Dogon gingen nicht nur mit dem Sirius-Kalender um, sie kannten auch einen Sonnen-Kalender, sie hatten eine spezielle Ackerbau-Agenda.

Es führt hier zu weit, auch darauf einzugehen. Mir ging es darum, die wissenschaftlich dokumentierten Kenntnisse der Dogon vom Sirius-System vorzulegen. *Eigentlich* – wer kann das bestreiten? – konnten sie das Wissen ja nicht haben.

Es ist Jahrhunderte alt, die Neger besaßen zu keiner Zeit irgendwelche optisch-astronomischen Hilfswerkzeuge, sie verfügten über keine algebraischen Rechenkünste – und trotzdem gehen sie von alters her mit Kenntnissen um, die uns gerade seit 100 Jahren geläufig sind.

In der renommierten wissenschaftlichen Zeitschrift »Nature« wurde das Sirius-Mysterium abgehandelt. Professor Michael Ovenden, Professor für Astronomie an der Universität Vancouver, Kanada, versuchte, Gründe für das Unerklärliche zu finden:

»Um das Überleben alter Traditionen bei den Dogon zu verstehen, muß man sich bloß erinnern, daß im 16. Jahrhundert in Timbuktu in Mali eine führende Universität der Muslim blühte. Durch Timbuktu flossen die Überlieferungen der Griechen, Ägypter und Sumerer.«

Na und? Ändert das was? Ob nun die Dogon die ersten waren, die genaueste Details über Sirius B kannten, oder ob die Kenntnisse noch älter waren und bereits zum Wissensgut der Griechen, Ägypter und Sumerer gehörten, ändert an den Tatsachen gar nichts. Denn es gibt bisher *keine* andere exakte Überlieferung als die der Dogon vom System Sirius B!

Ich akzeptiere sogar, wenn sie denn eine sein soll, die »Erklärung« von Professor Ovenden: Sie führt in eine noch frühere Vergangenheit zurück.

Der Dogon-Mythos gilt mir als exemplarisches Beispiel dafür, daß alle Mythen im Sinne ihrer Übersetzung aus dem Griechischen »Wort«, »Aussage« und »Erzählung« beinhalten. Sie melden in ihrer zeitlosen Überlieferung einen Wahrheitsanspruch an, der zur Kenntnis zu nehmen ist. Einmal, als sie entstanden, waren sie Reportagen erlebter Ereignisse. Die ersten Mythenerzähler brauchten keine vieldeutigen Kommentare: Sie wußten nicht, wovon sie sprachen.

Erwirb an irgendeiner Ausgrabungsstätte irgendwo auf der Welt eine sehr alte Tonscherbe, verbuddele sie an entferntem Ort unter zwei Meter Sand oder Gestein, und führe dann einen Archäologen mit einem Spaten an diese Stelle. Er wird dir über diesen Fund eine phantastische Geschichte erzählen, wer wann und warum hier gesiedelt hat.

Drücke einem Etymologen, Religionswissenschaftler oder Philosophen die Niederschrift eines ihm bis dato unbekannten Mythos in die Hand. Du wirst dein blaues Wunder erleben, wenn du hörst, was die Vorvordern sich bei diesem Mythos alles *gedacht* und was sie *geglaubt* haben müssen und was sie alles an Phantastisch-Nebulösem ausdrücken wollten. Man gewinnt den Eindruck, daß die Herren einstens Murmeln mit den Vorvordern gespielt haben müssen – so genau, aber auch so unterschiedlich (je nach Fakultät) interpretieren sie die uralten Mythen. Man versteht, warum der große Philosoph Karl Jaspers (1883–1969) dem »Wissenschaftsaberglauben« mißtraute; für ihn enthielten Mythen stets Zeichen und Chiffren, die der Klärung bedurften. Nimmt man den Kern der Mytheninhalte als den Anfang des historischen Bewußtseins, dann öffnet sich das Tor zu unserer Frühgeschichte.

Meines Erachtens kann es nicht darum gehen, Satz für Satz, Wort für Wort verstehen zu wollen. Bestenfalls kann man den größten gemeinsamen Nenner in den Mitteilungen finden und weiß doch nicht, auf wie wackligem Grund er steht. Die Mythenforschung selbst beweist es: Was gestern als bombensicher galt, war tags darauf oft nur noch ein Trümmerhaufen, über den einige Kluge fleißig weiterstolperten und den andere gern schnell unter den Teppich kehrten.

Es ist rentabler, den Kern zu suchen, ihn herauszupulen und den Ballast, den Generationen daraufpackten, über Bord gehen zu lassen. Das Groteske ist ja, daß die Essenz der Stories von den Erzählern selbst nicht verstanden wurde. Aus Mangel an geeigneten (zum Beispiel technischen) Worten war sie wie ein Zeitzünder in einem Wust von Wortkaskaden und abstrusen Bildern versteckt.

Meine Neugier ist unbändig. Ich möchte wissen, was es mit den mythologischen Göttern für eine Bewandtnis hat – was die Umstände, unter denen sie erschienen und handelten, für einen Sinn ergeben. Von welcher Art war ihre »Persönlichkeit«, aus welchem Stoff war sie gemacht? Wenn sie Geist war, wieso konnte man sie sehen und mit ihr sprechen? Warum zeigten sich »Götter« überhaupt, warum arbeiteten und vergnügten sie sich auf unserer alten Erde? Was bezweckten sie mit den Demonstrationen ihrer Macht, ihres Wissens, ihres überlegenen Könnens? Warum blieben sie nicht? Warum und wohin machten sie sich allesamt stets wieder auf ihre himmlischen Socken? Weshalb kündigten sie eine Wiederkehr an? Waren diese Götter alle miteinander in allen Ländern und auf allen Kontinenten wirkliche Wesen oder nur Produkte einer wilden Phantasie?

Die Schuletymologie sagt, die Vorvordern hätten sich ihre »Götter« im Himmel vorstellen *müssen*, weil der Himmel mit seinen Gestirnen für sie das Unendliche, das Unerreichbare gewesen sei, schlicht: die Glückseligkeit. – Wo sollten sie sich denn – außer im All – ihre »Götter« suchen? Von dort her kamen sie doch allesamt sehr körperlich und mit den nützlichen Sachen im Gepäck und den klügsten Ratschlägen im Kopf zu ihnen herab. Freilich war der »Himmel« der Wohnsitz ihrer »Götter«, sogar ein belebter, aktiver.

Gäbe es Ortsbeschreibungen für den Himmel nur ein-, zweimal und die Schilderungen der göttlichen Aktivitäten in völlig differenten Überlieferungen, würde ich das für denkbare Zufälle poetischer Eingebung halten können. Die Themen werden aber a cappella angestimmt. Kann man das noch für Zufall halten?

Menschen sind vermutlich zu allen Zeiten Gewohnheitstiere gewesen. Sie lebten und leben ihren Trott. Alpenglühen ist für den Gebirgler bei weitem kein so wunderbares Erlebnis wie für den Sommerfrischler, er sieht es oft von seinem Fenster aus. Als bei den ersten Weltraumflügen die Rückkehr der Astronauten direkt aus dem Pazifik übertragen wurde, hielten die Menschen den Atem an. Es gab Einschaltquoten, wie sie seither vielleicht alle vier Jahre an Spitzentagen von Olympia erreicht werden. Mit den wiederholten Mondflügen war das Unerhörte zur Routine geworden. Das Interesse ließ nach, es gab nur noch Sekundenbilder in den Nachrichtendiensten. Das Wiederholbare wird zum Alltäglichen, man spricht nicht mehr darüber.

Es müssen Sensationen gewesen sein, über die von Generation zu Generation weiterberichtet wurde! Ganz gewiß waren es keine das alltägliche Leben begleitenden Naturvorgänge, wie man uns belehrt. Eines Tages war selbstverständlich das Einlegen von Samen in den Boden, die Aufzucht von Tieren wie die Namensgebung für Dinge der Umwelt auch Teil des Alltagslebens. Wäre das immer so gewesen, wäre darüber kein Wort verloren worden, doch der Anfang war mitteilenswert, weil er von so ungeheuerlichen Umständen begleitet gewesen war. Aus heiterem Himmel waren »Götter« mit vertrackten Namen in absonderlichen Fortbewegungsmitteln aufgetaucht. Das waren News! Die mußte man Kind und Kindeskind weitererzählen.

Man sollte Mythen mit einer modernen Brille lesen, dann treten die Sensationen deutlich hervor.

Ich konstruiere ein Beispiel, wie möglicherweise ein Mythos entstanden sein kann.

Ein Raumfahrer landet 15 000 vor unserer Zeitrechnung in der Mitte von Australien. Die primitiven Ureinwohner ziehen sich ängstlich in ihre Behausungen zurück. Nach und nach werden sie zutraulich wie Tiere, die sich an den Anblick eines fremden Herrn gewöhnen. Sie merken, daß der Fremde ihnen nichts antut. Wieder braucht es seine Zeit, bis der Raumfahrer sich ein wenig mit den Primitiven verständigen kann – er mit ihnen, nicht sie mit ihm! Die wenigen Zeichen, die sie begreifen, reichen nicht aus, das Wesentliche klarzustellen: daß der zugereiste Fremde kein Gott ist. Dafür gibt es weder Zeichen noch Gebärde. Für die Wilden bleibt der Fremde ein Gott, denn sie sahen und hörten ihn mit ziemlichem Getöse vom Himmel kommen.

Wie soll der Astronaut ohne einen brauchbaren Sprachfetzen erklären, was für ihn so schrecklich einfach ist? Der Fall wäre erledigt, wenn die Primitiven begriffen, was der »Gott« in seiner Sprache verzweifelt vor sich hinbrabbelt: »Kinderchen, seid gescheit! Ich bin ein Wesen aus Fleisch und Blut, faßt mich doch an! Da, schaut zum Himmel: Ich komme von einem Stern dort oben, der eurer Heimat ganz ähnlich ist. Dort oben, Freunde, ist meine Heimat! Habt keine Angst vor der Helligkeit, mit der ich euch beim Landen erschreckte! Das waren Scheinwerfer, mit denen ich einen Landeplatz suchte. Seht doch her, hier sind die Kabel, die den Strom vom Generator herleiten!«

Davon verstehen die Ureinwohner kein Wort, und selbst wenn sie es verständen, würden sie ihm seine bescheidene Behauptung nicht abnehmen, daß er kein Gott sei. Schließlich haben sie ja mit eigenen Augen gesehen, wie er aus dem All erschien. Das war eine reife göttliche Leistung.

Was wird in den Gehirnen vorgehen, wenn der Astronaut längst wieder unter seinesgleichen ist?

Die Gehirne »arbeiten«. Unter den wenigen Worten ihrer Umgangssprache suchen sie Vergleiche, die das erlebte Ungeheuerliche annähernd mitteilbar machen. Der Gott war in einem Fahrzeug erschienen, das eine gleißendhelle heiße Bahn hinter sich herzog. Das zu beschreiben, gab die Sonne eine Menge her: Sie war ihnen als hell, heiß und rund vertraut. So erzählen sie, daß *etwas* kam, das heller und heißer als die Sonne war, und es drehte sich wie eine Scheibe. Das *Etwas* machte ungeheuren Lärm – wie das Donnergrollen. Das seltsame *Etwas* kam aus den Wolken und bewegte sich, es war demnach ein Fahrzeug. Nur: Fahrzeuge bewegen sich am Boden, dieses aber war geflogen. Sie alle hatten es gesehen. Wie sag ich's meinem Kinde? Sie wissen, wie sich Vögel in der Luft bewegen... Ja, so war es: Ein Fahrzeug in der Form einer sich drehenden Scheibe, in grelles Licht gehüllt, das heller und heißer als die Sonne war, bewegte sich wie ein riesiger Vogel auf die Erde zu. Das *Etwas* war auch sehr gefährlich und von nicht ganz runder Gestalt. Sehr gefährlich waren die Riesenschlangen, die am Boden kriechen. Ja, so war es: ein Fahrzeug, gefährlich wie eine Schlange und von der Form eines Eies. Das Wesen, das aus dem Ei kletterte und sich ihnen zugesellte, war kostbar gekleidet. Ja, der Gott trug ein Gewand wie aus silberglänzenden Fellen.

So oder ähnlich kann sich das sensationelle Ereignis zu einer erzählbaren Story »verdichtet« haben. Es ist kein Wunder, daß schon die fünfte Generation ab dem Tage X nicht mehr ahnen konnte, was tatsächlich geschehen war. Es *ist* allerdings ein Wunder, wenn Philologen 15 000 Jahre später so genau zu wissen vorgeben, was die Altvordern geglaubt haben müssen!

Wie hört sich eine Deutung mythologischer Vorgänge bei einem berühmten Etymologen an?

»Der Himmelsbaum
Oft wird in mythologischen Liedern ein großer Eichenbaum oder Apfelbaum oder Rosenstock erwähnt, und es scheint mir kaum ein Zweifel zu unterliegen, daß er einen imaginären Baum bedeutet, an dem man sich die Sonne täglich im Osten aufwachsen dachte. Die Sonne wird sowohl die Rose als auch der goldene Apfel genannt, und da eine Rose und ein Apfel immer einen Stamm erfordern, an dem sie wachsen können, so glaubt man, daß jeden Morgen ein unsichtbarer Baum aufschösse, bis zum Mittag höher und höher wurde und am Abend wieder hinuntersinke oder abgehauen würde.«

Mag verstehen, wer will und kann, woher die Kundigen, sofern sie nicht selbst über göttliche Eingebungen verfügen, ihre dezidierten Kenntnisse nehmen, aus welchen Gehirnwindungen sie rückvollziehen, was die frühen Vorfahren sich gedacht haben *müssen* (»kaum ein Zweifel«), woher sie die Kühnheit beziehen, sogar zu wissen, was einst *geglaubt* wurde.

Es ist ein Verwirrspiel in Gang. Wer hat einen Straight-flush, eine Sequenz von fünf Karten gleicher Farbe?

Mal, erfahre ich, sei der Inhalt eines Mythos in Fabel verwandelte Geschichte. Bin ich eben dabei, mich darauf einzustellen, flüstert man mir zu: Irrtum, es ist in Geschichte verwandelte Fabel. Mit was habe ich es denn zu tun? Wenn Geschichte mitgeteilt wird, warum bedient sie sich dann des Mimikrys einer Fabel? Wenn es aber eine Fabel ist, wo bleibt dann die Geschichte? Man sollte sich auf einen Zuschnitt einigen.

Vergleiche einschlägiger Forschung ergaben etwa solche Resultate: Das Volk A erzählte sich eine gleiche Geschichte wie Volk B, es benutzte ähnliche Wortstämme, ging mit denselben Moralbegriffen um, kannte mit anderen identische Gottheiten. Daraus ergeben sich dann Rückschlüsse wie, daß diese und jene Stämme offensichtlich irgendwann eine gemeinsame Basis hatten oder unter gleichen Einflüssen standen. Aber: Die vergleichende Mythologieforschung kann keine Auskunft darüber geben, ob ihre Vergleiche von der ursprünglichen *Bedeutung* der geschilderten Ereignisse ausgehen.

Selbstverständlich stecken in vielen Mythen auch Ideen und Allegorien, die für uns im Kern nicht mehr verständlich und deshalb verschieden interpretierbar sind. Manche Mitteilungen sind auch nicht mit gesichertem Wissen von alten Völkern und Zeiten in Einklang zu bringen.

Von alters her waren Mythen begehrte Studienobjekte. Über Jahrhunderte verstellten allerdings religiöse Blickwinkel den Zugang. Es dauerte lange, ehe die Möglichkeit in Erwägung gezogen wurde, in den poetischen Volksdichtungen könnten auch echte historische Überlieferungen stecken oder sogar Existentielles über den Ursprung der Welt ausgesagt werden. Verhältnismäßig zeitig wurde anerkannt, daß in Mythen treffende Angaben über Völker und

Familienverbände, über Siedlungsgründungen und Verhaltensweisen von Volksstämmen nachprüfbar enthalten sind. Doch warfen religiöse, sprachwissenschaftliche, völkerkundliche wie auch materialistische Deutungen ständig nur neue Fragen auf. Es scheint so, als ob sich mit den Seziermessern rein wissenschaftlicher Disziplinen dem Ursprung der Dinge nicht näherkommen ließe.

Es stände gerade mir schlecht zu Gesicht, an Glauben zu appellieren, da mir an Wissen soviel mehr liegt. Auf der Suche nach Wahrheiten, die keine Eintagsfliegen sind, können Mythen sehr hilfreich sein. Erst und gerade heute! Mit modernem technischen Wissen lassen sich die harten Kerne aus den Überlieferungen herausschälen. Diese Methode hat den Vorzug, rascher zu klaren Ergebnissen zu führen, weil Technik die funktionalen Tatsachen unserer Zeit liefert.

Im Ingenieurwesen nennt man das »rationell arbeiten«. Akademische Denkfabriken könnten von der vielgelästerten Technik eine Menge lernen: Sie führt jedes Problem auf seine einfachste Variante zurück; dafür sucht sie Lösungen, die nicht schon morgen überholt sind, weil die Ausgangsbasis von gestern ein Irrtum war. Die Technik könnte sich die vielen unnötigen Umwege und Irrwege nicht leisten.

Was die Mythologie angeht, hat die einfachste Variante der Problemstellung den Vorzug, der möglichen Wahrheit am nächsten zu kommen. Am Anfang steht nämlich eindeutig die Ohnmacht der Sprache. Der Wortschatz der frühen Berichterstatter war schmal, seine Begriffe bezogen sich ausschließlich auf das tägliche einfache Leben und auf die immer wiederkehrenden Naturvorgänge. Sippe und Angehörige, Tiere, Pflanzen, erste Geräte und simple Waffen hatten ihre Bezeichnung – Feuer und Sonne, Wasser und Wind, Tag und Nacht, Sonnenaufgang und Sonnenuntergang, Blitz und Donner, Geburt, Krankheit und Tod hatten ihren Namen. Ereignete sich aber *etwas*, das aus dem kargen Bündel von Worten nicht unmittelbar beschrieben werden konnte, ersann man Umschreibungen, die, zwar gleichnishaft, aber heute doch rational faßbar, Bilder entstehen ließen. Poesie.

Es ist ein Irrtum anzunehmen, Sprechen und Denken wären aneinandergebundene Funktionen, ohne Sprache ließe sich nicht denken. Es ist *auch* Mathematik (und damit ein Denkvorgang), wenn der anonyme Käufer in der letzten Reihe bei einer Sotheby-Versteigerung die Hand hebt, fünf Finger spreizt und seinem Mittelsmann in der vorderen Reihe Auftrag gibt, 50 000 Dollar zu bieten. Wenn der reiche Mann zweimal seine fünf Finger reckt, schnellt sein Angebot auf 100 000 Dollar. Es wurde kein Wort gesprochen, aber intensiv gedacht. Gebärdensprache kann auch Mitteilung sein wie Bilder, Lieder und Musik. Sie kann oft noch das ausdrücken, wozu Sprache nicht fähig ist. Niemand weiß, niemand wird es je wissen, mit welchen Gebärden alte Erzähler ihre Berichte begleiteten. Ein Lachen, ein Weinen, ein unartikulierter spontaner Laut haben möglicherweise komplexe Situationen ausgefüllt – und »erzählt«!

Ich erinnere mich an die Begegnung mit einem Senn auf einem Berg der Bernina-Gruppe in meiner Heimat. Er erzählte Sagen von einem Bergmännchen, das heute noch herumgeistern soll. Wo dem Senn Sprache fehlte oder nicht mächtig genug schien, gestikulierte er plötzlich in ausdrucksvollen Gebärden. Man verstand ihn. Ohne Worte.

Der Anteil der Gebärden an mündlichen Überlieferungen wird völlig außer acht gelassen.

Sprache ist das geliebte Stiefkind des Denkens. Sie hinkt ständig hinter den Ereignissen her. Sie muß ihre Begriffe erst finden und bilden, wenn das Neue schon geschehen ist. Sprache ist auch kein »Ding« von unveränderlichem Wert, sie wechselt dauernd ihre Begriffsinhalte. Vor dem Hintergrund des jeweiligen Entwicklungsstandes ihrer Benutzer ist sie nie wertfrei: Sie adaptiert stets den Zeitgeist. Selbst ab dem Datum, das uns erste schriftlich überlieferte Sprache bereitstellt, kommt nur recht vage Klarheit auf. Mythen gehen aber vielfach weit über das Jahr Null unserer Zeitrechnung zurück in die früheste, kaum erforschte Vergangenheit. Wie oft mögen die zuerst benutzten Worte ihren Sinn gewechselt haben! Außerdem füllten all jene, die sich der Mythen annahmen, die Worte mit anderer semantischer Bedeutung. Nicht zuletzt darum wurden sie in verschiedenen Zeiten von unterschiedlichen Standpunkten her derartig kontrovers gedeutet. Man nahm die poetischen Umschreibungen wichtig und übersah, gewollt oder ungewollt, den *Kern* jener Mitteilungen, die sozusagen jungfräulich die

Zeiten überstanden, weil sie erlebte, erlittene und berichtete Substanz enthielten. In der überbewerteten Verpackung ist diese Substanz erkennbar geblieben.

Himmelfahrt. Christlicher Feiertag aufgrund einer im dunkeln liegenden biblischen Legende.

Himmelfahrt. Als Tatsachenbericht, in dem unser Planet aus großer Höhe beschrieben wird.

Nachzulesen im babylonischen Etana-Epos. Ausgegraben mit der Tontafelbibliothek des Assyrerkönigs Assurbanipal (669–626 v. Chr.) in Ninive. Heute zum größten Teil im Britischen Museum, London, aufbewahrt, bedeutendste Sammlung babylonisch-assyrischer Literatur.

Man weiß nicht, wann das Epos entstanden ist. Teile davon sind im viel älteren, in Akkadisch verfaßten Gilgamesch-Epos (nach 2000 vor Christus) enthalten. Der Etana-Mythos kann bis in die Anfänge der Menschheitsgeschichte zurückreichen, denn auf einem 5000 Jahre alten Siegelzylinder fand er bereits seine bildliche Darstellung.

Die folgenden Auszüge entnahm ich dem zweiten und dritten Teil der Etana-Überlieferung:

Etana wendet sich mit der Bitte an den Gott Samas, ihm das Kraut des Gebärens (auch: Kraut der Unsterblichkeit) zu verschaffen. Samas schickt ihn zum »Adler«. Der fragt Etana nach seinem Begehren. Auf die Bitte hin »Gib mir das Kraut des Gebärens!« wird Etana zum Fixsternhimmel emportragen. Während des Himmelflugs macht der »Adler« seinen Begleiter sechsmal darauf aufmerksam, wie die Erde in ihren Blicken immer mehr zusammenschrumpft:

»Als er ihn eine Weile emporgetragen hatte, spricht der Adler zu ihm, zu Etana: Schau, mein Freund, wie das Land geworden ist, blick auf das Meer zu Seiten des Weltberges. ›Das Land da sieht aus wie ein Berg, ist das Meer geworden wie ein Wasserlauf‹... Als er ihn wieder eine Weile emporgetragen hatte, sagte der Adler zu ihm, zu Etana: Schau, mein Freund, wie das Land geworden ist. ›Die Erde sieht aus wie eine Baumbepflanzung.‹«

Immer höher und höher steigt der »Adler« mit dem Menschensohn auf, und immer wieder hält er seinen Begleiter an, hinunterzuschauen und ihm zu berichten, was er sieht. Schließlich ist vom Land nur noch »soviel zu sehen wie eine Hütte«, und das weite Meer wird winzig »wie ein Hof«.

Diese Reportage, die Professor Richard Hennig schon 1928 im »Jahrbuch des Vereins Deutscher Ingenieure« als die »wohl älteste Flugsage der Welt« bezeichnete, endet mit dem faszinierenden Text:

»Mein Freund, blicke hin, wie das Land geworden ist. ›Das Land ist geworden zu einem Kuchen und das weite Meer so groß wie ein Brotkorb.‹ Und noch einmal trug er ihn höher empor und sagte: Mein Freund, blicke hin, wie das Land verschwunden ist. ›Ich blicke hin, wie die Erde verschwunden ist, und am weiten Meer sättigen sich meine Augen nicht! Mein Freund, ich will nicht zum Himmel aufsteigen. Mache halt, daß ich zur Erde zurückkehre!‹«

»Eagle has landed«, lautete die Meldung der Astronauten ans Raumfahrtzentrum in Houston, als die erste bemannte Landefähre auf dem Mond aufsetzte.

»Adler ist gelandet!«

Gleich nüchtern und sachlich scheint mir der Bericht von Etanas Raumflug. Eagle has landed.

In der Tontafelbibliothek von Ninive befanden sich auch Teile eines Mythos vom »Beginn der Welt«. Es verblüfft kaum noch, daß auch in diesem sehr frühen Schöpfungsbericht bereits heutige Kenntnisse von der Entstehung der Welt (Ursuppe) antönen:

»Einst, als droben der Himmel nicht benannt war,
drunten die Erde keinen Namen trug,
als der Ozean, der Uranfängliche, der Erzeuger,
und das Getöse der Meeresflut alles gebar,
als kein Feld noch gebildet, kein Rohr noch zu sehen,
einst, da von den Göttern kein einziger vorhanden,
keine Name genannt, kein Los bestimmt war,
da wurden geschaffen die Götter,
Luhmu und Lahamu entstanden,
größte Zeitläufte schwanden.«

Sargon I. (2334–2279 v. Chr.), der Gründer des dritten assyrischen Weltreichs, war ein fortschrittlicher Herr. Er ließ wertvolle Schriften aller Art in einer gigantischen Bibliothek zusammentragen. Man fand Überlieferungen von der großen Flut, älter als die biblischen Berichte und die Genesis der Weltschöpfung. Die biblische Genesis umfaßt ganze 31 Verse, die viel ältere assyrische steht auf sieben beidseitig beschriebenen Tontafeln mit mehr als 1000 Linien.

Der amerikanische Assyrologe Fred Talmimi, Präsident der Assyriology Research Foundation, arbeitet seit mehreren Jahrzehnten an einer Neuübersetzung assyrischer Keilschriften. Talmimi, der meine Theorie vom Besuch Außerirdischer unterstützt, schrieb mir:

»Den Sinn des ursprünglichen assyrischen Wortes ›Gott‹ müßte man am genauesten mit ›an der Spitze über den Flammen‹ übersetzen. Auch müßten wir die Schriften, die von Sargon I. gesammelt wurden, viel weiter zurückdatieren, als dies heute allgemein üblich ist.«

»An der Spitze über den Flammen?« Schlag nach bei Hesekiel!

»...war es anzusehen wie Saphirstein mit etwas wie einem Thron darauf; und auf dem, was wie ein Thron aussah, war eine Gestalt wie ein Mensch anzusehen, oben darauf. Und ich sah es blinken wie Glanzerz von der Stelle an aufwärts, die aussah, als wären es ihre Hüften; abwärts aber von der Stelle an, die aussah, als wären es ihre Hüften, sah ich einen Schein wie von Feuer, und strahlender Glanz umgab rings die Gestalt.« (Hesekiel 1,26–27)

Weil im christlichen Abendland als authentisch genommen wird, was in der Bibel steht, soll hier ein Männerquartett von der »Spitze über den Flammen« künden.

Als dunkler Baß Mose, der Stifter der Jahwereligion:

»Der Berg Sinai aber war ganz in Rauch gehüllt, weil der Herr im Feuer auf ihn herabgefahren war. Und der Rauch stieg von ihm auf wie von einem Schmelzofen, und der ganze Berg erbebte stark.« (2. Mose 19,18)

Als Baßbariton David, der König:

»Die Stimme des Herrn sprüht Feuerflammen, die Stimme des Herrn wirbelt die Wüste empor, es erbebt vor dem Herrn die Wüste Kadesch, Eichen stürzen vor dem Herrn, kahl reißt sie die Wälder nieder.« (Psalm 29,7–9)

Als leidenschaftlicher Bariton der Psalmist:

»...Wolken sind deine Wege, auf Flügeln des Windes fährst du dahin, Winde laufen vor dir her wie Herolde, Blitz und Feuer umgeben dich.« (Psalm 104,3-4)

Als schmetternder Tenor Micha, der Prophet:
»Er wird herabfahren und auf die Höhen der Erde treten, daß die Berge unter ihm schmelzen...« (Micha 1,3-4)

Fred Talmimi meint, daß mindestens acht Wesen auf assyrischen Siegeln und in Schriften in verschiedenen Berufsfunktionen zu erkennen sind, weil deren übersetzte Namen aufschlußreiche Bedeutung haben. Talmimi gab mir diese Liste:

	bedeutet:
RAMANI	die »Hohen«
SAMANI	die »Himmlischen«
(Samayi)	
KHALABI	die »Piloten«
SAPAQI	die »Weltraumfahrer«
SAPARI	die »Reisenden«
GABARI	die »Riesen«
ARAYI	die »Erdgebundenen« oder die »Erdmenschen«
RAYI	die »Kontrolleure« oder die »Beobachter«

Was werden die assyrischen Überlieferungen aussagen, wenn einmal die alten Begriffe modern übersetzt sind?

Etymologen von Weltruf meinen, die ganze Mythologie sei durch Kenntnis der Wort*stämme* zu erklären. Fraglos ist es eine wichtige Aufgabe der Sprachwissenschaftler, Wortsinne durch Rückführung auf Wortstämme zu erhellen. Ich sehe da allerdings einen Haken, an dem auch die sorgfältigst erarbeiteten Forschungsergebnisse abgehängt werden müssen: Man wird nie das *Vorbild*, den *Anlaß*, das *Ereignis* für die Entstehung von Worten und Begriffen ermitteln können. Was war ursprünglich gemeint? Weil man darauf redlicherweise keine Antwort geben kann, läßt sich auch der Stamm nicht beschreiben, dessen Wurzeln unbekannt sind. An den Kern aber kommt man heran, wenn man in die Übersetzungen endlich auch adäquate Vokabeln aus der Welt moderner Technik einführt. Dann geht es ohne Tricks, doch es entstehen Reportagen, wie sie einst berichtet wurden und die man *heute erst* wieder verstehen kann. Wenn man nur will und sich die Mühe macht. Mit tausendundeinem Indiz will ich dieser Erkenntnis zum Durchbruch verhelfen.

Bis am 15. Dezember 1945 die alliierten Sieger des Schintoismus verboten, war er der religiöse japanische Staatskult – sein Oberhaupt der Tenno, der Kaiser, oberster Gott und irdischer Statthalter in einer Person. Die Alliierten wollten die festgefügte japanische Tradition auflösen, weil ein Staatsoberhaupt, das göttlich verehrt wurde, dem Zugriff ihrer Befehle entzogen war: Sie setzten einen Gott ab.

Der Schintoismus hat in drei Annalenwerken eine alte Überlieferung; das Kojiki, im Jahre 712 verfaßt, enthält die Geschichte der frühen Begebenheiten – das Nihongi hat in 30 Büchern den Prinzen Toneri zum Verfasser, es ist eine Art von offizieller Reichsgeschichte, es datiert ins Jahr 720. Das Kojiki bringt die Geschichte der Begebenheiten in der Urzeit. Obwohl diese Werke in nachchristlicher Zeit aufgezeichnet wurden, besteht doch kein Zweifel darüber, daß sie Abschriften viel früher entstandener Originale sind und daß sie aus sehr früher mündlicher Überlieferung übernommen wurden.

Ich darf an die bereits skizzierte Big-Bang-Theorie erinnern, nach der die Astrophysiker in der Explosion des Uratoms die Entstehung des Weltalls annehmen, ehe ich den Anfang des Nihongi zitiere. Dort ist eine verteufelte Ähnlichkeit mit dieser ganz heutigen Theorie erkennbar:

»Vor alters, als Himmel und Erde noch nicht voneinander geschieden und das Weibliche und das Männliche nicht getrennt waren [!], bildeten sie ein Chaos, gleichsam wie ein Hühnerei, und in ihrer chaotischen Masse war ein Keim enthalten. Das Reine und Helle davon breitete sich dünn aus und wurde zum Himmel; das Schwere und Trübe blieb zurück und wurde zur Erde.

Bezüglich der Vereinigung des Feinen war das Zusammenballen leicht, das Gerinnen des Schweren und Trüben wurde nur schwer vollständig zustande gebracht.

Daher ward der Himmel zuerst, und erst hiernach nahm die Erde eine bestimmte Form an.«

Professor Lemaître, der die mit dem Doppler-Effekt* verifizierbare Idee vom Urknall einführte, sagt:
»Alle Materie des Universums war als schwere Materiemasse in einem Uratom vereinigt.«

Das Nihongi:
»...in ihrer chaotischen Masse war ein Keim enthalten...«

Die Astrophysiker sagen heute:
»In einem Prozeß von Jahrmilliarden kühlte die Erde ab, bildeten sich Mineralien, Wasser, Metalle etc. Für die freischwebenden Gase begann der Prozeß erst, als sie in den Anziehungsbereich eines Himmelskörpers gelangten.«

Das Nihongi:
»Bezüglich der Vereinigung des Feinen war das Zusammenballen leicht; das Gerinnen des Schweren und Trüben [dagegen] wurde nur schwer vollständig zustande gebracht. Daher... der Himmel zuerst... erst hiernach... die Erde.«

Im Universum ist die Wirkung der großen Big-Bang-Explosion immer noch virulent: Mit der Rotverschiebung beweisbar, entfernen sich die Galaxien dauernd voneinander fort. Und: Zwischen Sonnen, Planeten und Milchstraßen schweben nach wie vor verschiedene Gasmoleküle. Die Astrophysik kann dem alten Entdeckersong täglich einen neuen Vers hinzufügen.

Das Nihongi:
»Das Reine und das Helle davon breitete sich dünn aus und wurde zum Himmel; das Schwere und Trübe blieb zurück und wurde zur Erde.«

Ein bißchen heutige Geologie:
Jedes Kind lernt in der Schule, daß die äußerste Schale der Erde

---

* Nach Christian Doppler (1803–1853). Der Effekt besteht in der Änderung der Tonhöhe, wenn sich Tonquelle oder Beobachter bewegen. Vergrößert sich ihre gegenseitige Entfernung, wird der Ton tiefer; verringert sie sich, wird er höher. Zu beobachten bei Annäherung oder Entfernung einer Lokomotive. Bei Lichtstrahlen ergibt sich bei Bewegung der Lichtquelle gegen den Beobachter eine Verschiebung des Spektrums nach Blau zu, bei Bewegung vom Beobachter weg nach Rot zu. Mit dem Doppler-Effekt läßt sich die Geschwindigkeit der Bewegung aller Sterne messen, weil nachgewiesen wurde, daß Sterne aller Galaxien gleiche physikalische Bedingungen wie die Sterne der Milchstraße haben.

die Erdkruste ist, die bei einem Volumen unseres Planeten von 1 083 219 000 000 Kubikkilometern kaum die Dicke einer Apfelschale hat. Vergleichsweise. Die Erdkruste liegt auf einer granitartigen Schicht, die aber unter den Ozeanen weitgehend fehlt. Die untere Grenze der Erdkruste liegt 8 bis 15 Kilometer unter der Tiefsee-Oberfläche, 30 bis 40 Kilometer unter der Oberfläche von Tiefländern, 50 bis 70 Kilometer unter der Oberfläche von Hochebenen und Hochgebirgen. Bis in 2900 Kilometer Tiefe reicht der Erdmantel, und in 5100 Kilometer Tiefe beginnt der innere Erdkern. »Magma« heißt die heiße, gasgetränkte Schmelze der Erdtiefe.

1912 begründete der Geophysiker Alfred Wegener (1880 bis 1930) seine Kontinentalverschiebungs-Theorie, die inzwischen von der Meeresforschung von der Theorie zur Tatsache befördert wurde. Wegener ging von einem großen Urkontinent in einem großen pazifischen Meer aus, der im Mittelalter der Erdgeschichte zerfiel und auseinanderdriftete – Hinweise dafür, daß beispielsweise Südamerika und Afrika, Nord- und Südamerika erst während dieser Kontinentaldrift voneinander wegschwammen. Es ist noch nicht lange her, seit Wegeners Theorie zu zweifelsfrei gesichertem Wissen wurde!

Was weiß das Nihongi davon?

»Hierauf entstanden zwischen ihnen göttliche Wesen. Daher heißt es, daß im Anfang der Weltschöpfung das Umherschwimmen des Länderbodens mit dem Schwimmen eines spielenden Fisches auf dem Wasser zu vergleichen war.«

Seltsam? Seltsam.

Das Nihongi ist ausgezeichnet informiert. Was spricht dagegen, daß Götter, die »im Himmel entstanden«, der sie als »absolut reine Männer hervorbrachte«, die Informanten gewesen sind?

Etymologen sagen, »diese Göttergestalten dürfe man natürlich nur symbolisch auffassen. Sie haben in Wirklichkeit nicht existiert.«

Wittert man in Mythen einstmalige Realitäten – offenbar ein schrecklicher Gedanke –, dann sind Überlieferungen, die sonst für alles mögliche herhalten müssen, eben »nur« Mythen. Nur? An welchem Stammbaum sollen wir dann emporklettern, wenn in der Mythologie unserer Frühgeschichte bloß Symbolik steckt? Und wenn schon nur Symbolik, ist die Frage geboten: Wofür stehen die Symbole?

»Symbol« kommt vom griechischen *symballein*, und das heißt: »zusammenwerfen«. Lexika erklären es so: »Das Symbol nimmt den gestalthaften Bezug von Zeichen und Bezeichnetem auf und bringt damit den Sinn des Gemeinten wie im Gleichnis zur Anschauung. Vielerlei Zeichen können einen Inhalt ausdrücken, verschiedene Inhalte mit einem Zeichen verbunden werden.«

Bitte, folgen wir brav der Belehrung, daß Mythen symbolisch aufzufassen sind! Dann aber will ich exakt den »Sinn des Gemeinten« erfahren, dann will ich alles über den »gestalthaften Bezug« kennenlernen. Nein, selbst der Versuch, im Unverbindlichen zu verharren, fruchtet nicht. Ich will es genau wissen. Viel genauer.

Die Abschnitte des Nihongi, die etwas über die Entstehung des Weltalls aussagen, beginnen mit: »In einer Schrift heißt es:«

»In einer Schrift heißt es: Als Himmel und Erde sich zuerst voneinander trennten, befand sich mitten im Leeren ein Ding von schwer zu beschreibender Gestalt. Darinnen entstand von selbst eine Gottheit.

In einer Schrift heißt es: Von alters her, zur Zeit, da das Land jung war und die Erde jung war, schwamm es umher wie schwimmendes Öl. Zu dieser Zeit entstand im Innern des Landes ein Ding, das an Gestalt wie ein Schilfschößling war. Daraus entstanden durch Transformation Gottheiten mit den Namen... Ferner entstand mitten im Leeren ein Ding, das schwimmendem Öl ähnelte und sich hierauf in eine Gottheit verwandelte...«

Mitten im leeren Raum ein Ding von schwer zu beschreibender Gestalt... In dem Ding entsteht eine Gottheit... Im Innern des Landes gesichtet ein Ding, das wie ein Schilfschößling aussah... daraus kommen Gottheiten.

Wie sag' ich's meinem Kinde? Schilfschößlinge haben eine stromlinienförmige Spitze, die in eine pralle Rundung übergeht. Menschen, denen Schilf als Arbeitsmaterial vertraut ist, ließ sich mit diesem Vergleich eine Vorstellung von dem »Ding«, einem Zubringerschiff nämlich, vermitteln.

Was das Finden von Bezeichnungen für Nochnichtgesehenes angeht, sind wir schrecklich Klugen des 20. Jahrhunderts doch keinen Schritt weiter!

Da will vor 50 Jahren ein Mann ein »Ding« am Himmel gesehen haben, das – ja, wie sah es aus? – wie eine fliegende Untertasse ausschaute. Seitdem behaupten Tausende, darunter Amerikas Jimmy Carter, so eine »fliegende Untertasse« beobachtet zu haben. Der erste Entdecker hatte kein treffendes Wort für das unbekannte fliegende Objekt, er erzählte von seiner »fliegenden Untertasse«.

Ich sehe mit großem Vergnügen, wie sich Etymologen im Jahre 4000 der Deutung eines Mythos aus dem 20. Jahrhundert hingeben! Sie wühlen in ausgegrabenen Zeitungsarchiven und Bibliotheken. Immer und überall stoßen sie auf diese ominösen »fliegenden Untertassen«. Längst fügten ihre archäologischen Kollegen Scherben zusammen und bewiesen, daß die Menschen seinerzeit Gebilde dieser Art unter ein Trinkgefäß, Tasse genannt, setzten. Was war denn nun mit diesen Dingern, die sich, wenn man den Mythen folgen darf, in der Luft bewegten, ihre Farbe änderten, überraschende Zickzackkurven vorführten und dergleichen?

Die Etymologen vom Jahre 4000 werden sich darauf einigen, daß die »fliegenden Untertassen« Geräte für eine global ausgeübte Sportart gewesen sein müssen, zumal unter den Betonresten einer Arena ein Mann aus Bronze ausgegraben wurde, der ein Ding wie diese Untertassen augenscheinlich in die Luft schleuderte. Eine wissenschaftliche Mythendeutung anno 4000 ist gelungen!

Wie in den afrikanischen Dogon-Mythen stiegen auch dem Nihongi zufolge *acht* Personen vom Himmel herab, eine ganze Crew also, die dort wie hier beim Landen und Starten üblen Lärm und Rauch verbreitete:

»Als nun zuerst Susa no Wo no Mikoto zum Himmel hinaufstieg, da rollte das große Meer wie Donner und geriet in Bewegung, und die Berge und Hügel stöhnten laut, dies alles infolge der Heftigkeit der göttlichen Natur.«

Ein Seitensprung nach Indien und in den biblischen Raum!

In der 80 000 Doppelverse umfassenden Niederschrift indischer Mythen, dem Mahabharata, das weit in die Frühzeit zurückweist, steht:

»Bhima flog mit seiner Vimana auf einem ungeheuren Strahl, der den Glanz der Sonne hatte und dessen Lärm wie das Donnern eines Gewitters war.«

Bei Hesekiel macht »die Herrlichkeit des Herrn« beim Erscheinen derartigen Lärm, daß er ihn nur mit »dem Getöse eines Heerlagers« und dem »Rauschen vieler Wasser« vergleichen kann. Wenn der biblische Herr auf dem heiligen Berg landet, scheucht er die Umwelt durch Rauch, Beben, Lärm, Feuer und Gestank auf.

Heute würden sich Bürgerinitiativen gegen derartige Belästigungen wehren: Man erfährt rechtzeitig, was wo geplant wird. Damals kamen diese Belästigungen ohne Vorankündigung »von oben«.

Übrigens findet man Metaphern, wie sie die alten Chronisten heranzogen, auch noch in den Berichten, die fixe Reporter beim Start der ersten Raketen in Cape Canaveral an der Ostküste von Florida in die Welt tickerten. Das erstmalig Ungeheure hat noch keine Sprache. Zurück nach Japan.

Im Kojiki, dem Buch der frühen Begebenheiten, schickt die Sonnenkönigin Amaterasu ihren Enkel Ninigi zum Regieren des japanischen Landes auf die Erde. Ninigi landet im westlichen Teil der Insel Kyushu auf einem Berg und bringt drei Requisiten mit: einen geheimnisvollen Metallspiegel, ein Schwert und eine Juwelenschnur. Diese kaiserlichen Hoheitszeichen existieren heute noch.

Millionen Japaner pilgern alljährlich in die Stadt Ise auf Honshu, der größten der vier Hauptinseln, um im Naiku, dem »Inneren Schrein« des Tempels, den heiligen Spiegel, höchste der Reichskleinodien, zu verehren. – Im Atsuta-Tempel bei Nagoya in Mittel-Honshu wird das Schwert aufbewahrt, die Juwelenschnur im kaiserlichen Palast in Tokio.

Der heilige Spiegel soll im Original im »Inneren Schrein« gehütet werden, in viele Hüllen verpackt, die nie geöffnet wurden und auch heute nicht geöffnet werden. Wenn eine Hülle vom Zahn der Zeit angenagt ist, wickeln eifrige Priester gleich eine neue drumherum. Was im Wunderpaket drin ist, weiß kein Lebender.

Der Enkel des himmlischen Ninigi war Jimmu Tenno, Japans erster Herrscher. »Tenno«, der Titel japanischer Kaiser, bedeutet »Himmlischer Herrscher«. Die mythische Dynastie läßt sich bis zur Sonnengöttin Amaterasu zurückführen. (Von solchen Hierarchien wird rund um die Welt berichtet. Alle ägyptischen Pharaonen waren zum Beispiel Abkömmlinge der Götter.)

Jeder neue Tenno setzt sich nach seiner Thronbesteigung in

Marsch, um im Tempel von Ise den Göttern seinen Amtsantritt zu melden. Seit frühen Zeiten hat sich an der Zeremonie lediglich geändert, daß die Kaiser nicht mehr im geschlossenen Ochsenwagen, sondern im Salonwagen mit der Eisenbahn reisen.

Sogar der mythische Jimmu Tenno soll noch in seinem Grabmahl ruhen. Der Überlieferung gemäß bestieg er den Thron am ersten Tag des ersten Monats des Mondjahres 660 vor Christus.

Als ich zuletzt im Frühjahr 1976 zu TV-Aufnahmen in Japan war, versuchte ich, eine Erlaubnis zum Besuch von Jimmus Mausoleum zu erwirken. Unmöglich, hörte ich von allen Seiten; außer den Angehörigen des Kaiserhauses sei jedem Sterblichen der Zutritt versagt und den »Inneren Schrein« dürfe ausschließlich der Tenno betreten. – Mir blieb der kleine Trost, daß die japanischen Fernsehleute einen Helikopter organisierten, der mich in mehreren Runden um das sagenhafte Grab herumflog. Außer einem Wassergraben, der das Mausoleum wie eine feste Burg abschirmt, einem künstlichen bewaldeten Hügel, unter dem die Gruft liegen soll, sowie einigen wenig eindrucksvollen Mauern erspähte ich nichts. Gar nichts.

Es war ein Japaner, der mir riet, ich solle meinen Wunsch nach einem Entrée ins Geheimnistum in diesem Buch notieren. Das Kaiserhaus wäre heutzutage so modern, daß auf diesem ungewöhnlichen Weg die Chance erblühen könnte, zum Grab des Jimmu Tenno eingelassen zu werden. Ich habe schon größere Anstrengungen hinter mich gebracht, um an das Ungewöhnliche heranzukommen, so daß mir diese wenigen Zeilen für diesen Versuch leicht von der Hand gehen. Wait and see.

In Mythologien wimmelt es von grandiosen Begebenheiten, die erst seit Albert Einsteins Relativitätstheorie verständlich sind. Vorweg sei zu diesem kostbaren Beispiel einer »einschlägigen« Mythe an mein Gespräch mit Professor Lüscher erinnert, in dem das urewige Gesetz der Zeitdilatation erklärt wurde. So ist die Geschichte von *Inselkind* in der steinalten Überlieferung Tango-Fudoki aufgezeichnet:

»Im Distrikt Yosa ist ein Gau namens Heki, und in diesem Gau ein Dorf namens Tsutsukaha, und unter den Bewohnern dieses Dorfes war ein Mann namens Inselkind. Dieser Mann war von schöner Erscheinung und ohnegleichen herrlich.

Unter dem Kaiser, welcher im Palast zu Asakura das Reich regierte, fuhr Inselkind allein auf einem Boot ins Meer hinaus und angelte. Weil er nichts fing, schlief er im Boot ein. Da war plötzlich ein Mädchen von unvergleichlich schöner Gestalt bei ihm. Inselkind fragte das Mädchen: ›Der Menschen Häuser liegen weit entfernt von hier, und auf der Meeresebene ist kein Mensch. Wer bist du, und wie kommst du so unerwartet zu mir?‹

Das Mädchen antwortete lächelnd: ›Ich kam aus den Lüften her.‹

Inselkind fragte wieder: ›Von wo bist du aus den Lüften hergekommen?‹

Das Mädchen antwortete: ›Ich bin vom Himmel hergekommen. Ich bitte dich, laß deine Zweifel und unterhalte dich in Liebe mit mir. Ich beabsichtige, mit dir zusammenzuleben, so ewig wie Himmel und Erde. Wenn du meinen Worten folgen willst, so öffne ein Weilchen deine Augen nicht.‹

Bald erreichten die beiden eine eigenartige Insel, die mit Perlen übersät war. Die Augen von Inselkind hatten solchen Glanz noch nie geschaut. Aus einem schimmernden Palast kamen sieben Knaben, und die hatten den Namen Plejaden*, und dann kamen noch acht Knaben, und die hatten den Namen Hyaden**.

Inselkind lernte Vater und Mutter des schönen Mädchens kennen, und diese erklärten ihm den Unterschied zwischen der Menschenwelt und der Residenz des Himmels. Inselkind heiratete das Mädchen vom Himmel, und die Freuden waren zehntausendmal größer als bei den Menschen auf Erden.

Als drei Jahre verstrichen waren, befiel Inselkind plötzlich Sehnsucht nach der Heimat. Er sehnte sich nach seinen Eltern. Klagen und Kummer kamen ohne Unterlaß zum Vorschein.

Da fragte ihn das Mädchen: ›Seit einiger Zeit sehe ich dein Angesicht und bemerke, daß es anders ist als sonst. Bitte, laß mich dein Begehren wissen.‹

Inselkind antwortete: ›Meine Wenigkeit verließ die Heimat der Meinigen und meiner Freunde und kam weit ins Land der Götter.

---

* Plejaden, Siebengestirn am Himmel.
** Hyaden, ein Sternhaufen im Kopf des Sternbildes Stier. Die genau gemessenen Bewegungen seiner Mitglieder bilden die Grundlage für die Entfernungsskala im Weltall.

Ich fühle mich von Sehnsucht überwältigt. Wenn ich es wünschen darf, so möchte ich ein Weilchen nach der Heimat gehen und meine Eltern sehen.‹

Nachdem sie voneinander Abschied genommen hatten, schiffte er sich ein. Sie unterwies ihn, die Augen zu schließen. Da, auf einmal, war er in seiner Heimat im Gau Tsutsukaha angelangt.

Da blickte er den Ort an: Die Bewohner und die Dinge waren ganz anders geworden. Er fand da gar nichts, woran er sein Haus hätte erkennen können. Da fragte Inselkind einen Dorfbewohner: ›Wo wohnt jetzt die Familie von Inselkind?‹

Der Dorfbewohner antwortete: ›Woher bist du, da du nach einem so alten Mann fragst? Wie ich von alten Leuten aus der Überlieferung gehört habe, war hier in alten Zeiten ein Mann namens Inselkind. Er fuhr allein ins weite Meer hinaus und kam nicht wieder. Seitdem sind bis jetzt schon über 300 Jahre verstrichen. Warum fragst du plötzlich danach?‹

Da wandelte Inselkind schluchzend umher.«

Da beißen wir auf den harten Kern eines Mythos, wie er mir ausgezeichnet schmeckt: In eine märchenhaft klingende Love-Story ist eine erst in unserer Zeit (nach Einstein!) bewiesene Tatsache verpackt. Zeitdilatation! Inselkind muß in einem Raumschiff mit hoher Beschleunigung in eine »Götterwelt« mitgenommen worden sein. Inselkind meint, dort nur drei Jahre verbracht zu haben, erfährt aber bei der Rückkehr in seine irdische Heimat, daß hier inzwischen über drei Jahrhunderte vergangen sind. Eine harmlos anmutende Geschichte, die Fakten überliefert. Potztausend! Wer kann diese Tatsache widerlegen?

Es gibt nicht nur dieses köstliche, mit Fleiß und Glück gefundene Beispiel für die Kenntnis der Gesetze der Zeitdilatation in alten Mythen. Eine nur flüchtige Tour d'horizon zeigt, daß dem indischen Gott Vishnu ein Menschenalter »nur einen Augenblick« bedeutete, daß die mythischen chinesischen Kaiser »Himmlische Herrscher« waren, die in feuerspeienden Drachen am Himmel fuhren und 18 000 Erdenjahre lebten. Vom ersten Herrscher P'an Ku berichtet die chinesische Mythologie, daß er 2 229 000 Erdenjahre im Kosmos herumgondelte. Sogar in unserem wohlvertrauten Alten Testament ist notiert, daß in der Hand Gottes alles »eine Zeit und zwei Zeiten und eine halbe Zeit« wird. Der Psalmist formuliert es dichterisch:

»Denn tausend Jahre sind vor Dir wie der Tag, der gestern verging, wie eine Nachtwache...«

Seit meinem Abschied aus Japan lutsche ich an zwei bittersüßen Bonbons. Da geistert durch alte Mythen ein Gott mit dem Namen Omohi-kane no kami. Ich ließ ihn mir übersetzen und hörte zu meinem Erstaunen, daß das wörtlich bedeutet: »Gottheit, welche die Denkkraft mehrerer Götter in sich vereinigt«. Dieser Gott war offensichtlich eine Art von Computer. Seltsam.

Seltsam wie ein Hinweis, den mir japanische Archäologen gaben. Die Archäologie kennt die japanischen Dogu-Figuren, Figuren aus Stein oder Ton, modelliert wie Köpfe von Raumfahrern, in Montur mit Riesenbrillen. *Diese* Form der Dogu-Figuren (es gibt auch andere) taucht etwa in der Zeit um 600 vor Christus erstmals auf. Genau zu dieser Zeit aber übergaben Himmelsgötter dem Jimmu Tenno, dem ersten Kaiser von Japan, sein Reich – und 20 000 Kilometer Luftlinie entfernt hatte 592 vor Christus der Prophet Hesekiel seine Begegnungen mit Raumschiffen* – »Koinzidenz« ist das feine Fremdwort für das Zusammentreffen zweier sich deckender Ereignisse. Das Wort gefällt mir!

In einer Diskussion**, die 16 Wissenschaftler um meine Theorie veranstalteten, meinte Professor Joachim Illies:

»1000 Beispiele für die Wahrscheinlichkeit 1:1000 einer Lösung ändern nichts an deren Unwahrscheinlichkeit, machen die Lösung um nichts wahrscheinlicher, als es ein Fall alleine getan hätte. Dies sind die Gesetze der Mathematik und zugleich die Denkgesetze der Vernunft, es läßt sich nicht ernsthaft darüber streiten.«

Wirklich nicht, hochverehrter Herr Professor? Mit der Schlüssigkeit der Argumentation bin ich ganz und gar nicht einverstanden. Für mich, einen schlichten Normalbürger, haben zehn Indizien, die für eine Behauptung stehen, allemal mehr Beweiskraft als nur ein Indiz! Doch wenn Illies »einen Fall alleine« vorzieht, hat er ihn im

---

* Blumrich: »Da tat sich der Himmel auf – Die Raumschiffe des Propheten Hesekiel«.
** Ernst von Khuon: »Waren die Götter Astronauten?«.

Dogon-Sirius-Mythos. Ich wünsche freundliche Bedienung. 2 × 2 sind 4. Wer will das bestreiten? Die Mathematik braucht keine Indizien, sie hat klare Regeln, sie ist eine beneidenswerte Wissenschaft. Denkgesetze der Vernunft entbehren dieser absoluten Klarheit. Leider. Mit Vernunft wurden Mörder auf den elektrischen Stuhl oder unter den Galgen gebracht, und postum stellte sich manchmal deren Unschuld heraus – Malheur der Vernunft? Unzählige »vernünftige« wissenschaftliche Theorien leben von mehreren Indizien. Darwins Evolutionstheorie sei als Beispiel genannt. Viele, ja die meisten astronomischen und astrophysikalischen Theorien existieren aufgrund (mehrerer!) Indizien – etwa die allgemein anerkannte Theorie von Professor Fred Hoyle, die besagt, daß sich im Urweltall Wasserstoff »aus dem Nichts« gebildet hat. Soziologische Zukunftsmodelle mancher marxistischen Pseudowissenschaftler leben gleichermaßen von Indizien wie nahezu jede archäologische Vermutung.

Woran mag es liegen, daß »tausend Beispiele« (= Indizien) in der Schale einer Waage im einen Fall so schwer wiegen, im andern nicht das Gewicht einer Daunenfeder haben sollen? Ist das die höhere wissenschaftliche Gerechtigkeit?

Freilich habe ich mir Gedanken darüber gemacht, aus welcher Ecke diese so spezielle Gerechtigkeit bedient wird. Jeder Mensch kommt mit einer Art von Computer auf die Welt, dem Gehirn. Dort werden vom ersten Tag an alle Sinnesempfindungen und Willenshandlungen zentriert. Molekulare Gedächtniseinheiten und nervlichelektrische Schaltelemente werden in den 14 Milliarden Zellen der grauen Substanz der Großhirnrinde integriert. Dort werden Informationen gespeichert und verarbeitet. Schon dem Säugling in der Wiege werden sie über Rezeptoren übermittelt: Das ist heiß, kalt, feucht, trocken, duftend, stinkend, schwarz, weiß, farbig. Später kommen dann gezielte, spezielle Zulieferungen von Eltern, Lehrern und Priestern: Dies darfst du tun, das nicht – das ist richtig, jenes falsch. Und eines Tages kombiniert und handelt der Mensch selbständig aus gespeichertem Wissen. Er weiß, was Liebe und Haß, Freude und Schmerz, Lust und Unlust hervorruft.

Der Physiologe an der Londoner Universität, Professor H.J. Campbell, Gast am Max-Planck-Institut in Deutschland und am

Collège de France in Paris, stellte fest, daß das menschliche Gehirn immer und in jedem Fall nach Lustgewinn strebt, ja, daß es darauf programmiert ist. Dabei meint Campbell nicht nur sexuellen Lustgewinn. Auch aus beruflichem Erfolg kommt Lustgewinn wie aus öffentlicher Anerkennung für besondere Leistungen. Zum Beispiel. Ärger, Verunsicherungen und Angriffe auf geistigen wie materiellen Besitzstand erwecken Unlustgefühle. Zum Beispiel.

Wenn man das weiß, wird es menschlich sogar verständlich, daß in einem fachstudierten Spezialisten Unlustgefühle aufkommen, wenn an den Resultaten langer Fleißarbeiten gekratzt wird. Mit gepflegter Stimme tat er vom Katheder aus sein Wissen kund – ein reiner Lustgewinn, täglich neu, herrlich. Und dann, o Graus, wird an dem penibel errichteten Denkgebäude gewackelt. Von aufkommenden Unlustgefühlen kann sich auch ein Wissenschaftler, leider, nicht freimachen. Mit dieser Anmerkung will ich die Integrität keines Wissenschaftlers antasten, nur jeden als Mitbürger ins Menschlich-Allzumenschliche mit einbeziehen.

Ich überlege manchmal, warum man nicht die siebengescheiten Computer mit Zeitangaben aus frühen Überlieferungen – Mythen, Legenden, aber auch religiösen Schriften – füttert. Lassen sich, frage ich mich, aus der Relation zwischen den in den Überlieferungen genannten Götterjahren zu Menschenjahren vielleicht die Geschwindigkeiten frühzeitlicher Raumschiffe und damit die Distanzen zwischen den bewohnbaren »Götterwelten« berechnen?

Immer war ich auf der Suche nach exaktem Zahlenmaterial, das ich für Computerprogramme anbieten könnte. Ich fand etwas in einer französischen Übertragung der uralten geheimnisvollen Bücher *Kandschur* und *Tandschur*. Diese Übersetzung stammt aus dem Jahr 1883.

Stichworte zu den beiden Büchern:

Eigentlich ist es eine Untertreibung, wenn man den Kandschur mit seinen 108 Folianten, neun Abteilungen mit 1083 Büchern als *ein* Buch bezeichnet. Im Kandschur also sind die heiligen Texte des Lamaismus gesammelt. Mit seinen 225 Bänden ist der Tandschur ein Kommentar dazu. Beide chinesischen Blockdrucke nahmen so viel Raum ein, daß sie in den Hauskellern mehrerer Dörfer in tibetanischen Gebirgstälern verborgen gehalten wurden. Geheimschriften. Erst ein Hundertstel der Urtexte wurde übersetzt, ihre Entstehungszeit ist unbekannt.

Eines der Kandschur-Bücher ist »Sammlung der sechs Stimmen« überschrieben. Aus dem Kapitel »Göttliche Stimme« stammt dieses Zitat:

»Es gibt verschiedene Himmel, und diese Himmel sind nicht für alle Gottheiten offen. Wie zahlreich auch die Götter sind, auch sie können niemals die drei fundamentalen Gesetze überschreiten, die da heißen: Gebiet des Wunsches, Gebiet mit Ausdehnung, Gebiet ohne Ausdehnung. Diese drei Gesetze teilen sich in Unterabteilungen. Es gibt insgesamt 28 Wohnplätze. Die Region des Wunsches hat sechs.«

Nach einer ausführlichen Beschreibung der verschiedenen Regionen und ihrer Herrscher werden in *jeder* Region *andere* Götterjahre in bezug auf Menschenjahre angegeben:

»Im Himmel der vier Großen Könige entsprechen 50 Erdenjahre einem Tag und einer Nacht. Die Lebensdauer beträgt 500 Jahre oder, wenn man sie in Erdenjahren zählen würde, neun Millionen Jahre.

Über dem Himmel der vier Könige gelangt man zur zweiten Wohnstätte des Himmels... 100 Jahre unter den Menschen zählen in diesem Himmel einen Tag und eine Nacht. Die Lebensdauer beträgt 1000 Jahre. Rechnet man dies in Menschenjahren, so macht es 3600 × 10 000 Jahre oder 36 Millionen Jahre...

Nach diesem Himmel gibt es einen Ort, der vielen Wolken gleicht. Hier befinden sich die sieben Tresore wie eine große Erde. 200 Erdenjahre sind dort einen Tag und eine Nacht für die Götter. Ihre Lebensdauer beträgt 2000 Jahre. Wenn man es in Menschenjahren rechnet, so sind es 144 Millionen Jahre...

Nach diesem Himmel gibt es den Wohnbezirk der Tusitas. 400 Menschenjahre entsprechen bei diesen Göttern einem Tag und einer Nacht. Ihre Lebensdauer beträgt 4000 Jahre. Dies macht in Menschenjahren 576 Millionen Jahre...

Nach der Welt der Götter von Tusita... ist der fünfte Wohnbezirk... Die Götter vermögen sich umzuwandeln und besitzen die fünf Elemente... 800 Menschenjahre entsprechen bei diesen Göttern einem Tag und einer Nacht. Ihre Lebensdauer ist 10 000 Jahre, und dies entspricht, in menschlichen Jahren gezählt, zwei Billionen 304 Millionen Jahren...

Nach dem fünften Himmel erhebt sich... die sechste Residenz... Jene Götter vermögen alles umzuwandeln, und zu ihrem Vergnügen haben sie Gärten, Wälder, Schlösser und Paläste und alles, was sie sich wünschen. Es ist dies der Gipfel der Region der Wünsche. 16 000 Menschenjahre entsprechen bei diesen Göttern einem Tag und einer Nacht. Ihre Lebensdauer beträgt 16 000 Jahre, wenn man es in Menschenjahren ausdrückt, neun Billionen 216 Millionen Jahre...«

Tabelle für die Zeitgesetze der »Himmlischen«

	Erdenjahre =	Götterjahre	Lebensdauer	Menschenjahre
Im 1. Himmel	50	1 Tag, 1 Nacht	500	9 000 000
Im 2. Himmel	100	1 Tag, 1 Nacht	1 000	36 000 000
Im 3. Himmel	200	1 Tag, 1 Nacht	2 000	144 000 000
Im 4. Himmel	400	1 Tag, 1 Nacht	4 000	576 000 000
Im 5. Himmel	800	1 Tag, 1 Nacht	10 000	2 304 000 000
Am Gipfel der Wünsche	1600	1 Tag, 1 Nacht	16 000	9 216 000 000

Computer berechnen, wie oft in seinem Leben der Eskimo unter Schnupfen leidet, wie häufig ein Mitteleuropäer die Unterwäsche wechselt oder wie groß die Wahrscheinlichkeit ist, daß Herr Smith aus Milwaukee/USA Herrn Dupont in Marseille kennenlernt.

Hier biete ich fürs gefräßige Rechnen ein opulentes Mahl an, Rechnungen mit vielen bekannten Größen.

Wenn im Reich der vier Großen Könige 50 Erdenjahre einen Tag und eine Nacht ausmachen, wie schnell muß sich dann ein Raumschiff bewegen, damit unter Berücksichtigung der Gesetze der Zeitdilatation ein Verhältnis von 50 Erdenjahren zu 24 Götterstunden entsteht?

Hat man die erste Distanz, kann man wie Sherlock Holmes vorgehen. Conan Doyle ließe seinen cleveren Detektiv bei der Verfolgung eines Täters so operieren: Aus vorhandenen Feststellungen ermittelte er den Tatort. Dann schlug er mit dem Zirkel einen Kreis, in dem der Verbrecher zu finden sein mußte, falls der zu Fuß auf der

Flucht war; in Kenntnis der Fahrgeschwindigkeit von Autos schlug er einen zweiten Kreis, in dem zu fahnden war, falls der Täter motorisiert unterwegs war; den größten Kreis zog er für die Annahme, daß der Übeltäter ein Flugzeug benutzte, das innerhalb der Zeit X am Ort Y eintreffen würde.

Ein Hauch der zielstrebigen Phantasie von Sherlock Holmes könnte die Exobiologen zu exakten Resultaten führen, den Wissenschaftlern quasi zur Inhaftnahme vagabundierender Raumschifftäter verhelfen.

Es wird so viel für die wissenschaftlichen und politischen Papierkörbe errechnet, deren Inhalte spätestens morgen durch den Reißwolf gedreht werden. Warum nicht mal ein Programm in die Computer füttern, das wichtige Angaben aus der Vergangenheit für die Zukunft bringen kann? Es muß ja kein schlechtes Programm sein, weil ich es vorschlage.

Bei meinen Spurensicherungen in der Literatur wie auf meinen Weltreisen stoße ich ständig wieder auf das Ei als Symbol des Raumschiffs. Nun begegne ich diesem properen Ding auch im Citralakshana, dem 2. Kapitel des Tandschur:

»Als die Festigkeit des Welten-Eies beseitigt war, wurde durch das goldene Ei die Finsternis überwunden, und aus dem Wasser entstand alles. Aus jenem goldenen Ei ging der Stammvater der Erde hervor.«

In tibetanischen Legenden taucht immer wieder das kosmische Ei auf. In einer heißt es:

»Aus dem ungeschaffenen Wesen entstand ein weißes Licht, und aus dem Grundstoff dieses Lichts kam ein vollkommenes Ei hervor: Von außen war es strahlend, es war durch und durch gut. Es hatte keine Hände und keine Füße und hatte dennoch die Kraft der Bewegung. Es hatte keine Schwingen und konnte dennoch fliegen. Es hatte weder Kopf noch Mund, noch Augen, und dennoch erklang eine Stimme aus ihm. Nach fünf Monaten zerbrach das wunderbare Ei, und ein Mensch kam heraus...«

Überlieferungen der chinesischen Liao-Kultur melden, daß unsere Welt aus einem Ei hervorgegangen sei. Die ersten Menschen seien in »rotgoldenen Eiern« auf die Erde gekommen; die Eier hätten wie »große gelbe Säcke« ausgesehen. Ihre Form wird bei den

Liao-Stämmen einheitlich beschrieben: »sechs Füße, vier Flügel, keine Augen, kein Gesicht«.

Das Welten-Ei ist ein Zentralthema der Mythologie. In einem der ältesten Gebete des »Ägyptischen Totenbuchs« beten die Erzähler:
»O Welten-Ei, erhöre mich!
Ich bin Horus von Jahrmillionen!
Ich bin der Herr und Meister des Throns.
Vom Übel erlöst, durchziehe ich die Zeiten
und Räume, die grenzenlos sind.«

Auch im »Lied vom Ursprung der Dinge« im Rigweda, der Sammlung ältester indischer Opfermythen, ist das Ei-Motiv deutlich erkennbar:
»Damals war nicht das Nichtsein, noch das Sein,
kein Luftraum war, kein Himmel darüber...
Es hauchte windlos in Ursprünglichkeit
das eine, außer dem kein andres war.
Von Dunkel war die ganze Nacht bedeckt,
ein Ozean ohne Licht, in Nacht verloren.
Da ward, was in der Schale versteckt war,
das eine durch die Glut der Strahlkraft geboren.
Als quer hindurch sie ihre Meßschnur legten,
was war da unten und was oben?...
Wer hat, woher die Schöpfung stammt, vernommen?
Die Götter sind diesseits von ihr entsprungen.
Wer sagt es also, wo sie hergekommen?«

Die »Schale, in der das Lebenskräftige versteckt« war, lag im »luftleeren Raum«, wo es »keinen Himmel« gab. Aus dieser Schale wurde »das eine« durch die »Glut der Strahlkraft« geboren. Ein Bild als Chiffre. Das Ei als Umschreibung für ein unbekanntes Flugobjekt.

Kerne der Mythen sind in vielem unübersehbar ähnlich, immer jedoch identisch in dem Bemühen, etwas nie Gesehenes vorstellbar zu machen.

Aus dem Erzählgut der Chibcha-Indianer, die im ostkolumbianischen Kordillerenhochland leben, zeichnete der spanische Chronist Petro Simon diese Mythe auf:
»Es war Nacht. Noch gab es irgend etwas von der Welt. Das Licht war in einem großen ›Etwas-Haus‹ verschlossen und kam dar-

aus hervor. Dieses ›Etwas-Haus‹ barg das Licht in sich, damit es herauskam. Im Scheine des Lichts begannen die Dinge zu werden...«

Das Ei, von dem in Mythen die Rede ist, sei als Symbol des Lebens zu begreifen, denn Leben krieche, trete oder komme immer wieder sichtbar aus dem Ei hervor, und das meistens mit einer explosiven Plötzlichkeit.

Falls Eier für den besonderen Zweck der Mythendeutung nicht in Sonderanfertigung hergestellt wurden, hatten sie von allem Anfang an eine zerbrechliche Hülle. Aber: Aus einem goldenen, keineswegs zerbrechlichen Ei ging der Stammvater der Welt hervor (Tandschur) – in einem »besonderen« Ei war der Blitz verpackt; dieses Ei platzte, und alle »sichtbaren Dinge« kamen daraus hervor (Pangwe) – mit dem »Meister des Throns« an Bord durchzog das Welten-Ei Raum und Zeit (Totenbuch); von glühender Strahlkraft begleitet, erschien die »Schale«, und die Götter sprangen heraus (Rigweda). Einem indianischen Erzähler fiel offenbar der naheliegende Vergleich für das Ding, das vom Himmel kam, nicht ein, er sprach von einem »Etwas-Haus«.

Wenn in Mythen von der Überwindung der Finsternis gesprochen wird, sagt man, sei die Dunkelheit gemeint, die das Ei im Mutterleib umgibt. Dieser frischfromme Mythos geht nicht auf, weil die Finsternis, in der sich das Welten-Ei bewegt, genau definiert ist: Immer geht es um die Finsternis vor Jahrmillionen, stets lag sie über der Frühzeit, in der es weder Sein noch Nichtsein gab, immer herrschte sie vor der Stunde Null allen Werdens.

Der Einfallsreichtum, mit dem das Unvorstellbare geschildert wurde, ist umwerfend! Im Tandschur ist zu bewundern, wie das kleinste Teil der Elemente, das Atom, vorstellbar gemacht wurde: »Acht Atome bilden eine Haarspitze, so wird es gelehrt. Kennt man dieses Maß, so gelangt man zu dem Satz, daß eine Haarspitze gleich acht Nissen [Eier der Laus] ist. Acht Nissen bilden eine Laus, und acht Läuse werden als ein Gerstenkorn erklärt.«

Selbstverständlich reichen acht Atome nicht für eine Haarspitze aus, aber ich finde es genial, wie der Erzähler das kleinste aller Dinge seinen Zuhörern beschrieb. Und acht Läuse geben schon ein

Gerstenkorn her. Das Atom in seiner Winzigkeit ist »denkbar« geworden. Man muß nicht zu Symbolen Zuflucht nehmen, man muß keine Kommentare verfassen, man muß nicht erklären, was »gemeint« ist. Die Realität als harter Kern ist absolut deutlich. Ich denke an den Rabbi, der von einem Gläubigen um Rat gebeten wird. »Erzähle!« sagt der Rabbi und hört sich den Sachverhalt an. Als der Gläubige den erklären will, unterbricht der Rabbi: »Hör auf! Wenn du erklären mußt, ist deine Sache schon faul!« – Ein Zuruf auch für die Produzenten von Fußnoten!

In Tibet wimmelt es von Mythen.

Im Gyelrap, der Genealogie der Könige von Tibet, wird anfänglich von 27 legendären Herrschern gesprochen. Von denen »stiegen sieben himmlische Könige die Himmelsleiter herab«. Sie werden als »Lichtgötter« deklariert, die am Ende ihrer irdischen Tätigkeit wieder im All verschwinden. Sogar die ältesten buddhistischen Schriften sollen »in einem Kästchen vom Himmel gefallen« sein.

In Tibet ist der Buddhismus anders als in Indien. In den tibetanischen Buddhismus sind Lehren der Tantra-Schule eingeflossen, in der Anhänger jener hinduistischen Religionsgruppen (Schakta) vereint sind, die einen *Hochgott* verehren. Darum enthält diese Mischung viel mehr mit buddhistischen Namen durchwirkte Mythologien als der »reine« Buddhismus.

In den Mythen des tibetanischen Buddhismus lebte der »große Lehrer« namens Padmasambhava (auch: U-Rgyan Pad-Ma), der vom Himmel kam und Schriften in einer unbekannten Sprache mitbrachte. Niemand konnte sie verstehen. Der »große Lehrer« versteckte sie in Höhlen »für die Zeit, in der sie verstanden werden«. Während seines Erdenaufenthalts wählte der »große Lehrer« seinen Lieblingsschüler Pagur Vaircana aus und erlaubte ihm, nach seinem Abflug einige Bücher der fremden Sprache zu übersetzen. Tatsächlich gibt es noch heute tibetanische Schriften mit Titeln in einer völlig unbekannten Sprache. Niemand hat sie bisher übersetzen können. Auch durch solche Hinterlassenschaften bekommen Mythen den Rang einstmaliger Realitäten.

Wie beschreibt der Lieblingsschüler den Abschied vom »großen Lehrer«? So genau, finde ich, daß er eine gute Note dafür verdient gehabt hätte:

»Da erschienen am Himmel eine Wolke und ein Regenbogen, und dieser rückte sehr nahe heran. Inmitten der Wolken stand ein Pferd aus Gold und Silber... Alle Welt konnte sehen, wie er ihnen [den Göttern] durch die Luft entgegenging. Als das Pferd eine Elle weit am Himmel hochgeflogen war, wandte sich Padmasambhava um.

›Mich zu suchen wird kein Ende sein‹, sprach er und flog davon.

Der König und seine Umgebung waren wie Fische auf dem Sand... Als sie hinblickten, sahen sie Padmasambhava so groß wie einen Raben; als sie wieder hinsahen, sahen sie ihn groß wie eine Drossel, und dann wieder glich er einer Fliege, und dann wieder erschien er unklar und verschwimmend so groß wie ein Läuseei. Und als sie wieder hinsahen, da sahen sie ihn nicht mehr.«

Ein verblüffendes Pendant zum Bericht von Etanas Raumflug! Dort gab es die Reportage aus der Sicht von Raumfliegern, in deren Blick die Erde verschwindet – hier wird vom irdischen Standort aus geschildert, wie der »große Lehrer« im All verschwindet: auf einem Roß aus Gold und Silber.

Es geht, Pardon, Herr Professor Illies, gegen jede Vernunft, wenn alle diese Indizien nicht »tragen« sollen, wenn man sie als Zufälle wegfegt!

Denn auch in der Bibel gibt es für die Pferde-Himmelfahrt eine Doublette. Dort ist sie zwar nicht mit dem gleichen optischen Raffinement beschrieben, aber der Prophet Elias wird auch dort als »Lehrer« apostrophiert, der vom Himmel mehr wußte als alle Mitbürger. Es passierte, als der »Lehrer« mit seinem Lieblingsschüler Elias (Elia) sprach:

»...da kam auf einmal ein feuriger Wagen mit feurigen Rossen [vom Himmel] und trennte die beiden. So fuhr Elia im Wetter gen Himmel, während Elia es mitansah und schrie: Mein Vater, mein Vater!... Dann sah er ihn nicht mehr... Darnach hob er den Mantel auf, der Elia entfallen war, kehrte um und trat an das Gestade des Jordan.« (2. Könige 2,11–13)

Abermillionen nehmen die Himmelfahrt des Elias auf feurigen Rossen als bare Münze, weil es in der Bibel steht. Warum nimmt man die tibetanische Mythologie nicht als Realität? Es ist eine große erzählerische Leistung, die der Schüler anbietet: Die Leute in Tibet kannten den »großen Lehrer«, er hatte mitten unter ihnen gelebt, er hatte sie in Nützlichem unterwiesen, sie hatten mit ihm gesprochen, und er war so klug, daß er eine Sprache beherrschte, die sie nicht verstanden. Der »große Lehrer« war also eine Personalität gewesen. Und dann kehrte er eines Tages vor ihren Augen in den Himmel zurück, den er stets als seine Heimat bezeichnet hatte. Es schwebte kein körperloses Wesen auf und davon, sondern ein Wesen aus Fleisch und Blut. Erst war es noch groß wie ein Rabe, dann schon klein wie eine Drossel, danach nur noch winzig wie eine Fliege und schließlich klitzeklein wie ein Läuseei, ehe es dann überhaupt nicht mehr zu sehen war. Eine glänzende Reportage!

Nur der guten Ordnung halber erwähne ich, daß ganz ähnliche Himmelfahrtsmythen in vielen Kulturen auf allen Kontinenten überliefert sind. Ergiebiges Thema für eine Dissertation!

Im Gegensatz zu den Mythen im Kandschur und Tandschur, die nur zum Bruchteil übersetzt sind, ist das indische Epos Mahabharata unstreitig das umfangreichste übersetzte Gedicht der Geschichte eines Volkes. Aus den 18 Abteilungen, in die die 180 000 Verse unterteilt sind, zitiere ich aus »Ardschuna's Reise zu Indra's Himmel«:

»Als die Weltenhüter gegangen waren, wünschte Ardschuna, der Schreck der Feinde, daß Indra's himmlischer Wagen zu ihm gelange. Und mit Matalis kam plötzlich im Lichterglanz der Wagen an, Finsternis aus der Luft scheuchend und erleuchtend die Wolken all, die Weltgegenden anfüllend mit Getöse, dem Donner gleich. Es war ein himmlisches Zaubergebilde, ein augenraubendes fürwahr. Auf den Wagen sodann stieg er, glänzend wie des Tages Herr. Mit dem Zaubergebilde fuhr er, dem sonnenähnlichen Wagen nun, dem himmlischen, empor freudig, der weiße Sproß aus Kuru's Stamm. Als er nun dem Bezirk nahte, der unsichtbar den Sterblichen, Erdenwandelnden, sah Himmelwagen er, wunderschön zu Tausenden. Dort scheint die Sonne nicht, Mond nicht, dort glänzt das Feuer nicht, sondern im eigenen Glanz leuchtet da, durch edle Tatkraft, was als Sternengestalt unten auf der Erde gesehen wird, ob großer Ferne gleich Lampen, obwohl es große Körper sind.«

Gehen da nicht jedem Unvoreingenommenen die Scheinwerfer eines Leuchtturms auf? Niemand muß meine passionierte Phantasie teilen, um den Wagen »im Lichterglanz, der die Finsternis aus der

Luft scheucht«, in den »erleuchteten Wolken« bildhaft vor Augen zu haben. Aber der Chronist zaubert nicht nur ein »augenraubendes« abstraktes Bild. Er vermerkt ganz reale Begleitumstände, wie daß der Wagen die Weltgegenden »mit Getöse, dem Donner gleich«, erfüllte. Sein Blick folgte dem Wagen, bis er in eine Ferne des Alls gelangte, wo »die Sonne nicht scheint und der Mond nicht«.

Klar. Das Gefährt bewegte sich außerhalb unseres Sonnensystems. Wären Mytheninhalte nur in dem Nebel zu suchen, in den man sie unentwegt tunkt, dann könnte man freilich diesen Überlieferungen keine Präzisierungen zutrauen, wie sie unzweideutig in Indra's Himmelfahrtsreisebericht stehen. Aber der Chronist wollte, daß künftige Generationen ihn verstehen. *Darum* schilderte er optisch und akustisch im Detail, was niemand von der Erde aus sehen konnte, nämlich, daß Sterne »große Körper« sind: »...was als Sternengestalt unten auf der Erde gesehen wird, ob großer Ferne gleich Lampen, obwohl es große Körper sind«!

Über dieser Mitteilung liegt kein Nebel, sie bedarf auch keiner Fußnoten. Es steht da und braucht keine Erklärung.

Es wäre eine mißliche Sache, wenn es die mündlichen Überlieferungen nur in frühen Niederschriften gäbe, denn um frühe Überlieferungen liegen sich die Philologen dauernd in den schütteren Haaren. Sie lassen sich so wunderbar hin und her interpretieren. Aber: Von vielem, was besprochen wurde, gibt es künstlerische Darstellungen, die man sehen und anfassen kann.

Derartige frühe Zeugnisse trug ich zusammen. Meine Kritiker weise ich ausdrücklich darauf hin, daß es sich um zweifelsfreie Augenscheinobjekte handelt.

Ich möchte im folgenden einige solche Funde (Pfunde!) auflisten, Funde, wie sie auch in den Texten beschrieben wurden:
– Felsmalereien in der Sahara, in Brasilien, in Peru wie bei den nordamerikanischen und kanadischen Indianern;
– Kleinbildkunst auf sumerischen, assyrischen und altägyptischen Siegeln;
– Dogu-Figuren in Japan;
– die von den brasilianischen Kayapo-Indianern getragenen Festtags-Strohanzüge, die in ihrer überlieferten Formung die einstigen Besucher aus dem Kosmos symbolisieren sollen;

Oben und rechts oben: Die Dogu-Figur von Takomai, Japan. Niemand weiß zu sagen, wann jemals die vorgeschichtlichen Japaner derartige Brillen und Anzüge trugen. Schuf der Künstler die Statue als Abbild eines Raumfahrers, den er mit eigenen Augen beobachtet hatte? Tatsächlich berichten japanische Mythen, ihre Urkaiser seien aus dem Weltall gekommen.

Unten: Felsbild des »großen Marsgottes« im Tassiligebirge in der Sahara. Die Felszeichnung ist im Original acht Meter hoch. Sie wurde vom französischen Archäologen Henri Lhote entdeckt.

– die Katchina-Puppen, die die Hopi-Indianer in Arizona heute noch anfertigen. Vor einer unbekannten Zahl von Generationen wurden sie den »hohen geistigen Wesen«, die sie besucht hatten, nachgebildet und mit Weltraumattributen versehen. Die Katchinas versprachen, wiederzukommen.*

Das alles soll oder darf kein Gewicht haben? Das alles soll oder darf nicht beweiskräftig sein? Daß ich nicht lache!

Es ist ein Widerspruch in sich, daß die wirklichen Gegner der Wissenschaft in den Reihen ihrer eigenen Vertreter zu suchen – und zu finden sind.

Mit unermüdlichem Fleiß wurden Burgen unterschiedlicher Größe und Armierung in die akademische Landschaft gebaut; turmhoch erheben sie sich über alle Frevler, die sich anmaßen, mürbes Gestein aus den renovierungsbedürftigen Burgmauern herauszubröseln, oder die sogar die Frechheit besitzen, mit kühnem Schwung auf die Wehr zu klettern, um einen Blick (und anderes) in den gehegten Gemüsegarten zu werfen. Ungeliebte Wurfgeschosse sind in diesem Kampf die vorzeigbaren, nagelneuen Indizien.

Im Ernst: Ich verstehe es gut, daß eine Anhäufung von Indizien vor, auf oder im Campus ungern zur Kenntnis genommen wird. Die Unlustgefühle über Gedanken an windige Positionen, die à la longue nicht zu halten sind, mehren sich. Es ist eine abscheuliche Vision, vielleicht zugeben zu müssen, daß irgendwer, der kein priesterliches Amt im Allerheiligsten versieht, so unrecht nicht hat, daß er mit Pech und Schwefel von den Zinnen der Burg geworfen werden dürfte.

Ein ritterlicher Kampf, in dem der Unterlegene ehrenvoll kapituliert, ehe er Blessuren davonträgt, die nicht mehr verheilen, wäre eine ganz faire Regel. Ein schauderhafter Gedanke, darauf warten zu müssen, daß die Belagerten aussterben!

Der Nobelpreisträger Max Planck (1858–1947), einer der größten Wissenschaftler der Moderne, zog die Notwendigkeit des Aussterbens der Gegner wissenschaftlicher Wahrheit tatsächlich ins Kalkül:

»Eine neue wissenschaftliche Wahrheit pflegt sich nicht in der Weise durchzusetzen, daß die Gegner überzeugt werden und sich

---

* Erstmals in meinem Film »Botschaft der Götter« gezeigt.

als belehrt erklären, sondern vielmehr dadurch, daß die Gegner aussterben und daß die heranwachsende Generation von vornherein mit der Wahrheit vertraut gemacht wird.«

Ich habe das Glück, neben der massiven Front meiner akademischen Gegner eine stattliche Reihe von Wissenschaftlern als tolerante, noble und aufgeschlossene Gesprächspartner kennengelernt zu haben; mit einigen verbindet mich eine zuverlässige Freundschaft. Wir haben Gespräche, wir korrespondieren, ich bitte sie um Kritik, Rat und Hilfe, und sie gewähren sie mir. Das sind wohl die »guten Wissenschaftler«, von denen der Molekularbiologe Gunter S. Stent sprach, als er sich vorurteilslose Kollegen wünschte. Diese Männer haben ihre Unlustgefühle unter Kontrolle und sogar die von mir unendlich bewunderte Großzügigkeit, stichhaltige Argumente neidlos anzuerkennen. Deshalb sehe ich keinen Grund, die Hortung von Indizien als Beweismittel für meine Theorie nicht »nach den strengsten Prinzipien der wissenschaftlichen Methodologie« (Prof. Luis Navia) fortzusetzen, auch wenn ein Wissenschaftler meint, *ein* Argument habe nicht mehr Beweiskraft als *tausend* Argumente. Weil ich sehr viel von Vernunft halte, spekuliere ich auf die Vernunft der Aufgeschlossenen – und der gerechten Richter.

Carl Gustav Jung (1875–1961) wertet die mythischen Betrachtungen der Urvölker als »archetypische Bewußtseinsentwicklungen«, in denen das »kollektive Unbewußte« seine Entsprechung in Darstellungen von Gut und Böse, Freude und Strafe, Leben und Tod finde.

Wie andere Exegesen bürstet sich mir auch die psychologische gegen den Strich. Wo sich die Realitäten hart im Raum stoßen, sollte man nicht mit psychologisierender Salzsäure die Kerne der Berichte in unkenntliche Bestandteile auflösen, um dann endlich wieder »Was bin ich?« spielen zu können.

Es ist ja so, daß Forschungsresultate uns kaum noch ein Gefühl neugewonnener Sicherheit geben. Immer fühlen wir uns gefangen in einem Netz von Bedrohungen, die von Entdeckung zu Entdeckung nur größer werden. Selbst noch das, was durchaus positive Wirkungen haben könnte, erreicht uns als Hiobsbotschaft. Hat eine Erfindung eben den Prüfstand verlassen, wird ohne Rücksicht auf Verluste schon gefragt: Ja, wird die sich denn nicht nachteilig für die

Menschheit auswirken? Schon die Fragestellung beunruhigt, egal, wie die Antwort sein mag.

Dabei hat jeder Mensch nur die uralte Sehnsucht, Antworten auf Fragen nach Zusammenhängen zu bekommen, die ihm seine Existenz, die ihm das Weshalb, Wozu und Warum erklären. Religionen antworten auf diese Fragen mit einer Liturgie des Glaubens, der Mensch unserer Tage aber möchte *wissen* statt *glauben*. Es sind nicht mehr sehr viele Menschen, die im Gebet wirklich Ruhe finden. Wie die Ungläubigen suchen auch sie echte Antworten. Niemand läßt sich auf die Dauer mit Befehlsantworten abspeisen, wie die materialistischen Weltanschauungen sie vordergründig parat haben. Es geht um eine Handvoll Wahrheiten, die nicht, ehe der Tag zur Nacht, die Nacht zum Morgen wurde, wieder in Frage stehen.

Ich bin davon überzeugt, daß es solche Wahrheiten gibt, wenn wir nur die Überlieferungen aus frühester Zeit als gewesene Realitäten nehmen und in ihnen die Kerne freilegen, die Licht in unsere Vergangenheit bringen und zugleich (sofern wir Lehren daraus ziehen) der Zukunft ihre Schrecken nehmen. Weil wir wissen, was möglich war und was möglich sein wird.

Ich konstatiere:

Schöpfungsmythen aller Völker in allen Welten gleichen sich.

Die *ältesten* Schöpfergötter kommen *stets* aus dem Weltall und kehren dorthin nach getanem Werk zurück. (Erst spätere Göttergenerationen kommen aus Höhlen, aus der Erdtiefe, aus dem Wasser.)

Urgötter verfügen über fliegende Apparate, die unisono als in der Form eines Eies charakterisiert werden, groß wie ein Riesenvogel, groß wie eine Riesenschlange, aus Metallhülsen bestehend, mit Fenstern, aus denen Licht blinkt, mit blitzendem Leib, hell wie die Sonne, die Augen blendend, strahlend leuchtend, die dunkle Nacht erhellend, Getöse verbreitend, unter Donnergrollen landend und startend, Gebilde mit Feuerschweif, unter denen die Erde erbebt oder verbrennt, immer aus dem Weltall kommend und stets wieder ins All verschwindend, in endlose Dunkelheit eintauchend, mit der Kraft von Riesenvögeln oder goldenen feurigen Rossen fliegend, ein unbeschreibliches Etwas, ein »Etwas-Haus«.

Schöpfergötter machen den blauen Planeten bewohnbar. Sie schaffen die Voraussetzungen für die Entstehung von Flora und Fauna.

Urgötter zeugen den intelligenten Menschen.

Urgötter belehren die ersten intelligenten Menschen, unterweisen sie im Gebrauch von Werkzeugen, unterrichten sie in der Zucht von Pflanzen und Tieren, erlassen erste Gesetze für das Zusammenleben, sorgen für Infrastruktur.

Götter setzen ihre Sprößlinge als irdische Statthalter ein (Urkaiser, Urkönige, Pharaonen).

Urgötter kehren nach erfülltem Auftrag stets in ihre Heimat zurück, ins Universum, und sie verheißen ihre Wiederkehr.

In der Bibel oder bei Goethe steht immer das passende Zitat. Ich fand es diesmal bei dem Olympier aus Weimar:

»Daß die Weltgeschichte von Zeit zu Zeit umgeschrieben werden müsse, darüber ist in unseren Tagen wohl kein Zweifel übriggeblieben. Eine solche Notwendigkeit entsteht aber nicht etwa daher, weil viel Geschehenes nachentdeckt worden ist, sondern weil neue Ansichten gegeben werden, weil der Genosse einer fortschreitenden Zeit auf Standpunkte geführt wird, von welchem sich das Vergangene auf eine neue Weise überschauen und beurteilen läßt.«

Geschrieben im Jahre des Heils 1829.

Wie betrübt muß der Olympier sein, daß seine dermaßen richtige Erkenntnis nach nun über 160 Jahren in der Praxis immer noch nicht anerkannt wird.

13. KAPITEL

Im Lande der 1000 Götter · Nichts Neues auf der Erde · Die Götter waren körperlich · Kalender für die Ewigkeit · Die Geschichte wiederholt sich · Rätselhafte Explosion in Sibirien · Vimanas über dem alten Indien · Der tollkühne Affe in seiner fliegenden Kiste · Schreckliche Waffen der Vergangenheit · Himmelsbewohner und ihre Fahrzeuge · Über künstliche Befruchtungen vor Jahrtausenden · Das geheime Buch des Propheten Henoch · Herkunft und Ursprung des Werkes · Die Landung der 200 Wächter des Himmels · Prophet Henoch in einem Raumschiff · Auch Esra sprach mit Außerirdischen · Abrahams Flug in den Erdorbit · Jeremia und Abimelech – eine besondere Zeitreise · Der programmierte Mensch · Ein unwissender Gott?

Als ich 1975 eine Reise durch Indien machte, suchte ich, es war in Srinagar, für ein Gespräch mit einem indischen Freund eine Bibel, um ihm eine Passage aus dem Hesekiel-Buch zu übersetzen. Alles, was ich auf dieser Expedition auch nur von ferne benötigen könnte, war in meinem Landrover verstaut – eine Bibel war nicht darin.

So im Vorbeigehen bat ich den Hotelportier, mir in der Stadt eine Bibel besorgen zu lassen. Der ausgesandte Bote kehrte nach einigen Stunden, während denen er alle Buchhandlungen abklapperte, mit leeren Händen zurück. Das Buch mit der größten Weltauflage wurde hier nicht geführt. Ich fragte den Hoteldirektor, ob er die Güte haben würde, christliche Bekannte anzurufen, um vielleicht auf diese Weise an eine Bibel zu kommen. Seine Rundrufe blieben erfolglos. In Bombay nahm ich einige Tage später meine Bemühungen um ein Bibelexemplar wieder auf, aber auch hier: Fehlanzeige.

Mit dieser Erfahrung ging mir ein Kirchenlicht auf: Was soll der Inder mit »unserer« Bibel anfangen? Für ihn ist sie ja bloß eine Sammlung von Mythen, Märchen und Legenden. Erst fern der Heimat, in der die Bibel als das Buch der Bücher gilt, wird einem bewußt, daß sie anderswo auf der Welt durchaus nicht den Rang eines heiligen Buches hält. Diesen Rang bestimmt – unterschieden nach Religionen und Kulturen, aber auch nach geographischen Distanzen – allein der obwaltende Glaube. Was dem einen heilig ist, ist dem andern eine nichtssagende Mär.

Mir geriet das Konzept für dieses Buch in Unordnung.

Damals schwebten mir zwei Kapitel vor Augen: das eine unter dem Stichwort »Mythologien«, das andere unter dem Rubrum »heilige Bücher« geordnet. Nach der erfolglosen indischen Bibelsuche und vor dem gehorteten Quellenmaterial sitzend, war mir klar, daß die Unterscheidung sinnwidrig ist. Wem im christlichen Abendland ist der indische Rigweda, das »Buch von der Schöpfung«, heilig? Wer wird schon das »Ägyptische Totenbuch« zu den heiligen Büchern zählen, da die Pharaonenzeit für uns seit über 2000 Jahren aschgraue Vergangenheit ist und kaum noch jemand nach den heiligen Riten des Totenbuches in die Erde gesenkt wird? Welcher südamerikanische Stamm wird noch das Awesta, die heiligen Schriften der Parsen, in die Reihe der ewig-heiligen Bücher aufnehmen? Welcher Araber ist willens, die geheiligten Überlieferungen der formosanischen Bergstämme als echte Gottesworte zu akzeptieren?

Ich weiß, als wäre es gestern gewesen, wie ich bei einem nächtlichen Spaziergang im Hafen von Bombay mein Konzept für dieses Kapitel sozusagen über die Kaimauern ins Arabische Meer warf. Damals entschloß ich mich, mit Texten aus alten Büchern der fünf Kontinente den Beweis anzutreten, daß meine Götter sehr handfest, sehr aktiv und sehr agil auf unserer Erde tätig waren, und das Urteil, ob diese Quellen als heilig oder unheilig zu bewerten sind, dem Standort des Betrachters zu überlassen.

Das Beweisthema hat sich nicht geändert.

Es geht mir darum, mit aussagekräftigen Indizien aus unmanipulierten, uralten Quellen definitiv klarzustellen, daß die Götter nicht »Geist«, sondern körperlich existent waren – daß sich diese Existenz bei weitem nicht im spektakulären »Erscheinen« und in ihrer seligen Rückkehr in den heimatlichen Himmel erschöpfte – daß die Göttlichen hienieden emsig Söhne und Töchter zeugten – daß sie in (heiligen oder unheiligen) Büchern Mitteilungen und Wissen hinterließen... und: ganz und gar ungöttliche Fehler machten.

Kurz und bündig: Ich werde belegen, daß die Götter nicht das waren, wozu die Religionen sie hochstilisierten. Ich greife hinein ins reiche, pralle Quellenmaterial.

Obwohl es so tönt, ist das Awesta (Avesta) kein Investmentfonds. Es ist ein Wort aus dem Mittelpersischen und bedeutet »Grundtext« oder »Unterweisung«. Es beinhaltet die gesamten religiösen Texte der Parsen, der heutigen Anhänger Zarathustras. Die Parsen wehrten sich, den arabischen Islam anzunehmen, und wanderten deshalb im 10. Jahrhundert nach Indien aus. Sie sind zum Aussterben verurteilt: Sie heiraten spät und nur untereinander, deshalb ist die Geburtenziffer gering; heute gibt es noch knappe 100 000 jener persischen Nachfahren, deren Umgangssprache das Gudscharati, eine neuindische Sprache, ist, während sie ihre Gottesdienste in der awestischen Kirchensprache abhalten, die – mit einem eigenen Alphabet – im Laufe der Zeit nahezu unverständlich geworden ist.

Den Parsen sind große Wohltätigkeit und hohe Sittlichkeit nachzurühmen, und sie lehnen – was sie besonders sympathisch macht – alle Versuche ab, Andersgläubige zu bekehren. Schade, daß sie mit ihrer geringen Zahl keine Möglichkeit haben, diese fabelhafte Einstellung weltweit aufblühen zu lassen.

Vom ursprünglichen Bestand des Awesta ist heute nur noch ein Viertel vorhanden. Es enthält die Opferanrufungen *Yasna*, die *Yaschts* mit Hymnen an die 21 Gottheiten, eine Sammlung altiranischer Mythen mit späteren Ergänzungen, den *Wisprat* mit Anrufungen höherer Wesen und schließlich das *Widewat*, ein kirchliches Gesetzbuch mit Reinigungs- und Bußvorschriften.

Teile dieser altpersischen Religion blieben in Keilschriften erhalten, die König Dareios der Große (550–486 v. Chr.), sein Sohn Xerxes (um 519–465 v. Chr.) und sein Enkel Artaxerxes (um 424 v. Chr.) anfertigen ließen.

Auramazdâ (Aura) hieß der höchste Gott, er war der Schöpfer von Himmel und Erde. Alle anderen Götter werden, mit wenigen Ausnahmen, nur summarisch erwähnt. Glücklicherweise, möchte ich schnell hinzufügen, denn die fremden Namen mit ihren eigenartigen Schreibweisen bereiten beim Lesen doch Mühe und stiften im nachhinein Verwirrung, weil wir zu ihnen keine Beziehung haben wie zu Josua, Nehemia, Obadja, Habakuk, Zephansa oder Maleachi, deren ebenso fremd klingende Namen uns im Religionsunterricht eingebleut wurden. Wenn man aber seinen Horizont aufreißen will, muß man, wohl oder übel, die Namen dieser Herrschaften schlucken. Wohl bekomm's!

Das Awesta weist in seinen vielen Unterabteilungen höchst moderne Kenntnisse auf. Im Schöpfungsmythos heißt es:
»Darauf ließ Yima diese Erde auseinandergehen, um drei Drittel größer, als sie vorher war. Auf einem Drittel schreiten nun vorwärts das Vieh, die Zugtiere und die Menschen. Nach ihrem Wunsch und Willen, wie es nur immer ihr Wille ist.« (2. Fargard, Vers 39–41)

Heute wissen wir, daß die Erdoberfläche zu 70,8 Prozent aus Wasser und zu 29,2 Prozent aus Land besteht, einem knappen Drittel also. Die Vorfahren der alten Perser hatten unseren Globus aber noch nicht kartographiert. Wer hatte ihnen gesagt, daß auf einem Drittel »das Vieh, die Zugtiere und die Menschen« vorwärtsschreiten? Geist und Geister sind nicht so präzise mit ihren Mitteilungen.

Die hygienischen Anweisungen, die »Gott« Auramazdâ dem Propheten Zarathustra (um 630–588 v. Chr.) gab, betreffen ebenso eindeutig bakterielle Übertragungen von Krankheiten, wie sie im 3. Buch Mose mitgeteilt werden. Im Awesta lauten sie so:
»Ein Mann stirbt in den Schlünden der Täler. Herbei fliegen die Vögel, auf von den Höhen der Berge, hin zu den Schlünden der Täler. Hin zu diesem Körper des gestorbenen Menschen und verzehren ihn. Dann fliegen die Vögel wieder auf, von den Schlünden der Täler, hin zu den Höhen der Berge. Hin zu einem Baum fliegen sie, einem harten oder einem weichen. An ihn speien sie, ihn bekoten sie, auf ihn werfen sie. Ein Mann geht nun aus den Schlünden der Täler hin zu den Höhen der Berge. Er geht hin zu dem Baum, wo die Vögel waren, er wünscht Brennholz. Er schlägt diesen Baum, er zerschneidet, er spaltet.... Ein Leichnam, der von Hunden, Vögeln, Wölfen, Winden oder Fliegen fortgetragen wird, verunreinigt den Menschen.« (5. Fargard, Vers 112)

Bei Mose liegt die Schilderung auf der gleichen Linie:
»Alles Lager, darauf der Kranke lieget, und alles, darauf er sitzet, wird unrein... Und wer sich setzt, da der Kranke gesessen ist, der soll seine Kleider waschen und sich baden... Wer sein Fleisch anrührt, der soll seine Kleider waschen und sich baden... Und der

Sattel, darauf er reitet, wird unrein werden, und wer irgend etwas anrühret, das er unter sich gehabt hat, der wird unrein... Wenn er ein irdenes Gefäß anrührt, das soll man zerbrechen.« (3. Mose 15,4–12)

Das sind Statements der angewandten Physiologie, wie sie sich uns heute als selbstverständlich aus den Erkenntnissen der medizinischen Forschung anbieten. Diese Kenntnisse waren damals offensichtlich kein allgemeines Erfahrungsgut, denn sie wurden allemal – und nicht nur Zarathustra und Mose! – von Göttern mitgeteilt. Ähnliche Verhaltensweisen finden sich nämlich in verschiedenen alten Schriften, und stets ist es ein Gott, der die hygienische Aufklärung betreibt.

Ich will mich nicht in die Arena begeben, um mich dort an dem Fight zu beteiligen, welche der Überlieferungen die ältere ist und welches heilige oder unheilige Buch aus der garantiert noch älteren Quelle sein Wissen übernahm. Wer wann von wem nutznießte, das ist ein so schrecklich langweiliger Streit. Mir ist es nur wichtig, festzunageln, daß man von der Kettenreaktion der Übertragung von Krankheiten wußte: Leiche–Vogel–Baum–Mensch oder Patient–Krankenlager–Sattel–Gefäß. Woher wußte man das? Ein Geistgott gab sich – mit so wichtigen! – Lappalien nicht ab. Da war wohl ein studierter Entwicklungshelfer unterwegs, einer mit Köpfchen, Händen und Füßen, von einem wohlhabenden Industrieplaneten entsandt.

Nimmt man die alten Überlieferungen beim Wort, dann empfingen die Völker alle ihre praktischen Kenntnisse ersthändig von den Göttern. Freilich kann man argumentieren, unsere Vorfahren hätten Zeit genug gehabt, den Weg von Kontaktinfektionen zu verfolgen, ohne von krankheitserregenden Mikroorganismen eine blasse Ahnung zu haben. Möglich. Warum wurde dann aber eine allgemeine Erfahrung stets den Göttern als bedeutende Offenbarung in den Mund gelegt? Es muß wohl doch eine überraschende Feststellung gewesen sein, wenn man zu ihrer Bekanntmachung extra die Götter bemühte. Übrigens: Woher sollen unsere frühen Vorfahren gewußt haben, daß nur ein Drittel der Erde bewohnbar ist? »Geist« teilt die Erdoberfläche nicht in Planquadrate auf. »Geist« hat keine Augen.

Ich postuliere: Die Götter waren körperlich.

Den Schriften der Parsen folgend, bilden die Sterne ein Heer, und das ist in verschiedene Heerhaufen unterteilt, und die wiederum werden von einem Heerführer geordnet. Es geht ganz militant zu. Es wird von Soldaten der diversen Sternsysteme gesprochen und ausdrücklich auf Schlachten hingewiesen, die sie schlagen. Als oberster Herrscher der Gestirne wird Tistrya vorgestellt, ein Name, den auch ein Stern trägt. Dieser Stern Tistrya wird gleich vierzigmal in den höchsten Tönen gepriesen– beispielsweise so:

»...Den Stern Tistrya, den glänzenden, preisen wir. Den Himmel, der seinen Gesetzen folgt, preisen wir. Die unendliche Zeit preisen wir.

Die Zeit, die Beherrscherin der langen Periode, preisen wir...« (8. Tistar-Yast des Khorda-Awesta)

Nun wird bemerkenswert, daß Sterne ihrer besonders segensreichen Eigenschaften wegen gelobt werden – etwa so:

»...Den Stern Tistrya, den glänzenden, majestätischen, preisen wir.

Den Stern Catavaeca, der dem Wasser vorsteht, den starken, von Mazda geschaffenen, preisen wir.

Alle die Sterne, welche den Wassersamen enthalten, preisen wir.

Alle die Sterne, welche den Samen der Erde enthalten, preisen wir.

Alle die Sterne, welche den Baumessamen enthalten, preisen wir.

Jene Sterne preisen wir, welche Haptoiringa heißen, die majestätischen, heilbringenden, die zum Widerstande gegen die Yatus preisen wir...« (Afrigan Rapithwin, Vers 13)

Das seien nur phantasievoll-arabeske Ausschmückungen für die verehrten Götter gewesen, lese ich in gelehrten Interpretationen. Stimmt das? Ich vermute, daß Konkreteres dahintersteckt.

In dem Buch »Dabistan« schrieb der Scheich Mohammed Fani, daß für die Parsen »die Planeten einfach Körper von kugelförmiger Gestalt sind«. Immerhin! Galileo Galilei löste erst 1610 nach Christus mit seiner »Sternenbotschaft« eine Revolution der astronomischen Lehrmeinungen aus, indem er die Richtigkeit des kopernikanischen Systems bewies.

Derselbe schreibbegabte Scheich schildert in seinem Buch die verschiedenen Tempel, die die Parsen nach den Wünschen der Götter zu Ehren der Herkunftsplaneten errichteten. Attraktive Besonderheit: In jedem Tempel gab es ein kugelförmiges Modell des Planeten, dem er zugeordnet war. Jeder Tempel hatte seine vom jeweiligen Planeten hergeleiteten Haus- und Kleiderordnungen. Im Tempel des Jupiter konnte man sich nur im Gewand des Gelehrten oder Richters sehen lassen; im Heiligtum des Mars trugen die Parsen martialisch rote Gewänder und unterhielten sich wie im Offizierskasino »in stolzem Ton«. Im Tempel der Venus, wie könnte es anders sein?, wurde gelacht und gescherzt, in jenem des Merkur sprach man wie ein Redner oder Philosoph. Im Tempel des Mondes führten sich die Parsen-Priester kindlich auf und »taten wie die Ringer«, dagegen trug man sich im Tempel der Sonne in Gold und Brokat und benahm sich, »wie es Königen von Iran zukommt«.

Wieder begegne ich in den ältesten Überlieferungen der Parsen derart astronomischen Zeitvorstellungen, daß ich neuerlich an die Zeitverschiebungseffekte erinnert werde. So sah die parsische Zeitrechnung aus:
- Der Umlauf des Saturn um die Sonne entsprach einem Tag. Nach heutigen astronomischen Berechnungen wären das 29,5 Jahre.
- 30 solcher Tage ergaben einen Monat – gleich einem Zeitraum von 885 Erdenjahren.
- 12 solcher Monate entsprachen einem Jahr, und das sind dann 10620 Erdenjahre.
- Für eine Million solcher Parsen-Jahre hatte man die Bezeichnung *Ferd*.
- Eine Million *Ferd* machten einen *Wert* aus, und eine Million *Wert* nannten sie einen *Mert*.
- Sogar für eine Million *Mert* hatte sie den Begriff *Yad*, 3000 *Yad* ergaben einen *Wad* und 2000 *Wad* einen *Zad*.

Die erste Monarchie, die »aus dem Himmel regierte«, soll über 100 Zad bestanden haben. Das muß nach meiner Rechnung eine Zahl mit 25 Ziffern gewesen sein.

Was soll's?

Ich stelle die schlichte Frage: Wozu und warum sollen die Parsen in solchen Zeiträumen gerechnet haben? In ihrem Alltag konnten sie mit diesem »Kalender« nichts, aber auch gar nichts anfangen. Wir begehen die Jahrtausendwenden als große Zäsuren der Geschichte, auf diese Abschnitte hin prognostizieren wir außerordentliche Zukunftsperspektiven. In der Zeitrechnung der Parsen wäre ein Jahrtausend gerade ein reichlicher Monat gewesen.

Nein, diese Zeitrechnung bekommt ausschließlich im Zusammenhang von Astronomie und Zeitabläufen ihren Sinn:

»Die unendliche Zeit preisen wir. Die Zeit, die Beherrscherin der langen Periode, preisen wir...«

Im indischen Nationalepos Mahabharata drückt einer der 80000 Doppelverse aus vorchristlicher Vergangenheit die Unermeßlichkeit der Zeit philosophisch aus:

Gott umschließt Raum und Zeit.

Die Zeit ist der Same des Universums.

Der Weda (altindisch *veda* = Wissen) umfaßt die älteste religiöse Literatur der arischen Inder. Das Altindisch, in dem er abgefaßt ist, ist bedeutend älter als die spätere Sanskritliteratur, die ihn auffing. Der Weda stellt eine Sammlung aller für »übermenschlich« und inspiriert gehaltenen Schriften dar, über deren frühes Ursprungsdatum noch gestritten wird.

Ähnlich dem Awesta der Parsen gruppiert sich auch der Weda in vier große Blöcke. Die 1028 Hymnen des *Rigweda* sind an einzelne Götter adressiert; ursprünglich war er eine Hymnensammlung im Besitz führender Priesterfamilien – schriftlich festgehalten. Die Hymnen gingen dann in Allgemeinbesitz über und wurden über viele Jahrhunderte wortgetreu mündlich überliefert. Dadurch blieb der Rigweda die älteste in die Frühzeit reichende Quelle für Sprache, Volkskunde und Religion. – Der *Samaweda* enthält Melodien, die im wesentlichen Rigwedatexte in Gesang umsetzen. – Im *Jadschurweda* sind Opferformeln gesammelt, im *Atharwaweda* die Kniffe der Weißen und Schwarzen Magie.

Der Inhalt aller vier Weden wird immer noch in mehreren Schulen als höchstes Kulturgut überliefert. Ohne die Erhaltung solcher Werte würde das arme indische Volk vermutlich noch schneller und noch brutaler der totalen Auflösung verfallen.

Einer der gründlichsten Kenner altindischer Überlieferungen ist Professor Dr. Dileep Kumar Kanjilal von der Sanskrit-Universität in Kalkutta. Am 12. August 1975 besuchte ich den liebenswürdigen Gelehrten in seinem College zu einem Gespräch, aus dem ich diese Auszüge vom Tonband nehme:

»Herr Professor, wie alt sind die ältesten wedischen Texte?«

»Die ältesten Texte müssen wir auf etwa 5000 vor Christus ansetzen.«

»In verschiedenen indischen Sanskritübersetzungen fand ich Beschreibungen von fliegenden Wagen. Sind das nur mythologische Phantasieprodukte?«

»Indien ist ein sehr altes Land mit einer außerordentlich reichen Sanskrittradition. Meiner Meinung nach handelt es sich bei den fliegenden Wagen, die oft ›Vimanas‹ genannt werden, tatsächlich um fliegende Maschinen irgendwelcher Art. Bei den vielen Interpretationen, die heutzutage vorliegen, darf nicht vergessen werden, daß alle diese Schilderungen seit 2000 Jahren immer noch mit sozusagen alten Augen betrachtet werden. Nachdem man heute weiß, daß es fliegende Maschinen gibt, muß die ganze Problematik neu angegangen werden. Hier hilft es nicht mehr, am Althergebrachten festzuhalten. Jede zeitgebundene Erkenntnis durchläuft einen Wandlungsprozeß. Sicherlich ist hinter den Beschreibungen von fliegenden Wagen eine Tatsache verborgen, die Beschreibungen haben einen anderen Sinn als den, den man ihnen bisher gab. Natürlich bleiben viele mythologische Elemente dazwischen hängen, aber wir bemühen uns, eine wissenschaftliche Wahrheit zu eruieren, die in diesen technisch anmutenden Überlieferungen steckt.«

»Aus dem Mahabharata kenne ich die Geschichte von der Himmelfahrt Ardschunas zu Indras Himmel. Da wird das ›Zaubergebilde‹ eines himmlischen Wagens, das ›mit Getöse, dem Donner gleich‹, in die Wolken auffährt, in den verschiedenen Etappen seines Höhenflugs geschildert. Kann ein Kenner der Sanskrittexte, wie Sie es sind, in dieser Beschreibung an ein Weltraumfahrzeug denken?«

»Die Passage von Ardschunas Reise in den Himmel, die Sie eben erwähnen, ist keineswegs vollständig. Sie scheinen unvollkommene Übersetzungen zu verwenden. In der Originalfassung könnten Sie nachlesen, daß Ardschuna einige fliegende Wagen sieht, die abgestürzt und flugunfähig sind. Andere fliegende Wagen stehen am Boden, wieder andere befinden sich bereits in der Luft. Diese klaren Beobachtungen von fliegenden und flugtauglichen Wagen beweisen, daß die ursprünglichen Autoren des Berichts genau wußten, wovon sie sprachen.«

»Sind die altindischen Götter unsterblich?«

»Im allgemeinen nicht. Sie durchlaufen offenbar drei Stationen, am Ende der dritten Station sterben sie. Sie sind also dem Tode ausgesetzt wie wir. Übrigens werden die Götter auch senil und leiden an ganz normalen Alterserscheinungen. In den Sanskrittexten gibt es – ›natürlich‹, möchte ich fast sagen – unter den Göttern viele Verehelichungen, sie zeugen auch Kinder untereinander, wie es aber auch Kopulationen zwischen Göttern und Menschen gibt. Götterabkömmlinge aus diesen Verbindungen verfügen über die Kenntnisse und die Waffen ihrer Väter. Im Ramayana [neben dem Mahabharata das zweite große Epos der Inder, Anmerkung des Verfassers] gibt es eine Stelle, die sagt, wie die Wüsten entstanden sind, nämlich mittels Zerstörungen durch die fürchterlichen Götterwaffen. Beschreibungen solcher Waffen finden Sie im Mahabharata.«

Professor Kanjilal gilt mir als bedeutender Sachverständiger.

Ins Hotel zurückgekehrt, suchte im Mahabharata die Passage, auf die mich Professor Kanjilal hingewiesen hatte. Ich fand sie im 8. Buch, dem Musala Parva:

»Die unbekannte Waffe ist ein strahlender Blitz, ein verheerender Todesbote, der alle Angehörigen der Vrischni und der Andhaka zu Asche zerfallen ließ. Die verglühten Körper waren unkenntlich. Die davonkamen, denen fielen die Haare und Nägel aus. Töpferwaren zerbrachen ohne Anlaß, die Vögel wurden weiß. In kurzer Zeit war die Nahrung giftig. Der Blitz senkte sich und wurde feiner Staub.«

Ein Bericht aus Hiroshima, aus Nagasaki?

Wir können die Bilder nie vergessen.

Am 6. August 1945 fiel auf Hiroshima die erste Atombombe. Sie forderte 260 000 Menschenleben, die Zahl der Verwundeten war Legion. Drei Tage später wurde Nagasaki von Atombomben ausradiert. Es gab 150 000 Tote. Bilder, die uns den Schlaf raubten. Menschen, in der Hitzeglut auf die Größe von Kinderpuppen zusammengeschrumpft. Sieche ohne Haare und Haut, die in Feldlazaretten verendeten. Bäume und Felder, die nur noch Asche waren. Man darf es nicht vergessen.

Der amerikanische Philosoph George de Santayana (1863 bis 1952) sagte:

»Jene, die sich nicht an die Vergangenheit erinnern, sind dazu verdammt, sie zu wiederholen.«

Was das Mahabharata schildert, trug sich vor unbekannten Jahrtausenden zu:

»Es war, als seien die Elemente losgelassen. Die Sonne drehte sich im Kreise. Von der Glut der Waffe versengt, taumelte die Welt in Hitze. Elefanten waren von der Glut angebrannt und rannten wild hin und her... Das Wasser wurde heiß, die Tiere starben... Das Toben des Feuers ließ die Bäume wie bei einem Waldbrand reihenweise stürzen... Pferde und Streitwagen verbrannten, es sah aus *wie* nach einem Brand. Tausende von Wagen wurden vernichtet, dann senkte sich tiefe Stille... Es bot sich ein schauerlicher Anblick. Die Leichen der Gefallenen waren von der fürchterlichen Hitze verstümmelt, daß sie nicht mehr wie Menschen aussahen. Niemals zuvor haben wir eine so grauenhafte Waffe gesehen, und niemals zuvor haben wir von einer solchen Waffe gehört.«

Hiroshima? Nagasaki? Oder vor Jahrtausenden irgendwo auf dem fernen Subkontinent?

»Es schrie der Himmel auf, Antwort brüllte die Erde, ein Blitz leuchtete auf, ein Feuer flammte empor, es regnete Tod. Die Helle verschwand, es erlosch das Feuer. Was vom Blitz erschlagen war, wurde zu Asche.«

Hiroshima? Nagasaki? Indien?

Nein, ein Zitat aus dem babylonisch-sumerischen Gilgamesch-Epos. Erinnerungen an die Zukunft.

Man soll doch nicht so feige sein, derartige Überlieferungen als objektlose Mythen abzutun und den Urhebern sogar noch poetische Phantasie unterzujubeln. Die Vielzahl ähnlicher Berichte in alten Schriften läßt eine Vermutung zur Gewißheit werden: »Götter« setzten aus (noch) unbekannten fliegenden Objekten A- oder H-Waffen ein.

Vor einiger Zeit stellte ich im Zusammenhang mit der in ihren Ursachen ungeklärten Explosion vom 30. Juni 1908 in der steinigen Tunguska der sibirischen Taiga die Frage, ob dort nicht viele Symptome – verkohlte Menschen, vernichtete Rentierherden, kahlgebrannte Bäume – auf eine stattgefundene Atomexplosion hinwiesen. Einmal mehr wurde ich als »spleenig« bezeichnet.

Es gibt über das Ereignis 80 verschiedene Theorien. Der international anerkannte sowjetische Geologe Dr. Alexej Solotow verwandte 17 Jahre seines Lebens fast ausschließlich auf die Erforschung des Rätsels in der Taiga. Während der letzten Jahre stand ihm eine wissenschaftliche Kommission aus Angehörigen mehrerer Fakultäten zur Seite. Am 15. Oktober 1976 teilte Solotow in Moskau mit, daß im Juni 1908 in der Taiga zweifelsfrei ein atomgetriebenes Raumschiff explodiert sei. Heute noch meßbare radioaktive Substanzen wie die ebenfalls in diesem Raum erkennbaren besonderen Merkmale der Zerstörung schlössen alle bisher als wahrscheinlich angenommenen Theorien aus. Auf Fragen wie »War es nicht doch der Einschlag eines Riesenmeteoriten?« oder »Kann man nicht ein Erdbeben annehmen?« antwortete Dr. Solotow von der Akademie der Wissenschaften mit dem mutigen Satz: »Es war ein Raumschiff, und ich werde es beweisen!« – Ich freue mich, das in diesem Buch festhalten zu können.

Nach Entdeckung der Kernspaltung arbeiteten die Amerikaner von 1943 bis 1945 an der Fertigung der Uranbombe. Die erste detonierte am 16. Juli 1945 auf dem Versuchsgelände bei Los Alamos, New Mexico. Die zweite fiel auf Hiroshima, die dritte auf Nagasaki.

Nein, nein, verehrte Experten, es muß endlich Farbe bekannt werden. Was die alten Chronisten berichten, entstammt nicht makabrer Phantasie. Was sie überlieferten, war einmal erlebte, grauenhafte Wirklichkeit.

Geistwesen haben keine Waffen. Die Götter aber waren körperlich.

Das Ramayana ist, ich erwähnte es schon, das zweite große indische Epos. Im Gegensatz zum Mahabharata ist es ein Kunstepos, als dessen Verfasser nach einheimischer Überlieferung der Dichter Walmiki angenommen wird. Seine Niederschrift wird ins 4. oder 3. vorchristliche Jahrhundert datiert. – Held des Epos ist der Königssohn Rama, dem der dämonische Riese Rawana seine Gattin Sita raubte und auf die Insel Lanka entführte. Mit Hilfe des Königs der Affen konnte Rama sie zurückholen. Rama wurde auch als indische Verkörperung des Gottes Vishnu verehrt, weswegen in Indien das Ramayana als heiliges Buch gilt.

Auch die 24 000 Schloken* des Ramayana sind eine Fundgrube

---

* Schloka: ein aus zwei Verszeilen bestehendes indisches Versmaß.

für Indizien zur raumfahrenden Tätigkeit der Götter. Detailliert wird ein herrlicher Wagen beschrieben, der auf der Stelle die Vorstellung von einem Weltraumschiff assoziiert. Der prächtige Wagen erhebt sich – mit einer ganzen Familie an Bord – in die Lüfte. Kurioserweise wird dieses Fahrzeug wie eine fliegende Pyramide beschrieben, die senkrecht startet. In den Versen steht, die Pyramide sei so hoch wie ein dreistöckiges Haus gewesen, und das eigenartige Gebilde sei vom heutigen Ceylon bis nach Indien geflogen. Es legte also mehr als 2000 Meilen zurück. Drinnen gab es außer Sitzen für mehrere Passagiere auch noch »geheime Kammern«. Wenn diese raumfliegende Pyramide vom Boden abhob, verursachte sie verständlicherweise einen gewaltigen Lärm. Auch das liest man in den Sanskrittexten.

Ab der zweiten Hälfte des letzten und zu Beginn dieses Jahrhunderts scheint es up to date gewesen zu sein, alte Schriften aus dem indischen Sanskrit im deutschen Raum bekannt zu machen. Da gibt es viele gutgemeinte Arbeiten, hinter denen jahrzehntelange mühevolle Arbeit zu spüren ist. Ich möchte meine besonders interessierten Leser ermuntern, in einer Bibliothek mal derartige Werke auszuleihen. Wird etwa im Ramayana von einem unzweideutig fliegenden Apparat gesprochen, der »die Berge erzittern läßt, sich mit Donnern erhebt, Wälder, Wiesen und die Spitzen der Gebäude verbrennt«, dann kommentiert Professor Ludwig so: »Es steht außer Zweifel, daß damit nur ein Tropensturm gemeint sein kann.« – O heilige Einfalt!

Von Professor Hermann Jacobi gibt es eine deutsche, allerdings keine wörtliche Übersetzung des Ramayana – Kapitel für Kapitel, Vers um Vers wird aus zweiter Hand der Inhalt wiedergegeben. Stößt der Professor auf Komplexe, die ihm sinnlos vorkommen, weil in ihnen von fliegenden Objekten die Rede ist, dann übergeht er sie voller Dünkel mit Anmerkungen wie »sinnloses Geschwätz« oder »Diese Stelle kann getrost weggelassen werden, sie enthält nur Phantastereien«.

In der Züricher Zentralbibliothek fand ich zahllose Bände *über* indische Literatur, *über* indische Mystik, *über* indische Mythologie und meterweise Kommentare *zum* Mahabharata, *zum* Ramayana, *zu* den Weden, aber nur ganz wenige direkte Teilübersetzungen.

Wissenschaftliche Kommentare *über* indische Texte sind nicht mehr mein' Sach', seit ich weiß, was alles, weil betriebsblind für den Inhalt, unterschlagen wird, und seit mir klar ist, daß uns die fremden heiligen Bücher von bibelgeimpften Westlern mit Arroganz vorgesetzt werden: »Unsere« Religion ist ja doch ungleich tiefer und wahrer! Ich kann eine Abwertung anderer Religionen auf den Tod nicht vertragen!

70 Jahre lang arbeitete man so ohne die vielgerühmte objektivwissenschaftliche Distanz. Man kam nicht auf die Idee, eine unkommentierte *komplette* Übersetzung des Ramayana oder des Mahabharata vorzulegen. Immer erwischt man nur Bruchstücke, kann aber ohne Erbarmen in Kommentaren ersaufen.

Also hielt ich mich an die einzigen großen Übersetzungen in englisch – an die Übertragung des Mahabharata von Chandra Potrap Roy, Kalkutta 1896, und an die Übersetzung des Ramayana (von denen es im Englischen einige gibt) von M. Nath Dutt, Kalkutta 1891. Von den Weden existieren gute deutsche Übersetzungen.

Ich kenne die zungenbrechenden Texte, die junge Schauspieler üben müssen. Man sollte in den Schauspielschulen die Überschrift eines Sanskrittextes auszusprechen versuchen. Er lautet: Samarânganasutradhâra. Wer's kann, soll mich mal anrufen.

Unter diesem Wortungetüm steht die Beschreibung von Vimanas, den fliegenden Fahrzeugen. Unseren Helikoptern ähnlich, werden sie als außerordentlich manövrierfähig beschrieben: Sie können in der Luft stillstehen, sich rund um den Erdball oder darüber hinaus bewegen und im Sturzflug Erdziele angreifen. Leider fehlen Einzelangaben, die eine Rekonstruktion des Fahrzeugs erlauben könnten, aber nicht etwa »aus Unwissenheit, sondern um Mißbrauch zu vermeiden«. Es entzieht sich meiner Kenntnis, ob es damals schon Terroristen gegeben hat, die sich diese fabelhaften Vimanas hätten zusammenbasteln können. Zumindest schützte man sich vor Werksspionage und dem unlizenzierten Nachbau.

Immerhin sind sehr eindrucksvolle Beschreibungen überliefert: »Stark und haltbar muß der Körper geformt werden... aus leichtem Material... Durch die im Quecksilber ruhende Kraft, die den treibenden Wirbelwind in Bewegung setzt, kann ein Mann auf wunderbare Weise eine große Entfernung am Himmel zurücklegen.

Ebenfalls kann man durch Anwendung eine Vimana so groß wie den Tempel für den ›Gott-in-Bewegung‹ bauen. Vier starke Quecksilberbehälter müssen eingebaut werden. Wenn diese durch geregeltes Feuer aus den Eisenbehältern erhitzt werden, entwickelt die Vimana durch das Quecksilber die Kraft des Donners und erscheint wie eine Perle am Himmel...«

Ganz plastisch wird im Ramayana so ein fliegender Wagen geschildert: »Als der Morgen kam, bestieg Rama den himmlischen Wagen. Die Kraft des Wagens ist unbeschränkt. Der Wagen war zwei Stockwerke hoch mit mehreren Abteilungen und Fenstern... Er war farbig und mächtig... Als er in die Lüfte stieg, erklang ein himmlischer Ton...«

Heute tragen Flugzeuge und Raumschiffe oft Tiernamen am Bug: etwa Storch, Geier, Falke, Adler. Wenn diese Begriffe dermaleinst eine mythologische Ausdeutung finden, habe ich Verständnis dafür. Was soll schon ein Adler auf dem Mond (Eagle has landed)?

Im Ramayana etwa oder in dem Text mit dem unaussprechlichen Namen tauchen aber für die Vimanas keinerlei symbolische Begriffe oder mythologisch ausdeutbare Namen auf. Ohne Umschweife wird von fliegenden Wagen, von himmlischen Wagen oder von Götterfahrzeugen zwischen den Wolken geredet. Nein, die Behauptung, mit den Schilderungen habe man die Helden verklären und ausschmücken wollen, kann den Sanskritinterpreten kein moderner Mensch mehr abnehmen. Himmel, was wäre noch alles in den Texten zu entdecken, wenn unsere Raumfahrtingenieure Sanskrit, diese 2500 Jahre alte Kunstsprache, im Original lesen könnten?! In Indien ist sie bis heute die Sprache der Wissenschaft und der Dichtung.

Die Rahmenstory des Ramayana habe ich schon skizziert. Im Abschnitt »Rama und Sita« wird genau geschildert, wie der Bösewicht Rawana die zauberhafte Sita in einem »Wagen der Lüfte, der der Sonne gleicht«, entführt. Über Täler, Wälder und hohe Berge geht der Flug. Weder Hilferufe noch Gebete der gekidnappten Heldengattin können den Bösewicht zur Rückkehr umstimmen.

Als Rama von der überfallartigen Entführung seiner Sita erfährt, gibt er das militärisch-knappe Kommando: »Man fahre unverzüglich den Wagen der Lüfte heraus!«

Rawana überfliegt derweil bereits den Ozean in Richtung Lanka (heute Ceylon). Aber Ramas Wagen der Lüfte muß wohl mit hoher Geschwindigkeit geflogen sein, denn er kann Rawana bald zum Luftkampf stellen. Mit »einem Himmelspfeil« schießt er das Entführungsvehikel ab, das »hinab in die Tiefe« stürzt. Sita wird gerettet, sie steigt in den Himmelswagen ihres Gemahls um, der »auf Ramas Befehl mit gewaltigem Lärm zu einem Wolkenberg emporstieg«.

Rama kann sich einiger geschickter Waffengefährten glücklich schätzen, weil die sich auf unglaubliche Kunststücke verstehen. Einer dieser begabten Kameraden ist der König der Affen mit seinem Minister Hanuman. Je nach Wunsch kann sich der königliche Affe zu einem Riesen wachsen oder zu einem Däumling zusammenschnurren lassen. Vor allen Dingen aber ist er ein waghalsiger Pilot:

»Wenn er vom Gebirge aus seinen Flug beginnt, so brechen die Felsspitzen, die Grundfesten der Berge wanken, die Riesenbäume werden entästet gebrochen, ein Regenschauer von Holz und Blättern bricht zu Boden. Vögel und Tiere der Berge fliehen in ihre Schlupfwinkel.«

Der tollkühne Affe in seiner fliegenden Kiste startet manchmal auch von einer Stadt aus; das hat man nicht so gern, denn dann »werden die schönen Lotosteiche von Lanka ausgeschwemmt«. Was die Städter beobachteten, ging schlichtweg über ihr Fassungsvermögen: »Mit brennendem Schwanze schwingt er sich über die Dächer und entfacht ungeheure Brände, so daß die Hochbauten und Türme einstürzen und die Lustgärten verwüstet werden.«

Lediglich Analphabeten dürften übersehen, daß in altindischen Texten fliegende Wagen beschrieben wurden. Wer das negiert, will es nicht wahrhaben, weil es nicht in sein Weltbild paßt. Ganz im Sinne Darwins, der allen Lebewesen eine allmähliche und friedliche Entwicklung zutraute, wurden auch Technik und menschliches Bewußtsein mit dem Segen der Evolution bedacht. In dieser sachten Entwicklung darf es keinen Eingriff von außen her gegeben haben. Selbst unerklärliche Entwicklungssprünge sollen so erklärt werden. Wird die Evolution gemeinhin als eine Schritt-für-Schrittchen-Prozession durch die Menschheitsgeschichte ausgelobt, muß sie – wenn keine überzeugende Erklärung standhält – Sprünge von Weltrekordreife tun. Professor Loren Eiseley, Professor für Anthropologie an der Universität Pennsylvania, hat die Witterung aufgenommen:

»Wir haben jeden Anlaß zu glauben, daß unbeschadet der Kräfte, die bei der Bildung des menschlichen Hirns beteiligt waren, ein zäher und sich lang hinziehender Daseinskampf zwischen mehreren menschlichen Gruppen unmöglich so hohe geistige Fähigkeiten hervorgebracht haben kann, wie wir sie heute unter allen Völkern der Erde erkennen. Irgend etwas anderes, ein anderer Bildungsfaktor muß da der Aufmerksamkeit der Entwicklungstheoretiker entgangen sein.«

So ist es, aber: »Der Geist fiel nicht vom Himmel«! Was an Phantastischem in alten Texten auftaucht und was nicht in der Entwicklungs*theorie* untergebracht werden kann, wird als Humbug abgetan, sobald daraus eine andere *Theorie* abgeleitet wird: Außerirdische haben die Hominiden manipuliert und deren Geist schlagartig (auf die Länge der Menschheitsgeschichte gesehen) fortentwickelt.

Eine Pattsituation: Theorie steht gegen Theorie.

Das kann normal und ohne Schande bleiben, solange die »Besitzer« einer Theorie nicht so tun, als wären sie höchstpersönlich dabeigewesen, als die Hominiden intelligent wurden.

Falls Evolution ein kontinuierlicher Vorgang ist, erbitte ich eine – überzeugende! – Erklärung dafür, mit welcher »Fügung« an allen Ecken der Welt *plötzlich* die Beschreibungen von Himmelsfahrzeugen in die alten Bücher der Menschheit geraten, wie es zu zum Teil interkontinentalen Flügen in komfortablen Gehäusen kam, warum unsere Vorvordern stets von diesen Fremden, die vom Himmel kamen, in allen praktischen Verrichtungen unterwiesen wurden, weshalb sie nach erfülltem Auftrag allemal auf ihren Herkunftsplaneten heimkehrten.

Woher denn bezogen unsere Vorfahren die Konstruktionszeichnungen für die so genau geschilderten Himmelswagen? Woher die Kenntnisse für das anzuwendende Material? Woher die Navigationsinstrumente? (»Auf Sicht« flog auch kein Gott von Indien nach Ceylon!) Es waren ja keine Kinderdrachen oder einmotorige Sportflugzeuge, die den Himmel belebten! Mehrere Stockwerke hoch zeigten sich die Himmelswagen, manche waren »so groß wie ein Tempel«. So was baut sich nicht im Hinterstübchen einer Familienwerkstatt!

Warum eigentlich wurden diese Gefährte nicht im Sinne der Evolution weiterentwickelt? Schritt für Schrittchen? Wir wären ja schon vor einigen tausend Jahren auf dem Mond gelandet!

Als im Auftrag der NASA das Saturnprojekt entwickelt und realisiert wurde, arbeiteten 20 000 Zulieferfirmen an dem Programm mit.

In der gesamten Sanskritliteratur gibt es keine Zeile, die auf Techniker, Fabriken oder Probeflüge hinweist. Die himmlischen Fahrzeuge waren plötzlich, einfach, allerdings überraschend, da. »Götter« schufen und bedienten sie. Innovation, Planung und Ausführung fanden nicht auf diesem unserem Planeten statt.

Darum behaupte ich: Der Geist fiel doch vom Himmel!

Die in indischen Texten reportierten Fahrzeuge waren konstruktionell offenbar dem Spaceshuttle voraus. Sie konnten »um die Erde fliegen«, sie konnten »in der Luft stehenbleiben«, ferner sich »unter die Sterne mischen«, wobei sie Licht von einer Intensität abstrahlten, als »wären zwei Sonnen am Himmel«.

Derartige Beobachtungen geben zu der Spekulation Anlaß, ob hier Photonentriebwerke, hypothetisches Endziel der Raumfahrttechnik, angesprochen wurden. Professor Eugen Sänger (1905–1964), berühmter Raketen- und Raumfahrtforscher, untersuchte die Möglichkeit des Photonenantriebs, der ohne Verlust bei der Energieumwandlung theoretisch die Lichtgeschwindigkeit als Ausstoßgeschwindigkeit erreichen könnte. Dieses Antriebssystem für Flugkörper im All würde ein gerichtetes Bündel elektromagnetischer Wellen, Licht etwa, ausstoßen und dadurch seine Schubkraft erlangen. Photonen sind bei sehr kurzen Wellenlängen masselose Elementarteilchen. – Professor Ernst A. Steinhoff sagt, daß bei den gegenwärtigen technologischen Voraussetzungen der Photonenantrieb kaum vorstellbar sei. Daß im derzeitigen Stadium die Realisierung unmöglich ist, steht außer Frage. Doch die technologischen Voraussetzungen verbessern sich täglich. Warum eigentlich sollen fremde Intelligenzen über ebendiese Voraussetzungen nicht schon seit langem verfügt haben? Nur weil wir uns für die »Krone der Schöpfung« halten?

Wenn aber eines fernen Tages auch an unserem Himmel Weltraumschiffe mit Photonenantrieb verkehren, dann wird die Abstrahlung »wie der Blitz« aussehen und in großer Höhe »wie eine zweite Sonne« strahlen.

Wie körperlich die Götter waren, beweisen die kriegerischen Spuren, die sie im Mahabharata hinterließen. Falls Militärs in Ost und West in diesem indischen Epos blättern, wird ihnen das Wasser im Mund zusammenlaufen: Die Götter besaßen Waffen von mörderischer Vernichtungskraft.

Im Adi Parva, einem Buch des Mahabharata, schenkt Gott Agni dem Helden Vasudeva den Diskus *Chakra* mit der Versicherung, daß er damit seine Feinde schlagen könne:

»Die Waffe wird immer wieder, wenn sie ihre Aufgabe erfüllt hat, zu dir zurückkehren.«

Als der wackere Vasudeva in lebensgefährliche Bedrängnis gerät, wendet er Chakra gegen seinen Feind Shisupala an:

»Die Diskusscheibe trennte augenblicklich den Kopf des Königs von seinem Leibe und kehrte wieder in die Hand Vasudevas zurück.«

Das war ein messerscharf geschliffener Bumerang, könnte man denken. Aber es war keiner, denn diese Waffe war in Feuer gehüllt, ein Geschenk vom »Feuergott«. Vasudeva hätte sich fürchterlich die Pfoten verbrannt, wenn er diesen Bumerang aufgefangen hätte.

Ardschuna, dem Helden des Epos, ist es bekannt, daß die unter den Menschen weilenden Götter über raffinierte Waffen verfügen. Also wendet er sich an Gott Shiva mit der Bitte um eine große Waffe. Der gibt sie ihm mit einer Gebrauchsanweisung:

»›O mächtiger Held, ich will dir meine Lieblingswaffe Pashupat geben. Doch mußt du dich vorsehen, daß du sie nicht falsch anwendest. Schleuderst du sie gegen einen schwachen Feind, so wird sie die ganze Welt zerstören. Es gibt niemanden, der mit dieser Waffe nicht erschlagen werden könnte...‹ Nach dem Reinigungsopfer weihte ihn Shiva in die Geheimnisse ihres Gebrauchs ein. Dann gebot er Ardschuna, in das Reich der Himmlischen zu kommen. Ardschuna betete zu Shiva, dem Herrn des Alls, der mit Uma, seiner Gemahlin, in den Wolken verschwand wie die untergehende Sonne...«

Von Gott Kuvera, der als eine Art von Zeughausverwalter geschildert wird, bekommt Ardschuna die Waffe *Antradhana*, eine gar köstliche und angenehme Waffe, denn sie besitzt die Fähigkeit, »die Gegner einzuschläfern.« Eine herrliche Vision! Wie schön wäre es, wenn sich alle in kriegerischen Auseinandersetzungen befindenden Heere der Welt gegenseitig einschläfern würden. Allerdings müßte der Chef der UNO, der den Moment des Aufwachens bestimmt, von hoher Intelligenz sein...

Übrigens fährt gleich, nachdem Ardschuna die Hypnosewaffe in Empfang genommen hat, Indra, der Herr des Himmels, mit seiner Gemahlin Sachi in seinem himmlischen Streitwagen vor Ardschuna und gebietet dem Helden, den Wagen zu besteigen und mit ihm in den Himmel zu fahren.

Durch die Mahabharata-Kriegsberichte wogt der Kampf der Dynastien Kaurawa und Pandawa um die Macht. Immer mischen die Götter mit, immer entscheiden ihre fremdartigen Waffen. In einer Schlacht gegen die Pandawa-Truppen wird die Waffe *Narayana* eingesetzt:

»Ohrenbetäubender Lärm erfüllte das Schlachtfeld. Die Narayana-Waffe flog in die Luft, Tausende von Pfeilen kamen gleich zischenden Schlangen daraus hervor und fielen nach allen Seiten auf die Krieger herab.«

Das steht im Buch Drona Parva des Mahabharata.

Man wird spontan an die Stalinorgeln erinnert, die die Rote Armee im Zweiten Weltkrieg einsetzte: Mehrfachraketenwerfer. Sie bekamen ihren Namen von der Anordnung der Abschußvorrichtung wie vom Ton der herannahenden Geschosse, der dem einer Orgel ähnelte.

Die »Götter« scheinen im Erfinden böser Waffen unübertrefflich gewesen zu sein. Und Ardschuna besaß sie. Darum wurde er aufgefordert, nur die »ersten Waffen« abzufeuern, die ihm die Götter einst gegeben hatten, weil die »*letzte* Waffe« furchtbare Wirkung zeigen würde. Allerdings waren auch die »ersten Waffen« nicht von Pappe:

»Die Waffen schossen hoch in die Lüfte, und Flammen brachen aus ihnen hervor, die dem großen Feuer glichen, das die Erde am Ende eines Erdzeitalters verschlingt. Tausende von Sternschnuppen fielen vom Himmel. Die Tiere in den Gewässern und auf dem Lande zitterten vor Angst. Die ganze Erde erbebte.«

Im Buch Aunshana Parva des Mahabharata.

Glücklicherweise gab es schon damals besonnene Männer, die wußten, was passieren würde, wenn auch die »letzte Waffe« zum Einsatz käme. Auf dem Höhepunkt der Schlacht schaltete sich der Weise Veda Vyasa ein und forderte die kämpfenden Parteien auf, die »letzte Waffe« zurückzuziehen, die eben in Stellung gebracht wurde. Wenn sie zum Einsatz käme, »...würde zwölf Jahre lang Dürre das Land befallen... und auch noch die ungeborenen Kinder im Mutterleib töten«.

Vietnam!
Uns Bürgern des 20. Jahrhunderts ist das Grauen der verbrannten Erde, der blätterlosen Bäume, der verkrüppelten Kinder, der krepierenden Männer und Frauen zum Trauma geworden. Der Fluch des totalen Krieges, der nur Besiegte kennt.

Möge es doch immer einen Weisen geben, der die »letzte Waffe« schweigen läßt.

Die Beispiele von Waffen, die stets von »Göttern« in die irdischen Auseinandersetzungen eingeführt wurden, sind unübersehbare Beweismittel für meine Feststellung, daß »Götter« körperliche Existenzen waren. Waffen, wie sie in altindischen Texten beschrieben wurden, entsprachen nicht dem technischen Status der Altvordern. Der Weg zu Waffen dieser mörderischen Vernichtungskraft führt aber über Entwicklungsstufen der Technologie, die auch andere technische »Denkmäler« als nur Waffen hinterlassen haben müßten. Es gibt keine. Die Waffensysteme waren jeweils *plötzlich* da, ebenso *plötzlich* wie die fliegenden Apparate.

Ich lasse mich nicht für dumm verkaufen. Ich wehre mich gegen die Interpretationen, es handle sich um pure Phantasie, die sich in die Mythologie eingenistet habe. Auch die Phantasie braucht Initialzündungen, muß animiert werden. Wenn Phantasie aber exaktes Wissen »offenbart«, von dem niemand einen blassen Schimmer gehabt haben *kann*, dann soll man endlich das angeblich Unverständliche aus heutigem Blickwinkel erklären. Darum habe ich mich erst einmal über Waffen informiert, wie sie *heute* entwickelt und hergestellt werden!

Man muß akzeptieren, daß frühere Deutungen solcher Texte weder moderne Waffensysteme noch Raumfahrtobjekte einbeziehen konnten. Diese goldenen Zeiten des Nichtwissens sind vorbei.

Wir kennen Nuklearwaffen, *wir* erleben die Anfänge praktischer Raumfahrt. *Wir* müssen (wenn wir redlich sind) unser Wissen in die Deutung alter Texte einbringen – auf die Möglichkeit hin, daß der Mensch den Nimbus verliert, der Größte zu sein, und auf die Wahrscheinlichkeit hin, daß die Evolutionstheorie kippen kann. Fiel wirklich *nichts* vom Himmel?

Auch der Rigweda offeriert leibhaftige Götter, die im Weltraum kutschieren. Kostproben nur, die für einen facettenreichen Weltraumprospekt stehen mögen:

»Alle, die aus dieser Welt verreisen, gehen zunächst sämtlich zum Monde... Der Mond ist die Pforte zur Himmelswelt, und wer ihm auf seine Fragen antworten kann, den läßt er über sich hinausgelangen...« (Rigweda, 1. Adhyaya)

»Verehrung dem Vayu, dem Luftraumbesitzer, dem Weltraumbesitzer! Oh, mache mir, dem Opferherrn, eine Stätte ausfindig. Öffne die Pforte zum Himmelsraum, zum Weltenraum, daß wir dich schauen, Allherrschaft zu erlangen. Verehrung den Himmelsbesitzern, den Weltraumbesitzern. Oh, machet mir eine Stätte ausfindig. Dorthin möchten wir gehen.« (Rigweda, 24)

Ein Ehrwürdiger belehrt seinen Schüler:

»Der Weltraum ist größer als die Glut, denn im Weltraum sind beide, die Sonne und der Mond, sind Blitz, Gestirne und Feuer. Vermöge des Weltraums ruft man, hört man, antwortet man; im Weltraum freut man sich und freut man sich nicht; man wird geboren im Weltraume, man wird geboren für den Weltraum; den Weltraum mögest du verehren! Wer den Weltraum verehrt, der erlangt Weltraumreiche, lichtraumreiche Welten, unbeengte, zum weiten Ausschreiten, und so weit sich der Weltraum erstreckt, so weit wird ihm ein Umherschweifen nach Belieben zuteil...« (Rigweda, 7)

Der Ehrwürdige Lehrer vermittelte seinem Schüler keine Denkmodelle für philosophische Ideen, wie man vielleicht sagen könnte, und deshalb hätte der Text auch nichts mit dem »echten« Weltraum zu tun. – Vor mir liegen Stammbäume solcher Ehrwürdigen Lehrer, die über 56 Generationen hinweg bis zu jenem Herrn reichen, der im Besitz des ursprünglichen Wissens war. Mit dem Unterschied, daß die des Rigweda in ungleich frühere Zeiten zurückreichen, ist es wie mit der Stafette, die in der biblischen Genealogie von Jesus zu

König David, von David zu Abraham, von Abraham zu Adam an die ursprünglichen Quellen des Wissens führt. Man kann nicht eine Genealogie, weil sie in den Kram paßt, als patentiert abnehmen und die andere, ebenso solide verifizierte, ablehnen. Den Ehrwürdigen Lehrern im indischen Raum oblag es, die Überlieferung *unverändert* weiterzugeben. Sic!

Der Mond ist die Pforte zur Himmelswelt. Genau! Darum haben ihn Amerikaner und Russen als erstes Ziel für Raumfahrt angepeilt. Wer die technische Nagelprobe der Mondlandung besteht, den läßt er *über sich hinausgelangen.* Genau. Inzwischen wurde der Mars erreicht, Venus und Jupiter sind im Visier. Wenn wir bisher auch nur über marginales Wissen vom Weltraum verfügen, gestattet es uns doch die Überlegung, ob nicht auch für die Bewohner anderer Planeten der Mond der Testfall gewesen sein kann. Es ist ein enormer Fortschritt der letzten Jahre, daß intelligentes Leben, Zivilisationen auf zahllosen anderen Planeten nicht mehr bestritten werden.

Luftraumbesitzer, Weltraumbesitzer, Allherrschaft? Was spornt denn Führungsmächte unserer Zeit an, Raumfahrt zu betreiben? Für einen Spleen sind die Kosten zu hoch und die Anstrengungen zu groß. Um durch ein weit vorausgestecktes Ziel rasanten technischen Fortschritt zu erzwingen, ließen sich weniger aufwendig erreichbare Marken denken. Und setzen! Die Rohstofflager des blauen Planeten sind in bereits genau absehbarer Zeit aufgebraucht. Die Notwendigkeit, neue Lager auf anderen Planeten zu finden, finden zu müssen, erzwang die Raumfahrt. Selbstverständlich spielen unter vielen anderen Motiven auch militärische Aspekte eine bedeutende Rolle, doch sie rangieren weit hinter der Erkenntnis, daß die ausgeplünderte Erde in nicht ferner Zeit unbewohnbar sein wird.

Unter dem Wissen unserer Tage hat man sich darauf verständigt, daß es Abertausend Zivilisationen im Kosmos gibt, ja, es wird nicht mal mehr ernsthaft bestritten, daß es vermutlich Zivilisationen gibt, die älter sind als die unsrige. Es ist nur ein logischer Schluß: Ältere Zivilisationen können auf ihrem Heimatplaneten schon vor vielen Jahrtausenden in der Zwangslage gewesen sein, auf die wir im frühen dritten Jahrtausend ausweglos zusteuern. *O Weltraumbesitzer, macht uns eine Stätte ausfindig. Dorthin möchten wir gehen.*

Weltraumstationen sind schon längst keine Phantasiegebilde von Science-fiction-Autoren mehr. Die Konstruktionen liegen vor, sie sind mit der gleichen Präzision realisierbar wie die Raumraketen, die in Amerika und Rußland abgeschossen wurden und die ihre Ziele auf Punkt erreichten. Selbst eine vierstöckige Raumstation, die zwei amerikanische Firmen im Auftrag der NASA im Maßstab 1:1 modellierten, ist bereits überholt. Es sind Raumstationen in Planung und Konstruktion, die mehrere hundert Wissenschaftler und Techniker an Bord nehmen können. Unter den Bedingungen künstlich hergestellter Schwerkraft wird man Forschungsalltage im Weltraum verbringen. Über die zukünftigen Möglichkeiten der Raumfahrt sprachen wir schon. Darum sei hier nur noch notiert, daß sogar Raumkliniken in Planung sind: Mediziner *wissen*, daß bestimmte Patienten, die als unheilbar gelten, im Weltraum genesen können.

Nachdem eine kleine Kompanie von Astronauten unter Beweis gestellt hat, daß der Organismus durch die Belastungen von Raumflügen nicht geschädigt wird, haben auch Frauen Ausflüge ins All unternommen. Die NASA bildet Astronautinnen aus. Alle Voraussetzungen für den Rigweda-Bericht sind bald auch für uns gegeben: *Man wird geboren im Weltraume, man wird geboren für den Weltraum!*

Alles, was in alten Texten über Weltraumereignisse berichtet wird, wird einmal auch unsere Wirklichkeit sein. Es ist »nur« eine Frage des Geldes. In Demokratien fehlt kurzsichtigen Abgeordneten der Mut, Ziele anzugehen, die erst übermorgen Erfolg bringen. Das Überleben der Menschheit ist kein ergiebiges Wahlkampfthema. Nirgendwo in der westlichen Welt. Die öffentliche Meinung wird dahin getrimmt, daß es wichtigere Aufgaben, beispielsweise in der Dritten Welt, gibt. Es wird übersehen, daß wir alle, *mit* der Dritten Welt, in einem Boot sitzen. Wenn die Schornsteine der Industrieländer nicht mehr rauchen, muß der blaue Planet Konkurs anmelden. *O Weltraumbesitzer, öffnet die Pforten!*

Im Buch Adi Parva des Mahabharata wird von Empfängnis und Aufzucht des halbgöttlichen Helden Karna berichtet. Die unverheiratete Kunti war »vom Sonnengott besucht worden«. Als natürliche Folge der göttlichen Begattung gebar sie einen Sohn, der nach dem

Papa ausschlug, denn er war »leuchtend wie die Sonne selbst«. Die ehemalige Jungfrau Kunti fürchtete die Schande, weswegen sie das Kind in eine Schachtel bettete und heimlich im Fluß aussetzte. Die brave Frau Adhirata angelte das Knäblein aus dem Wasser, nannte es Karna und zog es wie ihr eigenes Kind auf.

Wer erinnert sich nicht an die rührende Geschichte vom kleinen Mose, der auch von seiner Mutter in einem Bastkörbchen dem Nil anvertraut wurde, aus dem ihn eine Pharaonentochter an Land zog?

Es ist ein Kreuz mit den unzähligen Göttersöhnen. Diese Mitglieder des göttlichen Jet-sets tummeln sich nicht nur zu Hunderten in Mythologien, es gibt sie auch in der sozusagen »amtlichen«, ganz seriösen Literatur. Da steht in den Qumran-Texten aus dem 2. vorchristlichen Jahrhundert, die 1947 in Höhlen des Gebirgsabfalls zum Toten Meer gefunden wurden, eine so erstaunliche Geschichte, daß ich sie, obwohl ich sie wiederaufgreife, streifen muß, weil sie hierhergehört. Die Lamech-Rolle, in der sie steht, ist nach über 2000 Jahren freilich lädierter als ein tausendmal ausgeliehenes Buch; die Zeit und die Feuchtigkeit in der Höhle haben an ihr geknabbert. Was bruchstückhaft übrigblieb, ist interessant genug. Hier handelt es sich um keinen Mythos, sondern um in historischer Zeit notierte Geschichte. Also:

Lamech, Noahs Vater, kam eines Tages von einer Reise zurück, die länger als neun Monate gedauert hatte. Er war deshalb mit guten Gründen überrascht, einen winzigen Buben vorzufinden, der nicht von ihm sein konnte und dessen äußere Merkmale so ganz und gar nicht in die Familie paßten. Wer will es Lamech verübeln, daß er seinem Weib Bat-Enosch heftigste Vorwürfe machte. Die aber beschwor bei allem, was ihr heilig war, daß der Same von ihm, Lamech, stammen müsse, denn sie habe weder etwas mit einem Soldaten noch einem Fremden oder gar einem der »Söhne des Himmels« gehabt:

»O mein Herr..., ich schwöre dir..., daß von dir dieser Same war, von dir diese Empfängnis und von dir die Pflanzung der Frucht, nicht von einem Fremden noch von einem Wächter, noch von einem Sohne des Himmels...«

Lamech glaubte kein Wort. Außerordentlich beunruhigt ging er, um seinen Vater Methusalem um Rat zu fragen. Der hörte sich die eigenartige Story an, dachte gründlich nach, kam aber zu keinem

Schluß, weswegen er den weisen Henoch aufsuchte. Das knäbliche Kuckucksei in der sittsamen Familie ließ den steinalten Methusalem die Strapazen der weiten Reise auf sich nehmen, es mußte ja für Klarheit gesorgt werden. Was sollten sonst die Leute denken?

Henoch hörte sich Methusalems Report an. Daß da aus heiterem Himmel ein Knäblein aufgetaucht sei, welches weniger wie ein Mensch als vielmehr wie ein Himmelssohn aussehe; die Augen, die Haare, die Haut, nichts passe in die Familie.

Der kluge Henoch hörte sich das alles an und schickte dann Methusalem mit der beunruhigenden Nachricht nach Hause, daß ein gewaltiges Strafgericht über die Menschheit und die Erde kommen werde; alles »Fleisch« würde vernichtet werden, weil es schmutzig und verderbt sei. Seinem Sohn Lamech aber solle er befehlen, sagte Henoch, das Knäblein zu behalten und ihm den Namen Noah zu geben: Der kleine Noah sei dazu ausersehen, Stammvater all jener zu werden, die das große Weltgericht überleben würden.

Verblüffend ist an dieser Familiengeschichte, daß einige Male vom »Sohn des Himmels« als legitimem Erzeuger die Rede ist, aber auch, daß schon Noahs Eltern von der kommenden Sintflut unterrichtet waren. Besonders beachtlich aber ist, daß Großvater Methusalem die Nachricht von dem nämlichen Henoch übermittelt wurde, der der Überlieferung nach schon bald darauf in einem feurigen Wagen in den Himmel entrückte.

Dieser Henoch ist mein Freund, ich bin ihm auf den Fersen. Ich habe einen besonderen Nerv für geheimnisvolle Persönlichkeiten, noch dazu, wenn dieser Mann im Alten Testament nur so beiläufig erwähnt wird. Henoch hat es nicht verdient, so am Rande abgetan zu werden, denn er ist der Autor eines aufregenden Buches. Hätten die Kirchenväter uns für mündige Bibelleser gehalten, würde das *Buch Henoch* seinen Platz im Buch der Bücher haben! Aber die alte Kirche hat es vom »öffentlichen Gebrauch« ausgeschlossen. Anlaß genug, sich mit Henoch zu befreunden und immer wieder zu beschäftigen.

Wenn man erfährt, was Henoch mitzuteilen hat, tat die alte Kirche – in ihrem Sinne – gut daran, uns das Buch vorzuenthalten: Es bringt so brisante Mitteilungen, daß sie durchaus imstande gewesen wären, den Gott des Alten Testaments aus dem Sattel zu heben.

Wer war dieser Henoch, dessen Name im Hebräischen »der Eingeweihte«, »der Einsichtige«, »der Kundige« bedeutet?

Mose bezeichnet ihn als den siebten der zehn Urväter, ein vorsintflutlicher Patriarch also, dieser Sohn des Jared, der seit Jahrtausenden im Schatten seines Sohnes Methusalem steht, von dem die Genesis behauptet, er wäre 969 Jahre alt geworden – eben »so alt wie Methusalem«. Der Erzähler des Pentateuchs (der fünf Bücher Mose) läßt den Eingeweihten Henoch immerhin 365 Jahre alt werden und dann nicht einmal sterben, sondern in einem »feurigen Wagen« in den Himmel »entrücken«.

Wir können uns doppelt glücklich preisen: Einmal, daß der Prophet der grauen Vorzeit uns Berichte seiner wundersamen Erlebnisse mit den Göttern hinterließ, zum andern, daß diese Berichte in Ich-Form überhaupt wieder auftauchten.

Das Henoch-Buch soll, darin sind sich die meisten modernen Forscher einig, ursprünglich in hebräischer oder aramäischer Sprache verfaßt worden sein. Dieser Urtext ging verloren und wurde bis heute nicht wieder gefunden.

Wäre das ein endgültiger Verlust gewesen, hätten wir nie etwas von diesen dokumentarischen Kostbarkeiten erfahren. Aber die Äthiopier fertigten nach einer, in der frühen christlichen Ära entstandenen und in Ägypten gefundenen, griechischen Übertragung des Urtextes eine Übersetzung an. Zu einem nicht mehr feststellbaren Zeitpunkt wurde diese Fassung des Henoch-Textes in den alttestamentlichen Kanon der abessinischen Kirche aufgenommen und seitdem im Verzeichnis der heiligen Schriften geführt.

Die Nachricht von der Existenz des Henoch-Buches erreichte Europa in der ersten Hälfte des 18. Jahrhunderts. Der englische Afrikareisende und Begründer der Äthiopien-Forschung, James Bruce (1730–1794), entdeckte nicht nur die Quellen des Blauen Nil; von seinem mehrjährigen Aufenthalt brachte er auch drei Exemplare des Henoch-Textes mit. Zuerst übertrug ihn der spätere Erzbischof von Cashel, Professor Richard Laurence, mangelhaft ins Englische, ehe der deutsche Orientalist und protestantische Theologe August Dillmann (1823–1894) mit einer Übersetzung »den Henoch« zum internen Fachgespräch machte. Diese Übersetzung erschien 1851. Seitdem wurden die Texte durch etwa 30 weitere äthiopische Handschriften ergänzt und mit einer griechischen Version verglichen. Der hochakademische Textvergleich ergab, daß wir es mit einem *echten Henoch* zu tun haben.

Übrigens haben Fachleute die Hoffnung noch nicht aufgegeben, daß der hebräische oder aramäische Urtext eines schönen Tages doch noch in einer ägyptischen Begräbnisstätte auftaucht. Wunder gibt es immer wieder. In einigen Bibeln, die auch die Apokryphen anbieten, ist das Buch Henoch enthalten. »Apokryphen« bedeutet im Griechischen »verborgene Schriften« oder geheimgehaltene heilige Bücher.

Ich besitze eine Henoch-Übersetzung *Thübingen 1900.* Mir ist bekannt, daß es modernere Übersetzungen gibt, aber die »Thübinger« hat einen so umfangreichen Anmerkungsapparat von 17 Fachgelehrten, wie ihn keine andere Ausgabe mehr besitzt. *Diese* Anmerkungen sind von Nutzen, weil sie die verschiedenen Übersetzungsmöglichkeiten aufzeigen – sie wollen keine Textauffassungen indoktrinieren. Die »Thübinger« läßt die Fassungslosigkeit spüren, die die Gelehrten vor dem verschachtelten, komplizierten, ja oft chaotischen Text empfanden. Sie scheuten sich nicht, ihre Ratlosigkeit vor den astronomischen Zahlenreihen, den physikalischen Beschreibungen und vor den heute durchaus verständlichen genetischen Manipulationen zuzugeben. Deshalb bieten sie zu zehn Henoch-Zeilen oft 20 Zeilen an Fußnoten an, in denen der Spielraum sprachlich möglicher Übersetzungen offen auf den Tisch gelegt wird. Darauf kommt es mir an.

Wenn man sich bemüht, den Henoch-Text stur und ausschließlich theologisch zu interpretieren, bleibt er tatsächlich ein Labyrinth von seltsamen Mitteilungen, durch das kein Ariadnefaden zum Ziel führt. Läßt man aber das arabeske Beiwerk in seiner blumigen Bildersprache weg und nimmt das Skelett, dann wird uns Heutigen – ohne ein Jota zu ändern – ein Bericht von geradezu unheimlicher Dramatik vermittelt.

Wichtig ist, noch zu erwähnen, daß Henoch-Forscher den Kern des Buches *einem* Verfasser zuschreiben und einheitlich die Niederschrift ins letzte Drittel des 2. *vor*christlichen Jahrhunderts datieren. Hier hat die Überlieferung also *einen* Autor gefunden. – Die vorübergehende Annahme, das Buch könnte christlicher Herkunft sein, wurde längst aufgegeben.

Alles, was ich über die Sprachlosigkeit der Berichterstatter sagte, stellt sich exemplarisch im Henoch-Text dar. Sowohl dem Beobachter der Ereignisse als auch dem Schreiber fehlten konkrete Begriffe für das, was geschehen war. Augenzeuge und Schreiber befanden sich in einer Situation, in die man jeden bringen kann, den man auffordert, einmal die Form einer Wendeltreppe zu beschreiben, ohne dazu die Hände zu benutzen. Es sind Vergleiche notwendig. Das »Sieht-aus-wie«-Spiel ist fällig. Dieses Spiel war für vorzeitliche Beobachter immer dann üblich, weil notwendig, wenn sie mit Vokabeln *ihrer* Zeit ihnen unbekannte, nie gesehene Vorgänge schildern mußten. Unfähig, das Erlebte in präzisen Wörtern zu berichten, bemühten sie die Phantasie ihrer (orientalischen) Bildersprache, die üppig ins Kraut märchenhafter Allegorie schoß. Je größer der *erlebte* Eindruck vom Ereignis war, desto wilder wucherte die Phantasie.

Um das wirkliche Bild des Geschehens zu erkennen, scheint es mir legitim, sozusagen die verwirrenden Farben wegzuradieren, damit das dokumentare Schwarzweißfoto hervortritt: die Momentaufnahme vom Ereignis. Selbst wir waren sprachlos, als wir die ersten Direktaufnahmen vom Mars auf dem Bildschirm in unseren Wohnzimmern sahen. Den Berichtern in grauer Vorzeit wird es unter dem Eindruck schockierender Erlebnisse nicht anders gegangen sein.

Die ersten fünf Kapitel des Henoch-Buches kündigen ein Weltgericht an: Der himmlische Gott wird seine Wohnung verlassen, um mit den Heerscharen seiner Engel auf der Erde zu erscheinen. Elf folgende Kapitel schildern den Fall der »abtrünnigen Engel«, die sich, entgegen dem Befehl ihres »Gottes«, mit den Töchtern der Menschen vereinigten. Diese »Engel« bekamen von ihrem »Gott« so genau umrissene Aufgaben, daß es wirklich schwerfällt, sie in die Schar himmlischer Wesen einzureihen:

»Semjasa lehrte die Beschwörungen und das Schneiden der Wurzeln, Armaros die Lösung der Beschwörungsformeln, Baraquel das Sternschauen, Kokabeel die Astrologie, Ezequeel die Wolkenkunde, Arakiel die Zeichen der Erde, Samsaveel die Zeichen der Sonne, Seriel die Zeichen des Mondes...«

Das hört sich an, als hätte der Gott der Engel Fachreferenten für die Erledigung besonderer Aufgaben während des Erdenaufenthaltes eingeteilt. Daß die Referenten auf ihrem Gebiet beschlagen waren, werden wir erfahren – daß ihr Wissen turmhoch über dem Kenntnisstand der damaligen Erdbewohner lag, steht außer Frage.

In den Kapiteln 17 bis 36, dem »harten Kern« des Buches, werden Henochs Reisen in verschiedene Welten und zu fernen Himmelsgewölben beschrieben. – Die Kapitel 37 bis 71 übermitteln sogenannte Bildreden, Gleichnisse vielfacher Art, wie sie dem Propheten von den Göttern erzählt wurden. Henoch erhielt den direkten Auftrag, die Bildreden zu notieren, um sie fernen Geschlechtern zu vermitteln. Grund: Seine Zeitgenossen könnten die technischen Mitteilungen nicht verstehen, sie seien für die Zukunft wichtig. Das ist keine Interpretation von mir, so steht es bei Henoch!

Die Kapitel 72 bis 82 enthalten minuziöse Angaben über Sonnen- und Mondumlaufbahnen, über Schalttage, Sterne und Himmelsmechanik, sie geben geographische Bestimmungen im Universum. Die restlichen Kapitel enthalten Gespräche Henochs mit seinem Sohn Methusalem, dem er die kommende Sintflut ankündigt. Zum Happy-End verschwindet Henoch dann in seinem feurigen Wagen in den Himmel.

Das slawische Henoch-Buch enthält Angaben, die nicht im abessinischen stehen. Es schildert, wie Henoch Kontakt mit den Himmlischen bekam:

»Als ich 365 Jahre alt geworden war, war ich an einem Tag des zweiten Monats allein zu Hause... Da erschienen mir zwei sehr große Männer, die ich nie auf Erden gesehen. Ihr Antlitz leuchtete wie die Sonne, ihre Augen wie brennende Fackeln; aus ihrem Mund sprühte Feuer; ihre Kleidung und ihr Gesang waren herrlich, ihre Arme wie goldene Flügel. Sie standen zu Häupten meines Bettes und riefen mich mit Namen. Ich erwachte vom Schlaf und stand von meinem Lager auf; dann verneigte ich mich vor ihnen, mein Antlitz bleich vor Schrecken. Da sprachen die beiden Männer zu mir: Sei getrost, Henoch! Fürchte dich nicht! Der Ewige Herr hat uns zu dir gesandt, du sollst mit uns heute in den Himmel gehen. Gib deinen Söhnen und deinem Gesinde Anweisung für das, was sie in deinem Haus tun sollen! Keiner aber soll dich suchen, bis der Herr dich wieder zu ihnen führt...‹«

In religiösen Interpretationen wird immer wieder behauptet, der vorsintflutliche Patriarch habe eine Erscheinung oder eine Vision gehabt. Der Bericht ist unangenehm präzise, er widerlegt diese Auslegung. Henoch *erwacht* nämlich, und er gibt auf Wunsch der beiden Herren Anweisungen, was während seiner Abwesenheit getan werden soll. Wenn auch von Henochs Reise in den Himmel getönt wird, sie wäre nichts anderes als eine Todesvision, muß ich sagen: Bitte, genau hinsehen, meine Herren, denn im Text steht, daß der Prophet nach seinen »Visionen« fidel und munter zu seiner Familie zurückkehrte.

Es ist kein glücklicher Zufall, daß Henochs Erlebnisse niedergeschrieben wurden. Er erhielt strikten Befehl, alles, was er erlebte, festzuhalten:

»Der Herr sagte zu mir: ›O Henoch, betrachte die Schrift der himmlischen Tafeln, lies, was darauf geschrieben ist, und merke dir alles Einzelne.‹ – Ich betrachtete alles auf den himmlischen Tafeln, las alles, was darauf geschrieben stand, merkte mir alles und las das Buch.

Dies ist die von Henoch, dem Schreiber, verfaßte vollständige Lehre der Weisheit, die für alle Menschen preisenswert und Richterin der ganzen Erde ist.

Dies ist das Buch, das Wort der Gerechtigkeit und der Zurechtweisung der ewigen Wächter.

Und nun, mein Sohn Methusalem, erzähle ich dir alles und schreibe es für dich auf; ich habe dir alles enthüllt und dir die Bücher, die alle diese Dinge betreffen, übergeben. Bewahre, mein Sohn Methusalem, die Bücher von deines Vaters Hand und übergib sie den kommenden Generationen der Welt.«

Hier geht es so sachlich, so bewußt zu, daß es sich bei dem Auftraggeber nicht um ein imaginäres Wesen gehandelt haben kann. Kein Gott keiner Religion verlangte je detaillierte Niederschriften seiner Taten.

Im slawischen Henoch-Buch erfahren wir auch, wie viele Bücher Henoch diktiert wurden. Dort ist auch aktenkundig gemacht, daß *nicht* Gott persönlich diktierte, sondern daß der Erzengel Bretil das »im Auftrag« erledigte:

»Und er beschrieb mir alle Dinge im Himmel, auf Erden und im Meer, die Läufe der Orte aller Elemente, die Jahreszeiten, die

Tagesläufe und die Änderungen, die Gebote und die Lehren. Und Bretil sprach zu mir 30 Tage und Nächte; seine Lippen redeten unaufhörlich. Auch ich schrieb, ohne auszuruhen, den ganzen Inhalt nieder. Als ich fertig war, hatte ich 360 Bücher geschrieben.«

Was steht in der Bibliothek des fleißigen Schreibers über die vielzitierten »ewigen Wächter«?

»Vor diesen Begebenheiten war Henoch verborgen, und niemand von den Menschenkindern wußte, wo er verborgen war, wo er sich aufhielt und was mit ihm geworden war... Siehe, da riefen die Wächter des großen Heiligen mich, Henoch, den Schreiber, und sagten zu mir: ›Henoch, du Schreiber der Gerechtigkeit, geh, verkünde den Wächtern des Himmels, die den hohen Himmel, die heilige ewige Stätte verlassen, mit den Weibern sich verderbt, wie die Menschenkinder tun, getan, sich Weiber genommen und sich in großes Verderben auf der Erde gestürzt haben.‹«

Es wäre blasphemisch, diese Art von »Wächtern des Himmels« zu Unschuldsengeln umzufunktionieren. Falls sie es doch tun sollten (sich Weiber nehmen), geht es aufs Konto der Interpreten heiliger Schriften, daß sie es nicht tun *dürfen*. Engel mischen sich nun mal nicht mit Erdenweibern. Da muß wohl eine Truppe tätig gewesen sein – es ist von 200 Mann die Rede, die 1000 Kinder zeugten –, die sich, frauenlos, auf einer Expedition befand und Objekte ihrer fleischlichen Lust suchte. Und, wie alle Besatzungstruppen, auch fand!

»Diese und alle übrigen mit ihnen nahmen sich Weiber, jeder von ihnen wählte sich eine aus, und sie begannen... sich an ihnen zu verunreinigen... Sie wurden schwanger und gebaren 300 Ellen lange Riesen. Sie sind zu den Menschentöchtern auf der Erde gegangen, haben bei ihnen geschlafen und mit den Weibern sich verunreinigt... Die Weiber aber gebaren Riesen, und dadurch wurde die ganze Erde von Blut und Gerechtigkeit voll.«

Falls noch Zweifel über Herkunft und Art der »Wächter« bestanden haben, räumt Henoch sie überdeutlich aus. Er wird von dem »Herrn«, der zweifelsfrei die Befehlsgewalt über die Wächter innehat, gerufen:

»Tritt herzu und höre meine Rede. Geh hin und sprich zu den

Wächtern des Himmels, die dich gesandt haben, um für sie zu bitten: ›Ihr solltet eigentlich für die Menschen bitten, und nicht die Menschen für euch. Warum habt ihr den hohen und ewigen Himmel verlassen, bei den Weibern geschlafen, euch mit den Menschentöchtern verunreinigt, euch Weiber genommen und wie die Erdenkinder getan und Riesensöhne gezeugt? Obschon ihr unsterblich wart, habt ihr durch das Blut der Weiber euch befleckt, mit dem Blute des Fleisches Kinder gezeugt, nach dem Blute der Menschen begehrt und Fleisch und Blut hervorgebracht, wie jene tun, die sterblich und vergänglich sind.‹«

Die Situation ist klar. Henoch steht vor dem Kommandanten der Wächter. »Wächter« sind keine Kreation nur dieses vorzeitlichen Propheten. Hesekiel spricht von ihnen. Sie tauchen im Gilgamesch-Epos auf. Es ist von Riesen die Rede, die gezeugt wurden. Baruch nennt sogar Ziffern über die Zahl der Riesen, die es kurz vor der Sintflut gab:

»Es brachte Gott die Sintflut auf die Erde und tilgte alles Fleisch und auch die 4 090 000 Riesen. Das Wasser stand um 15 Ellen höher, als je die höchsten Berge waren.«

Im Henoch-Bericht ist kaum der sarkastische Spott des Kommandanten zu überhören, der eher seine Wächter als Fürsprecher der Erdenkinder erwartet hatte denn Menschen als Anwälte seiner Untergebenen. Sehr ärgerlich ist der hohe Herr über die Kopulationen seiner Mannschaft mit den Menschentöchtern, die »sterblich und vergänglich« sind. Er und seine Leute sind nämlich scheinbar unsterblich. Dieser Nimbus könnte durch die schandbaren Liebesnächte und deren Produkte dahin sein. Der mit seinen Leuten unzufriedene Kommandant kennt schließlich die Gesetze der Zeitverschiebung bei interstellaren Flügen mit hohen Geschwindigkeiten! Wenn die Crew auf der Erde Kinder zeugte, würden die Bewohner dieses mickrigen Planeten den Schwindel durchschauen und merken, daß die Besucher, die sie für Götter hielten, gar nicht unsterblich waren!

War schon das eine Panne, ärgerte sich der Chef besonders über den Ungehorsam der Mannschaft, die er zu Erkundungs- und Erziehungsaufgaben zurückließ, während er mit seinem Raumschiff anderen Aufgaben im Sonnensystem nachging. Gerade weil seine Fachreferenten ausgesuchtes Bodenpersonal darstellten, hätten sie sich nicht mit Menschentöchtern paaren dürfen. Hier hatte heiße Leidenschaft einem kosmischen Planer einen dicken Strich durch die Rechnung gemacht, eine arge Sache für den Kommandanten.

Ich bitte darum, die wider Befehl gezeugten Riesen nicht aus der Erinnerung zu verlieren, ich werde sie in ihrer ganzen Größe mit ihren gewaltigen Füßen zum Nachweis ihrer ehemaligen Existenz durch die Vorgeschichte stapfen lassen!

»Vor diesen Begebenheiten war Henoch verborgen, und niemand von den Menschenkindern wußte, wo er verborgen war, wo er sich aufhielt.«

Es mag sich heute wie ein Märchen anhören, doch zur damaligen Zeit war es eine ganz und gar ungewöhnliche Sache, wenn ein leibhaftiger Mensch, wie Henoch einer war, spurlos und plötzlich von der Bildfläche verschwand. Damals gehörte Kidnapping noch nicht zum alltäglichen Spiel einer kranken Gesellschaft. Der Verbleib Henochs wäre nie aufgeklärt worden, wenn er nicht selbst Protokoll geführt hätte. Henoch nahm an einer Raumfahrt teil!

Astronaut Henoch berichtet:

»Sie trugen mich in den Himmel hinein. Ich trat ein, bis ich mich einer Mauer näherte, die aus Kristallsteinen gebaut und von feurigen Zungen umgeben war; und sie begann, mir Furcht einzujagen. Ich trat in die feurigen Zungen hinein und näherte mich einem großen, aus Kristallsteinen gebauten Haus. Die Wände jenes Hauses glichen einem mit Kristallsteinen getäfelten Boden, und sein Grund war Kristall. Seine Decke war wie die Bahn der Sterne und Blitze, dazwischen feurige Kerube, und ihr Himmel bestand aus Wasser. Ein Feuermeer umgab seine Wände, und seine Türen brannten von Feuer.

Da war ein anderes Haus, größer als jenes; alle seine Türen standen offen. In jeder Hinsicht, durch Herrlichkeit, Pracht und Größe zeichnete es sich aus. Sein Boden war von Feuer; seinen oberen Teil bildeten Blitze und kreisende Sterne, und seine Decke war loderndes Feuer, ich gewahrte einen hohen Thron. Sein Aussehen war wie Reif; um ihn herum war etwas, das der leuchtenden Sonne glich. Unterhalb des Thrones kamen Ströme lodernden Feuers hervor, und ich konnte nicht hinsehen. Die große Majestät saß darauf; ihr Gewand war glänzender als die Sonne und weißer als lauter Schnee.

Ringsherum standen zehntausendmal Zehntausende vor ihm, und alles, was ihm beliebt, das tut er. Und die in seiner Nähe stehen, entfernen sich nicht bei Nacht oder bei Tag, noch gingen sie weg von ihm.

Sie nahmen mich fort und versetzten mich an einen Ort. Ich sah die Örter der Lichter, die Vorratskammern der Blitze und des Donners. Ich sah die Mündung aller Ströme der Erde und die Mündung der Tiefe.

Ich sah den Eckstein der Erde, und ich sah die vier Winde, die die Erde und die Feste des Himmels tragen. Ich sah die Winde der Himmel, die die Sonnenscheibe und alle Sterne bewegen und herumschwingen. Ich sah die Winde, die über der Erde die Wolken tragen; ich sah die Wege der Engel, und ich sah am Ende der Erde die Himmelsfeste oberhalb der Erde.

Ich sah einen tiefen Abgrund mit Säulen himmlischen Feuers, und ich sah unter ihnen Feuersäulen herabfallen; sie waren weder nach Tiefe noch nach Höhe zu messen. Hinter diesem Abgrund sah ich einen Ort, wo weder die Himmelsfeste darüber noch die festgefügte Erde darunter, noch Wasser unter ihm war. Noch gab es dort Vögel, sondern ein Ort war es, wüste und grausig. Ich sah dort sieben Sterne wie große brennende Berge. Als ich mich danach erkundigte, sagte der Engel: ›Dies ist der Ort, wo Himmel und Erde zu Ende sind.‹

Ich wanderte, bis ich an einen Ort kam, wo kein Ding war. Dort sah ich Fürchterliches: Ich sah keinen Himmel oben und kein festgegründetes Land unten, sondern einen öden Ort. Ein großes Feuer war dort, das loderte und flammte; der Ort hatte Einschnitte bis zum Abgrund und war ganz voll von großen herabfallenden Feuersäulen.«

Die Schilderung ist eindeutig, ich will nur Hinweise geben.

Henoch stellt genau seine Teilnahme an einer Raumfahrt mit den ihm zur Verfügung stehenden Vergleichen dar, die seine Zeitgenossen ahnungsvoll an dem Ereignis teilnehmen lassen können. Es beginnt (wie bei Hesekiel) mit dem Start in einem Zubringer zum Mutterraumschiff. Henoch kommt aus dem Staunen und Fürchten nicht heraus.

Das Material der Raumsonde kennt er nicht. Er *muß* deren hitzeabweisende Außenhülle mit Kristallsteinen vergleichen, denn die kannten seine Zeitgenossen aus Tempeln und Palästen. Sieht aus wie... Die Rückstoßdüsen, die für den Start bereits gezündet sind, lodern wie feurige Zungen. Da von selber Materialbeschaffenheit wie die Außenhülle, dünkt ihn auch das Innere *wie* aus Kristall gemacht.

Das, was Henoch die »Decke« zu sein scheint, ist freilich nichts anders als der Ausblick aus der Luke, aber er weiß nichts von der Existenz hitzeabweisenden Glases, durch das er die Bahn der Sterne beobachten kann. Das Feuermeer, das die Sonde umgibt, ist die ohne Atmosphäre ungeminderte Reflexion des starken Sonnenlichts auf die Außenhaut des Raumschiffs.

Auch wir könnten den Text, so simpel er ist, heute noch nicht verstehen, wenn wir nicht, beispielsweise, die Kopplungsmanöver der amerikanischen und russischen Astronauten mit ihren Sonden im Weltraum gesehen hätten. Da krochen die Russen durch eine Schleuse aus ihrer kleinen Kapsel in die größere der Amerikaner.

An einem solchen Umstieg in ein Raumschiff in allerdings größeren Dimensionen nimmt Henoch teil, wenn er berichtet, daß er in ein größeres »Haus« gelangte. Wieder fasziniert ihn die blinkende Pracht und Herrlichkeit (verständlich, denn zu Haus lebte er im windigen Zelt!). Wieder mangelt es ihm an geläufigen Worten der Umgangssprache, mit denen er seinen Landsleuten seine Eindrücke verdolmetschen kann.

Hier, in dem größeren Haus, sieht er den Kommandanten, die »große Majestät«. Da diesem alle Leute gehorchen, *muß* er, in Henochs Vorstellungswelt, die »große Majestät« sein: Es gibt keinen über ihm. Das Gewand des Kommandanten dünkt ihn glänzender als die Sonne und weißer als Schnee. Der Vergleich ist nicht gar so erstaunlich, denn Henoch und seine Genossen tragen derbe, aus Ziegenhaar gewebte Gewänder. Der Astronautenlook scheint ihm so pompös, daß er sich in absurd scheinende Vergleiche flüchtet. Aber in dieser Lage sind Journalisten heute noch, die von der Präsentation der Haute Couture berichten, sofern in Paris ein wirklich neuer Stil, wie vor einigen Jahren der Astronautenlook von Pierre Cardin, über die Laufstege geführt wird. Damals jonglierten auch heutige Berichterstatter mit uns bekannten, kühnen Vergleichen, um den Lesern vorstellbar zu machen, was da einem Couturier Absonderliches eingefallen war. Nicht anders verfuhr Henoch.

Mag, wer blind ist, die Schilderung der Raumkapseln noch für ein »Gesicht«, einen Traum oder eine Vision halten. Diese Flucht ins Unkontrollierbare versagt völlig vor Beobachtungen, die zu präzise sind, als daß sie auch nur von ferne die Umsetzung einer Vision in Schilderung sein könnten. Da Henoch sich auch in langen, nachprüfbaren Zahlenreihen ergeht, zerbröselt die verzweifelte Argumentation mit den Visionen zu Staub.

Er sah, berichtet der Prophet, die Mündung aller Ströme der Erde; er schildert das Niemandsland in der Atmosphäre, wo keine Vögel leben, die Zone mit tödlicher Kälte, in der es keine Horizonte mehr gibt: »der Ort, wo Himmel und Erde zu Ende sind«. Henoch hat die Unheimlichkeit des Alls gepackt:

»Dort sahen meine Augen die Geheimnisse der Blitze und des Donners, die Geheimnisse der Winde, wie sie sich verteilen, um über die Erde zu wehen, und die Geheimnisse der Wolken und des Taus. Dort sah ich, von wo sie an jenen Platz ausgehen und wie von da aus der Staub auf der Erde gesättigt wird.

Danach wurden mir alle Geheimnisse der Blitze und der Lichter gezeigt, wie sie zum Segen blitzen und zur Sättigung der Erde.

Denn der Donner hat feste Regeln für die Dauer des Schalls, die ihm bestimmt ist. Donner und Blitz sind niemals getrennt; durch den Geist getrieben, fahre beide hin und trennen sich nicht. Denn wenn der Blitz blitzt, läßt der Donner seine Stimme erschallen.«

Henoch teilte Erkenntnisse mit, die wir Erdenbewohner erst Jahrtausende später durch Forschung erwarben. Bekanntlich entsteht der Donner durch die plötzliche Ausdehnung der vom Blitz erhitzten Luft und breitet sich mit Schallgeschwindigkeit (333 Meter pro Sekunde) aus. Der Donner *hat* feste Gesetze »für die Dauer des Schalls«. Um wie vieles früher wären die Naturgesetze bekannt geworden, wenn man die Henoch-Texte zur Verfügung gehabt hätte? Die alten Kirchenväter rechneten wohl mit cleveren Bibellesern: Die hätten die physikalischen Gesetze, nach denen das Universum »arbeitet«, erkannt, und der große Allmächtige wäre arbeitslos geworden. Man hätte früher *wissen* können, statt *glauben* zu müssen. Wenn man gelegentlich im Wetterbericht der TV-Stationen Satellitenaufnahmen von Wolkenbildungen über der Erde sieht, weiß man, was Henoch in seinem Bericht anspricht: Er hat das alles mit eigenen Augen aus großer Höhe beobachtet.

»Ich sah die Vorratskammern der Blitze.« Das ist wahrhaftig auch keine Beobachtung, die einem vom Rücken eines Kamels aus gelingt. In enormen Höhen allerdings sind solche »Vorratskammern« auszumachen. Blitze sind gewaltige Funkenentladungen zwischen unterschiedlich geladenen Wolken, die untereinander Entladungskanäle aufbauen. Erst wenn so ein Kanal den Erdboden oder eine andere Wolkenballung erreicht, kommt es zur Hauptentladung »mit Säulen himmlischen Feuers«. Bis dahin sammeln sich die Blitze sozusagen in Vorratskammern. Bitte kein Vorwurf an Henoch! Er hat keine blasse Ahnung von Elektrizität und keine Vorstellung davon, wie hell der Himmel brennt, wenn nur ein normaler Blitz eine Energie von 100-Kilowatt-Stunden umsetzt. Aber es gibt auch Spannungsdifferenzen von einigen 100 Millionen Volt. In großer Höhe nahm Henoch selbstverständlich diese physikalischen Vorgänge wahr – himmlisches Feuer!

»Nach jenen Tagen, an jenem Ort, wo ich alle Gesichte über das Verborgene gesehen hatte – ich war nämlich durch einen Wirbelwind entrückt und nach Westen entführt worden –, dort sahen meine Augen all die verborgenen Dinge, die da geschehen sollen auf der Erde: einen eisernen Berg, einen von Kupfer, einen von Silber, einen von Gold, einen von weichem Metall und einen von Blei.

Der Engel sprach: ›Warte ein wenig, und alles Verborgene wird dir geoffenbart werden. Jene Berge, die deine Augen gesehen haben: der Berg von Eisen, der von Kupfer, der von Silber, der von Gold, der von weichem Metall und der von Blei, sie alle werden vor deinem Auserwählten wie Wachs vor dem Feuer sein und wie Wasser, das von oben her über die Berge herabfließt...

Dies wird das Ende sein, weil sie alle Geheimnisse... kennen sowie alle verborgenen Kräfte und die Kräfte all derer, die Zaubereien treiben... die für die ganze Erde Gußbilder gießen; endlich auch, wie das Silber aus dem Erdstaube gewonnen wird und wie das weiche Metall auf der Erde entsteht. Denn Blei und Zinn wird nicht aus der Erde gewonnen wie das erste; eine Quelle ist es, die sie erzeugt.‹«

Satelliten werden, man weiß es, von der modernen Wissenschaft zur Erderforschung eingesetzt – etwa im ERTS-Programm der NASA (Earth Ressources Technology Satellites). In 1000 Kilometer und mehr Höhe umkreisen diese Raumfahrzeuge auf polarer Umlaufbahn unseren Planeten; sie sind mit multispektralen TV-Kameras und Geräten eines radiometrischen Erfassungssystems ausgerüstet. TV-Kameras und Radiometer erfassen je Bild ein Gebiet von etwa 200 Kilometer Breite. Sehr kontrastreiche Aufnahmen (Falschfarbenfotografie) werden für Forschung in der Geologie (Gestaltung der Erdkruste), Geodäsie (Abbildung der Erdoberfläche), Hydrologie, Ozeanologie, Luft- und Wasserverschmutzung und dergleichen ausgenutzt – aber auch und vor allem zur Entdeckung von Erzlagerstätten, von Gas-, Öl- und Wasservorkommen verwandt. Selbst die Archäologie zog aus dem modernen Mittel der Raumsonden großen Nutzen.

Heute ist es genau so, wie Henoch es in grauer Vorzeit bei seinem Ausflug ins All mitgeteilt wurde: Die Satellitenforschung ermittelt die Lagerstätten der verschiedenen Metalle, entdeckt Berge von Eisen, Kupfer, Silber, Gold unter der Erddecke.

Selbst Henochs Hinweise, daß »Silber aus dem Erdstaube gewonnen wird«, sind korrekt. In der zugänglichen Erdkruste liegt der Silbergehalt bei 0,1 Gramm je Tonne. Silber fällt häufig als Beiprodukt anderer Metalle, seltener in abbauwürdigen Lagerstätten mit etwa 500 Gramm je Tonne an. Stets muß es »aus dem Erdstaube gewonnen werden«. – Gediegenes Blei kommt in der Erdkruste sehr selten vor; es wird im Röst-Reduktionsverfahren bei 1100 bis 1200 Grad Celsius aus der Schlacke ausgeschwemmt – wie aus »einer Quelle« fließt es ab. Auch Zinn, das in der bisher erforschten Erdkruste mit nur drei Gramm je Tonne vorkommt, wird in Elektroöfen zur Schmelze gebracht und fließt daraus wie aus einer Quelle ab.

Henoch heißt im Hebräischen »der Eingeweihte«. Während seines Raumflugs wurde er offensichtlich von versierten Astronauten in für seine Zeit völlig unbekannte Technologien »eingeweiht«.

»Dies die Namen ihrer Anführer über 100, 50 und 10. Der Name des ersten ist Jequn; das ist der, welcher alle Kinder der Engel verführte, sie auf das Festland herabbrachte und durch die Menschentöchter verführte. Der zweite heißt Asbeel; dieser erteilte den Kindern der Engel böse Ratschläge, daß sie ihre Leiber durch die Menschentöchter verderbten. Der dritte heißt Gadreel; das ist der, der den Menschenkindern allerhand todbringende Schläge zeigte. Auch er verführte die Eva und zeigte den Menschenkindern die Mordinstrumente, den Panzer, den Schild, das Schlachtschwert und überhaupt allerhand Mordinstrumente. Von seiner Hand haben sich die Waffen zu den Bewohnern des Festlands ausgebreitet von jener Stunde an. Der vierte heißt Penemue; dieser hat den Menschenkindern das Unterscheiden von Bitter und Süß gezeigt und ihnen alle Geheimnisse ihrer Weisheit kundgetan. Er hat die Menschen das Schreiben mit Tinte und auf Papier gelehrt, und dadurch haben sich viele seit Ewigkeit bis in Ewigkeit und bis auf diesen Tag versündigt. Der fünfte heißt Kasdeja; dieser hat die Menschenkinder allerlei böse Schläge gelehrt, die Schläge des Embryos im Mutterleib, damit er abgehe, die Schläge der Seele, den Schlangenbiß, die Schläge, die durch die Mittagshitze entstehen... Durch Michael wurde die Erde über dem Wasser gegründet, und kommen aus den verborgenen Gegenden der Berge schöne Wasser...«

Henoch beziehungsweise der Historienschreiber bezeichnet den Text als Bilderrede. Es sind Bilder wie die der Hinterglasmalerei: Die Motive schimmern unübersehbar durch.

Jequn und Asbeel waren für die Kopulation der Extraterrestrier mit Menschentöchtern verantwortlich und damit für die Produktion von Riesen, deren ehemalige Existenz noch nachzuweisen sein wird. Gadreel, biologisch und technisch versiert, beherrschte die Waffenkunde inklusive der Herstellung unbekannter Mordinstrumente: Er muß seine Kenntnisse außerhalb irdischer Regionen erworben haben, Henoch wäre sonst nicht so überrascht gewesen. – Penemue war ein Allround-Wissenschaftler. Er brachte den Menschen nicht nur die Schrift und unterwies sie im Gebrauch von Tinte und Papier, er übermittelte auch Kenntnisse, »Geheimnisse« vielfacher Art: Wissen, das er auftragsgemäß weitergab. – Kasdeja beherrschte einen Kampfsport wie Karate (»allerlei böse Schläge«), und den nicht nur für den Zweikampf. Ihm war jene Stelle im Mutterleib bekannt, die einen Abortus des Embryos bewirkte, eine schmerzhafte, instrumentenlose Art der Abtreibung. Kasdeja kannte auch eine Therapie gegen den Hitzschlag, jene Störung, die durch Überwärmung des Körpers bei Wärmestau auftritt (»Schläge, die durch die Mittagshitze entstehen«), wie er auch Kenntnisse der Psychiatrie weitergab (»Schläge der Seele«). Es ist nur die zahme

Volte eines Gedankens notwendig, um in Michael einen Architekten zu vermuten (»wurde die Erde über dem Wasser gegründet«).

Wie gründlich die »Engel« auf ihren Auftrag vorbereitet wurden, beobachtete Henoch.

»Ich sah, wie in jenen Tagen Engeln lange Schnüre gegeben wurden, und sie nahmen sich Flügel, flogen und wandten sich nach Norden zu. Ich fragte den Engel: ›Warum haben jene lange Schnüre genommen und sind weggegangen?‹ Er sprach zu mir: ›Sie sind weggegangen, um zu messen. Diese bringen für die Gerechten die Maße der Gerechten und die Schnüre der Gerechten... Die Auserwählten werden anfangen, bei den Auserwählten zu wohnen, und dies sind die Maße... Die Maße werden alle Geheimnisse in der Tiefe der Erde offenbaren und die, welche in der Wüste umgekommen sind...‹ Asasel... zeigte ihnen die Metalle samt ihrer Bearbeitung und die Armspangen und die Schmucksachen, den Gebrauch der Augenschminke und das Verschönern der Augenlider, und die kostbarsten und auserlesensten Steine und allerlei Färbemittel...«

Hier wurden die »Auserwählten« eindeutig mit neuen, korrekten Maßen vertraut gemacht. Was war schon eine Elle, die Länge des zum Abmessen angelegten Unterarms, der länger oder kürzer sein konnte! »Die Maße der Gerechten«, das waren geeichte Meßbänder, die von da an Gültigkeit hatten. Damit konnten die Auserwählten auch die »Geheimnisse der Tiefe« ausmessen, in der sie – neben Metallen – auch die »kostbarsten und auserlesensten Steine« finden sollten, um sie zu Schmuckstücken zu verarbeiten. Wie verfeinert die Lebensweise jener war, unter denen Henoch sich aufhielt, erhellen die Hinweise auf kosmetische Künste. Wie primitiv waren da vergleichsweise die modernen Methoden der »Kolonisation«: Wir schenkten den Wilden wertlose Glasperlen, jene zeigten, wie sich die Weiber kunstvoll zu schminken hatten.

»Ich sah die Sterne des Himmels, und ich sah, wie er sie alle bei ihrem Namen rief. Ich sah, wie sie mit einer gerechten Waage gewogen wurden nach ihrer Lichtstärke, nach der Weite ihrer Räume und dem Tag des Erscheinens.«

Tatsächlich klassifizieren Astronomen die Sterne sowohl nach ihren Namen als auch nach Größenordnungen (»mit einer gerechten Waage gewogen«) und Helligkeitswerten (»nach ihrer Lichtstärke«), aber auch nach Standorten (»Weite der Räume«) und dem Tag der ersten Beobachtung (»Tag ihres Erscheinens«). Der vorsintflutliche Prophet muß so genaue Angaben von Wesen bezogen haben, die in ihrer intellektuellen Entwicklung ungleich weiter fortgeschritten waren als er selbst und alle seine Zeitgenossen. Denn: *Vor* der Sintflut *muß* das alles passiert sein, weil Henoch selbst von den »Stimmen des Himmels« über das in ferner Zukunft stattfindende Ereignis erst informiert wird:

»Denn die ganze Welt wird untergehen, und eine Wasserflut ist im Begriff, über die ganze Erde zu kommen, und alles auf ihr Befindliche wird untergehen. Belehre ihn, damit er entrinne und seine Nachkommenschaft für alle Geschlechter der Welt erhalten bleibe.«

Solche häufig wiederkehrenden Hinweise waren es vornehmlich, die die Henoch-Forscher von der Annahme abbrachten, es könnte sich um in christlicher Zeit entstandene Texte handeln. Aber: In christlicher Zeit war die Sintflut ja schon weit zurückliegende, legendäre Geschichte! Wenn also im Henoch-Buch vorsintflutliche Angaben notiert wurden, dann soll man mir erklären, auf welche Weise diese (primitiven) Menschen zu Kenntnissen gelangten, die es zu ihrer Zeit noch nicht gegeben hat.

Über viele Kapitel hin reiht sich aus kompliziertesten astronomischen Detailangaben mit Bruch- und Potenzrechnungen ein Kompendium vorsintflutlicher Astronomie. Was ich hier zitiere, ist nur ein Bruchteil jener Angaben, die auch dem in der Astronomie Nichtbewanderten gerade noch verständlich sind:

»An jenem Tag geht die Sonne aus jenem zweiten Tor auf und geht im Westen unter; sie kehrt nach Osten zurück und geht im dritten Tor 31 Morgen auf und geht im Westen des Himmels unter. An jenem Tag nimmt die Nacht ab und beträgt neun Teile, und der Tag beträgt neun Teile, und die Nacht gleicht sich mit dem Tag, und das Jahr beträgt genau 364 Tage. Die Länge des Tages und der Nacht und die Kürze des Tages und der Nacht, durch den Umlauf des Mondes entsteht ihr Unterschied... Das kleine Licht betreffend, das Mond heißt, in jedem Monat ist sein Auf- und Untergang verschieden; seine Tage sind wie die Tage der Sonne, und wenn sein Licht gleichmäßig ist, beträgt sein Licht den siebenten Teil vom Licht der Sonne, und in dieser Weise geht er auf... Die eine

Hälfte von ihm ragt 1/7 hervor, und seine ganze übrige Scheibe ist leer und lichtlos, ausgenommen 1/7 und 1/14 von der Hälfte seines Lichts...«

Was da im Henoch-Buch steht, das haben mit Nikolaus Kopernikus (1534), Galileo Galilei (1610) und Johannes Kepler (1609) gegen den Widerstand der Kirche erst für uns so ungeheuer fortschrittliche Erdbewohner entdecken müssen!

Wenn ich Geschichtsbücher lese, habe ich den Eindruck, daß kein Heroe die Welt ohne »letzte Worte« zu verlassen pflegt. Auch Henoch hielt sich an diese schöne Sitte. Ehe er in seinem »feurigen Wagen« im Weltall verschwindet, gibt er, dem slawischen Henoch-Buch zufolge, die Anweisung an die »Irdischhinterbliebenen«:

»Und die Bücher, die er euch von Gott gab, verberget sie nicht! Sprechet davon zu allen, die es wünschen, daß sie dadurch des Herrn Werke kennenlernen!«

Ich bin dem Wunsch des Propheten gefolgt.

Meine Beweislegung, daß die »Götter« samt ihren »Engeln« körperliche Existenzen waren, wird viel Widerspruch erfahren – keinen Widerspruch werde ich hören, wenn ich sage, daß Gott allwissend ist.

»Gott antwortete mir und sprach: ›Die Zeichen, nach denen du fragst, kann ich dir nur zum Teil sagen. Über dein Leben dir etwas zu sagen, bin ich nicht imstand, ich weiß es selber nicht.‹«

Diese sympathisch-ehrliche Gottesantwort übermittelte auch ein Prophet, nämlich Esra (hebräisch: »die Hilfe«), der jüdische Priester und Schriftgelehrte, der 458 vor Christus an der Spitze der wenigen Überlebenden seines Volkes aus babylonischer Gefangenschaft nach Jerusalem zurückkehrte. Magere zehn Kapitel des Esra-Textes wurden im Alten Testament geduldet. Außer diesen anerkannten Esra-Büchern gibt es zwei apokryphe, von den Kirchenvätern nicht anerkannte Bücher und das »vierte Buch Esra«, das mit Geheimwissen gespickt ist. Auch diese Apokryphe aus dem 1. nachchristlichen Jahrhundert fiel der Zensur der Bibelredakteure zum Opfer.

Weil ihm alles, was er mitzuteilen hatte, zu phantastisch erschien, möchte auch Esra glauben machen, daß ihm sein Gebieter in Visionen erschienen wäre und ihn zum Teilhaber und Übermittler des

Geheimwissens gemacht hätte. Wenn ihm dann der allwissende Gott auf eine einfache Frage ehrlich gesteht, daß er keine Antwort wisse, dann erleben wir als Kiebitze, wie der große Gebieter ganz ohne allwissende Attitüde einen verblüffenden Nullouvert spielt: Das befragte Wesen kam sich absolut nicht göttlich vor.

Der, der Esra Anweisungen gab, war überhaupt ein erstaunlicher Pragmatiker:
»›Versammle das Volk und sage zu ihnen, sie sollen dich 40 Tage lang nicht suchen. Du aber mache dir viele Schreibtafeln fertig, nimm zu dir Saraja, Dabria, Selemia, Ethan und Asiel, diese fünf Männer, denn sie verstehen, schnell zu schreiben, und dann komme hierher.
Wenn du aber damit fertig bist, so sollst du das Eine veröffentlichen, das Andere aber den Weisen im Geheimen übergeben. Morgen um diese Zeit sollst du mit dem Schreiben beginnen.‹
So wurden in den 40 Tagen niedergeschrieben 94 Bücher. Als aber die 40 Tage voll waren, da sprach der Höchste zu mir: ›Die 24 Bücher, die du zuerst geschrieben hast, sollst du veröffentlichen, den Würdigen und Unwürdigen zum Lesen. Die letzten 70 Bücher aber sollst du zurückhalten und nur den Weisen deines Volkes übergeben.‹«
Ein neuerlicher Beweis dafür, daß nichtirdische Existenzen ein klar definiertes Interesse daran hatten, späteren Generationen Dokumente über ihre Anwesenheit und Notizen über das hinterlassene Wissen weiterzugeben. Der Esra-Text ist offensichtlich in einer Ausnahmesituation entstanden: Großer Eile wegen wurden fünf Männer, »die verstehen, schnell zu schreiben«, von dem Unbekannten geordert. Gleich fünf Männer mußten es sein. Heute täte es ein Stenograph, wenn kein Tonbandgerät parat ist.

Esra empört sich im Gespräch mit dem »Höchsten« (dem Herrn, dem Gebieter, dem Herrscher) über die Ungerechtigkeiten in dieser Erdenwelt. Wie in anderen heiligen Schriften verspricht der große Unbekannte auch hier, daß er eines fernen Tages »aus dem Himmel« wiederkehren werde, um »die Gerechten und Weisen« mit sich zu nehmen. Wohin? Auf welchen Planeten wohl?
Die Heimatwelt des Gesprächspartners muß einige Lichtjahre

von unserem Sonnensystem entfernt gewesen sein, weil er dem Propheten Andeutungen über die Zeitverschiebung macht. Esra wundert sich natürlich und fragt ganz naiv, ob »er« denn nicht alle Geschlechter der Vergangenheit, Gegenwart und Zukunft auf einmal hätte erschaffen können, damit später alle an der »Heimkehr« hätten teilnehmen können. Dazu dieser Dialog:

Der Höchste: »Frage den Mutterschoß und sprich zu ihm: Wenn du zehn Kinder bekommst, warum bekommst du sie jedes zu seiner Zeit? Fordere ihn auf, zehn auf einmal zu zeugen!«

Esra: »Unmöglich kann er das, sondern nur jedes zu seiner Zeit.«

Der Höchste: »So habe auch ich die Erde zum Mutterschoß gemacht für die, welche, jedes zu seiner Zeit, von ihr empfangen werden. Ich habe in der Welt, welche ich erschuf, eine bestimmte Reihenfolge festgesetzt.«

Esra denkt über die zeitliche Abfolge nach. Er will wissen, ob denn bei der Wiederkehr aus dem Himmel die Gestorbenen oder die Überlebenden die Glücklicheren wären. Der Höchste versichert:

»Die Überlebenden sind bei weitem seliger als die Gestorbenen.«

Die lapidare Antwort ist verständlich. Schon im »zweiten Gesicht« hatte der »Höchste« dem Propheten gesagt, daß die Erde alt und bereits »über die Jugendkraft« hinaus sei. Nimmt man die zu allen Zeiten gültigen Gesetze der Zeitverschiebung als gegeben an, dann kann unser Planet längst durch Umweltverschmutzung und industrielle Zersiedelung unbewohnbar geworden sein, wenn zur großen »Heimkehr« geblasen wird. Überlebende inhalieren röchelnd den letzten Sauerstoff. Wenn der »Höchste« diese Überlebenden auf einen anderen Planeten deportieren wird, werden sie mit Abstand die »Seligeren« sein.

Der »Höchste« bestätigt Esra, daß er es war, der mit Mose sprach und diesem Anweisungen gegeben hat:

»Damals habe ich Mose ausgesandt, habe das Volk aus Ägypten geführt und es an den Berg Sinai gebracht. Daselbst behielt ich ihn für viele Tage bei mir. Ich teilte ihm viel Wunderbares mit und zeigte ihm die Geheimnisse der Zeiten.«

So endet das vierte, uns vorenthaltene Buch Esra:

»So tat ich in dem siebenten Jahr der sechsten Woche, 5000 Jahre, drei Monate, zwölf Tage nach der Weltschöpfung... Damals ist

Esra entrückt und an dem Ort zu seinesgleichen aufgenommen worden, nachdem er dies alles geschrieben hatte. Er heißt der Schreiber der Wissenschaft des Höchsten.«

Die Zensur der Kirchenväter hat viele weiße Stellen in der Bibel hinterlassen. Auch die aus dem 2. nachchristlichen Jahrhundert stammende Abraham-Apokalypse wird dem Alten Testament nicht zugerechnet. Darum erfahren wir bei Mose zwar einiges über Abraham, nicht aber, woher er kam, und nicht, daß er – wie Henoch, Hesekiel, Elias und andere – zu einem Besuch »in den Himmel« mitgenommen wurde. In der Apokalypse erfahren wir, daß Therach, ein Fabrikant von Götzenfiguren, Abrahams leiblicher Vater war. Der junge, aufmüpfige Abraham konnte sich mit dem Job seines Erzeugers nicht befreunden, er suchte den echten Gott, einen, der sich in Holz und Stein nicht vervielfältigen ließ. Dieser ersehnte, unbekannte Gott begegnete dem Teenager eines Tages und forderte ihn auf, das väterliche Haus zu verlassen:

»Ich ging hinaus. Noch war ich nicht zur Tür des Hofs gekommen, kam eines großen Donners Schall, und Feuer fiel vom Himmel, und dies verbrannte ihn [den Vater], sein Haus und alles drin bis auf den Grund an vierzig Ellen.«

Von Mose erzählt, wird im Alten Testament über Abraham ausschließlich in der dritten Person berichtet, während die Apokalypse in der Ich-Form erzählt: Wie bei Henoch, Esra oder Hesekiel kommt also ein Augenzeuge zu Wort, einer, der durch das brutale Auftreten des Fremden schockiert war. Ja, das erste persönliche Erscheinen der »Engel« erschreckt ihn derartig, daß er auf der Stelle in Ohnmacht fällt:

»Als ich die Stimme hörte, die solche Worte zu mir sprach, sah ich bald hierhin und bald dorthin. Nicht eines Menschen Atem war es, und so erschrak mein Geist, und meine Seele [= Bewußtsein] floh aus mir. Ich wurde wie ein Stein und fiel zu Boden, weil ich zum Stehen nicht mehr Kraft besaß. Und wie ich mit dem Antlitz auf dem Boden liege, höre ich des Heiligen Stimme reden: ›Geh, Javel, heb jenen Mann mir auf. Laß ihn von seinem Zittern sich erholen.‹ Da kommt zu mir der Engel… in eines Mannes Ähnlichkeit, faßt mich bei meiner Rechten, stellt mich auf die Füße…«

Wieder verlautbaren Alttestamentler, es handle sich hier um eine

Vision Abrahams, der Text wäre mutmaßlich nicht von ihm abgefaßt (als ob das Copyright der anderen Bibelautoren feststände!) und gehöre darum nicht ins Alte Testament. Der Abraham der Apokalypse bekennt Farbe, er spricht in der Ich-Form. Welcher fromme, gläubige Jude hätte es gewagt, sich nicht nur selbst zu Abraham zu machen, sondern auch noch dem Stammvater der Geschlechter Worte in den Mund zu legen, die nicht von diesem Abraham stammten? Wie konnte die Schilderung der Begegnung, bei der sonst niemand Zeuge war, derart dramatisch geraten, wenn nicht der Betroffene selbst berichtet hätte? Weshalb sollte ein Textfälscher dem Stammvater Abraham eine so blamable Sache wie die der Ohnmacht in den Mund legen? Ich kann mir schon vorstellen, weshalb die Kirchenväter Abrahams Apokalypse nicht in der Bibel sehen wollten: Mehrmals ist in ihr die Rede davon, daß der Herr »Abraham liebgewonnen« hatte, eine Gefühlsregung, die einem göttlichen Weltgeist fremd sein mußte. Übrigens: Über die körperliche Robustheit, mit der der »Engel« tätig wurde, kann es wohl keine Diskussion geben.

Daß es sich um kein Geistwesen handelte, geht aus dem Apokalypsenbericht klar hervor. Aus der Ohnmacht erwacht, mustert Abraham den Fremden, der ihn vor Schreck aus den Pantinen kippen ließ:

»Da sah ich den, der mich an meiner Rechten faßte und mich auf meine Füße stellte. Sein Leib glich einem Saphir, sein Antlitz einem Chrysolith und seines Hauptes Haar dem Schnee und seines Hauptes Diadem dem Regenbogen.«

Der Fremde in der exklusiven Aufmachung stellt sich als »Diener des Herrn« vor, der beauftragt sei, Abraham zu begleiten. Der Ich-Berichterstatter schildert die Himmelfahrt:

»Und es geschah bei Sonnenuntergang. Da gab es Rauch, wie Rauch aus einem Ofen... So trug er mich bis an der Feuerflammen Grenze. Dann stiegen wir hinauf, so wie mit vielen Winden, zum Himmel, der da ob dem Firmament befestigt war. Ich sehe in der Luft auf jener Höhe, die wir bestiegen, ein mächtig Licht, nicht zu beschreiben, und in dem Licht ein mächtig Feuer und drinnen eine Schar... von mächtigen Gestalten, ... die Worte rufen, wie ich sie nicht kannte.«

Wie sich die Bilder gleichen!

Auch Abraham wird in einem Zubringer zum Mutterschiff gebracht, das in einem Orbit um die Erde kreist. Vor dem »mächtigen Licht« versagt Abraham die Sprache, er kann es nicht beschreiben. Da sind wir aufgeweckten Kinder es 20. Jahrhunderts freilich ungleich gescheiter. Mit einem guten Feldstecher oder einem kleinen Fernrohr können wir bereits einige Satelliten beobachten: Von der Sonne angestrahlt, glitzern sie wie kleine helle Planeten. Was für ein mächtiges (Sonnen-)Licht reflektiert aber erst die Außenhülle eines interstellaren Riesenraumschiffs! Wie mächtig ist das Feuer, das von Zeit zu Zeit von der Steuerdüse entfacht wird!

Abraham fühlt sich beim Flug im Orbit nicht sehr wohl:

»Ich aber wünschte auf die Erde niederwärts zu fallen; der hohe Ort, worauf wir standen, bald stand er aufrecht da; bald aber drehte er sich abwärts...«

Wie es für unsere künftigen Raumschiffe vorgesehen ist, wird auch eine schon damals weit fortgeschrittene Technik eine künstliche Schwerkraft für die Besatzung hergestellt haben. Das geschieht am einfachsten durch ständige Rotation des Flugkörpers um eine zentrale Achse. Steht ein Fahrgast am Ausguck eines derart rotierenden Raumschiffs, dann gewinnt er genau den Eindruck, den Abraham schildert: »Bald stand er aufrecht da, bald aber drehte er sich abwärts.« Die Millionen Besucher des Films »2001 Space Odyssee« werden den Eindruck der sich permanent drehenden Raumstation nie vergessen – mal ist die Erde oben, mal sind die Sterne dort, es geht zu wie in einem Lift ohne Boden und Dach, so, wie der »Ewige«, »der Starke« zur Beobachtung auffordert:

»Beschau von oben doch die Sterne, die unter dir sich befinden...«

Zuerst war es bei mir reine Neugier, zu erfahren, was man uns Bibellesern vorenthalten hatte – dann erst wurden die zensierten alten Texte Gegenstand sorgfältigen Studiums. Es stellte sich heraus, daß gerade in den unterschlagenen Texten viele Indizien für vorzeitliche Raumfahrt stecken und Hinweise auf die Zeitdilatation, hinter deren Wirksamkeit die tumben Menschen wohl nicht kommen sollten, weil dann die Mär von der Unsterblichkeit der Götter wie eine Seifenblase zerplatzt wäre.

Im altjüdischen Schrifttum gibt es den »Rest der Worte Baruchs« oder, wie diese Überlieferung auch genannt wird, den »Nachtrag zum Propheten Jeremia«.

Baruch war ein Freund des Propheten Jeremia, der ihm 604 vor Christus Sprüche diktierte, die auch in der Bibel Raum fanden. Baruch hat offensichtlich auch Ungebührliches aufgeschrieben, denn die »Reste« sind in der Bibel nicht zu finden. In den Kapiteln drei bis fünf wird diese Geschichte erzählt:

Jeremia, der als einer der großen Propheten gilt, war tatsächlich auch (wie mehrere seiner Kollegen) ein politischer Agitator von Geblüt. Jahrelang hatte er den Untergang Judas angekündigt, falls man Babylon nicht in einer großen Anstrengung unterwerfen würde. Man hörte nicht auf ihn. Da informierte ihn der »Herr« über die künftige Zerstörung Jerusalems und die Verschleppung des jüdischen Volkes in die Babylonische Gefangenschaft. 586 vor Christus passierte es.

Jeremia und Baruch schleichen sich durch die Stadt Jerusalem, um im Auftrag »des Höchsten Tempelschätze« zu vergraben, damit diese vor der Vernichtung bewahrt bleiben. In diesem Augenblick erklingen in den Wolken Trompeten, und »aus dem Himmel kommen Engel mit Fackeln in den Händen«.

Jeremia ersucht einen Engel, ihm ein Gespräch mit dem »Höchsten« zu vermitteln. Das Rendezvous kommt zustande. Jeremia bittet den Herrn, seinen jungen äthiopischen Freund Abimelech zu verschonen, denn der habe ihn einst »aus der Schlammgrube gezogen«. Der Herr zeigt Sinn für solche Dankbarkeit und veranlaßt Jeremia, den Freund »durch den Bergweg« in den Weinberg des Agrippa zu schicken; dort würde er sich selbst des jungen Mannes annehmen und ihn so lange verbergen, bis alles vorüber sei:

»Am andern Morgen schickte Jeremia Abimelech fort und sagte: ›Nimm einen Korb und geh ins Landgut des Agrippa durch den Bergweg. Hol ein paar Feigen! Gib sie den Kranken und dem Volke!‹«

Tags darauf wird Jerusalem vom Feind eingenommen. Die Überlebenden, unter ihnen Jeremia und Hesekiel, werden nach Babylon in Gefangenschaft geführt.

An Abimelech sind die fürchterlichen Ereignisse spurlos vorübergegangen, er weiß überhaupt nichts davon. So schreitet er frohgemut auf dem Bergweg fürbaß, »um Feigen zu holen«. Plötzlich wird ihm schwindlig. Er setzt sich, den Korb mit frischen Feigen zwischen den Knien, und schläft ein.

Als er nach einiger Zeit aufwacht, fürchtet er, von Jeremia gescholten zu werden, weil er unterwegs gebummelt hat. Schnell ergreift er seinen Feigenkorb und marschiert Richtung Jerusalem.

Nun ereignet sich Ungeheuerliches:

»So kommt er nach Jerusalem. Doch kennt er weder diese Stadt noch ihre Häuser, noch seine eigene Familie... Dies ist gar nicht die rechte Stadt. ›Ich bin verwirrt... Der Kopf ist mir noch schwer... Verwunderlich! Wie kann ich nur vor Jeremia sagen, ich sei verwirrt.‹ So geht er wiederum zur Stadt hinaus, dann schaut er nach den Merkmalen der Stadt und sagt: ›Es ist doch die Stadt, ich habe mich nur verirrt.‹ – Wieder kehrt er in die Stadt zurück und sucht. Er findet keines von den Seinen, und wiederum geht er zur Stadt hinaus; da bleibt er traurig stehen, er weiß ja nicht, wohin er gehen soll.«

Abimelech ist bestürzt. Er war doch nur fortgegangen, um schnell frische Feigen zu holen! Er versteht die Welt nicht mehr.

Draußen vor der Stadt hockt er sich hin. Ein alter Mann kommt vorbei. Abimelech fragt ihn: »Was ist das für eine Stadt?« – »Jerusalem«, antwortet der Alte. – Abimelech fragt nach dem Priester Jeremia und dessen Vorleser Baruch und nach einer Reihe von bekannten Leuten und fügt hinzu, daß er in der Stadt niemanden mehr kenne. Bedächtig sagt der Alte:

»Du nennst den Jeremia und fragst nach ihm nach dieser langen Zeit? Jeremia ist vor langem mit allem Volk nach Babylon verschleppt worden.«

Abimelech hält den Alten für übergeschnappt und bedauert nur, daß man einen Greis weder beschimpfen noch auslachen darf, denn sonst... Er fragt nach der Tageszeit und rechnet nach, daß seit seinem Aufbruch nur einige Stunden vergangen sind:

»›Hier, überzeuge dich selbst! Nimm! Schau die Feigen an!‹ Und damit deckte Abimelech dem Alten seinen Feigenkorb auf. Und dieser sah, daß sie noch saftig waren. Wie sie der Greis gesehen, rief er aus: ›Mein Sohn! Du bist ein Frommer*... Siehe, heute sind es 66

---

* = Schützling Gottes.

Jahre her, seitdem das Volk nach Babylon verschleppt worden ist. Damit du siehst, daß dies wahr ist, schau auf das Ackerfeld. Die Samen keimen erst, die Zeit für Feigen ist noch nicht gekommen!‹«

Im Verlauf der Geschichte schickt ein »Engel des Herrn« einen Adler, und dieser stolze Vogel bringt einen Brief Baruchs von Jerusalem nach Babylon; im Brief steht für den Gefangenen Jeremia die Nachricht, daß sein Freund Abimelech lebt, daß es ihm gutgeht und daß er nicht älter geworden ist.

So sicher wie das Amen in der Kirche ist auch hier der Streit noch nicht beendet, wer den Bericht geschrieben hat, wann er entstanden ist, wer die Autoren und Bearbeiter sind und welches die garantiert älteste Fassung der unglaublichen Story ist. Mir ist es egal, wie diese Gelehrtenfehde ausgeht, mich interessieren nur die nackten Tatsachen: Ein Mensch wird vom »Höchsten« oder einem seiner »Engel« verborgen; dieser Mensch schläft ein, wacht auf und glaubt, ein Nickerchen gemacht zu haben, »denn die Feigen sind ja noch frisch und saftig, eben erst gepflückt«! Dieser Mensch prüft, ob er noch alle Tassen im Schrank hat; mehrmals geht er in die Stadt und wieder auf den Bergweg zurück, er will rauskriegen, was mit der Stadt Seltsames geschehen ist, mit dieser Stadt, »welche er eben erst verlassen hat«. Und dann erfährt er, er kann's nicht fassen, daß 66 Jahre vergangen sind, seit er Jerusalem verließ und einschlief. 66 Jahre! Darum hatten die Stadt und die Menschen sich so verändert.

Dieses Phänomen der Zeitverschiebung wird an den frischen Feigen optisch demonstriert: Abimelech erwacht zu einer Zeit, in der noch keine Feigen an den Bäumen hängen. Dem Urautor, wer immer es gewesen sein mag, ging es darum, das Phänomen der am eigenen Leib und mit eigenen Augen *erlebten* Zeitverschiebung über die kommenden Generationen hin zu erhalten und überzeugend darzustellen. In alle Zukunft sollte man sich eine Vorstellung von dem Ungeheuerlichen machen können.

Voller Absicht wurden Zeitzünder solcher Art in die Texte alter Bücher verpackt: Die Außerirdischen hatten keine Wahl, keine andere Möglichkeit, Spuren ihrer Anwesenheit und Tätigkeit anders als in Religionen zu hinterlassen. Nur dort konnten sie bewahrt, eines fernen Tages entdeckt und – verstanden werden.

Aufgrund von Indizien komme ich zu der subjektiven Überzeugung (und es ist legitim, im Prozeß der Meinungen eine subjektive

Position zu vertreten!), daß Außerirdische nach Durchführung ganz bestimmter Aufgaben und vor Rückkehr auf ihren Planeten irgendwo in unserem Sonnensystem eine Art von Zeitkapsel deponierten, in der sie für eine ferne Zukunft Daten ihres Hierseins hinterließen.

Duncan Lunan, schottischer Astronom und Präsident der Scottish Association for Technology and Research, vermutet, daß sich eine derartige außerirdische Sonde in unserem Sonnensystem befindet. Aufgrund eigenartig wiederkehrender Radioechos, die entschlüsselt Bilder des Sternbildes Epsilon Bootis ergeben, nimmt Lunan an, daß die Sonde aus dem 103 Lichtjahre entfernten Sternbild Epsilon Bootis stammt. Professor R. N. Bracewell vom Radio-Astronomischen Institut der Stanford-Universität, USA, hält Lunans Entdeckung für »eine Möglichkeit der Verbindung mit einer anderen Intelligenz«. – Lunan schloß aus seinen Beobachtungen, daß seit 12 600 Jahren die künstliche Sonde in unserem Sonnensystem kreist und daß sie ein vollständiges informatives Programm für die Menschheit gespeichert hat. Wiederholte Radiosignale von der Erde wurden mit intelligenten Verzögerungen auf der gleichen Wellenlänge zurückgegeben.

Meine Interpretation: Das Radiosignale sendende künstliche Objekt wurde von *jemandem* in unserem Sonnensystem plaziert, und dieser *jemand* war vor 12 600 Jahren auf der Erde. Dieses oder ein anderes Depot der Außerirdischen kann meiner Überzeugung nach Angaben über die Expedition auf der Erde enthalten, es kann den Startplaneten benennen und die Geschwindigkeit angeben, mit der sich das Raumschiff bewegte, es kann ein Logbuch über die irdischen Tätigkeiten enthalten. Dies und mehr kann in dem von Duncan Lunan vermuteten informativen Programm einer künstlichen Sonde stehen.

Mag sein, kann sein.

Bleibt die Frage zu beantworten, die mir nach Vorträgen, in denen ich diese Hypothese anbiete, mit triftigen Gründen immer wieder gestellt wird: Wieso konnten Außerirdische unterstellen, daß wir rückständigen Erdbewohner eines Tages auf die Idee kommen würden, eine solche Zeitkapsel in unserem Sonnensystem überhaupt zu suchen?

Mit der Beantwortung schließt sich *ein* Ring der Kette meiner Indizienbeweise.

Selbstverständlich kann man nur etwas suchen, von dessen Vorhandensein man eine Ahnung hat. Nach den Gesetzen der Wahrscheinlichkeitsrechnung wäre es heute und in aller Zukunft ein Unding, *irgendwo* eine deponierte Zeitkapsel zu suchen. Aus der geologischen Geschichte ihres Heimatplaneten wußten die Außerirdischen, daß es völlig sinnlos gewesen wäre, ihre Dokumente in einer Statue oder unter einem Monolithen zu verstecken: Über die Jahrtausende weg würden Wind, Regen, Stürme und Gezeiten alles zerstören; Erdbeben und Flutkatastrophen würden jede Spur auslöschen, und was nach Naturkatastrophen übrigbliebe, würden Kriege zuunterst wühlen.

Wohin also mit Dokumenten oder Mitteilungen über die Vergangenheit für die Zukunft? Wo gab und gibt es Sicherheit für ein Depot, das die Zeiten überdauert?

Nur an einem Punkt X in unserem Sonnensystem! An einem Punkt, der durch logisch-mathematische Überlegungen berechenbar ist, etwa im Schwerkraftfeld eines Planetendreiecks, etwa innerhalb eines weiten Orbits um Erde, Mond, Mars oder Venus, etwa zeitüberdauernd vergraben im Schwerpunkt der Kontinente, etwa am magnetischen Nord- oder Südpol – aber das sind nur einige der möglichen logisch-mathematischen Punkte.

Damit aber wären immer noch keine Schnitzel für die Jagd auf diesen Punkt hin ausgelegt.

Die Hinweise für das Jagdziel der Menschen wurden, davon überzeugten mich die Indizien, in Mythologien, heiligen Büchern und in Religionen ausgelegt. Weil die »Götter« den Menschen nach ihrem Ebenbild herstellten, konnten sie Denken und Operieren ihrer Produkte vorempfinden und prognostizieren. Neugier, wußten sie, war eines der virulenten Charaktermerkmale und der Wunsch nach Mehrwissen ein anderes. Mit den Gehirnwindungen ihrer Erzeugnisse vertraut, wußten die Extraterrestrier genau, daß Entdeckung und Entwicklung von Technik programmiert waren. Stets würde man nach einem gelösten Problem ein anderes suchen – das Perpetuum mobile der spekulativen Gedankenakrobatik würde in Gang bleiben. Früher oder später würde der Wunsch zur Eroberung des Weltalls dasein, Raumfahrt würde das erstrebte Ziel sein.

Erst zu diesem Zeitpunkt, das war ihnen klar, würden ihre Ebenbilder die Spuren begreifen, die sie in Überlieferungen versteckt hatten. Mit dem dereinst gewonnenen technischen Know-how der Raumfahrt würden ihre Produkte alle Mythologien, Legenden und Religionen mit neuen (mit ihren!) Augen prüfen, modern interpretieren und darum zwangsläufig – nämlich dann, wenn die Zeit reif dafür sein würde – die Frage stellen: Wo finden wir den Beweis dafür, daß unsere Vorfahren Besuch aus dem Weltall hatten? Wo können wir offene oder versteckte Hinweise zutage fördern?

Die Zeit für die Entdeckung unserer frühesten Vergangenheit ist reif. Verpassen wir die Chance nicht, an unserem Part des Erbes im Kosmos teilzuhaben.

Kürzlich fragten Meinungsforscher auf den Straßen von Zürich die Passanten, wie sie sich den »lieben Gott« vorstellen. Von »als Geist« gingen die Antworten bis zum »alten Herrn mit weißem Bart hoch über den Wolken«.

So komisch sich das auf den ersten Blick liest, so logisch scheint mir die krause Verwirrung vor der komplexen Frage. Die Verwirrung ist die Folge einer jahrhundertelangen Indoktrination aller Religionen. Jedem Erdenwurm wurde suggeriert, daß er sich überall von Gott umgeben zu fühlen habe und daß er sich noch am verborgensten Ort von Gott beobachtet wissen müsse. Diese milliardenfachen Bilokationen erheischten einen Gott-Geist, der allgegenwärtig und allwissend zu sein hatte. Nur dann kann Gott über alles, was da kreucht und fleucht, informiert sein, nur dann lassen sich einheitliche Wertungen für Gerechte und Ungerechte, lassen sich Dogmen setzen. Nur ein Gott-Geist kann alles und jedes durchdringen: Das All ist Gott. Pantheismus, Allgottlehre, ist in allen religionsphilosophischen Lehren dominierend, in denen Gott und Welt identisch sind. Im Sinne dieser Lehre muß Gott unpersönlich sein. Das ist eine Auffassung, die der große Philosoph Arthur Schopenhauer (1788–1860) als »höflichen Atheismus« apostrophierte. Selbst im Christentum, das Gottvater und Gottessohn als menschlich handelnde Personen auftreten läßt, steckt eine gute Portion Pantheismus, sonst nämlich könnte auch der Christengott nicht allgegenwärtig sein. Gott muß Geist sein. Allgegenwärtig, allmächtig und allwissend, besitzt er die omnipotente Gabe, im voraus zu wissen, was je geschehen wird. Derart über allem stehend, sind ihm menschliche Nöte, Fehler und Irrtümer fremd. Als Gott-Geist allerdings würde er keine sichtbaren Vehikel benötigen, sich von einem Ort zum anderen zu begeben. Nur Geist kann überall sein.

Das ist eine Definition, der ich durchaus folgen könnte, wenn es in den frühen Überlieferungen, in der Bibel etwa, nicht Widersprüche gäbe, die unauflösbar sind und die die geläufige Definition ad absurdum führen.

Der biblische Gott ist beim genauen Hinsehen nämlich nicht allwissend. Der Prophet Esra weiß es. Gott gesteht dem Menschen gegenüber:

»Die Zeichen, nach denen du fragst, kann ich dir zum Teil beantworten. Über dein Leben aber kann ich dir nichts sagen, denn ich weiß es selber nicht.«

Der biblische Gott ist auch nicht frei von Irrtümern!

Bei Mose stellt Gott zunächst fest, daß »sein Werk gut« ist, nämlich die Erschaffung des Menschen:

»Und Gott sah alles an, was er gemacht hatte, und siehe da, es war sehr gut.« (1. Mose 1,31)

Bald schon packt ihn Reue über seine Leistung:

»...da reute es den Herrn, daß er den Menschen geschaffen hatte auf Erden, und es bekümmerte ihn tief.« (1. Mose 6,6)

Gott ist sich seiner Tat also nicht sicher. Schließlich scheint sie ihm derartig mißlungen, daß er seine eigenen Geschöpfe mit dem gewaltigen Aufwand einer Sintflut wieder vernichtet.

Mit der durch Allgegenwart bedingten Allwissenheit hat es auch so seine Haken und Ösen. Nachdem Adam den Apfel vom Baum der Erkenntnis, von Eva serviert, verspeist hat, versteckt er sich »aus Scham« im Gebüsch. Gott aber weiß nicht, wo Adam geblieben ist:

»Und Gott der Herr rief dem Menschen und sprach zu ihm: Wo bist du?« (1. Mose 3,9)

Adam versichert dem Herrn, daß er ihn zwar kommen hörte, sich aber aus Scham versteckte:

»...Wer hat dir gesagt, daß du nackt bist? Hast du etwa von dem Baume gegessen, von dem ich dir zu essen verboten habe?

Der Mensch [Adam] sprach: Das Weib, das du mir zugesellt hast,

das hat mir von dem Baume gegeben; da habe ich gegessen.«
(1. Mose 3,11-12)

Gott war eindeutig nicht im Bilde. Er wußte nicht, wo Adam steckte, und er hatte keine Ahnung, daß Eva ihren Adam zum Apfelschmaus verführt hatte.

Nicht nur diese Uninformiertheiten sind bemerkenswert. Es paßt auch nicht zur Vorstellung vom zeitlosen Gott, daß er nicht im voraus wußte, was geschehen würde. Die Welt des Paradieses war ja noch übersichtlich. Er selbst hat, so steht es in der Schrift, Adam und Eva hervorgebracht, also hätte er ihre Aktivitäten überschauen müssen. Der Reim reimt sich nicht.

Nachdem Adam nun spitzgekriegt hatte, wie das anzustellen war, brachte Eva Kain und Abel zur Welt. Abel wird Schäfer, Kain Ackerbauer, zwei krisenfeste und stets subventionierte Berufe, eine kluge Wahl. Die beiden Knaben bringen dem Herrn ein Opfer dar. Und wie sieht der Herr ohne Fehl es an?

»Und der Herr sah wohlgefällig auf Abel und sein Opfer, auf Kain aber und sein Opfer sah er nicht.« (1. Mose 4,4)

Bis zu diesem Moment hatten weder Kain noch Abel Anlaß für zweierlei Maß gegeben. Kein Wunder, daß Kain mürrisch auf den parteiischen Gott reagiert:

»Und der Herr sprach zu Kain: Warum ergrimmst du, und warum blickst du so finster?« (1. Mose 4,6)

Ein allwissender Gott hätte es wissen müssen. Aber der verhindert nicht einmal, daß Kain seinen unschuldigen Bruder Abel umbringt! Er muß sich sogar erkundigen:

»...Wo ist dein Bruder Abel?...« (1. Mose 4,9)

Der Herr ist unfähig, einen scheußlichen Mord zu verhindern! Zu guter Letzt mißfällt Gott sein Menschenwerk derart, daß er beschließt dem Ganzen ein Ende zu machen:

»...da reute es den Herrn, daß er den Menschen geschaffen hatte auf Erden, und es bekümmerte ihn tief. Und der Herr sprach: Ich will die Menschen, die ich geschaffen habe, vom Erdboden vertilgen, die Menschen sowohl als das Vieh, auch die kriechenden Tiere und die Vögel des Himmels; denn es reut mich, daß ich sie gemacht habe.« (1. Mose 6,6-7)

Man kann Gott ob der mißratenen Brut gut verstehen. Aber hätte der Allwissende nicht wittern müssen, was ihm ins Haus stand? Der

Reue und des Irrtums nicht genug! Nach der alles vernichtenden Sintflut reut es ihn neuerlich, daß er nun seine ganze Schöpfungspracht zerstört hat. Nachdem Noah mit seiner Arche auf einem Berg vor Anker gegangen war, entfachte er zum Dank ein Opferfeuer:

»Und der Herr roch den lieblichen Duft und sprach bei sich selbst: Ich will hinfort nicht mehr die Erde um der Menschen willen verfluchen; es ist doch das Trachten des menschlichen Herzens böse von Jugend auf. Und ich will hinfort nicht mehr schlagen, was da lebt, wie ich getan habe.« (1. Mose 8,21 f.)

Späte Erkenntnis, daß das eigene Werk faule Zähne hat! Der vielgepriesene Allwissende wußte nicht, was und wie sein Werk gelingen würde? Seltsam.

Akzeptiert man die biblische Genesis, dann sind alle Menschen Nachkommen von Noah und von dessen Schwiegersöhnen und Schwiegertöchtern, die er mit an Bord hatte. Es handelte sich um eine Elite, die der Herr für überlebenswert gehalten hatte. Entgegen seinem Schwur fühlte sich Gott gezwungen, diese Nachkommenschaft mit der totalen Vernichtung von Sodom und Gomorrha abermals schwer zu »schlagen«.

Meine Bibellektion soll nicht mehr und nicht weniger als eine Beobachtung festhalten: Es wird eine Gottesfigur geschildert, die Fehler machte, die sich irrte, die Reue empfand, die blutiger Aktionen fähig war. Es wurde in den alten Beobachtungen ein Gott abgelichtet, der so ungeheuer menschlicher Regungen fähig war wie der des Zorns, der parteiischen Liebe, der Herzlosigkeit. Das scheinen mir völlig ungöttliche Attribute zu sein, zumindest passen sie nicht zur Vorstellung von einem imaginären, über den Dingen stehenden, allwissenden Wesen, wie es uns nahegebracht wurde. Ich möchte nichts als klarmachen, daß der alttestamentarische Urgott weder zeitlos noch allwissend oder abstrakt war. Ich möchte Hinweise darauf geben, daß er sehr real ins Geschehen trat, daß er in menschenähnlicher Gestalt sogar »in der Abendkühle im Garten wandelte« (1. Mose 3,8).

Ich wählte aus den religionskundlichen Quellen die Bibel aus, weil jedermann meine Zitate in seiner Hausbibel nachlesen kann.

Tatsache ist, daß die Götter in den Mythen sich keinen Deut anders verhalten. Griechische und römische Gottheiten werden zwar als unsterblich, im Gegensatz zur Bibel jedoch nicht als »ewig« charakterisiert: Sie werden lediglich ungleich älter als die Menschen, unter denen sie sich zeitweilig aufhalten. Die Mythen aus der antiken Welt schildern denn auch die Götter als sympathisch menschliche Gestalten, die über die Stränge schlagen, die im Zorn willkürliche Entscheidungen treffen, die sie hernach reparieren müssen, die oft ihre Ansichten ändern und die ganz offen Reue über schiefgegangene Unternehmungen äußern.

Manche dieser Götter werden sogar auf der Erde geboren, geben sich bisexuell mit Mädchen und Knaben ab und lehnen sich oftmals rebellisch gegen ihre Eltern auf. Generationskonflikte in Götterfamilien, wie sie immer schon auch in den feinsten Kreisen vorkamen. Göttervater Zeus, Beherrscher des Himmels und des Universums, verliebte sich abgründig in seinen Mundschenk, den wegen seiner Schönheit in den Olymp erhobenen Ganymed, wohin Zeus ihn auf ganz und gar ungöttliche Weise mit sanfter Gewalt entführt haben soll. In dieser Götterfamilie tat sich überhaupt einiges. Der Zeus-Sohn Apoll verliebte sich in den schönen Jüngling Hyakinthos, der nebstbei als Fruchtbarkeitsgott tätig war. Auf eine einem Gott nicht anstehende Art und Weise tötete Gott Apoll seinen Geliebten: durch einen handfesten Diskuswurf! Ob absichtlich oder unabsichtlich, göttlich war das nicht.

Der römische Supergott Mars, zuständig für Krieg, Fluren und Wachstum, ließ sich von der alten Göttin Anna Perenna kräftig hereinlegen. Um auch einen germanischen Mythengott in die erlauchte Runde aufzunehmen, sei an Odin (Wotan) erinnert, der Allvater genannt wurde. Dieser Papa aller Götter und Menschen hatte eine schier perverse Vorliebe für Verkleidungen: Mal zeigte er sich als Schlange, mal als Adler, mal mischte er sich als Rabe unters Volk. Ungöttlich warf er den Speer, ritt er das achtbeinige Pferd Sleipnir. Odin war ein ängstlicher Gott. Als er sich nach Walhall zurückzog, nahm er von den Schlachtfeldern Recken mit, die ihn bewachen sollten. Letztlich wurde er trotz seiner Sicherheitstruppe von dem Wolf Fenrir aufgefressen. Falls Odin Geist war, hat Fenrir Luft geschluckt oder was von den Materialisationen so eines Gottes sonst übrigbleiben mag.

Ich habe nichts gegen Götter, im Gegenteil, ich »liebe« sie. Aber ich liebe sie in ihrer ganzen Fehlerhaftigkeit, in ihrer Unzulänglichkeit, mit allen ihren liebenswerten Schwächen und Irrtümern. Es macht sie so menschlich, diese Göttersorte steht uns doch so viel näher! Nicht umsonst schufen sie uns nach ihrem Ebenbild. Vor allen Dingen aber: So und nicht anders »geistern« sie durch die mythischen Berichte aller Völker und Zeiten.

Alle Texte sprechen dafür: Die Götter waren körperlich!

14. KAPITEL

Was war das biblische Manna? · *Technische Anweisungen in einer altjüdischen Geheimschrift* · *Deus est machina* · *Ein Ding mit zwei Schädeln* · *Die Manna-Maschine* · *Unterirdische Städte* · *Abschußrampe im Urwald* · *Eine Bibliothek in Stein* · *Die Überlieferung der Kayapo-Indianer*

George Sassoon ist Engländer. Er ist Berater für Elektronik von Beruf und Linguist aus Passion. Sassoon las meine Bücher. Wir korrespondierten und lernten uns auf der Insel kennen. Wie er mir sagte, fand er unter den Indizien, mit denen ich meine Theorie fundiere, einige Anhaltspunkte, die ihn vermuten ließen, daß es in den bisher lediglich mystisch-religiös ausgelegten alten Schriften ganz gegenständliche Dinge zu »enthüllen« gab.

Sassoon nahm sich eine englische Ausgabe der Kabbala* vor, stellte aber bald fest, daß die Übersetzung viel zu kompliziert und wolkig war, als daß er damit etwas hätte anfangen können. Er begann, Aramäisch zu lernen, um das Original studieren zu können. Dort stieß er auf die Story vom biblischen Manna, und die elektrisierte ihn, weil er im Text die Konstruktion einer Manna-Maschine zu erkennen glaubte.

Mit seiner exakten Übersetzung suchte er den Biologen und technischen Schriftsteller Rodney Dale auf. Wie Sassoon witterte Dale in der verschlüsselten Beschreibung die Schilderung eines biochemischen Labors. Als die beiden Männer ihre Vorstellungen aus dem Kabbala-Text koordiniert hatten, baten sie den technisch-wissenschaftlichen Zeichner Martin Riches, Konstruktionspläne nach ihren Angaben anzufertigen. Ein biochemisches Labor stand auf dem Papier! Diese Vorgeschichte einer Entdeckung erzählte mir George Sassoon.

Da ich ohnehin davon überzeugt bin, daß in alten Überlieferun-

---

* »The Kabbalah Unveiled«. Containing: The Book of concealed Mystery – The greater holy assembly and The lesser holy assembly. By S. L. Macgregor Matheus.

gen viel technisches Wissen verborgen ist, war ich über den Fund zwar erstaunt, doch nicht verblüfft. Ich hatte die Geschichte fast vergessen, als mir im Frühjahr 1976 die Wissenschaftszeitschrift »New Scientist« mit einem Artikel von Sassoon/Dale unter der Headline: »Deus est machina?« (»Ist Gott eine Maschine?«) in die Hand kam. Wenn ein solches Blatt einem Thema drei Seiten widmet, muß schon etwas dran sein.

Sassoon erlaubte mir, aus dem sehr langen und sehr wissenschaftlich verfaßten Bericht eine verständliche Kurzfassung zu formulieren; er stellte mir auch die beiden Zeichnungen zur Verfügung. Nach Kenntnis der Forschungsergebnisse wird jedem klar sein, daß Manna nicht vom Himmel fiel, wie in 2. Mose 16,4–25 zu lesen.

War Manna ein einzelliges Eiweiß, das durch eine besondere Gärungseinheit hergestellt wurde?

Jahrtausendelange Bemühungen, zu klären, was es mit dem Manna wirklich für eine Bewandtnis hatte, brachten kein definitives Resultat. Gemeinhin wird es (oder sie) als ein Sekret der Coccidien, Schmarotzern an den distelstrahligen Tamariskengewächsen *(Tamarix mannifera)*, beschrieben. Insekten saugen diesen an Kohlehydraten reichen Saft aus den Zweigen; was ihre Körper nicht absorbieren, wird in Form von durchsichtigen Tropfen ausgeschieden: Sie erstarren zu weißen Kügelchen, die Trauben- und Fruchtzucker und geringe Mengen an Pektin (wie es zur Zubereitung von Gelee genommen wird) enthalten. Diesen Stoff sammeln nun Ameisen und tragen ihn in ihre Hügel. Übrigens verwenden Beduinen heute noch dieses Manna als Honigersatz, sie nennen es »man«.

Obwohl zwischen diesem Stoff und dem biblischen Manna eine Ähnlichkeit besteht, fehlen ihm charakteristische Merkmale der von Mose gerühmten Kost. Er enthält kein Eiweiß, während Manna im Pentateuch als »Brot« und Grundnahrungsmittel beschrieben wird. Außerdem wird »man« nur während einiger Monate gefunden und dann in so geringen Mengen, daß man ein in der Wüste wanderndes Volk damit zu keiner Zeit sattmachen konnte. – Manchmal wird das biblische Manna auch als Lecanorales *(Aspicilia esculenta* = Mannaflechte) identifiziert, die größte Ordnung der nacktfrüchtigen Flechten, aber es ist nicht bewiesen, daß diese Pflanzengattung jemals auch nur in der Nähe Israels gefunden worden wäre. Sie ist in Tundren und auf Alpenheiden zu Hause.

Woher also kam das Manna, das, weil Volksnahrung, täglich in ausreichenden, großen Mengen verfügbar sein mußte? Sassoon und Dale sind überzeugt, die Antwort in der Kabbala gefunden zu haben.

»Kabbala« wird bekanntlich seit dem 12. Jahrhundert als Sammelbegriff für die esoterischen Lehren des Judentums benutzt. Der Begriff wird vom hebräischen QBLH = »Jenes, das empfangen wird« abgeleitet. Ein Teil des Kompendiums traditioneller jüdischer Mystik ist in den drei Büchern des »Sepher-ha-Zohar« (»Buch des Glanzes«) zu finden, das Simon Bar Jochai im 2. Jahrhundert niedergeschrieben haben soll und von dem spanischen Juden Moses Ben Schemtob de Leon im 13. Jahrhundert verfaßt wurde. Von den frühesten Quellen, dem aramäischen Cremona Codex (1558), stammen die lateinische Kabbala Denudata (1644) und die englische Kabbalah Unveiled (1892).

Die Zohar-Texte bringen die genaue körperliche Beschreibung eines Gottes, des »Uralten der Tage«. Ein beachtenswerter Uralter! Er besteht aus einem männlichen und einem weiblichen Teil. Diese eigenartige Methode, einen Gott in Teile zu zerlegen und wieder zusammenzusetzen, machte Sassoon/Dale stutzig. Sie eliminierten Randbemerkungen im Text und erkannten, daß kein Gott, sondern eine Maschine beschrieben wurde. Auch hier behalfen sich die Kabbala-Verfasser, die von Technik keine Ahnung hatten, mit der Schilderung ihnen vertrauter menschlicher Eigenschaften, um eine Vorstellung von einem Apparat zu geben, der ihnen unbekannt war. Ich darf erwähnen, daß die Apachen-Indianer heute noch diese Methode üben. Um etwa ein Auto vorstellbar zu machen, bezeichnen sie die Scheinwerfer als »india« = Auge, elektrische Leitungen als »tsaws« = Venen, den Kühlerschlauch als »chin« = Eingeweide.

Der Linguist Sassoon versuchte die Schilderung des »Uralten der Tage« mit adäquaten technischen Vokabeln. Es stellte sich heraus, daß Magier die alten Texte im Laufe der Jahrhunderte mystifizierten, so daß wortwörtlich »harte Tatsachen« hinter esoterischem Nebel verschwanden. In der Tat ist es ja erst heute möglich, alte Texte technisch zu interpretieren.

Ich zitiere die Verse 51 bis 73 des Buches »Hadra Zuta Odisha« (»Die kleine heilige Verherrlichung«):

»Der Schädel
Der obere Schädel ist weiß. In ihm ist weder Anfang noch Ende. Das hohle Ding seiner Säfte ist ausgedehnt und zum Fließen bestimmt... Von diesem hohlen Ding für den Saft des weißen Schädels fällt der Tau jeden Tag in den Kleingesichtigen... Und sein Kopf ist gefüllt, und vom Kleingesichtigen fällt er auf ein Feld von Äpfeln [oder Blasebälgen]. Und das ganze Feld von Äpfeln fließt von jenem Tau. Der Alte Heilige ist geheimnisvoll und verborgen. Und die obere Weisheit ist im Schädel verborgen, der gefunden worden ist [gesehen wird], und von diesem zu jenem ist der Uralte nicht geöffnet [das heißt, es gibt keinen sichtbaren Durchgang]. Und der Kopf ist nicht für sich [oder allein], da er der oberste Teil [oder Kopf] des ganzen Kopfes ist. Die obere Weisheit ist in dem Kopf: Sie ist verborgen und wird das obere Gehirn genannt, das verborgene Gehirn, das Gehirn, das mildert und ruhig ist. Und es gibt keinen [Menschen-]Sohn, der es kennt [das heißt, es ist niemandem verständlich]. Drei Köpfe sind ausgehöhlt: dieser in jenem und dieser über dem anderen. Ein Kopf ist Weisheit; er ist versteckt von dem, der bedeckt ist. Diese Weisheit ist verborgen, sie ist die oberste aller seiner Köpfe der anderen Weisheiten. Der obere Kopf ist der ›Uralte und der Heilige‹, der Verborgenste aller Verborgenen. Er ist der obere Teil des ganzen Kopfes, des Kopfes, der kein [herkömmlicher] Kopf ist und unbekannt. [Die Beschreibung verstärkt das vorher Gesagte: Es handelt sich nicht um einen normalen, des Denkens fähigen Kopf. Um was es dabei geht, ist unbekannt, weil der Kopf verborgen ist.] Und deshalb wird der ›Uralte Heilige‹ ›Nichts‹ genannt. Und alle jene Haare und alle jene Schnüre vom Gehirn sind verborgen und glatt im Behälter. Und der Hals kann nicht ganz gesehen werden... Es gibt einen Pfad, der in der Teilung der Haare vom Gehirn fließt... Und von diesem Pfad fließen alle restlichen Pfade, die in den Kleingesichtigen hinabhängen...«

Aus dem Kontext der Kabbala ergibt sich diese Situation: Der »Uralte der Tage« hatte zwei Schädel, einen über dem anderen; beide wurden von einem äußeren Schädel umgeben. Der obere Schädel enthielt das obere Gehirn, auf dem Tau destilliert wurde; das untere Gehirn enthielt das himmlische Öl. Der Uralte besaß vier Augen, eins davon leuchtete von innen heraus, drei waren nicht

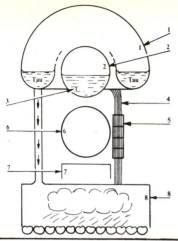 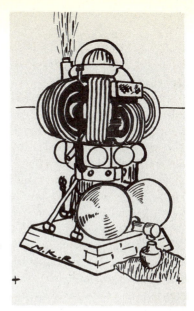

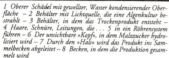
1 Oberer Schädel mit gewellter, Wasser kondensierender Oberfläche – 2 Behälter mit Lichtquelle, die eine Algenkultur bestrahlt – 3 Behälter, in dem das Trockenprodukt entsteht – 4 Haare, Schnüre, Leitungen, die ... 5 in ein Röhrensystem führen – 6 Der unsichtbare »Kopf«, in dem Malzzucker hydrolisiert wird – 7 Durch den »Hals« wird das Produkt ins Sammelbecken abgeleitet – 8 Becken, in dem die Produktion gesammelt wird

Die von den Briten George Sassoon und Rodney Dale rekonstruierte Manna-Maschine.

selbstleuchtend; von links nach rechts scheinen sie schwarz, gelb und rot gewesen zu sein. Wie sich's für einen Uralten gehört, besaß er einen umfangreichen Bart in 13 verschiedenen Formen; die Haare schienen aus dem Gesicht heraus und wieder ins Gesicht zurück zu wachsen. Die Haare waren weich, und das heilige Öl rann durch sie hindurch.

Das besondere Charakteristikum des Kleingesichtigen war sein harter Schädel, in dem sich auf der einen Seite Feuer, auf der anderen Luft entwickelte; außerdem wirbelte er feine Luft von der einen, feines Feuer von der anderen Seite herum. Das Öl floß vom oberen in den unteren Schädel und wechselte dort seine Farbe von Weiß auf Rot. Um den harten Schädel herum lag das untere Gehirn, das den Tau, der ihn täglich füllte, über seine äußere Form destillierte. Was da herabtroff, das war Manna. Es wurde unterhalb in Hostien (Hoden) gesammelt und durch einen Penis abgesogen.

Über den weiblichen Teil des »Uralten der Tage« gibt es nur wenige Details in der Kabbala: Er hatte vielfarbige Haare, die aber letztlich alle in einer Goldfarbe endeten und, zu einer Schnur vereinigt, in den oberen Schädel zurückführten. An jedem Sabbat fiel der »Uralte« in Trance. Dann wurden seine Teile gereinigt und wieder zusammengesetzt.

Die englischen Forscher fanden heraus, daß es sich bei dem oberen Teil um ein Destilliergerät handelte – mit einer welligen gekühlten Oberfläche, über die Luft geführt und mittels Wasser kondensiert wurde. Das Wasser wurde in einen Behälter geleitet, in dessen Mitte sich eine starke Lichtquelle befand, die eine Kultur bestrahlte, möglicherweise eine Grünalge vom Chlorella-Typ. Es gibt Dutzende Arten der Chlorella. Gleichgewichte von Eiweiß, Kohlehydraten und Fett können variiert werden, indem man passende Wachstumsbedingungen schafft.

Algenkulturen, die das gewünschte Produkt hervorbrachten, zirkulierten in einem Röhrensystem, das einen Austausch von Sauerstoff und Kohlendioxyd mit der Atmosphäre ermöglichte und überschüssige Wärme ausströmte. Der Chlorellaschlamm wurde in ein anderes Gefäß abgezogen, wo er so behandelt wurde, daß die Stärke teilweise in Malzzucker hydrolisierte, der dann, leicht gebrannt, den Honigwaffelgeschmack bewirkte: »...Es war weiß wie Koriandersamen und hatte einen Geschmack wie Honigkuchen« (2. Mose 16,31).

Das Trockenprodukt wurde in zwei Gefäße gegeben; eins davon wurde für den Tagesbedarf geleert, das andere füllte sich allmählich auf, damit für den Sabbat (an dem auch die Maschine nicht arbeiten durfte) ein Zweitagevorrat vorhanden war. Während der wöchentlichen Sabbatpause stand die Maschine still und wurde gewartet, damit sie ab Sonntag wieder produzieren konnte.

Die Maschine hatte ein Omer* pro Tag und je Familie zu liefern, und weil sie 600 Familien zu versorgen hatte, entsprach ihre Tagesleistung anderthalb Kubikmeter Manna.

Was geschah mit der Maschine, als die Israeliten die Wüste verlassen hatten, als sie nicht mehr gebraucht wurde? (Josua 5,1–12: »...An ebendiesem Tag hörte das Manna auf...«) – Nach der Einnahme von Jericho wurde die Maschine als heiliger Gegenstand in Silo aufgestellt (1. Samuel 4,3ff.). Später wurde sie von den Philistern erbeutet, aber schleunigst zurückgebracht, weil sie viele von

---

* Omer: ein hebräisches Hohlmaß von etwa drei Litern.

ihnen tötete. Klar, die Philister sahen die Manna-Maschine nie in Betrieb, sie hatten auch keine Gebrauchsanweisung bekommen, als sie den Apparat klauten. Das war schon immer so: Technik, mit der man sich nicht auskennt, ist gefährlich. – Flavius Josephus, der römisch-jüdische Geschichtsschreiber des 1. nachchristlichen Jahrhunderts, notierte, daß die Philister nach dem Genuß der Produkte der Maschine allesamt an Durchfall litten. – Nach der Rückgabe stellte König David den Apparat als Ritualgegenstand in einem Zelt in Jerusalem aus (1. Chronik 15,1). Sein Sohn Salomon ließ für die unheimliche Maschine eigens einen Tempel bauen (2. Chronik 2,5). Bei einer Plünderung des Tempels wurde auch die Maschine zerstört.

Sassoon/Dale schließen ihren Bericht im »New Scientist« so:

»Maschinen dieser Art wären eine notwendige Ausstattung in Raumschiffen, da sie eine Doppelfunktion ausüben: Sie beschaffen nämlich Sauerstoff zum Atmen *und* Nahrung. Sowjetische Wissenschaftler haben eine solche Maschine konstruiert und benutzen sie zur Reinigung von Luft in einer geschlossenen Umgebung an Bord des *Saljut*-Labors, in dem Menschen mehrere Monate lang lebten. Allerdings wurden die Kulturen durch die Exkrete der Astronauten befruchtet und deshalb wahrscheinlich nicht gegessen. Unsere derzeitige Gärungstechnologie ist noch nicht so weit fortgeschritten wie jene, die in der Manna-Maschine angewandt wurde. Die hauptsächlich fehlende Komponente ist eine Lichtquelle von hoher Intensität und Leistungsfähigkeit. Laser-Optik mag gerade diese Anforderungen erfüllen.

Die Frage bleibt: Woher kam die Manna-Maschine der Israeliten? Man ist versucht, zu spekulieren, daß die Erde vor ungefähr 3000 Jahren von Wesen aus dem Weltall besucht wurde und daß diese Besucher die Maschine mitbrachten. Diese Spekulation bringt ebenso viele Probleme mit sich, wie es sie löst. Wir möchten vorziehen, diese Hypothese heute nicht vorzulegen. Wenn wir eines Tages unsere Forschungen beendet haben, können wir die Frage vielleicht beantworten.«

Ich beanspruche nicht, den Bericht der Engländer als Beweis für meine Astronautentheorie zu werten. Für wichtig aber halte ich es, daß aus alten Überlieferungen die sachlichen Angaben herausgeschält werden, daß man, wo es legitim ist, falsche und überholte

Vokabeln aus modernem technischen Wissen interpretiert. So, wie es Sassoon und Dale mit dem Kabbala-Bericht unternommen haben. Aus kleinen Steinchen müssen wir in einem Riesenpuzzle das Bild unserer frühen Vergangenheit rekonstruieren.

Ein ganz anderes Rätsel sind die unterirdischen Städte in der Türkei. Bei Derinkuyu, Anatolien, gab es ehedem eine unterirdische Stadt, die 20000 Menschen in ihren tief in den Boden reichenden Stockwerken beherbergte. Es hat sich, als die Stadt bewohnt war, um kein improvisiertes Fluchtasyl gehandelt. Das Gemeinwesen verfügte über eine verfeinerte Infrastruktur. Es gab riesenhafte Gemeinschaftsräume, Wohnungen mit Schlaf- und Wohnzimmern, Ställe und sogar einen umfänglichen Weinkeller, von Geschäften und anderem gar nicht zu reden. Die Räume liegen auf verschiedenen Stockwerken, bisher hat man in Derinkuyu deren 13 tief ins Erdreich hinein freigeschaufelt. Die einzelnen Wohnsilos sind untereinander mit Schächten verbunden, die Eingänge durch große, runde Türen verschlossen, die von innen verriegelt wurden, aber von außen her nicht zu öffnen waren. In tiefgelegenen Etagen fand man Brunnen, Grabstätten, Waffenlager – und Fluchtwege. Die genialen Architekten verstanden sogar was von Air-condition: 52 Luftschächte wurden bisher freigelegt, durch die mit einem raffinierten Zirkulationssystem Frischluft bis in die letzten Winkel gelangte. Derinkuyu – von dem ich eben sprach – und das sehr ähnliche Kaymakli sind nur zwei jener 14 unterirdischen Städte, mit denen türkische Archäologen mindestens rechnen. Die Ausgräber kennen schon die Verbindungswege, über die alle Städte unterirdisch den Kontakt aufrechterhielten. Schätzungen zufolge sollen beachtliche 1,2 Millionen Menschen in diesen »Katakomben« lange Zeit gelebt haben.

1,2 Millionen Menschen! Dies bedeutet, daß auch Nahrungsmittel in ausreichenden Mengen beschafft werden mußten. Wie? Und woher?

Archäologen sind der Ansicht, diese Städte seien in den ersten nachchristlichen Jahrhunderten in den Boden gestampft worden: Christen hätten sich hier aus Angst vor ihren Verfolgern eingebuddelt.

An dieser Deutung nagt der Wurm des Zweifels. Die Unterirdischen mußten leben. Felder, die Früchte trugen, konnten sie bei aller Cleverneß nicht unter der Erde anlegen: Es fehlte das Licht zum Wachstum. Mußten sie aber oberirdisch Ackerbau und Viehzucht betreiben, dann war auch die Wohnung unter der Erde keine sichere Zuflucht mehr! Felder und Ställe hätten verraten, daß hier Menschen leben. Belagerer hätten sich in aller Ruhe vor den Eingängen niederlassen können, um abzuwarten, wann die hungrigen menschlichen Wühlmäuse ans Licht drängten. Sie hätten mit den Verfolgten nicht mal zum Kampf antreten müssen: Sie konnten den Feind aushungern. Blockade!

Außer diesen Überlegungen spricht gegen die derzeit offerierte Lehrmeinung auch, daß der Aushub so gigantischer unterirdischer Stadtsiedlungen Berge aus Schutt und Sand an der Oberfläche hätte wachsen lassen. Wer einmal in diesen Städten gewesen ist, dem ist klar, daß hier keine schnellen Provisorien entstanden. Hier wurde über Jahrzehnte, vielleicht über Jahrhunderte geplant und gebaut. Wo derart gebuddelt wurde, gab es Aushubberge, und die wiederum wären jedem Feind verdächtig vorgekommen. Der archäologische »Braten« stinkt mir in die Nase.

Ich biete aus dem Arsenal meiner Götter-Theorie eine logischere Erklärung an:

Die Bewohner dieses Raumes hatten vor langer Zeit einen Besuch von Außerirdischen. Die hatten, als sie zum Rückflug starteten, angekündigt, daß sie mit ihren fliegenden Apparaten wiederkommen würden, um all jene zu bestrafen, die den Befehlen nicht folgten, die ihnen erteilt worden waren. Sporadisch auftauchend stand also irgendwann ein Angriff »von oben« aus. Angst vor dem, was vom Himmel kam, trieb die Menschen hier wie in Südamerika in die phantastisch anmutenden unterirdischen Anlagen.

Lassen Sie mich in dieser Tour d'horizon auf eine weitere Merkwürdigkeit hinweisen. Sie ist im Dschungel Boliviens zu finden. 150 Kilometer von Santa Cruz entfernt liegt das Dörfchen Samaipata. Weitere 30 Kilometer entfernt liegt El Fuerte, ein eigenartiger Berg mitten im Dschungel.

Über El Fuerte weiß die Archäologie wenig, sie bietet nur miserable bis lächerliche Theorien an. Es gibt keine brauchbare Überlieferung.

Die rätselhafte Anlage »El Fuerte« beim Dörfchen Samaipata in Bolivien. Auf dem Gipfel des Hügels sieht man die »Abschußrampe«.

Vor uns erhebt sich ein Berg im Dschungel. Zwei tiefe, künstlich geschaffene Rillen führen hinauf und enden abrupt. Oben, auf dem Plateau, gibt es in den Stein geschlagene Wannen unterschiedlicher Größe, ins Gestein gestemmte Kreise, Sickerbecken, ausgehobene Dreiecke, abgeschürfte Rondelle. Durch ein rätselhaftes Kanalsystem sind all diese Formen miteinander verbunden. Falls es ein Zweckbau war, hat man die Kunst nicht vergessen: Am Fuße der tiefen Rillen symbolisieren Panther und Jaguar die Kraft. Stufen und ausgewaschene Nischen lassen einen an ein prähistorisches Stadion denken. Die tiefen und symmetrischen Rillen sind Abschußrampen nicht unähnlich. Unbeachtet döst El Fuerte im bolivianischen Urwald vor sich hin. El Fuerte, der höchste Berg bei Samaipata, trägt auf seinem uralten Rücken ein Geheimnis. Wird es eines Tages gelüftet werden?

Es müssen nicht immer Berge oder voluminöse unterirdische

Städte sein, denen wir unsere Neugier zuwenden sollten! Auf der Suche nach *dem* objektiven Beweis der Außerirdischen dürfen wir auch die kleinen Kritzeleien an Fels- und Höhlenwänden nicht außer acht lassen! Sie wurden noch nie unter dem Aspekt möglicher Botschaften der »Götter« registriert und untersucht. Ich habe solche Zeichen zu Tausenden archiviert, ich stelle sie ernsthaften Interessenten gern zur Verfügung.

In Peru wurden in den vergangenen Jahren gravierte Steine zu Zehntausenden gefunden. Einige Muster davon erlaube ich mir, den Akten beizufügen.

Die größte und interessanteste Sammlung trug Professor Dr. Janvier Cabrera zusammen. Seit Generationen lebt seine Familie in der alten Stadt Ica, im Süden von Peru. Zunächst fragte ich beim Archäologen Dr. Henning Bischof, Völkerkunde-Museum in Mannheim, an, ob er die gravierten Steine von Ica kenne und was er davon halte. Dr. Bischof schrieb mir, die Ica-Steine seien Fälschungen, die die Indios anfertigten, um sie für einige Soles (peruanische Währung) an Touristen zu verkaufen.

Im Gegensatz zu meinen Widersachern höre ich mir stets beide Seiten an. Nun wußte ich, daß die offizielle Archäologie die gravierten Steine in Peru für Falsifikate hielt.

Ich flog nach Peru.

Die Familie Cabrera besitzt an der Plaza de Armas in Ica ein großes Haus, das sie auch braucht, denn die Cabreras sind sehr »fruchtbar«. Trotzdem sind drei große Räume vom Boden bis zur Decke hinauf mit Regalen versehen, in denen massenhaft Steine liegen. Von Fußball- bis Ballongröße. Jeder Stein ist mit anderen Motiven graviert. Den Raum, in dem zwischen Steinen und Regalen der Schreibtisch des Sammlers steht, muß man sich wie einen Eierladen vorstellen, nur sind die Eier Steine, und die sind mit den phantasievollsten Gravuren rundherum verziert. Man entdeckt Indianer, die auf Vögeln reiten. Es sind Indianer mit fremdartigen Werkzeugen in den Händen verewigt. Auf einem Stein bedient sich ein Indianer einer Lupe zum besseren Sehen. Ein Stein ist ein Globus im Taschenformat: Die Umrisse fremder Länder, Kontinente und Ozeane sind sorgsam eingeritzt. Man erschrickt vor symbolischen Ungeheuern, wie man sie nie gesehen hat. Mit Bedacht zeigt Dr.

Bei Dr. Cabrera in Ica, Peru, stapeln sich in drei Räumen Abertausende von gravierten Steinen unterschiedlicher Größe.

Cabrera, der selbst führender Chirurg ist, eine Serie von Steinen, die den Hergang einer Herztransplantation darstellt. Dem Patienten, der auf einer Art von Operationstisch liegt, wird das Herz herausoperiert; Schläuche versorgen ihn mit Infusionen. Ein frisches Herz wird eingesetzt. Zwei Operateure schließen die Arterien. Die Brustöffnung wird geschlossen. Besser, als ich es schildern kann, zeigen die Bilder, die ich zu den Akten zu nehmen bitte, die ganze Prozedur.

Professor Cabrera ist ein eigenwilliger Mann, er duldet keine Gegenmeinung (was ich bedaure), aber er ist so passioniert bei seiner Sache, wie ich es bei meiner bin. Zwei Tage lang zerrte er mich von Stein zu Stein. »Look, Eric! Eric look here!« Hatte ich eben einen Stein im Visier, schleppte er mich schon zum nächsten. Besitzer- und Sammlerstolz: Cabrera hat rund 14 000 Steine in seiner Sammlung. Die meisten haben ihm Indios ins Haus getragen, einige fand er selbst. Die Mehrzahl der Steine ist faustgroß und hat Motive wie Vögel, Blumen, mythische Bäume, Menschen. Die größeren Brocken sind mit so komplizierten, ineinander verschachtelten Motiven bedeckt, daß Picasso im Olymp nicht erröten müßte, wenn man ihm die Urheberschaft unterschieben würde.

Mich bewegte andauernd die Frage: Gibt es hier echte (alte) und gefälschte (moderne) Steingravuren? Und: Falls es Fälschungen gibt, weiß Cabrera davon? Ist er ein gutgläubiges, blindes Opfer? Ich fragte Dr. Cabrera.

»In einem 26 Kilometer entfernten Dorf gibt es Fälscher, die Gravuren kopieren und mir verkaufen, aber an den Motiven erkenne ich sofort, welche Steine echt, also alt sind und welche gefälscht wurden und vielleicht erst gestern produziert wurden. In Zweifelsfällen, die auch unterkommen, lasse ich mir geologische Analysen erstellen.«

Ich bat Cabrera, mir leihweise einen Stein zu überlassen, den er mit Sicherheit als »echt« qualifizierte. Mit diesem Stein fuhr ich in ein winziges Wüstenkaff zum Fälscher Basilo Uschuya. Ich sagte ihm, daß ich einen seiner Steine kaufen würde, sofern ich dabei zusehen dürfe, wie er unter seinen Händen entstände. Nach langem Gefeilsche stimmte er zu. Während uns seine zwölf Kinder umtanzten, gingen wir in die Hütte. Der Meister angelte sich einen faustdicken Stein aus einem Korb, markierte mit einem Bleistift Linien darauf und begann mit dem Rest eines Sägeblattes zu griffeln. Nach

40 Minuten drückte er mir den Stein mit den Umrissen einer Taube in die Hand.

»Stellen Sie auch Gravuren größeren Formats her?« fragte ich. Stolz lächelte der Steinmetz: »Alle!«

»Die großen Steine in Dr. Cabreras Sammlung zeigen komplizierte, historische Muster. Woher haben Sie all die Kenntnisse?«

»Aus illustrierten Zeitungen!«

War ich einem Genie begegnet?

Während der Jeep uns wieder nach Ica zurückrumpelte, begann ich zu rechnen: Cabrera besitzt 14 000 Steine, sein Nachbar weitere 11 000. Macht rund 25 000 Steine. Für die einfachen Linien der Taube brauchte Basilo 40 Minuten. Es war eine primitive Arbeit, die sich mit dem überwiegenden Teil der Steingravuren bei Cabrera nicht vergleichen ließ. Dazu haben Cabreras Steine durchschnittlich einen Durchmesser von etwa 40 Zentimetern. Es passen deshalb fast 20 solcher Gravuren darauf, wie Basilo sie in den faustgroßen Stein ritzte. Und: Die Steine der Cabrera-Sammlung sind ungleich kunstvoller in der Ausführung. Sorgfältiger, phantasiereicher.

Wenn für einen Stein von der Sorte, wie sie Cabrera sammelt, 20 mal 45 Minuten Arbeitszeit notwendig sind, würde ein Fälscher für einen Stein 15 Arbeitsstunden benötigen. Bei den angenommenen 25 000 Steinen ständen 375 000 Arbeitsstunden in der Rechnung, sofern man je Arbeitstag zwölf Stunden ohne Pause zugrunde legt. 31 250 Arbeitstage ohne Unterbrechung. Der fleißige Fälscher der beiden Sammlungen hätte also 85 Jahre lang je zwölf Stunden Arbeit pro Tag aufwenden müssen. Nimmt man aber an, daß die Sippschaft mitwirkte, ist der Ertrag schon zu schaffen.

In grellem Licht verglichen wir den »echten« Stein, den Cabrera mir lieh, mit dem frischgebackenen Stein aus Basilos Hütte. Auf dem frischen Stein zeigten sich unterm Mikroskop rechtwinklige, saubere Ritzungen, während in den Rillen des Cabrera-Steines unter einer feinen Glasur Mikroorganismen zu sehen waren. Das war der kleine große Unterschied zwischen echten und falschen Steinen!

Es gibt ein ganz entscheidendes Argument gegen Basilos Behauptung, er nehme seine Motive aus Illustrierten. Bilderzeitschriften veröffentlichen Fotos von Gegenständen, die es gibt! Die komplizierten Motive auf Cabreras »echten« Steinen haben aber in die-

26 Kilometer von Ica entfernt lebt der Steinfälscher Basilo Uschuya. Mit einem abgebrochenen Sägeblatt graviert er seine Fälschungen.

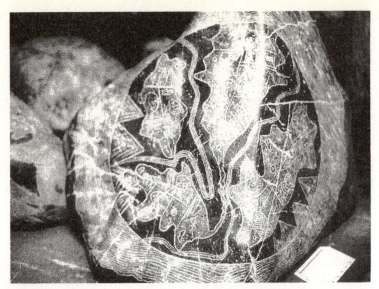

Aus der »Bibliothek in Stein«:
Fremde Landkarten...

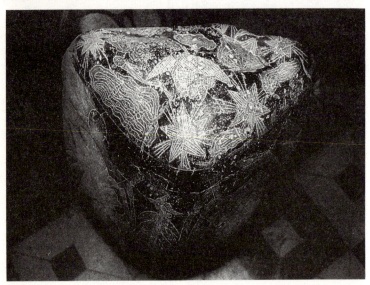

... zwischen Gebirgen und einem baumähnlichen Gebilde betrachten Indios den gestirnten Himmel, an dem ein Schiff erkennbar ist...

ser unserer Welt keine fotografierbare Vorlage! Um das verwegenste Sujet herauszugreifen: Als Dr. Barnard und andere seiner Kollegen begannen, Herztransplantationen vorzunehmen, sah man in Illustrierten aufregende Fotos dieses kühnen chirurgischen Unternehmens. Aber: Die Gravuren auf Cabreras Steinen haben keinerlei Ähnlichkeit mit diesen dokumentarischen Reporteraufnahmen. Die moderne Chirurgie zapft, beispielsweise, Venen und Arterien an den Armen an. Auf den alten Steinen enden die Schläuche im Mund des Patienten. Wann je knipste ein Fotograf Vögel, die mit Pedalen gesteuert werden und auf denen ein Wesen reitet? Wann je wurden feuerspeiende Drachen in unseren Blättern gedruckt? Wo traf ein Reporter auf Wesen, deren Kopf ein Heiligenschein umgab?

Es plagten mich, ich gebe es zu, noch Zweifel, als wir wieder in Cabreras Haus eintrafen. Ich sagte es ihm. »Kommen Sie, mein Freund!« forderte er mich auf und führte mich an seinen Schreibtisch. Er legte mir die Originale von geologischen Gutachten vor, die er inzwischen in seinem Buch* veröffentlichte. Das erste Gutachten stammt vom Juni 1967 und wurde von der Minengesellschaft »Mauricio Hochschild« in Lima erstellt. Unterzeichnet vom Geologen Dr. Eric Wolf, heißt es im Laborbericht:

»Es handelt sich unzweifelhaft um einen natürlichen Stein, der durch den Transport im Fluß abgerundet wurde. Petrologisch läßt er sich als Andesit klassifizieren. Die Andesiten sind Steine, deren Komponenten durch mechanische Bewegungen und gleichzeitigen hohen Druck verursacht worden sind. Im konkreten Fall sind die Wirkungen einer intensiven Umwandlung von Feldspat in Sericit** nachweisbar. Dieser Prozeß erhöhte einerseits die Kompaktheit und das spezifische Gewicht des Steines und verursachte andererseits eine Oberflächenbeschaffenheit, welche die alten Künstler bei der Ausführung ihrer Werke zu schätzen wußten. Diese Begutachtung sollte nun durch ein präziseres Urteil... bestätigt werden.

Festhalten kann ich, daß diese Steine durch eine feine, aber natürliche Oxydationsschicht umhüllt sind, *welche ebenfalls die Rillen der Gravuren bedeckt.* Das ist ein Umstand, der es erlaubt, das hohe Alter der Steine abzuschätzen.

---

* Janvier Cabrera: »El mensaje de las piedras grabadas de Ica«, Lima 1976.
** Sericit: Aggregate des Minerals Muskovit, einem hellen Glimmer.

 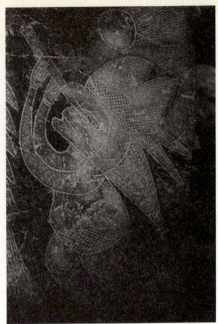

Links: ... eine Herzoperation...
Rechts: ... zur Himmelsbeobachtung werden Fernrohre benutzt – vor vielen Jahrtausenden!

In den Ausführungen der Gravuren selbst lassen sich keine bemerkenswerten Unregelmäßigkeiten feststellen, woraus die Vermutung abgeleitet werden kann, daß die Gravuren nicht weit von den heutigen Fundstellen entfernt ausgeführt worden sein müssen. Lima, 8. Juni 1967«

Ich darf auf drei Feststellungen dieses Gutachtens besonders aufmerksam machen:

1. Die gravierten Steine haben ein größeres spezifisches Gewicht als gleichartige mit abgeschliffenen Kanten. Steine dieser Art werden in heimischen Flüssen und Seen gefunden.
2. Die gravierten Steine sind sehr alt, eine Tatsache, die sich aus der natürlichen Oberflächenoxydation ableiten läßt. Die Oxydationen umhüllen die ganzen Oberflächen.
3. Die Oxydationen bedecken auch die Gravuren, ein unzweifelhafter Beweis dafür, daß die Gravuren vor der Oxydation in die Steine eingebracht wurden.

Dr. Cabrera ließ auch die Expertise, die der erste Gutachter anriet, von der Nationalen Technischen Hochschule (Facultad de Minas) machen. Sie ist von dem Ingenieur Fernando de las Casas y César Sotillo namens der Fakultät unterzeichnet. Ich zitiere:

»Alle Steine sind stark karbonisierte Andesiten. Das läßt sich eindeutig aus ihrer Farbe und ihrer äußeren Oberflächenschicht ableiten. Die Steine entstammen Schichten, die durch ausgeflossenes, vulkanisches Material gebildet worden sind, wie sie dem typischen Mesozoikum dieser Zone entsprechen.

Die verschiedenen Umwelteinflüsse haben die Oberflächen der Steine angegriffen und die Feldspatschicht in Arcilla verwandelt. Damit wurde der äußere Härtegrad geschwächt und bildete eine weichere Schale um den inneren Teil des Steines. Die äußere Härte entspricht im Durchschnitt dem Grad 3 nach der Mohn-Skala, doch erreicht der Stein nach derselben Skala im Innern 4,5 Grad.

Die Steine können praktisch mit jedem härteren Material bearbeitet werden wie beispielsweise Knochen, Muscheln, Obsidian wie auch mit jedem präspanischen, metallischen Instrument.«

Diese Feststellungen sollten einem den Atem verschlagen! Das Mesozoikum umfaßt das Jura- und Kreidezeitalter unseres Planeten, jene Zeit also, in der sich hier die Saurier tummelten, diese Urwesen, die angeblich nie ein Mensch zu Gesicht bekam, weil es – so die Lehrmeinung! – zur Zeit der Saurier keine Menschen gegeben hat.

Qualifizierte Fachleute attestierten, daß die Gravuren in die Steine geritzt wurden, *bevor* sich Oxydationsschichten bildeten. Hier präsentiere ich *echte* Steine aus der Cabrera-Sammlung: Sie zeigen *eindeutig* Mensch und Dinosaurier in trautem Verein!

Pater Crespi von der Kirche Maria Auxiliadore in Cuenca, Ecuador, hatte mir vor Jahren gravierte Steinplatten gezeigt, die ihm Indios zum Geschenk gemacht hatten. Auch dort: Saurier und Mensch in friedlicher Nachbarschaft!

Soll immer noch nicht sein, was nicht sein darf?

Am Paluxy-River: Dinosaurier- und Menschenfußspuren. Gleiche Funde in Südamerika. Professor Homero Henao Marin fand im April 1971 bei Ausgrabungen bei El Boqueron im Staate Tolima, Kolumbien, das 20 Meter lange Skelett eines Dinosauriers aus der Familie der *Iguanodontes* – daneben einen Menschenschädel! Jahr-

Die Zerstörungen der jahrtausendealten Gravuren durch die Zeit sind gut erkennbar. Die Arbeit ist unglaublich präzise ausgeführt.

millionen hatten den Schädel in eine feine Versteinerung von grauer Farbe mit zarten Verästelungen umgewandelt. Das sind doch Funde, wie sie die Wissenschaft begeistert akzeptiert – sofern sie ins zementierte Weltbild passen. Saurier und Mensch in trautem Verein? Die passen nicht in den Kodex der Evolutionstheorie. Also macht man die Schotten dicht, um das Licht fernzuhalten, das hier so unangenehme Präsente vor Augen führt.

Es obliegt mir, der skeptischen Gegenpartei anzusagen, was das Steinbilderbuch von Ica wiederum mit meiner Theorie zu tun hat. Ich sah bei Cabrera einen *echten*, uralten Stein, in den der Fixsternhimmel graviert ist: mit einem Kometen, einigen größeren Sternen, die untereinander mit Linien verbunden sind – und zwischen denen Schiffe segeln. Zwischen Bergen und mythologischen Bäumen hokken Indios, die durch *Teleskope* zu diesem Himmel starren! Das sind handfeste Überlieferungen aus frühen Zeiten.

Gewitzt durch die Erfahrungen, die ich mit Pater Crespis Schätzen machte, sage ich deutlich und schreibe es den Journalisten, die sich nun auf die Fahrt nach Ica begeben, ins Stammbuch: Ich *weiß*, daß sie dort auf Fälschungen treffen werden, wie sie massenhaft für die Touristen im Eilverfahren produziert werden. Mit Serienmotiven von der Stange. Man komme mir nicht wieder mit der Platitüde: »Däniken entlarvt – in Ica gibt es nur Fälschungen!« Man packe die Koffer aus, knipse nicht auf die Schnelle im Vorbeigehen die Touristenware. Man bemühe sich, die *echten* Steine vor die Linsen zu bekommen.

Als ich 1974 in Brasilien weilte, besuchte ich auch die Ethnologin und Indianerforscherin Frau Felicitas Barreto. Ihr Buch »Danzas Dindigenas del Brasil« mit den Schilderungen von Ritualtänzen verschiedener wildlebender Indiostämme hatte mich sehr beeindruckt, seit einigen Jahren korrespondierten wir. Frau Barreto, seit 20 Jahren für die Zivilisation »verloren«, kam aus dem gottverlassenen Gebiet des oberen Rio Paru, von der brasilianisch-französisch-guayanischen Grenze. Bis Belem wurde sie von der brasilianischen Luftwaffe mitgenommen, Hin- und Rückflug Teresina hatte ich garantiert.

»Um Gottes willen, was für ein Lärm in dieser Stadt! Können wir uns nicht in einer stillen Höhle verkriechen?!« sagte Frau Barreto, eine ältere Dame von drahtiger Gestalt. Ich erkundigte mich nach dem ruhigsten Zimmer im Hotel Nacional. – Vom Tonband nehme ich Gesprächsbruchstücke:

»Seit wann sind Sie nicht mehr in der Stadt gewesen?«

»Seit ziemlich genau zwanzig Monaten. Aber schon dieser eine Tag reicht mir wieder für sehr lange Zeit! Jetzt schon habe ich Heimweh nach meinen Indianern in den Urwäldern...«

»Heimweh? Wonach?«

»Ganz einfach nach der Natur. Ich habe gelernt, stumm mit den Bäumen, den Steinen, mit den Tieren und Tautropfen zu reden. Bei den Indianern wird wenig gesprochen, aber wir verstehen uns alle.«

»Sie leben unter wilden Indianern. Warum bringt man Sie als Weiße nicht um?«

»Indianer sind anders als ihr Ruf, und dann bin ich eine Frau, und eine Frau ist wie eine Schlange ohne Gift, wie eine Waffe ohne Spitze. Meiner blonden Haare wegen nennen sie mich ›bleicher Halbmond‹. Alle Stämme wissen, daß es mich gibt, alle kennen mich unter diesem Namen, und wenn ich Stammesgebiete wechsle, werde ich überall sehr freundlich empfangen.«

»Wie sind Sie angezogen? Tragen Sie Jeans?«

»Unsinn! Meistens laufe ich nackt rum oder mit einem Lendenschutz. Der Häuptling des Stammes, in dem ich jetzt lebe, hat mich eingeladen, seine dritte Frau zu werden...«

»Um Gottes willen! Sie haben doch nicht Ihr Jawort gegeben?«

»Noch nicht, aber es wäre schön, die dritte Frau des Häuptlings zu sein! Als dritte Frau hätte ich die wenigste Arbeit zu verrichten. Außerdem könnten wir zu dritt den Häuptling verprügeln...«

»Wirklich?«

»Ja, warum nicht? Wenn ein Indianer mit seinen Frauen nicht korrekt umgeht oder sie schikaniert, verprügeln ihn seine Frauen! Nachdem er seine Prügel bezogen hat, muß er aus dem Haus, an den Fluß gehen und sich dort in Hockestellung niedersetzen. Holt ihn bis zum Abend keine seiner Frauen ab, muß er diese und alle folgenden Nächte im Männerhaus verbringen und sich neue Frauen suchen. Vielleicht liegt es an diesen strengen Sitten, daß die Indianer wirkliche Gentlemen sind... Doch, das muß ich noch sagen, der Stamm läßt keinen im Stich, auch wenn er gemieden wird oder schwer krank ist. Ich wurde zweimal von giftigen Schlangen gebissen, für mehrere Tage hatte ich mein Gedächtnis verloren, da haben mich die Indianer gepflegt und mit Pflanzen, die sie kauten und dann auf die Wunden legten, geheilt...«

»Sie kennen meine Bücher. Was wissen die Indianer von der Idee, der Mensch stamme aus dem Weltall?«

»Lassen Sie mich mit einer Legende antworten, die sich der Stamm der Kaiato erzählt. Dieser Stamm lebt am oberen Xingu im Staate Mato Grosso. Übrigens kennen alle Stämme diese oder eine ähnliche Legende...

Weit weg von hier, auf einem fremden Stern, saß ein Indianergericht zusammen, das beschloß, den Wohnort zu wechseln. Die Indianer begannen, ein Loch in den Boden zu graben, immer, immer tiefer, bis sie auf der anderen Seite ihres Planeten herauskamen. Der Häuptling stürzte sich als erster in das Loch und kam nach einer langen kalten Nacht auf der Erde an, da aber wurde der Luftwiderstand so heftig, daß es den Häuptling in seine alte Heimat zurückschleuderte. Der Häuptling berichtete nun dem Stammgericht von seinem Erlebnis, daß er eine schöne blaue Welt mit viel Wasser und vielen grünen Wäldern gesehen habe und daß er der Rat gebe, alle Indianer sollten auf diese Welt gehen. Das Gericht beschloß, dem Rat des Häuptlings zu folgen, und gab den Indianern den Befehl, aus Baumwollflocken lange Stricke zu drehen. An diesen Stricken ließen sie sich in das Loch gleiten, ganz langsam, damit sie von der Erde nicht auch wieder zurückgeschleudert würden. Da sie so langsam in die Atmosphäre der Erde eintauchten, gelang die große Wanderung, und seitdem leben sie auf der Erde. Am Anfang, erzählen die Kaiato, habe es durch den Strick noch einen Kontakt mit der alten Heimat gegeben, doch den habe eines Tages ein böser Zauberer durchschnitten, und seitdem warten sie darauf, daß die Brüder und Schwestern aus der alten Heimat sie auf der Erde suchen und wiederfinden...«

»Sprechen die Indianer noch von Sternen?«

»Von den Sternen nicht, aber mit den Sternen! Oft sitzen sie stundenlang reglos im Kreis, halten sich wie in einer endlosen Kette an den Schultern, sie reden kein Wort. Fragt man nach solchen Sitzungen einen, der dabei war, was man eben getan habe, bekommt man ganz bestimmt keine Antwort, aber von den Frauen weiß ich, daß die Männer mit dem Himmel reden.«

»Sie beten also?«

»Nein, sie führen stumme Zwiegespräche mit irgendwem da oben!« (Frau Barreto hob die Schultern und deutete zur Zimmerdecke.)

»Sagen Sie mir: Gibt es bei den wilden Indianern noch Riten oder Ritualgegenstände, die auf irgendeine Beziehung zum Weltraum hindeuten?«

»O ja! Da sind die gefiederten Menschen: Indianer, die sich von Kopf bis Fuß mit Federn bekleben, um den Vögeln zu gleichen, die sich so leicht ins All erheben können. Und da gibt es die zahllosen Maskentypen, die sich, wenn man will, alle in Ihrem Sinne deuten lassen. Aus manchen Masken springen mehrfach gegabelte Äste – wie Ihre Antennen auf den Höhlenzeichnungen! Oft vermummen sich die Indios auch ganz in Stroh, um sich durch diese Maskerade ihren sagenhaften Urvätern ähnlich zu machen! João Americo Peret, einer unserer wesentlichen Indianerforscher, hat erst kürzlich einige Fotos veröffentlicht, die er bereits 1952 – also lange vor Gagarins erstem Weltraumflug! – von Kayapo-Indianern in Ritualkleidern des Stammes machte. Wenn man diese Bilder sieht, denkt man natürlich sofort an Astronauten. Die Kayapos – nicht zu verwechseln mit den Kaiatos! – leben im Süden des Staates Para am Rio Fresco...«

João Americo Peret stellte mir liebenswürdigerweise Fotos von Kayapos in ihren »Ritualgewändern« zur Veröffentlichung in diesem Buch zur Verfügung. Er machte sie in einem Indianerdorf am Rio Fresco, südlich von Para. Angesichts der wirklich verblüffenden Maskerade scheint es mir wichtig, noch mal ausdrücklich darauf hinzuweisen, daß Peret diese Aufnahmen bereits im Jahre 1952 machte, zu einem Zeitpunkt also, an dem uns allen (geschweige denn den wilden Indianern!) Kleidung und Ausrüstung von Astronauten noch kein vertrauter Anblick waren. Jurij Gagarin umkreiste am 12. April 1961 mit seinem Raumschiff Wostok I zum erstenmal die Erde, und erst seit diesem Ereignis sind uns Astronauten in ihren Anzügen vertraut wie die Kleiderpuppen in den Schaufenstern! – Die Kayapos in ihren aus Stroh nachgebildeten Astronautenanzügen bedürfen keines Kommentars – außer dem Hinweis, daß diese »Ritualgewänder« von den Indianermännern dieses Stammes seit urdenklichen Zeiten, wie Peret ermittelte, bei festlichen Anlässen getragen werden.

Die *Legende der Kayapos*, die João Americo Peret übermittelt, bedarf ebensowenig einer Erläuterung. Peret hörte sie im Dorf Gorotire am Ufer des Fresco vom Indianer Kuben-Kran-Kein, dem alten Ratgeber des Stammes, der den Titel »Gway-Baba«, »der Weise«, trägt. Und dies ist die Legende, die der Weise erzählte:

»Unser Volk wohnte auf einer großen Savanne, weit von dieser Region entfernt, von wo aus man die Gebirgskette Pukato-Ti sehen konnte, deren Gipfel von einem Nebel der Ungewißheit umkreist waren, und diese Ungewißheit ist bis auf diesen Tag nicht entschleiert. Die Sonne, müde von ihrem weiten täglichen Spaziergang, legte sich auf den grünen Rasen hinter dem Buschwald, und Mem-Baba, der Erfinder aller Dinge, bedeckte mit seinem Mantel voll hängender Sterne den Himmel. Wenn ein Stern herabfällt, durchquert Memi-Keniti den Himmel und bringt ihn zum richtigen Ort zurück. Dafür sorgt Memi-Keneti, der ewige Wächter.

Eines Tages ist Bep-Kororoti, vom Gebirge Pukato-Ti kommend, zum erstenmal ins Dorf gekommen. Er war mit einem Bo [das ist der Strohanzug auf den Bildern], der ihn vom Kopf bis zu den Füßen bedeckte, bekleidet. In der Hand trug er ein Kop, eine Donnerwaffe. Alle aus dem Dorf flüchteten voll Angst in den Busch, die Männer suchten Frauen und Kinder zu beschützen, und einige versuchten, den Eindringling zu bekämpfen, aber ihre Waffen waren zu schwach. Jedesmal, wenn sie mit ihren Waffen die Kleidung von Bep-Kororoti berührten, fielen sie in Staub zusammen. Der Krieger, der aus dem All gekommen war, mußte über die Zerbrechlichkeit derer, die ihn bekämpften, lachen. Um ihnen seine Kraft zu beweisen, hob er seinen Kop, deutete auf einen Baum oder einen Stein und vernichtete beide. Alle glaubten, daß Bep-Kororoti ihnen damit zeigen wollte, daß er nicht gekommen war, um Krieg mit ihnen zu machen. So ging das eine lange Zeit.

Es war ein großes Durcheinander. Die mutigsten Krieger des Stammes versuchten, Widerstand zu leisten, aber auch sie konnten sich zuletzt nur mit der Gegenwart von Bep-Kororoti abfinden, denn er belästigte sie nicht und niemanden. Seine Schönheit, sein strahlendes Weiß der Haut, seine Zärtlichkeit und allen zugewandte Liebe schlugen allmählich alle in Bann und zogen sie zu ihm hin.

Heute noch verehren die Kayapo-Indianer ihren himmlischen Lehrmeister Bep-Kororoti. Sie imitieren ihn durch das Strohgewand, denn so ähnlich habe er ausgesehen.

Alle bekamen ein Gefühl von Sicherheit, und so wurden sie Freunde.

Bep-Kororoti fand Gefallen daran, mit unseren Waffen umzugehen und zu lernen, wie er ein guter Jäger werden konnte. Schließlich brachte er es so weit, daß es besser wurde mit unseren Waffen als die Besten des Stammes und mutiger als die Mutigsten des Dorfes. Es dauerte nicht mehr lange, da wurde Bep-Kororoti als Krieger in den Stamm aufgenommen, und dann suchte ihn ein junges Mädchen als Gemahl aus und heiratete ihn. Sie bekamen Söhne und eine Tochter, die sie Nio-Pouti nannten.

Bep-Kororoti war klüger als alle, und darum begann er, die anderen mit unbekannten Sachen zu unterrichten. Er leitete die Männer zum Bau eines Ng-Obi an, dieses Männerhaus, das heute alle unsere Dörfer haben. Darin erzählten die Männer den Jünglingen von ihren Abenteuern, und so lernten sie, wie man sich in Gefahren zu verhalten hat, und wie man denken muß. Das Haus war in Wahrheit eine Schule, und Bep-Kororoti war ihr Lehrer.

Im Ng-Obi kam es zur Entwicklung von Handarbeiten, zur Verbesserung unserer Waffen, und nichts wurde, was wir nicht dem großen Krieger aus dem All verdankten. Er war es, der die ›große Kammer‹ gründete, in der wir die Sorgen und Nöte unseres Stammes besprachen, und so kam eine bessere Organisation zustande, die für alle Arbeit und Leben erleichterte.

Oft leisteten die Jüngeren Widerstand und gingen nicht zum Ng-Obi. Dann zog Bep-Kororoti seinen Bo an und suchte die Jüngeren, sie konnten dann keinen Widerstand mehr leisten und kehrten schnell in das Ng-Obi zurück, weil sie nur dort sicheren Schutz hatten.

Wenn die Jagd schwierig war, holte Beb-Kororoti sein Kop und tötete die Tiere, ohne sie zu verletzen. Immer durfte der Jäger das beste Stück der Beute für sich nehmen, aber Bep-Kororoti, der nicht die Nahrung des Dorfes aß, nahm nur das Nötigste für die Ernährung seiner Familie. Seine Freunde waren damit nicht einverstanden, aber er änderte seine Haltung nicht.

Mit den Jahren änderte sich sein Verhalten. Er ging nicht mehr mit den anderen, er wollte in seiner Hütte bleiben. Wenn er aber die Hütte verließ, ging er immer auf die Berge von Pukato-Ti, woher er gekommen war. Eines Tages aber folgte er dem Willen seines Geistes, den er nicht mehr bezwingen konnte, er verließ das Dorf. Er versammelte seine Familie, und nur Nio-Pouti war nicht dabei, denn sie war abwesend, und sein Aufbruch erfolgte in Eile. Die Tage vergingen, und Bep-Kororoti war nicht zu finden. Plötzlich aber erschien er wieder auf dem Dorfplatz, und er machte ein fürchterliches Kriegsgeschrei. Alle dachten, er wäre irre geworden, und alle wollten ihn beruhigen. Aber als Männer sich ihm nähern wollten, kam es zu einem fürchterlichen Kampf. Bep-Kororoti benutzte seine Waffe nicht, aber sein Körper zitterte, und wer ihn berührte, fiel tot zu Boden. Reihenweise starben die Krieger.

Der Kampf dauerte Tage, denn die gefallenen Kriegergruppen konnten wieder aufstehen, und sie versuchten immer wieder, Bep-Kororoti zu bezwingen. Sie verfolgten ihn bis auf die Kämme des Gebirges. Da geschah etwas Ungeheures, das alle sprachlos werden ließ. Rückwärts ging Bep-Kororoti bis an den Rand des Pukato-Ti. Mit seinem Kop vernichtete er alles, was in seiner Nähe war. Bis er auf dem Gipfel der Gebirgskette war, waren Bäume und Sträucher zu Staub geworden. Dann aber gab es plötzlich einen gewaltigen Krach, der die ganze Region erschütterte, und Bep-Kororoti verschwand in der Luft, umkreist von flammenden Wolken, Rauch und Donner. Durch dieses Ereignis, das die Erde erschütterte, wurden die Wurzeln der Büsche aus dem Boden gerissen und die Wildfrüchte vernichtet, das Wild verschwand, so daß der Stamm anfing, Hunger zu leiden.

Nio-Pouti, die einen Krieger geheiratet und einen Sohn geboren hatte, wie man weiß, eine Tochter des himmlischen Bep-Kororoti, sagte ihrem Mann, daß sie wisse, wo man für das ganze Dorf Nahrung finden könnte, man müsse ihr aber ins Gebirge nach Pukato-Ti folgen. Auf das Drängen von Nio-Pouti faßte ihr Mann Mut und folgte ihr in die Region von Pukato-Ti. Dort suchte sie im Gebiet von Mem-Baba-Kent-Kre einen besonderen Baum und setzte sich auf dessen Äste, sie hatte dabei ihren Sohn auf dem Schoß. Ihren Mann bat sie, die Äste des Baumes so lange zu biegen, bis deren Spitzen den Boden berührten. In dem Augenblick, da diese Berührung zustande kam, ereignete sich eine große Explosion, und Nio-Pouti verschwand zwischen Wolken, Rauch und Staub, Blitz und Donner.

Der Ehemann wartete einige Tage, war schon mutlos geworden

und wollte vor Hunger sterben, als er einen Krach hörte und sah, daß der Baum wieder an der alten Stelle stand. Seine Überraschung war groß, seine Frau war wieder da und mit ihr Bep-Kororoti, und sie brachten große Körbe voll Nahrung mit, wie er sie nicht kannte und nie gesehen hatte. Nach einiger Zeit setzte sich der himmlische Mann wieder in den phantastischen Baum und befahl wiederum, die Äste auf den Erdboden zu biegen. Nach einer Explosion verschwand der Baum wieder in der Luft.

Nio-Pouti kehrte mit ihrem Mann ins Dorf zurück und gab einen Befehl von Bep-Kororoti bekannt: Es sollten alle sofort umziehen und ihre Dörfer vor Mem-Baba-Kent-Kre errichten, dem Ort, an dem sie ihre Nahrung bekommen würden. Nio-Pouti sagte auch, daß man die Samen der Früchte und Gemüse und Sträucher aufbewahren müsse bis zur Regenzeit, um sie dann wieder in den Boden zu legen, damit sie neue Ernte bringen könnten. So kam bei uns die Landwirtschaft zustande... Unser Volk zog um zum Pukato-Ti und lebte dort in Frieden, die Hütten unserer Dörfer wurden zahlreicher, und man konnte sie von den Bergen her bis zum Horizont sehen...«

Diese von dem Indianerforscher João Americo Peret übermittelte Kayapo-Legende ließ ich im Wortlaut aus dem Portugiesischen übertragen. So alt wie die Legende ist auch der Raumfahreranzug aus Stroh, den die Indianer in Erinnerung an die Erscheinung von Bep-Kororoti tragen.

Zum Abschluß dieses Kapitels möchte ich feststellen:

Ich weiß mich frei von Schuld, daß die brasilianischen Kayapo-Indianer heute noch bei ihren Festlichkeiten von den Besuchern aus dem Weltall singen und dabei Strohgewänder tragen, die der Kleidung der frühen Astronauten, von denen ihre Legenden berichten, nachgebildet sind...

Ich weiß mich frei von Schuld, daß die Vorzeitlichen rund um den Globus »Götter« an die Fels- und Höhlenwände malten, deren Häupter astronautenhelmähnliche Bedeckungen zieren und aus deren Köpfen Gebilde sprießen, die Kurzwellenantennen verdammt ähnlich sind...

Ich weiß mich frei von Schuld, daß Henoch und Elias wie viele andere in »feurigen Wagen« im Himmel verschwanden...

Ich kann nichts dafür, daß der türkische Admiral Piri Reis im

Jahre 1513 Weltkarten anfertigte, in die er – vor Kolumbus – die Küsten Nord- und Südamerikas einzeichnete und sogar die Umrisse der Antarktis, die unter Eisschichten verborgen waren: Konturen, die *wir* erst während des »Internationalen Geophysikalischen Jahres 1957« durch Echolotungen entdeckten. Ich weiß es wirklich nicht, wer Piri Reis einen Beobachtungssatelliten und supermoderne Beobachtungsgeräte zur Verfügung stellte...

Man kann mich foltern und auf den Kopf stellen, und ich werde die Frage nicht beantworten können, aus welchem Impetus in 230 Sanskritverse des Samarangana Sutradhara verschiedene, exakt beschriebene Flugapparate gerieten. Ich nehme an, daß sie damals irgendwer gesehen hat.

Bei allem, was mir etwas gilt, schwöre ich, daß ich nicht der Verfasser des Henoch-Buches bin. Ich war auch nicht dabei, als der Prophet Hesekiel seine Begegnungen mit Raumschiffen hatte, die er so penibel genau beschrieb, daß ein NASA-Ingenieur unserer Tage sie rekonstruieren konnte.

Ferner habe ich die sumerischen Rollsiegel nicht angefertigt, die am Himmel fliegende Apparate in einer Vielfalt und mit einer so schönen Selbstverständlichkeit aufweisen, als wären diese Dinger täglicher Umgang der alten Herrschaften gewesen.

Man mag mir getrost viel Phantasie zutrauen. Trotzdem können die uralten Sagen von fliegenden Drachen und Himmelsschlangen nicht aus meiner Feder stammen. Ich kam ja erst 1935 zur Welt. Da hatten diese Überlieferungen schon einige tausend Jahre auf dem Buckel.

Schadenfreude ist meinem Wesen fremd, aber es wäre unehrlich, wenn ich nicht zugeben würde, daß mich ab und zu Genugtuung wie ein Grog an kalten Winterabenden erwärmt.

Ich darf in Erinnerung rufen, was ich an anderer Stelle schon beiläufig erwähnte: Vor Jahren sah ich zum erstenmal die schnurgeraden, kilometerlangen, in den Boden gezogenen Linien auf der Ebene von Nazca, Peru, im Vorgebirge der Anden. Vom Flugzeug aus muten diese Linien wie ein großer Flugplatz an; und weil das Netz der Linien in frühen Zeiten angelegt wurde und ausschließlich aus großer Höhe erkennbar ist, interpretierte ich die Anlage als Kultplatz der Indios, die ihre Linien und Scharrzeichnungen zu Ehren der fliegenden Götter angelegt hatten.

Die Wissenschaft behauptete nach jahrzehntelanger Forschung, es handle sich hier um einen astronomischen Kalender. Stellvertretend für viele andere Zweifel in diese Deutung möge hier nur die Frage stehen: Was sollten die Eingeborenen mit einem Kalender anfangen, der *nur* aus sehr großer Höhe erkennbar war? (Derart praktische Fragen scheren die Wissenschaft nie, sie ist stets selig, wenn sie eine »Erkenntnis« präsentieren kann.) Egal: In allen wissenschaftlichen Werken wurden die Linien auf der Ebene von Nazca als astronomischer Kalender verbucht.

Um so überraschter war ich, als mir der Archäologe Professor Barthel, Tübingen, nach einer TV-Diskussion sagte, die Deutung der Nazca-Linien als astronomischer Kalender könne man vergessen, denn ein Langzeitversuch habe ergeben, daß zwischen den Linien und Gestirnen keine Beziehungen bestünden. Alle Daten aus den Standorten und den Bahnen der Sterne wie die Koordinaten der Linien seien einem Computer eingegeben worden, und der habe für keinen einzigen Fall einen Bezug von unten nach oben oder von oben nach unten errechnen können, der die Kalendertheorie rechtfertige. Das bedeute nicht, daß ich mit meinen Theorien recht habe, aber die bisher vorherrschende Ansicht sei nicht mehr zu halten. Ich las inzwischen das Buch*, von dem Professor Barthel sprach: Es widerlegt ein für allemal die Kalendertheorie.

Ich halte es für unter der Würde und dem Vermögen der Gegenpartei, meine Indizien wie lästige, schillernde Seifenblasen purer Phantasie abzutun. Wann werden denn schon neue Theorien angeboten, deren Indizien und Bausteine sich *fotografieren* lassen? Ist es der Gegenpartei entgangen, daß nach meinen Büchern zwei abendfüllende *Dokumentarfilme* gedreht wurden? Filme, die an Ort und Stelle Fakten auf Zelluloid bannten und vor aller Augen auf die Leinwand projizierten? Keiner meiner Widersacher kann sich darauf hinausreden, diese Dokumentationen meiner Theorie wären ihm leider entgangen. Jeder kann sie in den USA, in der GUS und in China ebenso sehen wie in weiteren 29 Ländern, in denen auch meine Bücher erschienen. Wer sich sogar filmbaren Beweisen entzieht, der kann doch nur wie »Mr. Kimble« auf der Flucht vor unbequemen Wahrheiten sein.

---

* »Archaeo Astronomy in Pre-Columbian America«, London 1976.

15. KAPITEL

Die Botschaft des Engels Moroni · Ein Buch auf Metallfolien · Die erstaunliche Geschichte von Ether und Nephi · Die Lamech-Rolle · Salem wird Jeru-Salem · Querverbindungen nach Amerika

Die Realität ist phantastischer als jede Phantasie.
Ehe ich eine Spur verfolgen kann, die vor vielen Jahrtausenden gelegt wurde, muß ich eine so erstaunliche wie umstrittene Geschichte erzählen, die sich im ersten Drittel des vorigen Jahrhunderts in Amerika zugetragen hat; sie führt uns in die jahrtausendalte Spur zurück.

Unter den Einwanderern, die damals in großen Scharen aus Deutschland, Skandinavien, Irland und England in die Neue Welt strebten, war auch die Familie Smith aus Schottland, die mit acht Kindern im kleinen Ort Palmyra im Staat New York wohnte.

Das Gebiet, in dem die Smith' lebten, war Grenzland zur Zivilisation: Das tägliche Dasein forderte den Einwanderern harte körperliche Arbeit ab. Der Amerikanische Unabhängigkeitskrieg von 1776 bis 1783 lag zwar schon ein halbes Jahrhundert zurück, doch das riesige Land war noch sehr spärlich bewohnt, und die Siedler hatten laufend Kämpfe mit den indianischen Ureinwohnern zu bestehen.

Die Neuankömmlinge aus Europa waren fleißig, sie brachten nicht nur Werkzeuge und guten Willen mit, sondern auch die vielfachen religiösen Anschauungen aus ihrer alten Heimat, die sie mit missionarischem Eifer zu verbreiten suchten. Sekten und Religionsbünde vermehrten sich schneller als Unkraut. Heilsapostel zahlloser Glaubensrichtungen predigten, übertrumpften sich in Redeschlachten mit kühnsten Verheißungen und vereinnahmten Seelen mit übelsten Drohungen vom Jenseits. Kapellen, Tempel und Kirchen schossen wie Pilze aus dem Boden, so als habe der Teufel sich persönlich eingefunden, um die Geister der Siedler in der neuen Heimat zu verwirren.

Mutter Smith schloß sich mit drei Kindern – wie viele Einwanderer – den Presbyterianern an. Sohn Joseph, 18 Jahre alt, tat sich schwerer: Er suchte verzweifelt den wahren Gott, weil er nicht wahrhaben mochte, daß alle Heilsbringer felsenfest behaupteten, recht zu haben, und sich zugleich im Namen Jesu bis aufs Blut bekämpften. Joseph Smith (1805-1844) war ein Niemand bis zu jener Nacht vom 21. September, in der er eine seltsame Vision erlebte.

Wie in einer Trance betete Joseph in seiner Schlafkammer, als er plötzlich eines Lichts gewahr wurde, das den Raum gleißend erhellte. Aus dem Licht trat ein Engel mit nackten Füßen in weißem Gewand. Die Erscheinung stellte sich dem erschreckten Beter als Gottesbote mit Namen *Moroni* vor, und Moroni berichtete dem Jungen Erstaunliches!

Es würde, sagte Moroni, in einem steinernen Versteck, nicht weit vom Wohnort der Familie Smith entfernt, ein auf goldene Platten graviertes Buch aufbewahrt, das einen vollständigen Bericht von den früheren Einwohnern des amerikanischen Kontinents und ihres Ursprungs enthalte. Bei den goldenen Tafeln liege ein Brustschild, auf dem zwei Steine, die sogenannten *Urim* und *Thummim*, befestigt seien, mit deren Hilfe sich die alte Schrift übersetzen lasse; außerdem gebe es in dem Verlies einen »göttlichen Kompaß«. – Nach der Mitteilung, er, Joseph Smith, sei ausersehen, *einen Teil* der Schriften zu übersetzen und bekanntzumachen, verschwand der Götterbote Moroni.

Für eine Weile.

Dann tauche Moroni wieder auf, wiederholte die aufregenden Mitteilungen und fügte die Prophezeiung hinzu, in der Zukunft würde es gewaltige Verwüstungen und Hungersnöte geben.

Ob Moroni den Auftrag hatte, seine Übermittlungen in Portionen vorzunehmen, oder ob er vergeßlich war, ist unbekannt. Jedenfalls erschien er in der Nacht des 21. September ein drittes Mal, um den Botschaften der beiden vorhergehenden Besuche die Warnung hinzuzufügen, Joseph dürfe – außer wenigen vorausbestimmten Personen – keinem Menschen die heiligen Requisiten auf dem Hügel Cumorah zeigen; handle er gegen das Verbot, würde er getötet werden.

Unausgeschlafen ob der nächtlichen Ruhestörung, berichtete Joseph beim kärglichen Frühstück selbstverständlich seinem Vater von dem schockierenden Erlebnis. Bigott gläubig wie alle Siedler, gab es für Vater Smith keinen Zweifel, daß dem Sohn ein göttlicher Auftrag zuteil wurde; er hieß ihn, die Stelle aufzusuchen, die Engel Moroni beschrieben hatte.

Südlich von Palmyra, unweit des Dörfchens Manchester, erhebt sich der Hügel Cumorah, der an der Nordseite steil ansteigt. Unterhalb der Hügelkuppe fand Joseph Smith den vergrabenen und ihm verheißenen Schatz – wie, das hat er selbst beschrieben:

»Unter einem Stein von ziemlicher Größe lagen die in einer Steinkiste verwahrten Platten. Dieser Stein war oben in der Mitte dick und abgerundet und gegen die Kanten hin dünner, so daß der mittlere Teil über der Erde sichtbar war, während die Kanten ringsum mit Erde bedeckt waren. Ich entfernte die Erde, verschaffte mir einen Hebel, setzte ihn unter der Kante an und hob den Stein mit etwas Anstrengung in die Höhe. Ich schaute hinein und erblickte in der Tat die Platten und den Urim und Thummim sowie den Brustschild, wie der Bote gesagt hatte. Der Kasten, in dem sie lagen, war aus Steinen angefertigt, die durch eine Art Zement zusammengehalten wurden. Auf dem Boden der Kiste waren zwei Steine quer zur Kiste gelegt, und auf diesen Steinen lagen die Platten und die anderen Dinge.«

Als der Teenager, begierig wie jeder Schatzsucher, spontan mit beiden Händen nach den Gegenständen griff, verspürte er sofort einen Schlag. Er versuchte es neuerlich und handelte sich wieder einen lähmenden Schlag ein. Beim dritten Versuch strafte ihn ein Schlag wie von einem starken Stromstoß; wie gelähmt lag er am Boden.

Im selben Moment stand Moroni, der rätselhafte Bote der Nacht, neben ihm und befahl, Joseph solle in jedem Jahr am selben Tag hierherkommen; wenn die Zeit reif dafür wäre, würde er die heiligen Gegenstände bekommen.

Vier Jahre später war es soweit!

Am 22. September 1827 übergab Götterbote Moroni Joseph Smith die beschrifteten Goldtafeln, den Brustschild und die schim-

Links: Phantasievolle Darstellung der Erscheinung des Götterboten Moroni.

mernden Übersetzungshelfer Urim und Thummim. Moroni hämmerte dem Zweiundzwanzigjährigen ein, daß er zur Verantwortung gezogen würde, falls die uralten Schätze durch seine Unachtsamkeit verlorengingen.

Ich weiß nicht, ob diese Geschichte sich so oder ähnlich zugetragen hat.

Doch: So und nicht anders wird sie im *Buch Mormon*, der »Bibel« der »Kirche Jesu Christi der Heiligen der Letzten Tage« – der Mormonen – überliefert. Einige Millionen Mormonen glauben daran, diese frommen und tüchtigen Menschen, die in Salt Lake City im Staate Utah ihre Zentrale haben.

Ich weiß nicht, ob Joseph Smith ein religiöser Psychopath gewesen ist oder ein schlauer Demagoge, der die Religionswirren seiner Zeit ausnutzte, um Menschen einzufangen. Ich weiß nicht, ob Joseph Smith ein selbstloser, ehrlicher und wahrheitssuchender Prophet gewesen ist.

Ich weiß auch nicht, wer den jungen Mann in der Nacht vom 21. September 1823 heimsuchte und wer ihm vier Jahre später den verborgenen Schatz übergab. War es ein Indianer, der von der Existenz der uralten Platten wußte? Hatte er sie vielleicht selbst – oder ein Angehöriger seines Stammes – versteckt? Hat am Ende ein zu einer der vielen christlichen Religionsgemeinschaften bekehrter Indianer ein gehegtes Geheimnis verraten? Hat ein weißer Schatzsucher, der einen Partner brauchte, Joseph Smith eingeweiht? Oder stieß der junge Mann allein auf die Schatzkammer und erfand die Story von der himmlischen Erscheinung, um sich interessant zu machen?

Ich weiß keine Antworten, nur etwas scheint mir festzustehen: Joseph Smith hat die gravierten Goldplatten besessen!

Unter Zuhilfenahme der »Übersetzersteine« Urim und Thummim hatte Joseph Smith in einundzwanzigmonatiger Arbeit einen Teil der Texte vom Plattenfund übersetzt, als er sie im Juni 1829 – mit Einwilligung des Engels Moroni, versteht sich! – drei ehrenwerten und geachteten Männern zeigte. Oliver Cowdery, David Whitmer und Martin Harris setzten ein Schriftstück auf, in dem sie beschworen, die Platten und »auch die Gravierungen auf den Platten« gesehen zu haben.

Der Hügel Cumorah, unter dessen Kuppe Joseph Smith die Platten des Buches Mormon gefunden hat.

Dieses Zeugnis hat Gewicht, denn die drei Männer blieben dabei, nachdem sie sich von Smith und der von ihm gegründeten Kirche der »Heiligen der Letzten Tage« abgewandt hatten, zwei sogar heftige Gegner des Glaubensstifters wurden. Keiner der Männer widerrief seinen Eid.

Zwei Tage nach der Offenlegung der Schrifttafeln vor den drei Männern zeigte Smith an einem sonnenhellen Tag seinen Schatz weiteren acht Zeugen, die das Buch mit den dünnen Platten in die Hände nehmen und darin blättern durften. Auch diese acht Männer bezeugten den Tatbestand mit Siegel und Unterschrift:

»Allen Nationen, Geschlechtern, Sprachen und Völkern, zu denen dieses Werk gelangen wird, sei es kundgetan, daß Joseph Smith Junior, der Übersetzer dieses Werkes, uns die Platten, von denen gesprochen wurde und die wie Gold aussehen, gezeigt hat; alle, die genannter Smith übersetzt hat, haben wir mit unseren Händen angefaßt; wir haben auch die Gravierungen darauf gesehen, die ein altertümliches Aussehen hatten und sehr sonderbar gearbeitet waren. Und wir bezeugen mit ernsthaften Worten, daß besagter Smith uns diese Platten gezeigt hat, denn wir haben sie gesehen und angefaßt, und wir wissen mit Bestimmtheit, daß genannter Smith die Platten hat, von denen wir gesprochen haben. Und wir geben unsere Namen, um der Welt das zu bezeugen, was wir gesehen haben. Und wir lügen nicht und rufen Gott zum Zeugen an.

Christian Whitmer – Jacob Whitmer – Peter Whitmer Junior – John Whitmer – Hiram Page – Joseph Smith Senior – Hyrum Smith – Samuel H. Smith.«

Der Eid der insgesamt elf Männer – die alle *nicht* der von Joseph Smith begründeten Religionsgemeinschaft angehörten, vielmehr ihren Glauben verteidigten –, die ihren Gott zum Zeugen riefen, hat erhebliches Gewicht, wenn man sich des fanatischen Eifers erinnert, mit dem damals die Siedler ihren Gemeinschaften und Sekten aus Furcht vor der Strafe des Letzten Gerichts anhingen.

Nicht nur die beeideten Zeugenschaften lassen darauf schließen, daß Smith tatsächlich eine Zeitlang im Besitz der gravierten Platten gewesen ist: Der Inhalt der Übersetzungen spricht dafür! Er schließt eine *totale* Fälschung aus, während mir eine *teilweise* Fälschung sicher zu sein scheint.

Smith beschrieb die goldenen Platten des Buches als etwas dünner als das damals handelsübliche Blech; die einzelnen »Seiten« seien durch drei Ringe zusammengehalten worden, das Buch habe etwa 15 Zentimeter in der Breite, 20 Zentimeter in der Höhe und 15 Zentimeter in der Dicke gemessen. Ein Drittel der Metallfolien habe sich mühelos blättern lassen, während zwei Drittel zu einem Block zusammengefügt, »versiegelt« waren. Von den Schriftzeichen auf den Platten fertigte Smith Abdrücke an, die später von Wissenschaftlern als »reformierte ägyptische Hieroglyphen« klassifiziert wurden.

Das heutige Buch Mormon der »Kirche Jesu Christi der Heiligen der Letzten Tage« basiert auf den Übersetzungen der rätselhaften Platten des Kirchengründers Joseph Smith – ergänzt um Hinzufügungen von Prophezeiungen auf Jesus (die sicherlich im Urtext nicht standen) und um eine Art von Fortsetzung der biblischen Geschichte, angepaßt dem christlichen Glauben der amerikanischen Gesellschaft um die Mitte des vorigen Jahrhunderts.

Smith und seine gestiftete Religion der »Heiligen der Letzten Tage« wurden bald zum Gespött gemacht, zogen sich aber auch die Feindschaft der amerikanischen Fundamentalisten zu, die rigoros am »Wortverständnis« der Bibel festhielten und eifernd gegen kritische Theologie und moderne Naturwissenschaft predigten. Fundamentalisten gibt es in den USA heute noch.

Für Smith war die Geschichte peinlich, weil Engel Moroni nach erfolgter Übersetzung die Platten zurückverlangt hatte, um sie für eine fernere Zukunft erneut zu verstecken. So blieb dem armen Joseph außer seiner Übersetzung und den eidesstattlichen Erklärungen der elf Männer kein Beweis, daß er die sagenhaften Platten fast zwei Jahre täglich in den Händen gehalten hatte.

Die junge Mormonengemeinde schlug und hielt sich tapfer, trotz dauernder Vertreibungen wuchs sie an Zahl, hat heute an die fünf Millionen Anhänger, doch es gab damals auch Streitigkeiten untereinander, die dazu führten, daß Joseph und sein Bruder Hyrum verhaftet wurden. – Am 27. Juni 1844 drang Pöbel in das Gefängnis von Carthago, Illinois, ein und erschoß die Brüder Smith. – Die fleißigen und gottesfürchtigen Mormonen hatten ihren Märtyrer. Sie hielten zusammen und schufen in den letzten 140 Jahren ein religiöses und weltliches Imperium ohne Beispiel.

Zwischen den vergangenen Jahrtausenden und dem Vorgestern des letzten Jahrhunderts gibt es über unsicherem Abgrund nur eine wacklige Hängebrücke, die zwar an den Ufern der Gezeiten lose verankert ist, doch viele morsche Planken zwingen Forscher zu waghalsigen Sprüngen, sofern sie nicht im Strudel der Gegenwart versinken wollen. Für einen ziemlich soliden Brückenschlag in die Jahrtausende der Vergangenheit sind zwei Komplexe aus dem Buch Mormon geeignet: die Platten *Ether* und *Nephi*.

Die 24 Platten Ether berichten die Geschichte des Volkes Jared. Die Jarediten sollen – so steht es auf den übersetzten Platten – zu Zeiten des Turmbaus zu Babylon, also gegen Ende des 3. Jahrtausends vor Christus, ihren Gott angefleht haben, er möge sie aus den kriegerischen Wirren der Völker erretten. Gott erhörte ihre Bittgebete und führte die Jarediten auf spektakuläre Weise zuerst in eine Wildnis, dann über den Ozean an die amerikanische Küste. 344 Tage habe die in vielen Einzelheiten beschriebene Reise gedauert. An welcher Küste des amerikanischen Kontinents der große Treck landete, ist auf den Platten nicht vermerkt, doch mögen Auszüge aus der Mormonen-Bibel, Buch Ether, 2. Kapitel, Verse 4 ff., unser Interesse wecken:

»Nachdem sie ins Tal Nimrod [Mesopotamien, Anmerkung des Verfassers] hinabgekommen waren, kam der Herr herab und redete mit Jareds Bruder; und der Herr befand sich in einer Wolke, und Jareds Bruder sah ihn nicht.

Der Herr ging vor ihnen her und redete mit ihnen, als er in der Wolke war, und gab ihnen Anweisungen, wohin sie wandern sollten.

Sie reisten in die Wildnis und bauten Fahrzeuge, worin sie, beständig vom Herrn geleitet, über viele Wasser fuhren.

Die Fahrzeuge waren klein und leicht auf dem Wasser, ja, so leicht wie ein Vogel auf dem Wasser.

Und sie waren so gebaut, daß sie außerordentlich dicht waren und daß sie wie ein Gefäß Wasser halten würden. Boden und Seiten der Schiffe waren dicht wie ein Gefäß; die Enden waren spitz; und der Oberteil hielt dicht wie ein Gefäß. Sie hatten die Länge eines Baumes, und wenn die Tür verschlossen war, dann war sie dicht wie ein Gefäß.«

Als die Jarediten acht fensterlose, vollkommen dichte Fahrzeuge nach Anweisungen ihres »Herrn« gebaut hatten, stellten sie einen Konstruktionsfehler fest: Nach Verschluß der einzigen Tür war es stockdunkel an Bord. Es war offensichtlich kein Konstruktionsfehler, denn der »Herr« gab ihnen 16 leuchtende Steine, zwei für jedes Schiff, und die Steine spendeten 344 Tage helles Licht. Erster Klasse!

Die Schiffe – beladen mit Samen und Kleintieren jeglicher Art – müssen in jedem Wetter erstaunlich manövrierfähig gewesen sein. Selbst wenn die Übersetzung des Ether-Buches nur einigermaßen den Fakten entspricht, leitete ein phänomenaler »Herr« die Jarediten technisch an. Man lese und staune:

»Und viele Male wurden sie in den Meerestiefen begraben und von den Wellenbergen, die über sie hereinbrachen, und auch durch die großen und schrecklichen Stürme, die von den heftigen Winden verursacht wurden.

Wenn sie aber in den Tiefen begraben waren, konnte ihnen das Wasser keinen Schaden antun, weil ihre Fahrzeuge so dicht wie ein Gefäß waren, ja, so dicht wie die Arche Noah. Als sie daher von vielen Wassern umgeben waren, riefen sie den Herrn, ihren Gott, an, und er brachte sie wieder an die Oberfläche.«

Zuerst schuf Gott den Menschen, dann vernichtete er die Brut seiner Nachkommen durch die Sintflut. Mit den Überlebenden schloß er einen Bund »auf ewige Zeiten« (1. Mose 9,9ff.). Die widerspenstigen Menschen wollten Gott gleich sein und erbauten zu Babylon einen mächtigen Turm. Erzürnt fuhr Gott hernieder und zerstreute die Menschenkinder in alle Richtungen der Windrose »über die ganze Welt« (1. Mose 11,1ff.). – Eine der davongejagten Gruppen waren die Jarediten, die in vogelleichten Fahrzeugen mit seltsamen Lichtquellen nach Amerika geleitet wurden.

Wenn Gott einer Menschengruppe die Chance zum Überleben geben wollte, weshalb dann mit dem mühsamen Bau von acht kleinen Schiffen? Hätte der mächtige Gott die Menschenkinder dank seiner Kraft nicht mittels eines Wunders an ferne Gestade verfrachten können?

Hatte dieser Gott keine Möglichkeit, die Jarediten über den Ozean zu fliegen, oder wollte er nicht? Daß er die Flüchtlinge über den großen Teich bringen wollte, beweist die vollzogene Tat. Vermochte er lediglich technische Anweisungen für den Schiffsbau zu geben? Vergaß er, daß es in den Schiffsbäuchen nachtdunkel war, mußte er nachträglich seine Fehlleistung mit der Bereitstellung von leuchtenden Steinen korrigieren? Selbst wenn der Herr keine Lust hatte, ein Wunder stattfinden zu lassen, selbst wenn er die kleinen Menschen für ihre Rettung hart arbeiten ließ, bleibt doch unerfindlich, warum er keine Anweisungen zum Bau eines normalen Überwasserschiffs gab, mit dem sich gemächlich über den Atlantik dümpeln ließ. Und wenn schon Nußschalen von Schiffen, hätte der große Gott, anerkanntermaßen Herr der Wolken und Winde, seinen Schäflein wenigstens eine ruhige See bescheren können.

Es irritiert, daß der zeitlose und allwissende Gott so wenig in die Zukunft zu schauen vermochte. Ahnte er nicht, daß Jahrtausende nach der Ozeanüberquerung der überlieferte Bericht zu Zweifeln an seiner Allmacht reizen könnte? Provozierte er die Frage: warum Technik, warum kein Wunder? Er hätte gescheiter daran getan, sich eines auf ewig unerklärbaren Wunders zu bedienen. Wunder entziehen sich dem Kalkül des kritischen Verstandes.

Die Jarediten kamen wie alle Einwanderer unter Deck auf windigen Seelenverkäufern nach Amerika. Verfügte der leitende »Herr« nicht über ausreichende Techniken, seine Schützlinge weniger gefahrvoll über den großen Teich zu transportieren? Was für ein »Gott« betätigte sich hier vor 5000 Jahren?

Die Literatur aus vorgeschichtlich dunklen Zeiten ist wortwörtlich sagenhaft. Nichts Genaues weiß man nicht. Die rettungslos dumme Menschheit schaffte es, stets die Überlieferungen vergangener Epochen gründlich auszuradieren. Die Bibliothek der antiken Stadt Pergamon in Kleinasien mit ihren 500 000 Bänden wurde vernichtet. Die grandiosen Bibliotheken im alten Jerusalem wie in der Weltstadt Alexandria wurden zerstört, die Bibliotheken der Azteken und Mayas gingen in Flammen auf. Gründlich zerstörten die Menschen der jeweiligen Gegenwart das gesammelte Wissen der Vergangenheit, doch nicht gründlich genug. Noch existieren Fragmente von jahrtausendealten Überlieferungen, aus denen sich in bemühtem Puzzle Vorstellungen von den »Göttern«, die einst wirkten, gewinnen lassen. Textrelikte erlauben keinen Rückschluß auf das Alter der Überlieferungen. Wahllos notierten die Chronisten, was sie erlebten, aber auch, was sie nur vom Hörensagen erfuhren. Ältere, alte und »neue« Geschichten woben sich zu einem kunterbunten Teppich. Zeitläufte wirbelten wie in einem Mixbecher durcheinander. Die Jahre zeichneten Ringe, summierten sich über die Jahrhunderte exzentrisch um einen Mittelpunkt.

Bleibt uns heute nur, die vielen Schalen dieser »Zwiebel« abzulösen, um das Innere, das Wesentliche, freizulegen. Worauf wir sozusagen im »harten Kern« treffen, ist im Wortsinn nicht »wunderbar«, nicht unerklärlich, appelliert nicht an Glauben, ist Sache des Verstandes, also zu analysieren und damit erklärbar. Vom Zentrum der Überlieferungen aus – befreit von zufälligen und oberflächlichen Beigaben – lassen sich Spuren finden, die einstens für neugierige Menschen in ferner Zukunft ausgelegt wurden. Diese Zukunft hat eben begonnen!

Die »Sagen der Juden von der Urzeit« berichten, der Engel Raziel habe Adam nach der Vertreibung aus dem Paradies »im Auftrag des Höchsten« ein Buch gebracht, dessen Text klar und deutlich »auf einem Saphirstein« eingraviert gewesen sei. Raziel informierte Adam, daß er sich durch dieses Buch bilden könne. Der Menschheitsahn begriff, wie wertvoll dieses »Buch« war, und versteckte es deshalb nach jeder Lektüre in einer Felsenhöhle.

Aus den Gravierungen erfuhr Adam...

»...alles über seine Glieder und Adern und auch alles, was im Innern seines Leibes vorgeht, seinen Zweck und seine Ursache.«

Er lernte auch, den Gang der Planeten zu begreifen. Mit Hilfe des Buches konnte er...

»...die Bahnen des Mondes erforschen, wie die Bahnen des Aldebaran, des Orion und des Sirius. Er wußte die Namen jedes einzelnen Himmels zu nennen und wußte, worin das Tun eines jeden besteht... Adam kannte sich aus in dem Rollen des Donners, er wußte zu erzählen, was das Werk der Blitze sei, und wußte zu sagen, was von Mond zu Mond geschehen werde.«

Ein »Buch« auf einem Saphirstein mit anthropologischen und astronomischen Unterweisungen? Ein gleichermaßen groteskes Geschenk des himmlischen Sendboten Raziel an Adam wie das des Moroni an Joseph Smith!

Für Chronisten der fernen Vergangenheit muß der Vorgang so etwas gewesen sein wie das, was Journalisten heute eine »Ente« nennen, eine Falschmeldung. Purer Unsinn, dieses »Buch« auf einem Saphirstein.

Als kluge Kinder des Computer-Zeitalters wissen wir, daß technisch möglich ist, was einstmals undenkbar schien. Es ist jedermann bekannt, daß die sogenannte Halbleitertechnik sich winzigster Siliziumplättchen bedient, um darauf Millionen von Informationen »einzugravieren«, zu speichern. Von heute aus gesehen stellt sich deshalb die Frage: Könnte die Textübermittlung auf einem Saphirstein das Produkt einer fortgeschrittenen Technologie gewesen sein, die der unseren bereits weit voraus war?

Die »Sagen der Juden von der Urzeit« lassen Adam das kostbare Buch an seinen Sohn Seth weitergeben, der es seinen Nachfahren bis zu Henoch, Noah, Abraham, Mose, Aaron – lauter blitzgescheiten Leuten! –, bis zu Salomon (etwa 965–926 v. Chr.) vererbte, dem König von Juda und Israel, der durch den Saphirstein seine immense Weisheit erlangt habe.

Den »Sagen der Juden von der Urzeit« zufolge soll das Buch des Propheten Henoch Teil des Adam-Saphir-Buches gewesen sein. Henoch, der siebte der zehn Urväter, stand bekanntlich in unmittelbarem Kontakt mit Gott, sprach mit den »Wächtern des Himmels« und »gefallenen Engeln«. Im Alter von 365 Jahren wurde er – ohne zu sterben – auf spektakuläre Weise in den Himmel »entrückt«. Die jüdischen Urzeitsagen melden ferner, Henoch habe seine umfassenden Kenntnisse aus dem Adam-Buch bezogen und die Menschen um sich versammelt, um ihnen Weisheiten vom Saphirstein kundzumachen, sie zu lehren und zu unterrichten:

»Als die Menschen um Henoch saßen und Henoch zu ihnen sprach, da erhoben die Menschen ihre Augen und sahen die Gestalt eines Rosses vom Himmel heruntersteigen, und das Roß fuhr im Sturm zur Erde nieder. Da sagten es die Leute Henoch, und Henoch sprach zu ihnen: ›Um meinetwillen ist dieses Roß herabgestiegen. Die Zeit ist gekommen und der Tag, da ich von euch gehe und von dem ab ich euch nimmer sehen werde.‹ Da war auch schon das Roß da und stellte sich hin vor Henoch, und alle Menschenkinder, die mit Henoch waren, sahen es deutlich.«

Die altjüdische Überlieferung schildert, wie die Gläubigen Henoch nach seiner wortreichen Verabschiedung vor seinem Start zur Himmelfahrt keinesfalls verlassen wollten, wie sie ihm nachliefen und wie er sie siebenmal bat, ihn allein zu lassen, wie er sie eindringlich mahnte umzukehren, weil sie sonst sterben müßten. Bei jeder Warnung, heißt es, wären Leute gruppenweise heimgegangen, derweil die Beharrlichsten bei Henoch geblieben seien. Treue, Anhänglichkeit, Neugier? Henoch gab schließlich auf, er war verärgert:

»Da sie nun darauf beharrten, mit ihm zu gehen, da redete er nicht mehr auf sie ein, und sie folgten ihm und kehrten auch nicht mehr um. Und am siebten Tage, da geschah es, daß Henoch im Wetter in den Himmel fuhr auf feurigen Rossen in feurigen Wagen.«

Wie ganz und gar »ungöttlich« es bei Henochs Start gen Himmel zuging, vermelden die jüdischen Sagen der Urzeit: Jene Leute, die Henochs Warnung befolgten und sich zurückzogen, suchten, als wieder Ruhe eingekehrt war, die Genossen, die partout dem Propheten bis zum Countdown an den Fersen geklebt hatten: Alle lagen tot am Startplatz – pardon! –, an der Stelle, von der aus Henoch mit feurigen Rossen aufstieg.

Die sagenhafte Zeit zwischen Adams Auftritt im Drehbuch der Menschheitsgeschichte und dem Turmbau zu Babylon war die erste Hoch-Zeit der Götter, der feuerspeienden und fliegenden Rösser, der rätselhaften Todesursachen und der merkwürdigen Geburten.

Die Geschichte ist also steinalt, wenn wir auch erst seit 1947 davon wissen. Damals wurden am Nordwestende des Toten Meeres bei Qumran in elf Gebirgshöhlen sensationelle Funde gemacht: zahlreiche Handschriften aus dem 2. Jahrhundert vor Christus – Lederrollen, die in Tonkrügen verschlossen waren.

Eine Rolle berichtet von Lamech, dem Stammvater der Nomaden und Musikanten, dem Vater Noahs.

Lamech wird sich noch im Jenseits freuen, daß die intimen Familiengeschichten zu seinen Lebzeiten nicht allgemein bekannt wurden, sie sind nämlich so peinlich wie merkwürdig. Lamechs Gemahlin Bat-Enosch brachte ein Kind zur Welt, ohne daß das Familienoberhaupt bei ihr geschlafen hatte. Später erfuhr Lamech von seinem Großvater Henoch, daß die »Söhne des Himmels« den Samen in den Schoß seiner Ehefrau Bat-Enosch gelegt hätten. Lamech erwies sich als großzügig und erkannte das Kind als sein eigenes an: Auf Bitte der »Himmelssöhne« hin wurde der so merkwürdig gezeugte Sproß auf den Namen Noah getauft. Als Überlebender der Sintflut kam dieser Noah zu Weltruf.

Nicht genug der Sorgen, ließ sich auch in der Familie von Lamechs Sohn Nir die Ankunft eines keineswegs auf natürliche Weise gezeugten Kindes nicht verheimlichen. Nir war mit Sopranima verheiratet, und die war – wie die Familie bedauerte – unfruchtbar. Emsige Versuche Nirs, Nachwuchs in Sopranimas Schoß zu senken, schlugen fehl. Für einen Priester des Höchsten wie Nir, ob seiner Klugheit vom gemeinen Volk bewundert, war es daher eine unerhörte Schande, zu erfahren, daß Sopranima schwanger war. Erschüttert und erzböse beschimpfte Priester Nir sein Weib derart gröblich, daß es tot zusammenbrach, doch aus dem Mutterleib kroch ein Knabe vom Wuchs eines Dreijährigen. – Nir rief seinen Bruder Noah herbei. Sie beerdigten Sopranima und gaben dem Knäblein den Namen Melchisedech, hernach bekannt als sagenhafter Priesterkönig von Salem, dem späteren Jeru-Salem.

Die Überlieferung läßt keinen Zweifel aufkommen, daß es sich bei Melchisedech um eine »Himmelsgeburt« gehandelt hat. Ehe der Herr die Schleusen öffnete, um die Sintflut stattfinden zu lassen, stieg Erzengel Michael vom Himmel nieder und eröffnete Adoptivvater Nir, es sei der »Herr« gewesen, der den Knaben Melchisedech in Sopranimas Leib gepflanzt habe. Deswegen – und das läßt sich verstehen – schicke der »Herr« ihn, den Erzengel Michael, mit der Order, den Knaben Melchisedech ins Paradies zu verfrachten, damit er die in Bälde zu erwartende Sintflut heil überlebe:

»Und es nahm Michael den Knaben in jener Nacht, in der er auch herabgestiegen war, und nahm ihn auf seine Flügel und setzte ihn in das Paradies Edems.«

Melchisedech überlebte! Nach der Sintflut tauchte er wieder auf. Chronist Mose meldet es:

»Als nun Abr[ah]am von seinem Siege über Kedor-Laomer und die mit ihm verbündeten Könige zurückkam, ging der König von Sodom ihm entgegen in das Tal Sawe – das ist das Königstal. Melchisedech aber, der König von Salem, brachte Brot und Wein heraus; er war ein Priester des höchsten Gottes. Und er segnete ihn und sprach: Gesegnet ist Abr[ah]am vom höchsten Gott, dem Schöpfer des Himmels und der Erde, und gepriesen der höchste Gott, der deine Feinde in deine Hand gegeben hat! Und Abr[ah]am gab ihm den Zehnten von allem.« (1. Mose 14,17–20)

Hundertschaften von Alttestamentlern und Exegeten ereiferten sich über diesen Passus der Bibel: »Die seltsame Gestalt des Priesterkönigs von Salem, der wie ein Deus ex machina erscheint und wieder verschwindet, hat naturgemäß die Nachwelt beschäftigt.«

Klar, denn hier passierte Außerordentliches. In der Hierarchie der jüdischen Tradition stand Abraham, der erste der drei Erzväter und Kultstifter, an der Spitze. Und dann kommt der fast unbekannte Melchisedech daher und segnet Abraham! Nicht nur das: Der Erzvater gibt freiwillig dem König von Salem »den Zehnten von allem«! Was war das für ein Priester »des höchsten Gottes«? Es gab doch nur den einen Gott, dem auch Abraham huldigte. Oder wußte Abraham etwas von der besonderen, extraordinären »himmlischen« Geburt? Dieser Melchisedech taucht außerplanmäßig auf, er ist im gebrauchsfertig abgelieferten Schema nicht unterzubringen.

Mit etwas weniger naivem Glauben und etwas mehr Mut zu moderner Spekulation wäre das Melchisedech-Rätsel schon lösbar – so: Eine außerirdische Mannschaft, aus sogenannten Göttern bestehend, zeugte durch künstliche Befruchtung Noah und Melchisedech. Die gesetzlichen Väter Lamech und Nir anerkennen sie als eigene Söhne – wider besseres Wissen, denn sie erinnern sich der Versicherungen ihrer für die künstliche Befruchtung ausgewählten Weiber Bat-Enosch und Sopranima, daß die Söhne von »Himmlischen« ihren Leibern anvertraut wurden. Es sind dieselben Himmlischen-Götter, die die Nachkommenschaft vernichten, weil sich ihr genetisches Experiment nicht in der gewünschten Weise entwickelte. Ausgenommen von der Sintflut werden die beiden Produkte der genetischen Manipulation: Noah wird als Kapitän seiner Arche Stammvater des neuen Geschlechts – Priesterkönig Melchisedech zu dessen Lehrmeister.

Daß Melchisedech sowohl vor als auch nach der Sintflut existierte, stört überhaupt nicht. Was Albert Einstein mit der speziellen Relativitätstheorie errechnete, was im physikalischen Experiment bewiesen wurde, macht es möglich: Bestieg Melchisedech – dank Erzengel Michaels gütiger Mitwirkung – ein Raumschiff, das mit hohen Werten beschleunigte und gleich wieder zur Erde zurückkehrte, dann wären bis zur Landung – nach einer an Bord nur relativ kurzen Flugzeit – auf der Erde Jahrzehnte oder Jahrhunderte vergangen, ohne daß die Raumschiffcrew wesentlich gealtert war. Melchisedech stand jung und munter für neue Aufgaben bereit.

Es kommt weder auf Zeitabläufe noch Namen an. »Sagenhafte« Überlieferungen lassen sich zeitlich nicht einordnen. Hieß denn der Überlebende der Sintflut überhaupt Noah, wie die Bibel behauptet? Oder hieß er Utnapischtim, wie es im sumerischen Gilgamesch-Epos steht, das um 2000 vor Christus verfaßt wurde? Oder hieß der Überlebende der Sintflut auch nicht Utnapischtim, sondern Mulkueikai, wie die Kagaba-Indianer in Kolumbien den Priester nennen, der die Flut im Zauberschiff überstand? Namen sind Schall und Rauch. Wichtig ist nur die Substanz der Überlieferungen.

Haben wir das Buch Mormon des Joseph Smith aus dem Blick verloren? Was hat das Adam-Saphir-Buch, was hat der Engel Raziel samt der Himmelfahrt Henochs, was hat die künstliche Zeugung von Noah und Melchisedech mit dem Buch Mormon zu schaffen?

Im von Smith übersetzten Buch Ether steht, die Jarediten seien ungefähr zu Zeiten des Turmbaus von Babylon mit ihren acht Schiffen in See gestochen. Die Jarediten leiten sich von einem Bruder Jareds ab, und Jared selbst war der Vater Henochs!

»Jared« bedeutet soviel wie »der Herabgestiegene«, verständlich also, daß die Jarediten ein Geschlecht aus »göttlicher Linie« darstellten und deshalb den Vorzug genossen, nach der Sintflut von den Göttern in ein neues Erbland eingewiesen zu werden. Die Raumfahrercrew sorgte für ihre Nachfahren. Sie scheint mir Erfinder der bis heute betriebenen Vetternwirtschaft gewesen zu sein.

Erinnern wir uns: Im Buch Ether kommen die Jarediten in acht fensterlosen Schiffen, jedes dicht wie ein Gefäß, in der neuen Heimat an. Eine gleiche Überfahrt wird im babylonischen Lehrgedicht von der Schöpfung, dem *Enuma elîs*, überliefert. Dort gibt es neuerlich einen Sintflutbericht, doch der Überlebende heißt diesmal *Atra-Hasis*. In dem bruchstückhaft erhaltenen Epos gibt Gott Enki dem zum Überleben auserkorenen Atra-Hasis genaue Anweisungen für den Schiffsbau. Auf Atra-Hasis' Einwand hin, er verstehe nichts vom Schiffbau, zeichnet Gott Enki einen Aufriß des Schiffes auf dem Erdboden und erläutert ihn.

Der amerikanische Orientalist Zecharia Sitchin, der es als erster Wissenschaftler wagte, sumerische, assyrische, babylonische und biblische Texte modern zu interpretieren, schreibt:

»Enki verlangte ein ›überdachtes‹ Schiff, ringsum hermetisch versiegelt und mit ›zähem Teer‹ abgedichtet. Es darf kein Deck haben, keine Öffnung, ›so daß die Sonne nicht hineinblicken kann‹. Es soll sein ›wie ein Apsu-Schiff‹, ein sulili – genau dieses Wort (soleleth) wird heute im Hebräischen für Unterseeboot gebraucht. ›Laß das Schiff ein MA.GUr.Gur sein!‹ sagte Enki (›ein Schiff, das schlingern und herumgeworfen werden kann‹).«

Joseph Smith hielt 1827 die goldenen Platten in Händen. Der arme Einwanderer aus Schottland hatte weder Aramäisch noch Althebräisch gelernt, nie sumerische Keilschriftzeichen gesehen, ja, es gab zu Zeiten des Mormonenpropheten auf der ganzen Welt noch keinen Wissenschaftler, der babylonische Schrifttafeln hätte übersetzen können, weil diese – wie auch das Gilgamesch-Epos – samt und sonders erst nach dem Tode des Joseph Smith entdeckt wurden. Wie also lassen sich die Übereinstimmungen im Buch Ether mit den anderen, später gefundenen Texten erklären?

Zeitgenossen der jeweiligen Gegenwart sehen Geschichte durch Brillen, die von Wissenschaftlern geschliffen wurden. Soweit und sofern es sich um Brillen aus den Werkstätten exakter Wissenschaften – Mathematik, Physik, Biologie, Chemie zum Beispiel – handelt, schärfen sie den Blick. Seit aber Theologie und Psychologie zu Wissenschaften erhoben wurden, trübten sich die Gläser; man hätte dieses Tandem im seligen Glaubensstand belassen sollen. Wenn Theologen und Psychologen alte Texte »wissenschaftlich« im Mixbecher ihrer Zünfte verrühren, tropft doch nur trüber Glaube heraus. Und den sollen wir als Ergebnis wissenschaftlicher Erkenntnisse schlucken! Brrrr.

Natürlich feiner, in Wendungen wissenschaftlicher Nomenklatur ausgedrückt, wird im Klartext doch unterstellt, daß die alten Chronisten gelogen haben. In die Enge getrieben, wäre man eher bereit, zu akzeptieren (was Archäologen, Ethnologen und Prähistoriker nicht tun!), die Menschen wären vor Jahrtausenden bereits fähig gewesen, hochseetüchtige Schiffe zu bauen, als daß man »Götter«, fremde Lehrmeister, ins logische Kalkül mit einbezöge.

Logen die Chronisten des Enuma-êlis-Epos, wenn sie aufschrieben, Atra-Hasis wäre vom Gott Enki im Schiffsbau unterwiesen worden? Warum mußten Noah und Utnapischtim erst durch »Götter« auf die Idee gebracht werden, wasser- und wetterfeste Schiffe fürs Überleben zu konstruieren? In welcher Zauberwerkstatt wurde denn die künstliche Beleuchtung für die Jareditenflotte gebastelt? Wenn es keine Wissenden gab, wie ist denn das »Wunder« künstlicher Befruchtungen zu verstehen, die immerhin zwei prächtige Mannsbilder wie Noah und Melchisedech ans Licht des Tages brachten?

Ich weiß, daß Noah kein originärer Fall ist! Der älteste sumerische Noah war nicht einmal Utnapischtim, das war der noch ältere Ziusudra. Dieses Beispiel steht exemplarisch dafür, daß die verschiedenen Chronisten a) offensichtlich aus früheren Quellen schöpften und b) den älteren Helden die Namen ihres eigenen Volkes gaben. Unter welchen Namen auch immer die Sintflutbezwinger in den Überlieferungen geführt wurden, sie waren allemal halbgöttlicher Abstammung. Ganz irdisch ging es nie zu!

Wer mit kritischer, ungetrübter Brille die rudimentär erhaltenen alten Texte studiert, findet besondere Merkmale, die »Götter« zu identifizieren.

Im Gegensatz zum das Universum beherrschenden Gott waren die göttlichen Gestalten der Sagen und Mythen keineswegs allmächtig. Sie traten nicht im Gewand von Märchenfeen auf, die mit wunderwirkendem Zauberstab Menschengruppen von einem Ort zum andern versetzten. Zwar flogen die »Götter« selbst über die Länder hinweg, nahmen in Einzelfällen, die belegbar sind, auch Passagiere mit, doch Menschengruppen transportierten sie in ihren Fahrzeugen unterschiedlicher Bauart nicht. Damit sind diese Indizien klar: Die »Götter« benutzten keine riesenhaften Raumschiffe, ihre technischen Möglichkeiten waren sehr, sehr beschränkt. Ihre Fahrzeuge können eher als Zwitter von Zubringerschiff (Shuttle) und Helikopter angenommen werden. Daß ein Kleinraumschiff in biblischen Zeiten machbar gewesen ist, hat NASA-Ingenieur Josef Blumrich anhand des Hesekiel-Buches schlüssig bewiesen.

Ein großes Mutterschiff in der Erdumlaufbahn – das die Menschen vom blauen Planeten aus nie zu Gesicht bekamen – schleuste kleinere Vehikel Richtung Erde aus. Wie im amerikanischen Spaceshuttle fanden darin nur wenige Personen Platz. Außerhalb der Erdatmosphäre fiel das Kleinraumschiff langsam – von einem Staustrahltriebwerk gebremst – in die dichteren atmosphärischen Schichten der Erde. Das Staustrahltriebwerk bezog seine Energie aus einem Kernreaktor. (Atomkraftgegner werden tönen, dann müsse die Mannschaft radioaktiv verseucht gewesen sein. Unsinn. Warum sind die Seeleute nach langen Reisen in atombetriebenen U-Booten nicht verseucht?)

In etwa zehn Kilometer Höhe über der Erde stand das Kleinraumschiff still. Aus dem Hauptkörper wurden nun zwei bis vier Helikoptereinheiten ausgefahren, die mit dem Kleinraumschiff fest verbunden waren. (Helikopter mit Rotorblättern lassen sich nicht »ausfahren«, raunzen Skeptiker. Sie lassen sich ausfahren, weil sie – Muster: eine Autoantenne! – ineinander einschiebbar konstruiert sind. Aber die Energie! Ja, die liefert wieder derselbe Bordreaktor.) Das Zubringerschiff gleitet der Erde zu und ist durch die Helikopter in der Lage, auf Ebenen wie in gebirgigem Gelände zu landen. (Utopie? Woher die Außerirdischen Kenntnis von der atmosphärischen Dichte nahe dem Erdball hatten, welche Sorte von Rotorblättern für die gegebenen Bedingungen geeignet waren? Technisch wolkenkratzerhoch den Erdbewohnern überlegen, hatten sie die Bedingungen vom Orbit aus erkundet. Und: Eine Schiffsschraube treibt ein Schiff in jedem flüssigen Medium an – sei es in Süß- oder Salzwasser, in Öl oder Whisky. Flugzeugkonstrukteure lösten längst das alltägliche Problem, Rotorblätter im jeweils richtigen Winkel dem atmosphärischen Druck entsprechend zu justieren.)

Nebstbei erklären Helikopterlandungen den Lärm, den Donner, das Getöse, mit dem in alten, in allen alten Chroniken die Ankunft der »Götter« mit spürbarem Entsetzen beschrieben wurde.

In den kleinen Zubringer-Raumschiffen ließen sich freilich keine Menschenmassen befördern. Wollte ein »Gott«, ein Höchster, ein Himmlischer Völkergruppen jenseits des Ozeans ansiedeln, mußte er ihnen, wie es überliefert ist, Instruktionen im Schiffsbau erteilen.

Falls keine zusätzlichen uralten Texte auftauchen – die fraglos irgendwo ihrer Entdeckung harren –, werden wir nicht erfahren, in welchen sagenhaften Zeiten sich all das ereignet hat. Irgendwann wirkten die »Götter«.

Heute sind die meisten Völkerkundler einig in der Ansicht, daß es zwischen den Alten und der Neuen Welt Kontakte gegeben hat – über die Beringstraße oder, wie es Thor Heyerdahl mit seinen Fahrten bewies, über den Atlantik mit simplen Flößen. Unstrittig sind viele Gemeinsamkeiten zwischen den Kulturen Süd- und Zentralamerikas und denen des Nahen Ostens. Stichwortartig aufgeführte Beispiele belegen es:

Naher und Mittlerer Osten	*Süd- und Zentralamerika*
Genaue Kalenderberechnungen bei den Sumerern, Babyloniern und Ägyptern	Das gleiche bei den Inkas und (späteren) Mayas
Die Fähigkeit, megalithische Steinungetüme aus dem Felsen zu schneiden. Praktiziert von Sumerern, Babyloniern, Ägyptern und anderen Völkern	Die gleichen technischen Fähigkeiten gab es bei präinkaischen Stämmen und den Inkas. Demonstriert bei Tiahuanaco, Bolivien, und Sacsayhuaman, Peru.
Dolmen und Menhire in Galiläa, Samaria, Judäa wie im prähistorischen Frankreich und England	Gleichartig in Kolumbien
Aus einem mächtigen Stein gehauene Sarkophage	Gleiche Funde
Mumifizierungen	Gleichermaßen
Prähistorische, astronomisch ausgerichtete Steinkreise und Rechtecke	Gleiche Funde im vorgeschichtlichen Peru und Kolumbien
Gewaltige, gen Himmel weisende Bodenmarkierungen in den Wüsten des heutigen Saudi-Arabien	Gleiche Vorkommen in Peru (Nazca, Palpa) und an den Steilküsten von Chile
Bruder-/Schwesterehe bei den Babyloniern und ägyptischen Pharaonen	Inzest auch bei den Inkas, um das »göttliche Blut« des Sonnengottes zu bewahren
Sintflutüberlieferungen samt Details wie dem Raben und der Taube, die der Überlebende der Flut aus der Arche entläßt, bei	Gleiche Überlieferung bei den Kagaba-Indianern Kolumbiens wie bei den (späteren) Azteken Mexikos. Der aztekische Noah

den Sumerern, Babyloniern und Israeliten

Bei den Ägyptern Schädeldeformationen bei Kleinkindern

Darstellungen von Schädel-Chirurgie am lebenden Patienten bei Babyloniern und Ägyptern

Technisch-ingenieurmäßige Fähigkeiten zum Bau ausgedehnter Bewässerungsanlagen bei den Babyloniern

Kopfschmuck oder Krone aus Federn wurden getragen, um zu zeigen, daß man »dem, das fliegt«, nahesteht. Nachgewiesen bei ägyptischen und hethitischen Volksführern

Verehrung der »fliegenden Schlange« bei Babyloniern, Ägyptern, Hethitern und anderen Völkern Mesopotamiens

Bau von Pyramiden, um die Götter zu verehren und um ihnen näher zu sein

heißt Tapi. Der aztekische Sintflutbericht ist mit dem biblischen identisch

Gleiche willentliche Mißbildungen bei präinkaischen und inkaischen Stämmen

Gleiche Trepanationen bei den Inkas sowie bei zentral- und nordamerikanischen Indianern

Gleiche Fähigkeiten bei den Inkas und Mayas. Jüngst wurden riesige Kanalsysteme der Mayas von Flugzeugen und Satelliten aus festgestellt

Gleiches Brauchtum bei den Inkas und sämtlichen indianischen Stämmen

Inka- wie auch Maya-Bauwerke strotzen nur so von »fliegenden Schlangen«

Die steil zum Himmel aufragenden Stufenpyramiden der Mayas sehen zwar nicht wie die weniger steilen, mit Platten ausgelegten Pyramiden bei Kairo aus, doch gab es auch in Ägypten Stufenpyramiden wie in Sakkara. Die Pyramide von Teotihuacan, Mexiko, ist den ägyptischen Bauwerken vergleichbar. Die mesopotamischen Zikkurat-Türme sind stufenförmige Vorbilder der Pyramiden

In 1. Mose 11,1 steht:
»Es hatte aber alle Welt einerlei Sprache und einerlei Worte...«

In 2. Mose 12,16 sagt der Herr zu Mose:
»Du aber hebe deinen Stab empor und recke deine Hand aus über das Meer und spalte es, daß die Israeliten mitten im Meer auf dem Trockenen gehen können.«

2. Mose 14,21:

»Und Mose reckte seine Hand aus über das Meer, und der Herr trieb das Meer die ganze Nacht durch einen starken Ostwind zurück und legte das Meer trocken; und die Wasser spalteten sich. So gingen die Israeliten mitten im Meer auf dem Trockenen, während die Wasser ihnen zur Rechten und zur Linken wie eine Mauer standen.«

Im Popol Vuh, dem Schöpfungsmythos der Quiché-Mayas, heißt es im Kapitel »Vollendung der Schöpfung«: »Sie hatten eine einzige Sprache. Nicht Holz noch Stein beteten sie an...« Und im Kapitel »Wanderer durch die Nacht«: »Verloren sind wir. Woher die Verwirrung? Eine Sprache hatten wir, als wir nach Tula kamen.«

In den Überlieferungen der Cakchiqueles, einer Maya-Gruppe, steht: »Lasset uns die Spitze unserer Stäbe in den Sand unter der See stecken, und wir werden rasch das Meer über dem Sand bezwingen. Unsere roten Stäbe, die wir vor den Toren von Tula empfingen, werden uns behilflich sein... Als wir zum Rande der See gelangten, berührte sie Balám-Quitzé mit seinem Stab, und sogleich öffnete sich ein Weg.«

Popol Vuh, Kapitel »Wanderer durch die Nacht«:
»Sie merkten es kaum, wie sie das Meer kreuzten. Als ob es kein Meer gäbe, überschritten sie es. Aus dem Sand stiegen runde Steine, und über die Reihen der Steine schritten sie dahin. Treibsand nannte man die Stelle; die das sich teilende Meer überschritten, haben den Namen. So gelangten sie hinüber.«

1. Mose, 19,12:

»Dies ist das Zeichen des Bundes, den ich stifte zwischen mir und euch und allen Lebewesen, die bei euch sind...«

Daniel, 3,21:

»Da wurden die Männer in ihren Mänteln, Röcken, Hüten und anderen Kleidern gebunden in den brennenden Feuerofen geworfen... Er erwiderte und sprach: Ich sehe aber vier Männer ohne Fesseln und unversehrt im Feuer umhergehen, und der Vierte sieht aus wie ein himmlisches Wesen.«

Popol Vuh, Kapitel »Hingang der Erzväter«:

»Das hier wird euch beistehen, wenn ihr mich anruft. Das hier ist das Zeichen des Bundes. Jetzt aber habe ich schweren Herzens zu gehen.«

Popol Vuh, Kapitel »Ballspiel und Totenreich«:

»Darauf gingen jene ins Feuer, in ein Feuerhaus. Drinnen war alles Glut, aber sie verbrannten nicht. Glatten Leibes und schöngesichtig zeigten sie sich in der Dämmerung. Man hätte sie totgewünscht in den Orten, die sie durchschritten. Aber das geschah nicht. Verwirrung ergriff die von Xibalbá.«

Es wäre nützlich und verdienstvoll, die kleine Liste verblüffender Übereinstimmungen alter Texte zwischen der Alten und der Neuen Welt in einer Dissertation auf stattlichen Buchumfang zu erweitern, falls wirklich Interesse daran besteht, ungelöste Rätsel der Vergangenheit aufzuklären.

Thor Heyerdahl machte auf weitere Parallelen aufmerksam – wie gleiche Baumwollwebtechnik, auf die drüben wie hier ähnliche Beschneidung der Knaben, auf die nämlichen Goldfiligranarbeiten, auf ähnliche Waffentechnik und so weiter. Der Wissenschaftsjournalist Gerd von Hassler stellte erstaunlich gleichartige Götter- und Städtenamen auf beiden Kontinenten fest.

Letzte Zweifel über Kulturimporte aus dem mesopotamischen Raum nach Süd- und Zentralamerika räumt das Popol Vuh im Klartext aus – die Urväter kamen aus dem Osten:

»So verschwanden und gingen dahin Balám-Quitzé, Balam-Acab, Mahucutáh und Jqu-Balám, die ersten Menschen, die über das Meer vom Anfang der Sonne her kamen. Vor langer Zeit kamen sie hierher. In hohem Alter starben sie. Und man nannte sie ›Gottesdiener‹, ›Opferpriester‹... Und sie brachten übers Meer die Schriften von Tula. Die Schrift nannten sie die, worinnen ihre Geschichte aufgeschrieben stand.«

1519, als die spanischen Eroberer vor der Hauptstadt Tenochtitlán, Mexiko, lagerten, hielt der Aztekenherrscher Moctezuma (1466-1520) vor Priestern und hohen Würdenträgern eine eindrucksvolle Rede, die so begann:

»Euch wie mir ist bekannt, daß unsere Altvordern nicht aus diesem Lande stammen, in dem wir hier wohnen, sondern daß sie unter Führung eines großen Fürsten aus weiter Ferne eingewandert sind.«

Moctezuma war ein hochgebildeter Herrscher seines Volkes, kundig in den Wissenschaften der Zeit, und er war ein gründlicher Kenner der Überlieferungen seiner Ahnen. Er wußte, wovon er sprach. Die Ankunft der Spanier unter Hernando Cortez erschien ihm als Erfüllung seines Glaubens an die Rückkehr des Gottes Quetzalcoatl: Moctezuma leistete keinen Widerstand.

Es stellt sich nicht mehr die Frage, *ob* eine Beeinflussung der Kulturen erfolgte, es ist vielmehr der Versuch zu wagen, Antwort darauf zu finden, *wann* und *weshalb* sie stattgefunden hat.

Es ist müßig, über das *Wann* zu rätseln. Selbst ungefähre Termine blieben trotz archäologisch datierbaren Relikten unbekannt. Die Azteken beriefen sich bereits auf alte Überlieferungen, von deren Anfängen sie nichts ahnten. So verfuhren die Mayas und die Inkas. Was der jeweilige Schreiber der Chronik beifügte, hatte er nicht selbst erlebt: »Es steht geschrieben in den Aufzeichnungen der Väter«. Ohne Quellenangabe – wäre zu monieren. Wer diese Väter waren, wann sie einwanderten, wußten die Autoren nicht.

Jedoch greifen die archäologischen Datierungen immer weiter in die Frühzeit zurück. In »Scientific American« stellte Amerikas berühmter Maya-Forscher Norman Hammond Keramikfunde aus Yukatán, der nördlichen Halbinsel zwischen dem Golf von Mexiko und dem Karibischen Meer, vor, die auf 2600 vor Christus zurückreichen. Von den auf den Keramiken dargestellten künstlerischen Motiven dürfen einige der präklassischen Maya-Periode zugerechnet werden. Das neue Datum verwirrt die Sache ungeheuerlich, denn nach bisheriger Ansicht der Archäologen begann das alte Maya-Reich etwa um 600 vor Christus, die präklassische Maya-Periode sollte frühestens um 900 vor Christus begonnen haben. Was fängt man mit den lästigen Keramikscherben an, die gleich 1500 Jahre zu alt fürs Schema sind? Am liebsten würde man sie wohl wieder einbuddeln und vergessen, um künftigen Generationen die harte Nuß zum Knacken zwischen die Zähne zu schieben. Jede frische Datierung erschwert das Vexierrätsel, und doch erhoffen wir uns viele neue Funde. Der jüngsten Weisheit letzter Schluß ist: Über das *Wann* der sagenhaften Einwanderung ergibt sich weder aus schriftlichen noch archäologischen Zeugnissen Bestimmtes. Daten dämmern noch im Dunkel der Menschheitsgeschichte.

Gleichermaßen undeutlich ist das *Wie* der großen Reise. Als Weg bietet sich die im Frühjahr und Winter mit Meereis bedeckte Beringstraße an zwischen Kap Prince, Nordamerika, und Kap Deschnjow, Asien. Zu allen Jahreszeiten erschweren Treibeis und Nebel die Schiffahrt – heute noch. Für Unternehmen vor Jahrtausenden scheint diese gefährliche Wasserroute unbrauchbar gewesen zu sein. Werden aber Flöße, Kanus oder primitive Segler als Vehikel für eine Atlantiküberquerung angenommen, muß das Reiseziel als bekannt vorausgesetzt werden.

Ich unterschätze Mut und Freude am Wagnis unserer eben der Steinzeit entwachsenen Altvordern keineswegs, traue ihnen in einer Notlage sogar Tollkühnheit zu, doch keinen Hang zum Selbstmord. Als Landbewohner fürchteten sie sich doch wohl vor dem wilden Meer, das die dürftigen Flöße wie Nußschalen zerbrechen konnte. Wagten sie trotzdem die gefahrenreiche Expedition, muß ihnen ein lohnendes Ziel sicher gewesen sein. Das akzeptiert, ist zumindest die Frage nach dem *Weshalb* ziemlich klar: Die »Götter« versprachen ihnen in weiter Ferne ein gesegnetes Land! Aus dem Versprechen resultierte die Notwendigkeit, ihre Schützlinge im Schiffsbau, in der Navigation und dergleichen zu instruieren. Sie wiesen den kleinen Menschengruppen – es war keine »Völkerwanderung«! – auf den Seelenverkäufern die Route zum Ziel. So, wie es in den Überlieferungen steht.

Bleibt die Spekulation, was das Motiv der »Götter« für die Umverteilung von kleinen Menschengruppen in verschiedene Gebiete des Erdkreises gewesen sein mag. Ging es ihnen darum, die halbgöttlichen Abkömmlinge in neue, sichere Erblande einzuweisen? Sahen sie in Umrissen die zukünftige Entwicklung der Menschheit voraus, die Richtung der Fortbildung ihrer Intelligenz? Erwarteten sie am Ende, unter den Nachkommen der künstlich gezeugten Stammväter Noahs und Melchisedechs könnten Wissenschaftler sein, die den »göttlichen« Nachlaß finden und begreifen würden? Waren sie sich sicher, daß die Spuren, die sie auslegten, nie verlorengehen könnten?

Es gibt Vorbestimmungen, die Lebewesen auferlegt sind, ob sie es mögen oder nicht. Der Moskito fliegt nachts zum Licht, er kann sich nicht dagegen wehren. Der Mensch muß essen und trinken, um zu leben, ob es ihm paßt oder nicht. Es sind existentielle Funktionen des Organismus.

Der intelligente Verstand stellt Fragen, ob er mag oder nicht. Intelligenz will wissen: Wie war es damals? Wie wurden wir, wie wir sind? Von wem kam das Denken, das den *Homo sapiens* vom Tier unterscheidet? Die Serie intelligenter Fragen führt unweigerlich zu den »Göttern« zurück, ob wir es mögen oder nicht. Intelligentes Bretterbohren läßt sich durch Scheinantworten nur vorübergehend unterbrechen, findet sich aber plötzlich mit Halb- oder Unwahrheiten nicht mehr befriedigt. Intelligenz ist eine unzähmbare Bestie. Sie fragt und fragt: Wie war es damals? Und sie erkennt schließlich, daß die Menschheitsgeschichte ohne die »Götter« in eine Landschaft von weißen, blinden Flecken führt.

In Mythen und Sagen ging der gewaltige Eindruck ein, den die »Götter« den frühzeitlichen Menschen bei ihrem Erscheinen machten. Chronisten nahmen den roten Faden der Überlieferung auf und spannen ihn weiter. Derart fanden die »göttlichen« Taten ihren Niederschlag – von der lärmösen Ankunft bis zu den vielfachen, die Erdbewohner belehrenden Instruktionen. Mit ihren Möglichkeiten setzten die Altvordern in architektonische Meisterwerke um, was sie gelernt hatten, bedienten sich »unzeitgemäßer« Technik, schufen verblüffende Kunstgegenstände. Die Intelligenz einer weit fortgeschrittenen Zeit müßte darüber stolpern. Denkt man.

Wie absichtsvoll die Spuren ausgelegt wurden, beweist das Popol Vuh, das zu den großen Schriften des Menschheitsmorgens gehört. Dort steht, die Gottesdiener »brachten die Schriften von Tula übers Meer. Die Schrift nannten sie die, worinnen ihre Geschichte geschrieben stand.« So beruft sich die alte Überlieferung der Quiché-Mayas auf noch ältere Schriften, ja, und ein Teil des Buches Mormon waren solche Schriften. Von den 24 Platten des Buches Mormon – die nur den kleinsten Teil ausmachen – übersetzte Joseph Smith die Atlantiküberquerung der Jarediten.

Den Hauptteil des Buches übersetzte Smith von den Platten Nephi. – Wer war Nephi? Er war der Sohn einer jüdischen Familie, die um 600 vor Christus – also Jahrtausende nach den Jarediten – in Jerusalem wohnte. Sein Vater hieß Lehi, seine Mutter Sariah.

In Kapitel 1, Vers 4 des Buches Mormon erzählt Nephi:

»Im Anfang des ersten Jahres der Regierung Zedekias, des Königs von Juda, kamen viele Propheten, die dem Volk prophezeiten, daß es Buße tun müsse oder die große Stadt Jerusalem würde zerstört werden.«

Das stimmt. Jerusalem wurde 586 vor Christus völlig zerstört. Aus dieser sagenhaften Zeit blieben Jeremia und Hesekiel prominent. Es muß eine besondere Zeit gewesen sein, denn beide Propheten – Jeremia wie Hesekiel – redeten unablässig mit ihrem »Gott«, der in feuerspeienden Wagen vom Himmel niederkam.

Was den Prominenten widerfuhr, erlebte auch Nephis Vater Lehi – dargestellt im Buch Nephi, Kapitel 1, Vers 6 ff.:

»Während er zum Herrn betete, kam eine Feuersäule und ließ sich vor ihm auf einem Felsen nieder... Und er sah ein Wesen mitten vom Himmel niedersteigen und gewahrte, daß sein Glanz heller war als die Mittagssonne.«

Das Wesen aus der Feuersäule befahl Lehi, Sariah sowie Söhne und Töchter – also auch Nephi – nebst Freunden der Familie zusammenzurufen: Dieser Kreis sei bestimmt, in ein fernes Land zu reisen. Nach einigen Troubles baute die Auswanderergruppe unter Anleitung des mysteriösen Herrn ein Schiff

»Und der Herr redete mit mir und sprach: Du sollst ein Schiff bauen nach der Weise, die ich dir zeigen werde, damit ich dein Volk über die Wasser führe!« (1. Buch Nephi, 1. Kapitel, Vers 6)

Nicht genug damit, schenkte der geheimnisvolle Fremde den Schiffsbauern auch noch eine vorfabrizierte Astronautenkost, die nicht angerichtet und gekocht werden mußte. Er wußte, daß Essen Leib und Seele zusammenhält, aber auch, daß ein anderes Ding noch wichtiger war – ein Kompaß!

»Als mein Vater des Morgens aufstand und vor die Tür des Zeltes ging, sah er zu seiner großen Verwunderung auf der Erde eine seltsam gefertigte Kugel aus feinem Messing. In der Kugel waren zwei Spindeln; und die eine zeigte uns den Weg, den wir in die Wildnis einschlagen sollten... Und wir folgten der Richtung der Kugel, die uns in die fruchtbaren Teile der Wildnis führte.« (1. Buch Nephi, Kapitel 16, Verse 10 und 16)

Während der Überfahrt starb Vater Lehi. Nephi übernahm das Kommando. Des speziellen Wohlwollens wegen, das der »Herr« Nephi zuwandte, waren die Brüder neidisch, sie fesselten ihn an einen Schiffsbalken. In dieser brenzligen Situation zeigte sich, wie unentbehrlich der Kompaß war:

»Als sie mich gebunden hatten, so daß ich mich nicht mehr bewegen konnte, versagte der vom Herrn bereitete Kompaß seinen Dienst. Daher wußten sie nicht, wohin sie das Schiff steuern sollten...« (1. Buch Nephi, Kapitel 18, Vers 12)

Die Meuterei auf der Bounty ging vorüber, die Expedition erreichte den amerikanischen Kontinent – mit den Metallplatten und dem Kompaß:

»Und ich, Nephi, hatte auch die Berichte mitgebracht, die auf die Messingplatten graviert waren, und auch die Kugel oder den Kompaß, der von der Hand des Herrn für meinen Vater bereitet worden war.« (2. Buch Nephi, Kapitel 5, Vers 12)

Nach Nephis Schilderungen sind Mormonenforscher überzeugt, daß die Gruppe zunächst vom Roten Meer aus durch die arabische Halbinsel wanderte, dann an der Küste des Indischen Ozeans – etwa im Raume der Golfe von Aden und Oman – ihr Schiff baute, um schließlich über den südlichen Stillen Ozean die südamerikanische Küste zu erreichen. James E. Talmage ermittelte dafür die Zeit um 590 vor Christus, ein Datum, das wir uns merken wollen.

Es gibt eine Doublette, die staunen macht. Was Joseph Smith anno 1827 von den Metallplatten übertrug, steht sinngleich im Popol Vuh. Smith aber konnte den Inhalt der Quiché-Maya-Bibel wahrhaftig nicht kennen, denn die wurde erst in den fünfziger Jahren unseres Jahrhunderts von Wolfgang Cordan übersetzt!

Zwei Gruppen erreichten unabhängig voneinander den amerikanischen Kontinent:

– die Jarediten in ihren hermetisch verschlossenen Schiffen zu Zeiten der ersten »Götter-Welle«. Es war die sagenhafte Zeit, in der die Chronisten Adams Saphir-Buch, Henochs Himmelfahrt, die »test-tube-Babys« Noah und Melchisedech wie die »Herren« der Schöpfung Utnapischtim, Ziusudra und wie sie alle hießen, durcheinanderwirbelten;
– die Nephiten, die von Osten kommend Südamerika Jahrtausende später erreichten, nämlich um 590 vor Christus.

Bald nach der Landung ließ Nephi einen Tempel errichten: »Und ich, Nephi, baute einen Tempel in der Art des Tempels Salomons, verwandte dabei aber nicht so viele kostbare Dinge, denn sie waren nicht im Lande zu finden, daher konnte er nicht wie Salomons Tempel gebaut werden. Aber in seiner Bauart glich er dem Tempel Salomons; und die Arbeit daran war außerordentlich schön.« (2. Buch Nephi, Kapitel 5, Vers 16)

Mir geht es nicht darum, zu beweisen, welche Teile des Buches Mormon echt sind, doch es mag die Gläubigen der »Kirche Jesu Christi der Heiligen der Letzten Tage« erfreuen, daß als Nebenprodukt meiner Recherchen ein Beweis herauskommt. Also:

Nephi baute einen Tempel »in der Art des Tempels Salomons«. Sofern diese Information stichhaltig ist, müßte sich in Südamerika in verkleinertem Maßstab ein Tempel finden lassen, wie Salomon ihn im alten Jerusalem aufziehen ließ – eine Anlage mit Vor- und Innenhöfen, einem Heiligtum mit einem Tempelbau, der über vier Tore, in den vier Himmelsrichtungen ausgelegt, verfügte. Dieser Tempel müßte zwischen dem 5. und 6. Jahrhundert vor Christus entstanden sein.

Und: Nephis Tempel müßte sozusagen aus dem Stand erbaut worden sein – ohne Vorbilder und Anleihen bei typisch südamerikanischen Architekturen. Der gesuchte Tempel müßte der erste seiner Art sein, ein Bauwerk ohne Landestradition, das plötzlich auftauchte.

Ich bin nicht nur auf der Spur eines Tempels, auf den diese Voraussetzungen passen, ich bin auch auf der Spur des »Herrn«, der die Nephiten nach Südamerika führte. War dieser »Gott« nach der Landung noch existent, oder hatte er sich in Geist aufgelöst? Und: Wo rekrutierte Nephi die nötigen Massen an Bauleuten? Er kam ja mit einer nur kleinen Gruppe an.

Gleich nach Ankunft begannen die Nephiten, »das Land zu bebauen und Samen zu säen; wir pflanzten allen Samen, den wir aus dem Land Jerusalem hatten.« (1. Buch Nephi, Kapitel 18, Vers 24)

Die Nephiten zeugten alsdann fleißig Nachkommen, sie übten die Mehrehe (die den Mormonen 1890 staatlich verboten wurde). Angenommen, die Einwanderergruppe hätte aus 100 Frauen und 100 Männern bestanden und jede Frau würde per anno ein Kind geboren haben, dann hätten die Nephiten bereits nach 15 Jahren an die 1500 Häupter gezählt. Die Erstgeborenen, Teenager von 15 Jahren und geschlechtsreif, eiferten dem Beispiel der Alten nach und trugen ihren Teil zur Vermehrung gern bei. Nach 30 Jahren konnten gut und reichlich 5000 Nephiten ihrem »Herrn« lobsingen. Es gab ergo genug Leute für den Tempelbau, zumal sich Ureinwohner zur Mitarbeit einfanden. Die Belegschaft war vorhanden.

Der »Herr« war gegenwärtig! Eben angekommen, gab er Nephi diesen Auftrag:

»Der Herr gebot mir, und ich machte Platten aus Erz, auf die ich den Bericht meines Volkes gravieren sollte.« (1. Buch Nephi, Kapitel 19, Vers 1)

30 Jahre später. Der »Herr« legte Wert auf ein lückenloses Logbuch. Wiederum gebot er Nephi:

»Und 30 Jahre waren verflossen, seitdem wir Jerusalem verlassen hatten, und Gott, der Herr, sagte zu mir: Fertige andere Platten an; und du sollst viele Dinge darauf gravieren, die mir wohlgefällig und deinem Volke von Nutzen sind.« (2. Buch Nephi, Kapitel 5, Verse 28 bis 30)

War der »Herr« eitel? Weshalb wollte er »Dinge, die mir wohlgefällig sind«, notiert wissen? Unablässig verlangte der »Herr«, seine goldenen Worte in Metallplatten zu ritzen, er hielt sie für bedeutsam für die Zukunft, sonst hätte er sie auf brennbare Materialien wie Papyros, Leder oder Holz schreiben lassen. Dieser clevere »Herr« sorgte für die Dauerhaftigkeit der Spuren seiner Mitteilungen – adressiert an Intelligenzen der Zukunft.

Harte Frage: Gibt es in Südamerika einen Tempel nach salomonischem Muster? Ist dort ein Beweis für das Wirken von Göttern zu finden?

Ich lade zu einer Besichtigung dieses Tempels ein.

16. KAPITEL

Fahrt über die Anden · In Chavín de Huantar · Woher stammen Pläne und Bautechnik? · Ein Tempel aus dem Nichts erstellt · Cherube und die Zahl Sieben · Unverstandene Raimondi-Stele · Wallfahrtsort für wen? · Der salomonische Tempel in Südamerika · Spurensuche · Der göttliche Kompaß · Mitteilungen für die Zukunft

Das Jerusalem der Anden heißt Chavín de Huantar.

Es regnete an jenem Apriltag 1980 in Strömen, als vor unserer Haustür in Feldbrunnen zwei völlig durchnäßte junge Mormonenmissionare standen. Der ältere, etwa 30 Jahre alt, war Amerikaner und hieß Charly, der jüngere Paul und stammte aus Bern. Meine Besucher der »Kirche Jesu Christi der Heiligen der Letzten Tage« machten mir die deutsche Fassung des Buches Mormon zum Geschenk, sieben andere Übersetzungen standen schon in meiner Bibliothek. Ich bat die Missionare zum Aufwärmen und zu einer Tasse Kaffee ins Haus.

Mein Landsmann Paul fragte, was ich vom Buch Mormon hielte. Meinem Urteil gemäß sagte ich, daß ich die Platten Ether und Nephi für abenteuerlich spannend und informativ und für keine Fälschung hielte, es aber bedauerlich fände, daß dem Originaltext später ziemlich plumpe Prophezeiungen auf Jesus hinzugefügt worden seien.

Damit waren die jungen Heilsbringer natürlich nicht einverstanden: Entweder sei das ganze Buch Mormon vom Heiligen Geist inspiriert und damit »echt«, oder das Ganze gelte nichts. Mit der Materie vertraut, ließ ich meine Unlust an einer uferlosen Diskussion fühlen, ein Wink, den der Berner Paul erstaunlich schnell begriff – ganz gegen den Ruf, daß die Berner von langsamer Denkungsart seien. Paul fragte:

»Sie kennen viele Ruinen in Südamerika. Haben Sie keine gefunden, die Ähnlichkeit mit dem salomonischen Tempel von Jerusalem haben?«

Wahrheitsgemäß beschied ich ihn, daß mir im Moment Gewünschtes nicht vor Augen stehe. Ohne das Experiment einer hoffnungslosen Bekehrung an mir versucht zu haben, verabschiedeten sich die Missionare. Es war ein so scheußlicher Apriltag, daß sie sicher Opfer ihres Bekennereifers gefunden hätten, wenn sie blauen Himmel hätten verheißen können.

Der Berner Paul hatte mir eine Laus in den Pelz gesetzt, die zwar immer wieder ein bißchen juckte, doch eine andere zwackte mich ungleich hartnäckiger, so wie Läuse es an sich haben sollen.

Ob es den im Buch Nephi erwähnten Tempel in Südamerika gab oder nicht, schien mir bei weitem nicht so wichtig wie die Frage, ob jener Tempel existierte, über den der Prophet Hesekiel im Alten Testament ausführlich berichtet hat – über jenen Tempel in fernem Land, auf hohen Bergen stehend, gebaut wie der Tempel Salomons. Gäbe es in Südamerika einen Tempel, der auf Hesekiels Beschreibung paßte, dann wäre das eine spannende Geschichte.

Was hat der Nephi des Buches Mormon mit dem Propheten Hesekiel der Bibel zu tun? – Nun, beide lebten zur gleichen Zeit im gleichen geographischen Raum. Vielleicht kannten sie sich. Beide berichteten von einem »fliegenden Gott«, der niederkam und Anweisungen gab. Auf Anordnung ebendieses Gottes ließ Nephi in Südamerika einen Tempel errichten, und vom selben Gott wurde Hesekiel in ein fernes Land geflogen, wo ihm auf einem »sehr hohen Berg« eine Tempelanlage nach salomonischem Muster gezeigt wurde. Aktenkundig ist, daß Hesekiel in Jerusalem und Babylonien lebte. Hat ihm irgendwer den Tempel in Südamerika gezeigt – er beschrieb ihn unglaublich genau –, dann mußte ihn dieser Irgendwer dorthin und zurück in den Vorderen Orient geflogen haben. Eine andere Möglichkeit gibt es nicht.

Meine Recherchen nach einem salomonischen Tempel in Südamerika wurden also keineswegs nur vom Buch Mormon angeregt, ich suchte auch Hesekiels Tempel wie die Spur des »fliegenden Gottes«, der hinter alldem steckte. Daß sich beide Spuren in faszinierender Weise treffen würden, begriff ich erst viel später.

Die Augen gingen mir über vor lauter Tempeln, die in archäologischen Büchern an mir vorbeidefilierten. *Den* Tempel zu finden galt mir damals mehr, als der Anblick der blauen Mauritius dem Briefmarkensammler bedeuten kann. Besitzen kann man beide nicht. – Vermutete ich Ähnlichkeiten, sagte mir der Plan des Salomontempels zu Jerusalem, daß am Fundobjekt markante Punkte fehlten, daß er zu jung oder zu alt war, daß er weder in Nephis noch in Hesekiels Zeiten gehörte. Ich vereinnahmte 39 köstlich bebilderte Werke. In allen wurden Chavín de Huantar abgehandelt. Ich beschloß, diese Kultstätte zu besuchen, genaue Maße zu nehmen, das Panorama, in dem sie liegt, in Augenschein zu nehmen.

1981. – Wieder herrschte ein kaltnasser Frühling über Europa. In Peru war Herbst, als ich in der Hauptstadt Lima eine Art von russischem Jeep, einen Lada-Niva, charterte.

In aller Herrgottsfrühe, lange vor der Dämmerung, fuhr ich auf glatter Asphaltpiste – der Panamericana del Norte, eine der Traumstraßen der Welt – durch Sandwüsten und nahe der Küste entlang in Richtung Trujillo, der viertgrößten Stadt Perus. Beim Städtchen Pativilca verließ ich die Panamericana. Nun dehnten sich neben der Fahrbahn Zuckerrohrplantagen aus.

Als ich an einem Mauthäuschen 250 Soles bezahlte, stieg mir der Gestank des Lada-Niva grauslich in die Nüstern: Dem Einfüllstutzen fehlte der Verschluß. Um einen Stein wickelte ich das Stück eines Plastiksacks und verstopfte damit das stinkende Loch.

Nach ungefähr 30 Kilometern Fahrt durch eine Steinwüste, vorbei an dunkel drohenden Bergausläufern, stieg die Straße sacht an. Nach der Abzweigung bei Pativilca – von ferne sieht man die Ruinen einer Festung aus der indianischen Chimú-Zeit – erreichte ich in 780 Meter Höhe das Kaff Chasquitambo. In frühen Zeiten war dieser Ort eine Wendemarke für Inkastafettenläufer. Hier mag man auch nur vorbeilaufen.

Mit engen Serpentinen begann die Steigung in eine rostbraune Schlucht. Die schweren Regenwolken hingen nun unter mir, die Nebelwände hoben sich und gaben den Blick auf weitgezogene, hellbraun oder schwarz schimmernde Berge frei.

Mit jeder Kurve in lichte Bergeshöhen stotterte mein knatternder Russe immer unlustiger. Mein roter Stern auf engen Straßen schaffte es auch im zweiten Gang nicht mehr. Bei Cajacay, in 2600 Meter Höhe, ging dem alten Knaben vollends die Luft aus. Auto-Asthma. Der Motor verlangte mehr Sauerstoff. Ich schraubte den Deckel

Die Straße führt mit engen Kurven durch die rostbraune Schlucht in lichte Bergeshöhen.

vom Luftfilter ab. Der Filter, der gemeinhin luftdurchlässig sein soll, fühlte sich wie ein von Gips verkrusteter Verbandsrest an. Ich warf das Zeug weg, schraubte den Deckel auf die leere Filterbüchse, startete – und der bockige Russe sprang an. Er hatte mich verstanden. Er mußte mich die Berge hinaufschleppen.

Nach jeder Serpentinenkurve, hoffte ich, müßte endlich der Kamm des Passes erreicht sein. Es waren lange Zeit trügerische Hoffnungen, denn stets öffneten sich neue Hochgebirgstäler. Die Lehmhütten am Wegrand wurden seltener. Indios in farbenstrotzenden Ponchos, schwere Säcke schleppend, setzten im sturen Rhythmus erprobter Bergsteiger langsam einen Fuß vor den andern. Man wundert sich, daß die fleißigen Ureinwohner hier oben auf kargem, felsigem Boden ihr Auskommen finden, doch ein Drittel der 14,6 Millionen Einwohner Perus lebt in hochgelegenen Landesteilen.

Bei 4100 Metern war die kalte, in Wolken verpackte Paßhöhe erreicht. In europäischen Breitengraden wäre es die Zone von ewigem Eis und Schnee, doch Peru liegt dem Äquator näher. Hier oben gedeiht noch ärmliches Gras, wachsen dürre Büsche.

Eine junge Indiofrau mit dunkelbraunem Teint – einen Säugling im um den Hals gebundenen Tuch vor der Brust, auf dem Rücken einen schweren Kartoffelsack – sah mich aus großen, dunklen Augen mißtrauisch an, als ich sie fragte, ob sie mitfahren möchte; es kommen selten höfliche Fremde in diese Gegend. Ich griff den Sack von ihrem Rücken und verstaute ihn hinter den Sitzen des Lada-Niva. Sie stieg ein und lächelte verlegen, nachdem sie die sechs Röcke, wie sie alle Indiofrauen tragen, untergebracht hatte. – Wir fuhren an der zugefrorenen Lagune Conococha vorbei, die Gletscherzungen der 6600 Meter hohen Cordillera de Huyahuash vor uns.

Der schweigsamen Indianerfrau entlockte ich ihr Reiseziel, das war Catac auf 3540 Meter Höhe im Tal des Rio Santa. Mich schauderte der Gedanke, die Frau mit Kind und Sack auf der 40-Kilometer-Strecke marschieren zu wissen, zwei Tage hätte sie dafür gebraucht, nun waren wir in einer halben Stunde dort. – In Catac zweigt die Straße nach Chavín de Huantar ab.

An der einzigen Tankstelle füllte ich meinen Mietwagen mit einer jungen Dame und zwei Herren, Ruth hieß sie, Uri der mit dem schwarzen, Isaak der mit dem roten Bart: Es waren Israelis, die sich entschlossen hatten, ein Jahr lang eher planlos durch die Welt zu trampen, doch Kulturstätten wie Chavín de Huantar ließen sie nicht aus. Was mich denn eigens dorthin treibe, erkundigten sie sich. Bei vagen Andeutungen von einem salomonischen Tempel in Konnex mit dem Propheten Hesekiel ließ ich es vorerst bewenden; vielleicht waren es fanatisch konservative Israelis, die meine wirklichen Recherchen schockiert hätten.

»Schweizer sind Sie?« sagte Uri. »Dann müßten Sie ja die Bücher von Erich von Däniken kennen. Der vertritt Ideen, von denen ich mir nicht klar bin, ob sie verrückt oder vernünftig sind...«

Statt einer Antwort biß ich mir auf die Lippen.

Ab Catac war die Straße nicht mehr asphaltiert, führte kurvenreich zum malerischen, eisigen Bergsee Quericocha (3980 Meter). Den Blick fesselten die schneebedeckten Gipfel des Yanamarey (5260 m).

Dann war der Tunnel am Kahuish-Paß, in 4510 Meter Höhe, erreicht. Das Wort »Tunnel« könnte falsche Assoziationen zu Bergunterführungen in westlichen Industrieländern auslösen, darum sei angemerkt, daß dieser Tunnel – 500 Meter lang – nur eine grob in den Felsen gehauene Höhlung ist, durch den eine reich mit knietiefen Schlaglöchern garnierte Naturstraße führt. Von Decken und Wänden rieselt schier halbgefrorenes Gletscherwasser, Licht und Verkehrszeichen sind für die einspurige Angsttraumstraße noch nicht erfunden. Nähern sich in Wasserfontänen die irritierenden Scheinwerfer eines Fahrzeugs, ist jener Fahrer gehalten, zurückzufahren, der der Einfahrt oder Ausfahrt näher ist. Selbstverständlich fährt jeder mit der Hoffnung – und Chance – in den dunklen Schlund, keinem Widerpart zu begegnen; einen Stern im Reiseführer verdient dieser Tunnel nicht.

War die Auffahrt anstrengend, erwies sich die steile Abfahrt aus dem Tunnel, hinunter ins Mosna-Tal, auch für hartgesottene Autofahrer, zu denen ich mich zähle, als wirklich bangemachend. Auf enger Naturstraße winden sich Kurven um Kurven, wie eine endlose Schlange an die Hänge geklebt. Man wird linksäugig, weil zur rechten Seite der tödliche Abgrund droht. – Beim Dörfchen Machac (3180 Meter) war die Talsohle erreicht. Unübersehbar liegen die Ruinen von Chavín de Huantar unmittelbar an der Straße.

Der Dorfplatz von Chavín de Huantar.

Das Hotel »Turistas« war bis aufs letzte Bett belegt, nicht von Touristen, sondern von Archäologen. Es traf sich die *crème de la crème* deutscher und peruanischer Archäologen. Aus der erlauchten deutschen Gesellschaft begrüßten mich die Professoren Udo Oberem und Henning Bischof höflich, ihre peruanischen Kollegen höflich und wohlwollend. Für die Deutschen bin ich ein unberechenbarer Außenseiter, von dem man nie weiß, welchen neuen Streich er plant. Die Peruaner sehen mich etwas anders. Als ich vor einigen Jahren von den Gemeinderäten der Stadt Nazca geehrt wurde, sagte der Bürgermeister in seiner Laudatio, es gebe viele Theorien über die Linien auf der Ebene von Nazca. Ob sie nun ein Kalender gewesen seien oder ein Startplatz für Heißluftballone, ob Überbleibsel von Inkastraßen oder magische Zeichnungen, ob Ziellinien eines Sportplatzes oder Landemarkierungen für Außerirdische, könne er nicht entscheiden. »Uns, die wir hier leben und arbeiten«, sagte der Bürgermeister von Nazca, »interessiert nicht in erster Linie, welche der Kapazitäten recht hat. Aber eines ist sicher: Herr von Däniken hat unserer Region am meisten Touristen gebracht!« – That's it.

Beim Nachtmahl erkundigten sich die Israelis, ob sie mir irgendwie behilflich sein könnten, sie wußten inzwischen, wer sie mitgenommen hatte. Dankbar nahm ich die Offerte an, denn bei meinen Vermessungen war mir ein Scriptgirl gerade recht.

Gutgelaunt erwarteten mich am Morgen die Israelis auf einem sonnenbeschienenen Hügel vor dem Ruinenfeld. Wie selbstverständlich hängten sie sich Kameras und Meßgeräte um. Wir durchschritten das große Holztor zu den Ruinen von Chavín de Huantar.

Der noch erhaltene Teil der Gesamtanlage heißt *El Castillo*, »das Schloß«, wenngleich es nie ein Schloß gewesen ist. Es handelt sich um ein rechteckiges Gebäude von 72,90 Meter Länge und 70 Meter Breite. Große Granitblöcke, millimetergenau eingepaßt, bilden die rechtwinklige Außenhaut; die unteren, dem Boden nahen ältesten Monolithen sind am besten erhalten; je höher sich das leicht nach innen geneigte Gebäude erhebt, desto deutlicher sind Verwüstungen zu erkennen – wie beim salomonischen Tempel zu Jerusalem, über den 36 Kriege hinwegzogen, der siebzehnmal zerstört wurde. In Chavín wie in Jerusalem wurden auf den unteren Steinquadern stets neue Mauern hochgezogen.

Das Hauptportal des Castillo ist nach Osten ausgerichtet – Richtung Sonnenaufgang – Richtung Jerusalem. Zwei Säulen – auf denen ein Monolith von neun Meter Länge liegt – werden von quadratischen und rechteckigen Granitplatten flankiert. Die gedrungenen Säulen sind rundherum mit unverständlichen Zeichnungen reliefiert wie auch der abschließende Monolith und die nahebei stehenden Platten. Die Wetter der Gezeiten haben die Ziselierungen ausgewaschen, leider hämmerten auch Menschen in die feinen Arbeiten. Als El Castillo in ganzer Pracht seine Jugendzeit hatte, muß der mächtige Bau schon aus geringer Distanz wie ein fast fugenloser Block gewirkt haben. El Castillo war Abschluß und Krönung der Tempelanlage, war das Allerheiligste, zu dem nur Hohepriester Zutritt hatten.

Heute mieft hinter dem monumentalen Hauptportal ein von Grasbüscheln bewachsener Schutthaufen. Einige Stufen tiefer liegt ein Platz, der die ganze Breite des Castillo einnimmt – der Vorhof zum Heiligtum. Runde 36 Meter vom Castillo entfernt führen wieder Stufen hinab zu einem zweiten, riesigen Vorhof (70 mal 42 Meter), von dem aus weitere Stufen auf den quadratischen, sogenannten versenkten Platz (Seitenlänge 49,70 Meter) leiten.

Nördlich und südlich des »versenkten Platzes« erheben sich Plattformen, die noch nicht ausgegraben wurden, aber man erkennt die künstlichen Hügel an wenigen Monolithen, die aus ihnen hervorragen. Der gesamten Kultstätte gesteht man eine Fläche von etwa 13 Hektar zu, doch bisher wurde nur der Tempelkomplex freigelegt. Man weiß, daß die ganze Anlage auf einer künstlichen, steinernen Plattform gestanden hat.

Vom »versenkten Platz« aus führen vier Treppen präzise in die vier Richtungen der Windrose, mein Kompaß bestätigte es nadelgenau. Das Plateau verläuft sich über 80 Meter hinunter zum Bett der Mosna, die südöstlich an der Tempelanlage vorbeifließt.

Von der westlichen Mauer des Castillo bis zur Südostecke mißt die Anlage 228 Meter, der bisher ausgegrabene Teil hat eine Breite von rund 175 Metern. In diese Maße ist die Mauer, die einst das Areal umschloß, nicht einbezogen. Reste der Mauer sind an der Westseite sichtbar.

Jedenfalls stand hier eine gewaltige, rechteckige Anlage mit Vor- und Innenhöfen und dem – heute noch – zehn Meter hohen Aller-

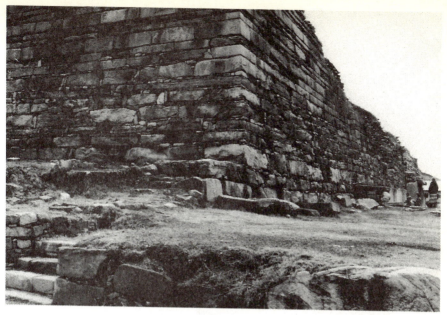

Oben: Der erhaltene Teil der Anlage heißt »El Castillo«, »das Schloß«, wenngleich es zu keiner Zeit ein Schloß war.
Unten: Das Hauptportal des Castillo mit zwei Säulen, auf denen ein Monolith von neun Meter Länge liegt.

Vom »versenkten Platz« mit seinen 48 Meter Seitenlänge aus führen vier Treppen in die vier Richtungen der Windrose.

heiligsten, mit Vor- und Innenhöfen für Priester und für das Volk. Mit Treppen und Toren ist das Rechteck nach den Himmelsrichtungen justiert, und das Hauptportal weist nach Osten – alles wie beim salomonischen Tempel in Jerusalem.

Jerusalems Salomontempel stellt heute kein exaktes Rechteck mehr dar, sondern ein ungleichseitiges Trapez von 315 Meter Seitenlänge im Norden, 280 Meter im Süden, 485 Meter im Westen und 470 Meter im Osten. Jedoch war der ursprüngliche Tempelbau genau rechteckig. Für die verzogene Form war König Herodes verantwortlich, der das Areal verdoppeln ließ, und weil Raum dafür fehlte, wurden zusätzliche Stützmauern gebaut, auf denen (damals) neue Plattformen ausgelegt wurden.

Ruth, Uri und Isaak nahmen an Tempelhöfen, Mauern und Monolithen Maß, derweil ich aus allen Winkeln und in alle Winkel fotografierte. Als Ruth mir während einer Zigarettenpause meinen Schreibblock – mit großer Klammer an ein Brett befestigt – brachte, hielt ich die Luft an: Das war professionelle Arbeit! In feinen Linien

 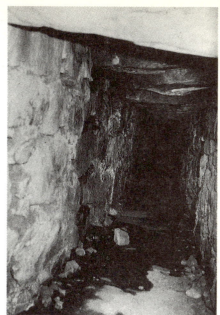

Links: Unter der Tempelanlage verläuft ein Netz von Gängen.
Rechts: Die Gänge sind drei Meter hoch und biegen oft im Winkel von 45 Grad schroff ab.

war ein druckreifer Lageplan entstanden. Der Kubus war mit Mauern und Monolithen, mit Stufen und Treppen und mit den versenkten Plätzen skizziert. An Anfang und Ende der Linien markierten kleine Pfeile, für welche Strecke die eingeschriebenen Maße galten.

Wir hockten uns auf Felsen, an denen es nicht mangelte. Ich erkundigte mich nach den Berufen meiner neuen Freunde. Ruth sagte trocken:

»Ich bin Geodät, Vermessungsingenieur für Straßenbau und Landmessung.«

Daher also die Perfektion! Uri entpuppte sich als Lehrer, Isaak als Pilot. Die Götter hatten mir die richtige Crew in den Lada-Niva plaziert! Zu viert schafften wir ein Pensum, zu dessen Erledigung ich nach Adam Riese die vierfache Zeit gebraucht hätte.

Gemeinsam machten wir uns zur Entdeckung von Gängen und Stollen auf, die unter Chavín de Huantar wie ein Adernetz laufen. Ein Gang an der Ostseite des großen Platzes war nur 1,10 Meter hoch und 67 Zentimeter breit, man konnte nicht aufrecht gehen – aus einsichtigem Grund:

Chavín de Huantar wurde am 17. Januar 1945 von einer gewaltigen Wasserflut überschwemmt. Das passierte so: An der Südostseite fließt die kleine Mosna vorbei, an der Nordwestflanke – zwischen den Ruinen und dem Indianerdorf Chavín – stürzt der Bach Huacheqsa in die Tiefe; er entspringt in einem Hochgebirgssee, den Schmelzwasser eines Kordillerengletschers speisen. Dezember 1944 und Januar 1945 strömte mehr Wasser zu, als der See aufnehmen konnte, seine felsigen Ufer brachen wie Staudämme. Der Wildbach wurde zum reißenden Fluß und überschwemmte die tiefgelegenen Teile von Chavín de Huantar mit einer schwarzbraungrünen Schlammschicht, die in die unterirdischen Gänge eindrang. Als das Wasser abgelaufen war, blieben Geröll, Sand und Lehm zurück.

Der Gang, durch den ich im Licht einer Taschenlampe kroch, war ehedem sicher höher – oder tiefer, wie man will. Soweit ich unter den Ruinen im Gang vordringen konnte, sah ich fünf seitlich abzweigende Stollen – 60 Zentimeter hoch, 48 Zentimeter breit. Sie können Teile eines Kanalisationssystems gewesen sein, zumal der Hauptgang in Richtung Mosna verläuft.

Da aber an der Westseite ein 1,72 Meter hoher Gang südlich verlief, also keinem Bach zustrebte, kann es sich bei der unterirdischen Infrastruktur nicht nur um ehemals wasserführende Stollen gehandelt haben.

Chavín de Huantar wurde schon in früheren Zeiten überschwemmt. 1919 führte der peruanische Archäologe Julio C. Tello mit einem Trupp Indios weitläufige Grabungen durch. Als er 1934 zurückkehrte, hatte der Bach »einen Teil des Hauptflügels zerstört«. Tello schreibt, ein Drittel des Komplexes, den er noch intakt gesehen habe, sei nun zerstört gewesen, viele unterirdische Gänge und Kanäle seien ausgespült worden. Kilometer vom Tempel entfernt entdeckte Tello Keramik-, Metall- und Steingegenstände auf einer Sandbank im Fluß: Sie wurden aus der Tempelruine angeschwemmt.

Als der Tempel einst unversehrt in seiner ganzen Macht dastand, konnten ihm die reißenden Gebirgsbäche nichts anhaben. Die festgefügten megalithischen Mauern waren dicht, das Kanalsystem um und unter Chavín de Huantar funktionierte, die Bäche wurden gepflegt. Erst als gestürzte Bäume und Monolithen den Lauf des Wassers behinderten, erst nachdem Grabräuber Löcher in die Mauern des Castillo schlugen, konnte das Wasser seine zerstörerische Kraft an den Bauwerken auslassen.

Am nächsten Tag stiegen meine Israelis in einen Indiobus, in dem die Fahrgäste weniger Platz hatten als Sardinen in ihrer Büchse. Ja, ich würde jedem eines meiner Bücher in hebräischer Sprache mit Widmung nach Israel schicken, versprach ich. Nur zwei Tage waren wir beisammen, doch ich vermißte Ruth und die bärtigen Männer sehr, als ich im Lada-Niva wieder zu den Ruinen fuhr, um die Gänge im Maulwurfshügel näher anzusehen.

An der Nordseite des Castillo sind zwei Stollen mit Eisengittern versperrt, damit Touristen nicht auf eigene Faust ins dunkle Labyrinth einsteigen. Es ist ein Labyrinth, ich habe es erfahren.

Gleich hinter dem Einstieg führt der erste Stollen auf die merkwürdige Stele *El Lanzon* – »die Lanze«, »der Speer« – zu. El Lanzon ist mitten auf die Kreuzung zweier sich rechtwinklig schneidender Gänge postiert, die über drei Meter hoch, doch nur 50 Zentimeter breit sind. Monolithische Granitplatten bilden die Decke, massiv, für die Ewigkeit.

Dieser Gang wäre trotz seiner eigenartigen Proportionen kaum des Erwähnens wert, gäbe es da unten nicht ein Rätsel, das unbegreiflich ist: El Lanzon ist eine Riesenstele von über vier Meter Höhe, doch die felsigen Gänge erreichen nur etwas über drei Meter! Wie gelangte El Lanzon hierher? Er ist kein Gummiriese, der sich krümmen ließ. Nein, nein, Irrtum! Mit seiner imposanten Länge ließ er sich auch nicht in der Horizontalen um die zahlreichen Ecken der nur 50 Zentimeter breiten Gänge bugsieren. Es gibt nur diese Möglichkeit: Die Architekten von Chavín de Huantar planten von Beginn an eine Deckenöffnung, durch die die Stele auf die Kreuzung der beiden Gänge herabgelassen wurde, bevor die Tempelanlage darüberwuchs.

Niemand weiß, was es mit El Lanzon auf sich hat. Der tschechoslowakische Archäologe und Völkerkundler Miloslav Stingl beschreibt die Stele als...

»...ein höchst seltsames Wesen. Über der Unterlippe treten mächtige Jaguarzähne hervor. Die Augen sind starr nach oben

Die Stele El Lanzon ist tief unter dem Erdreich auf einer Kreuzung zweier sich schneidender Gänge postiert. Sie ist drei Meter hoch, 50 Zentimeter breit und reich mit Ornamenten geschmückt. Niemand weiß, was sie aussagen.

gerichtet, als ob sie zum Himmel emporsähen. Auch der Gürtel, der den Leib des Gottes umspannt, ist mit Jaguarköpfen geschmückt. Von dem Gürtel aber hängen zwei Schlangenhäupter herab. Die eine Hand – die rechte – hält der Gott empor, die andere ruht auf der Hüfte.«

Das ist eine Beschreibung, keine Sinngebung, und es fällt mir schwer, selbst der Beschreibung zu folgen, weil ich Mühe habe, in El Lanzon überhaupt ein »Wesen« zu erkennen. Ja, es ist ein großes Maul auszumachen, dem »Jaguarzähne« an den hinteren Backenknochen entsprießen, doch nicht als Eckzähne, wie Jaguare üblicherweise ihre todbringenden Hauer tragen. Sieht Miloslav Stingl Jaguarzähne, erkenne ich – gleichermaßen phantasievoll – Scharniere einer Rüstung, wie mir überhaupt El Lanzon eher einen technischen denn einen tierischen Eindruck vermittelt.

Außer dem Gang, durch den ich hereinkam und vor El Lanzon landete, enden alle Gänge von der Kreuzung aus »blind«. Nach wenigen Schritten stand ich vor wuchtigen Mauern. Das kam mir eigenartig vor. War es sinnvoll, daß die Planer von Chavín de Huantar nur den Gang zu El Lanzon ausbauten und alle anderen Stollen als fabelhaften Jux vor Mauern enden ließen? So viel Aufwand für einen Architektenspaß? Ich witterte hinter den »blinden« Endstationen der Gänge Geheimtüren. Nicht mehr, nicht weniger.

Da ich nicht weiterkam, blieb nur die Umkehr. Draußen blendete die Sonne, wie sie nur in der klaren Luft in über 3000 Meter Höhe blenden kann. Ich blinzelte mich zurecht und trat dann in den zweiten Stollen ein, der El Castillo in südlicher Richtung unterläuft. Die Beleuchtung aus schwachen Glühbirnen an den Wänden entlang war inzwischen ausgefallen. Ich tappte mich ans Tageslicht zurück. Ein netter Wärter lieh mir – ich gab mein Feuerzeug als Pfand, es sollte mir bald fehlen – eine Karbidlampe altertümlicher Bauart. Ihr Geruch erinnerte mich für einen Augenblick an mein erstes Fahrrad.

Das grellgrünliche Licht fiel auf wieder drei Meter hohe, aus Fels geschichtete Gänge und die monolithenbewehrte Decke. Schon bald gabelte sich der Stollen im rechten Winkel; ich wählte die linke Seite.

Fast wäre ich über einen Steinkopf gestolpert, der sich beim flüchtigen Hinsehen als behelmtes, menschenähnliches Wesen vorstellte. Früher waren die Wände mit Reliefs ausgeschalt, die Gestalten mit starren Flügeln – aufwärts fliegend – zeigten, heute sind nur noch Rudimente vorhanden, die fürs Ganze zeugen. Die Reliefs sind so fein, so flach ziseliert, als ob hier ein moderner Zahnarzt mit dem Turbinenbohrer seiner Praxis dem Feierabendhobby nachgegangen wäre, doch für schlechtbezahlte Hobbys unter Tage haben Zahnärzte keine Zeit, sie investieren gern in zinsträchtige Hochbauten. – Auch dieser Gang stoppte mich bald vor einer massiven Wand.

Mit dem Sucheifer und der Geduld eines Pfadfinders kehrte ich zum Hauptgang zurück, suchte ein neues Entree, erklomm sieben steile Stufen und erreichte einen anderen Korridor: 1,30 Meter breit, 1,83 Meter hoch. Hier könnten zwei Eindringlinge bequem nebeneinandergehen. – Quer zum Ende der Stufen läuft ein schmaler Gang, von dem aus drei Durchbrüche in drei Kammern führen: 5,70 Meter lang, 1,94 Meter breit, 2,25 Meter hoch. – Die Karbidlampe zauberte groteske Begegnungen ins grellgrüne Licht: Fremdartige Steinköpfe warfen mir stolze, etwas spöttische Blicke zu, zeigten ihre Helme. Fragten keß: »Was hältst du von uns?«

Manchmal möchte man durch die Wand gehen, man schafft es nie. Ich trottete wieder zum Zentralkorridor zurück, machte zwei Wendungen von je 90 Grad um meine Achse, merkte es mir und schritt in einen anderen Raum. Dort waren Steinköpfe ordentlich auf eine Holzbohle gereiht, konfrontiert mit Reliefs voll sagenhafter Darstellungen. Wie viele ähnliche Gänge und Räume warteten darauf, freigelegt zu werden? Vielleicht harrte tief unter den Ruinen das Geheimnis der »Götter« auf seine Entdeckung, vielleicht bewahrten die Bauherren tief unter der Erde den Schlüssel zur unverstandenen Kultur von Chavín de Huantar.

Während meine Augen jeden Quadratzentimeter der Schlußwand absuchten, um möglicherweise einen Hinweis auf eine Öffnung zu erspähen, gab die Karbidlampe zischend ihren Schein auf. Ich stand im Dunkeln. Es war still wie im Grab. Erst jetzt spürte ich einen feinen kühlen Luftzug auf der Haut, der durch die Kammer strich. Irgendwoher bewegte eine Ventilation die Luft. Ohne optische Orientierung tastete ich mich am Radar des Luftsogs entlang, stieß an Steinköpfe, prallte auf Monolithen. Mehrmals ließ ich das Blitzlicht meiner Kameras aufblitzen, ich hatte genug Batterien

Oben: Seltsame und einzigartige Köpfe steckten einst in den Wänden.
Unten: Im grüngrellen Licht der Karbidlampe starrten mich tief unter der Erde Steinköpfe mit fremdartigen Fratzen an.

dabei. Die Zugluft kam unter dem Boden der Rückwand hervor. Gab es dahinter einen Gang, der tiefer in den Grund führt? Ich tastete das Gestein ab, drückte kräftig auf erhabene Punkte der Steinquader, es rührte sich nichts.

Vorsichtig setzte ich einen Fuß vor den andern, ließ Fotoblitze aufgrellen, mir fehlte mein Feuerzeug, das in der Hosentasche des Wächters warm gehalten wurde. Eine Gangwand fühlte sich wie die andere an, keine gab einen Anhalt, wohin ich mich zu wenden hatte, ich mußte die Treppe finden, die ich sieben Stufen hinaufgestiegen war und die ich nun wieder abzusteigen hatte, doch die Stufen, die ich ertastete, führten aufwärts. Der Luftzug verstärkte sich an den Wänden entlang. Auf allen vieren kroch ich aufwärts, wieder sieben Stufen, dann sah ich schräg über mir Licht. Der Stollen führte unter ein Eisengitter, das sich leicht aus dem Boden drücken ließ. Ich schwang mich aus der Tiefe ins Freie und versuchte, meinen Standort zu lokalisieren.

Ungefähr im Zentrum des Castillo, hoch über dem nach Osten gerichteten Haupteingang, war ich dem Labyrinth entstiegen. Unter mir dehnte sich nun das große Rechteck der Tempelanlage aus. Nach einer kleinen Kletterpartie setzte ich mich unter das Haupttor zu einer Verschnaufpause, schaute nach oben, um festzustellen, aus welchem Loch ich eben herausgekrochen war – und entdeckte direkt über mir an der Unterseite des Monolithen, der würdig auf den Eingangssäulen ruht, markant eingravierte fliegende Wesen.

Es waren 14 Cherube, wie die Bibel die himmlischen Wächter nennt: Sieben raubvogelartige, ganz technisch anmutende Figuren blicken nach Norden, sieben nach Süden. Fiel mir ein, daß alle Treppen, die ich herabstieg oder heraufkroch, sieben Stufen hatten. War die »heilige Zahl« Sieben eine Schlüsselzahl in und für Chavín de Huantar?

Die »7« hat Tradition, nicht nur als das verflixte siebte Jahr einer Ehe. Ihre Magie wird in der Periode von sieben Tagen gesucht, in denen der Mond je eine seiner vier Erscheinungsformen zeigt. Um 1600 vor Christus lösten die Babylonier die bis dahin gebräuchliche Fünftagewoche – Trauma aller Gewerkschaften! – ab und führten die Siebentagewoche ein: Die Babylonier erkannten in den sieben

Die Reliefs mit geflügelten Wesen sind so fein ziseliert, als hätte ein Zahnarzt mit dem Turbinenbohrer seinem Kunsthobby gefrönt.

Himmelskörpern – Sonne, Mond, Merkur, Venus, Mars, Jupiter und Saturn – die Gesamtordnung des Kosmos. Bei den Juden zeugen die sieben Schöpfungstage wie der siebenarmige Leuchter der Stiftshütte für die Bedeutung der heiligen »7«, in den Offenbarungen Johannes' steht das »Buch mit sieben Siegeln«. Die »7« hat Bedeutung im Buddhismus und im malaiischen Kulturkreis. Im alten Griechenland galten Siebentagefristen. Theben hatte die berühmten sieben Tore, es gab sieben Weise – und es gelten die sieben Weltwunder. Wurde die »7« auch in Chavín de Huantar geehrt?

Vor den Geheimdienstlern der Nachrichtendienste unserer Zeit ist kein Code mehr sicher. Sollte es nicht möglich sein, Chiffren zu knacken, die vor unseren Augen auf Entschlüsselung warten?

Dort unten auf dem »versenkten Platz« fand ein Mitarbeiter des Archäologen Julio C. Tello einen Obelisken, der heute im Archäologischen Museum von Lima steht, er wird »Tello-Obelisk« genannt, und er wartet auf die Deutung seiner Zeichensprache. Stundenlang stand ich vor ihm, fotografierte ihn, ließ seine Gravierungen zeichnen. Ich fragte peruanische Archäologen nach den möglichen Aussagen der Muster. Daß man wieder mal nichts Genaues weiß, merkte ich gleich, als die Kult-Arie angestimmt wurde: Jaguarkult, Raubvogelkult und dergleichen – Genauso lauthals könnte ich vom Pyramidenkult singen, denn der Tello-Obelisk läßt auch kleine Pyramiden erkennen.

Dort unten auf dem Platz, wo man den Obelisken fand, stand auch der »Altar der sieben Ziegen« (auch »Altar des Sternbildes Orion« genannt). Zwar reichte meine zoologische Phantasie nicht aus, sieben Ziegen zu dechiffrieren, doch entspricht die Anordnung von sieben Löchern des Altars ungefähr dem Standort der sieben Trabanten im Sternbild Orion. – Überall taucht die verflixte »7« auf. Daß sie auch in Chavín de Huantar mindestens eine heilige Zahl gewesen ist, bestätigt die Fachliteratur. Kann die »Sieben« ein Schlüssel zu den Botschaften von Chavín de Huantar sein? Wo ist der Meisterspion 007? Vielleicht sollten Archäologen einen Code-Dechiffrierer beiziehen. Die Nummer mit dem »Kult« ist ziemlich abgedroschen.

Jeder Besucher des Museo Antropológico y Arqueológico an der Plaza Bolívar in Lima marschiert an der Raimondi-Stele vorbei. Sie stammt aus Chavín de Huantar. Antonio Raimondi ließ die aus Diorit gearbeitete – 1,75 Meter hohe, 73 Zentimeter breite und 17 Zentimeter dicke – Stele anno 1873 in die Hauptstadt transportieren.

Was halten Wissenschaftler von den Reliefs auf dem Kunstwerk? Mögen sie ihre Sprüchlein aufsagen:

Miloslav Stingl:

»Die Raimondi-Stele... stellt den Jaguarmenschen dar. Aus seinem göttlichen Haupt wachsen jedoch weitere und immer mehr hochstilisierte Köpfe solcher Jaguarmenschen hervor, aus deren Rachen wiederum mächtige Reißzähne herausragen.«

Professor H. D. Disselhoff:

»Auf rechteckiger Platte ist ein aufrecht stehender Jaguarmensch, der in jeder Hand ein mehrteiliges, reich mit Kurven ornamentiertes Szepter hält, das Unterteil läuft in stilisierte Raubtierköpfe aus, oben in ein pflanzliches Emblem. Der hoch aufgetürmte Kopfschmuck setzt sich aus Raubtierrachen und Schlangenköpfen

Der Tello-Obelisk aus Chavín de Huantar steht heute im Archäologischen Museum von Lima. Die eingeritzte Ornamentik mit ihrem verwirrenden Bilderspiel konnte bislang nicht dechiffriert werden.

zusammen, Schlangenleiber mit realistisch gezeichneten Köpfen... Die dargestellten Hauptmotive sind: Mischwesen aus Mensch und Tier, Raubkatzen, Schlangen und Greifvögel.«
Rudolf Pörtner und Nigel Davies:
»...stellt eine raubtierköpfige Gestalt in Vorderansicht dar. Jede der beiden seitlich angewinkelten Hände hält einen verzierten Stab, der den Kopf der Figur weit überragt. Das obere Zweidrittel des Steins ist durch einen phantasiereichen Kopfschmuck ausgefüllt, der aus übereinander angeordneten Andeutungen von Mündern mit heraushängenden Zungen besteht, von denen schräg nach oben links und rechts parallele Schlangenköpfe ausgehen.«
Professor Hermann Trimborn:
»Schon 1873 fiel von hier eine Steinplatte, die sogenannte Raimondi-Stele, an, die in flachem Relief ein felides [katzenähnliches, Anmerkung des Verfassers] Ungeheuer mit Szeptern in seinen Krallen zeigt; es ist von einem ganzen Aufbau geöffneter Raubtierrachen gekrönt, von denen Schlangen ausgehen.«
Professor Horst Nachtigall:
»Diese Stele ist eine der interessantesten Skulpturen der amerikanischen Megalithkulturen. Dargestellt ist eine tiermenschliche, stehende Figur, mit einem tierischen Kopf und einem aus Monsterköpfen bestehenden Kopfschmuck, der von einem Strahlenkranz umrahmt wird. Hände und Füße zeigen tierische Krallen; um den Leib ist ein Schlangengürtel gelegt.«
Dr. Siegfried Huber:
»Die Einzelheiten der Reliefzeichnungen sind wie Chiffren: Reißzähne, Schlangenköpfe, rätselhafte Verschlingungen, Augen – symbolisch ohne Aufschluß – surreal, wenn überhaupt ein Wort passen kann. Eine versteinerte drohende Geste eines angsterfüllten Daseins.«
Dr. Friedrich Katz:
»...Auch hier finden sich Haare in Schlangenform und stark jaguarähnliche Gesichtszüge. Der Raimondi-Stein besteht aus einer Aufschichtung mehrerer Körper und Gesichter in fast monströser Form.«

Rechts: Auch die phänomenale Raimondi-Stele stammt aus Chavín de Huantar. Was für eine mißverstandene Technik wird hier dargestellt?

Dr. H. G. Franz:

»In der stehenden Figur wird der Kultführer, Priester, Schamane – oder wie man ihn nennen will – dargestellt, mit einer Maske, die als Gesichtsmaske oder Überwurfmaske mit Tierfell in einer phantastischen Umformung erscheint. Der Maskenhelm wurde zum Maskenturm... Die Füße enden in Jaguar- oder Adlerklauen. Der Maskenaufbau erhebt sich riesenhoch über der kleinen, zusammengestaucht erscheinenden stehenden Figur... Was darüber erscheint, muß bereits zu dem Maskenüberbau gezählt werden, der aus mehreren übereinandergesetzten Tierrachen in Gestalt von weit geöffneten drachenartigen Oberkiefern besteht, die gleichsam nach oben geklappt erscheinen.«

Dr. Inge von Wedemeyer:

»...das vollendete Bild der höchsten Inkarnierung der Gottheit, des Schöpfergottes Viracocha.«

Der geneigte Leser möge, bitte, die Fotografien der Raimondi-Stele um 180 Grad drehen, also auf den Kopf stellen, dann scheint die so vieldeutige und vielgedeutete Figur von oben herabzustürzen! Freilich sitzen dann die tierischen Krallen, die Adlerklauen, die Füße des Jaguarmenschen – oder was das alles gewesen sein soll – am falschen Ende, doch braucht es zum Erkennen des Vorgangs des Herabstürzens weniger Phantasie als zum Hineingeheimnissen all der Entdeckungen, die letztendlich doch keinen Sinn machen.

Wenn so widersprüchliche Deutungen der Relief*chiffren* – die einzige Vokabel, die mir im Interpretationswust schmeckt – gegeben werden, sollen auch meine spekulativen Fragen Raum haben: Muten die ominösen »Szepter« nicht sehr technisch an? Haben wir es weder mit Jaguaren oder verkrüppelten Jaguarmenschen zu tun noch mit »hochstilisierten Köpfen« oder Maskentürmen, sondern mit dem Schema eines Motorblocks mit Einspritzdüsen und vielen Zuleitungen? Handelt es sich um das Vexierbild einer Zukunftstechnologie, die wir erst begreifen werden, wenn wir selbst die Technik entwickelt haben?

Ich weiß auch nicht, was die Stele meldet, nur ist mir klar, daß der archäologische Steptanz auf der Stelle uns niemals zum Ziel führen wird. Es mangelt an Mut zu unorthodoxem Denken. – »Ignorieren kommt von Ignoranz«, sagte Arthur Schopenhauer (1788–1860). Dem habe ich nichts hinzuzufügen.

Durch seine bloße Existenz spielt Chavín de Huantar den Fachleuten einen Streich: Die Tempelanlage hat keine Vorbilder, läßt sich also nicht auf bewährte Tour in eine Entwicklung pflanzen. Chavín de Huantar taucht plötzlich – ohne jede Voranmeldung – auf und tritt in die wohlgeordnete gute Stube der Archäologen, meldet sich zur Stelle: Hier bin ich, die Kultur von Chavín de Huantar! – Diese Plötzlichkeit treibt den Schweiß der Verzweiflung auf die Stirn und wirbelt die gedrillten grauen Zellen durcheinander.

In Zitaten dreier berühmter Wissenschaftler mag dieses Erstaunen widerklingen:

Professor Walter Krickeberg:

»Schon oft ist hervorgehoben worden, daß die Entwicklung der höheren Kultur im alten Amerika sich nicht wie ein organischer Wachstumsvorgang in langsamem, kontinuierlichem Fortschreiten vollzog, sondern sprunghaft, fast möchte man sagen explosiv... Scheinbar wurzellos, ohne Vorstufen, erscheinen bereits die ältesten amerikanischen Hochkulturen auf der Szene: in Mesoamerika die olmekische, in den Andenländern die von Chavín. Diese merkwürdige Erscheinung läßt sich vielleicht nur dann befriedigend erklären, wenn man einen oder mehrere Anstöße annimmt, die *von außen* auf das alte Amerika wirkten.«

Miloslav Stingl:

»Das Erscheinen der Chavín-Kultur gleicht eher einer Explosion, einer unerwarteten Entladung, deren Wirkungen und Folgen eigentlich ganz Peru übersät haben.«

Professor H. D. Disselhoff:

»Meiner Überzeugung nach waltete ein noch ungeklärter Einfluß von außen bei der Entstehung der Chavín-Kultur mit.«

Das Staunen erreicht alle, die Chavín de Huantar gesehen haben. Da wurde unebenes Felsgelände von fast 50000 Quadratmetern Ausdehnung abgetragen und planiert. Da wurde bereits bei der ersten Planung der Hochbauten ein tief darunter ausgelegtes Kanalisationssystem vorgesehen, da wurden Verbindungs- oder Fluchtkorridore in den Felsen geschlagen (gesprengt?), und das Castillo paßte mit allen Nebenbauten und Plätzen exakt auf die unterirdische Infrastruktur. Eine Genietat, eine in der Welt einmalige Leistung, sofern sie kein Vorbild hatte. Aber: Auch der salomonische Tempel zu Jerusalem war mit unterirdischen Korridoren unterbaut.

Hoch über dem Haupteingang war ich dem Labyrinth entstiegen... Unter mir dehnte sich terrassenartig die Tempelanlage.

Die in jüngster Zeit verstärkt betriebenen Ausgrabungen in Jerusalem brachten die verborgenen Gänge an den Tag, es werden noch viele Ähnlichkeiten zwischen der Tempelanlage zu Jerusalem und der von Chavín de Huantar zu entdecken sein. Die archäologischen Ausgrabungen sind im Gang.

Nein, ohne technisches Know-how kann Chavín de Huantar nicht gebaut worden sein. Da dieses Know-how nach Ansicht aller Fachleute auf dem amerikanischen Kontinent nicht existierte, muß es zwangsläufig importiert worden sein. Es waren erstklassige Steinmetzen tätig, keine auf die Schnelle angelernten Indios. Es hat Werkzeuge gegeben, die über Generationen in handwerklicher Praxis entwickelt wurden. Es gab Hoch- und Tiefbauarchitekten mit Erfahrung, die im Team planten. – Als der Rohbau fertig war, standen Künstler mit besonderen Fertigkeiten bereit, die Aberhunderte Steinplatten mit ihrer abstrakten Kunst schmückten. Kreierten sie aus dem Stand den Stil von Chavín de Huantar?

Auch dieser Stil hatte nach Ansicht aller Fachleute keine Vorbilder. War er in seiner Perfektion einfach da? Obwohl bisher unverstanden, beunruhigen die Zeichnungen der flachen Reliefs mit ihren

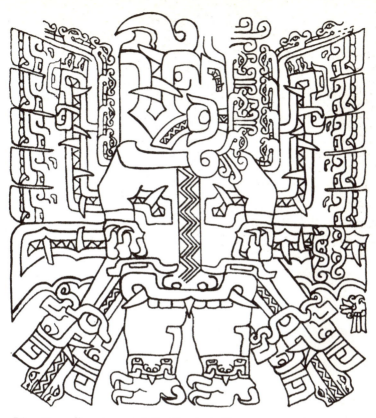

Diese Darstellung ist typisch für Chavín de Huantar. Ein geflügeltes Wesen mit Menschentorso, Menschenbeinen und -händen, jedoch mit einem undefinierbaren Kopf und Vogelklauen.

Rätseln. Die Gravuren der Stelen, Obelisken und Wandplatten stellen tiermenschliche Wesen unisono wie technische Roboter dar. Ob auf der El-Lanzon- oder der Raimondi-Stele, ob auf dem Tello-Obelisken oder den monolithischen Wandplatten, es ist stets der gleiche Stil mit den gleichen Chiffren. Es waren – und niemand wird es bestreiten – zahllose Bildwerker tätig, und alle kamen aus derselben Schule. Die Werke von Chavín de Huantar sind schon eine komische Angelegenheit, falls sie »im eigenen Saft« angerührt wurden. Wurden sie es denn?

Im mesopotamischen Raum sind »geflügelte Gottheiten« bekannt wie bunte Hunde. Sie schwebten über den Portalen von Palästen, schmückten Thronsäle und Gräber; es gab sie im Kleinstformat auf sumerischen, babylonischen, assyrischen und hethitischen Rollsiegeln, mit denen zu jener Zeit private und amtliche Dokumente gestempelt wurden. – Solche »geflügelten Gottheiten« flatterten, schwebten auch in Chavín de Huantar in Abstraktionen von künstlerischer Vollkommenheit.

Der gebürtige Hochlandindianer Julio C. Tello, immer noch der bedeutendste Ausgräber von Chavín de Huantar, bezeichnete die Kunstwerke als Produkte einer »außerordentlichen Rasse«. Gravierte Platten kamen ihm vor wie Kreuzungen zwischen Fisch und Drachen. Er holte Gebilde mit Elementen von Drachen, Kondor und Mensch aus den Ruinen, Monster, die mit heutigem Blick an Grundrisse von Maschinen erinnern lassen. Stilisierte Kondore fliegen mit weit ausgebreiteten Flügeln daher – doch ohne Vogelgesichter, ohne Vogelaugen und Schnäbel. Es sind Symbiosen von Vogel-Tier-Mensch-Monstern, surreale Kunstwerke aus einer anderen Welt von einer außerordentlichen Rasse, so, als ob Außerirdische den Stoßkeil der Bildhauer geführt hätten.

Um und über den Chavín-de-Huantar-Stil entstanden Bibliotheken. Nach Lektüre des überwiegenden Teils der Bücher zitiere ich:

»Die Kurvenfreudigkeit des Stiles ist ein Charakteristikum für Chavín. Keinem anderen Stil Groß-Perus sind solche kraftvollen Kurven vertraut.«

»In seinen außerordentlich komplizierten Tierdarstellungen erreicht Chavín einen Grad der Vollendung und eine Raffinesse, die bei den menschlichen Darstellungen unbekannt ist. Die Reliefs offenbaren eine Meisterschaft, die an Virtuosität grenzt: Große, harte Steine sind mit einem Labyrinth von eleganten, geschmeidigen Linien bedeckt, die wirken, als seien sie Federzeichnungen.«

»Die Verworrenheit und Spitzfindigkeit... die Strenge und Qualität der gekrümmten Linien, kurz, die gesamte Konzeption deutet an, daß wir hier weit vor dem Beginn einer Kunst sind, die sich zweifellos in einem anderen Medium als in großen Steinskulpturen entwickelte.«

Was soll das sein? Irgendeine Maschine? Wie bei der Raimondi-Stele züngeln auch hier Schlangenköpfe aus der Apparatur.

Auch undefinierbare Zwitterwesen zählen zu den Funden von Chavín de Huantar.

»Warum sind in Mesoamerika und Peru (Chavín) derart große, religiöse Kunststile entstanden und woanders nicht? Was war der Auslöser für dieses Genie? Ich weiß es nicht.«

Mit den »Federzeichnungen« der Graveure korrespondierten die wuchtigen Säulen und Köpfe ihrer Bildhauerkollegen. Der amerikanische Archäologe Wendell C. Bennett fand zwei Dutzend teils Menschen-, teils Tierköpfe, alle mit den für Chavín typischen

Über die Jahrtausende verloren die Reliefs an Deutlichkeit. Immer noch erkennbar sind die roboterhaften Gesichter und die geradezu modernen Hosen.

Ursprünglich blickten die Köpfe wie allgegenwärtige Überwacher aus den Tempelwänden.

Gravuren versehen. Ursprünglich schauten die Köpfe auf Simsen aus Tempelwänden heraus, heute gibt es nur noch zwei am alten Platz.

Die Köpfe sind von unterschiedlichem Charakter, mal haben sie breite Nasen und Wulstlippen, mal klafft unter den Nasen ein rechteckiges Tiermaul, aus dem Draculazähne blecken, mal zeigen die Köpfe überhaupt keine Gesichter. Manche sind mit technischen Accessoires wie Helmen, Ohrenschützern, Mundfiltern und brillengleichen Augenvorsätzen versehen. Gemeinsam ist den Gesichtern ein unfreundlicher, fremdartiger, distanzierter, kühler Ausdruck.

Bennett grub auch Megalithplatten aus mit Ornamenten, die fraglos Aussagewert besitzen – auch ohne menschen- oder tierähnliche Gestalten: Ihre kurvenreichen Linien wiederholen sich neben den abstrakt-figürlichen Abbildungen. Bei aller Cleverneß sind wir bis heute nicht hinter die Symbolsprache gekommen. Das spricht allenfalls gegen uns, nicht gegen die alten Künstler, die mit *ihren* Mitteln *ihre* Botschaften den Steinen anvertrauten.

Man müßte von den Mensch-Tier-Kombinationen kein Aufhe-

Über zwei Dutzend der unverstandenen Köpfe wurden aus den Tempelgängen ans Tageslicht geholt.

bens machen – sie sind aus allen alten Kulturen überliefert –, wenn nicht in Chavín de Huantar der feine Stil der Ornamente einheitlich durchgehalten wäre und darum, zusammen mit den Wechselbälgern, mehr mitzuteilen hätte, als wir ahnen. Dem Betrachter drängt sich die Vermutung auf, daß die Künstler, die ihre Formen souverän beherrschten, nicht wußten, was sie darstellten. Wurde ihnen »diktiert«, was sie zu ziselieren hatten? Bedienten sie sich der Bilder *ihres* Vorstellungsvermögens, wenn sie in Umrissen, in Andeutungen von Jaguaren und Kondoren das unbekannte Etwas fixierten, das kraftvoll vom Himmel niederstieß? Erinnerten sie sich in den steinernen Porträts an die behelmten Götter, die mit bösen Blicken herrscherliche Befehle erteilten?

Wenn die biblischen Henoch und Elias zum Himmel auffuhren, wurde überliefert, sei es mit feuerspeienden Rossen passiert. Daß Pferde kein Feuer speien und schon gar nicht fliegen konnten, wußten die Altvordern, die mit Vierbeinern vertrauter waren, als wir es sind. Wahrscheinlich verbildlichte oder beschrieb man das Unverständliche, indem die Kraft des Pferdes zum Symbol der berstenden Kraft eines fremden Gebildes herangezogen wurde. Apropos: PS gleich Pferdestärke war für uns ja auch die technische Einheit für Leistung. – Als geflügeltes, feuerspeiendes Pferd der Mesopotamier galt den Künstlern von Chavín de Huantar der geflügelte Jaguar oder Kondor, und weil die Viecher menschenähnliche Wesen durch die Luft kutschierten, kamen die verklausulierten Bildkompositionen zustande, waren also nicht im künstlerischen Sinne »surreal«, sondern versuchte Wiedergaben des Erlebten.

Im Buch des alttestamentarischen Propheten Hiob (Kapitel 40 und 41) galoppiert das Paradebeispiel eines »Flußpferdes«, das keines war, keines gewesen sein kann, denn:

»Seine Knochen sind Röhren von Erz, seine Gebeine wie Stäbe von Eisen... Sein Niesen läßt ein Licht aufstrahlen, und seine Augen sind wie die Wimpern der Morgenröte. Aus seinem Rachen fahren Fackeln, und Feuerfunken sprühen hervor. Aus seinen Nüstern kommt ein Rauch wie aus erhitztem, siedendem Topf. Sein Atem sengt wie glühende Kohlen, aus seinem Rachen fährt eine Flamme. ...wenn es emporfährt, fürchten sich die Starken, vor Schrecken werden sie verwirrt. Vor seinen Zähnen hält das Schwert nicht stand, nicht Spieß, nicht Wurfgeschoß noch Panzer. Es achtet für Stroh das Eisen und für Erz faules Holz... Die Tiefe macht es sieden wie einen Kessel, das Meer rührt es auf wie einen Salbentopf. Hinter sich läßt es leuchten einen Pfad, die Flut erscheint wie Silberhaar. Auf Erden ist nicht seinesgleichen; es ist gemacht, nie zu erschrecken.« (Hiob 40,13; 41,9–12. 16–18. 22–24)

Starker Tobak, diese Lobpreisung eines technisch begabten »Flußpferdes«! Alttestamentler schreiben diese »Reden Hiobs und Gottes Antwort« ägyptischem und babylonischem Ursprung zu: Es wurden unbekannte Wesen besungen. Einer Verewigung des Erlebten dienten gleichermaßen die Reliefs von Chavín.

Es wirkt nachgerade so, als ob die Künstler in den Anden das sumerische Gilgamesch-Epos gelesen hätten, in dem in literarischer Überlieferung ein Mischwesen steht, wie sie es in Stein symbolisierten:

»Mühsam steigen Gilgamesch und Enkidu weiter hinan bis zur Spitze des Berges, wo der Zedern prächtigste Fülle die Wohnung der Götter umkränzt. In blendendem Weiß erstrahlt der heilige Turm der Göttin Jrnini.

Eine Axt hatten sie bei sich. Enkidu schwang sie und fällte eine der Zedern. Da ertönte ein zorniges Schnauben: ›Wer kam da und fällte die Zeder?‹ – Chumbaba selbst sahen sie kommen. Pranken hatte er wie ein Löwe, den Leib mit ehernen Schuppen bedeckt, an den Füßen die Krallen des Geiers, auf dem Haupte die Hörner des Wildstiers; der Schwanz und das Glied der Zeugung enden im Schlangenkopf... Sie schossen die Pfeile auf ihn, warfen das Wurfholz. Die Geschosse prallten zurück, er blieb unversehrt.«

Fachleute meinen, Chavín de Huantar sei ein Wallfahrtsort gewesen, das religiöse Zentrum eines rätselhaften Volkes, das urplötzlich im Hochtal des Mosna-Flusses erschien und dem ganzen Raum für einige Jahrhunderte seine Kultur aufprägte – eine Ansicht, die der Amerikanist Friedrich Katz so umreißt:

»Die meisten Forscher glauben an kultische Triebkräfte, das Aufkommen einer neuen Religion, die sich über große Teile des Andengebietes verbreitete. Man glaubt vielfach, daß Chavín, vielleicht auch die anderen Zentren dieser Kultur, große Kultstätten waren, die zum Mittelpunkt von Pilgerfahrten wurden. Die Pilger hätten demnach die Kunde der neuen Religion ins entfernteste Dorf gebracht. Man kann in der Tat noch heute Glaubenszentren beobachten und Pilger, die Hunderte, ja, Tausende von Kilometern zurücklegen, um den heiligen Ort zu besuchen.«

In seiner Untersuchung des Chavín-Problems kommt Gordon R. Willey zum gleichen Schluß: »Chavín ist ganz offensichtlich ein großes Zeremonial-Zentrum.« Diese Ansicht teilt auch Julio C. Tello.

Alle Religionen haben nun mal Initiatoren, Religionsstifter. Die Israeliten des Alten Testaments huldigten Gott, dem Herrn, der Adam und Eva schuf, der Noah beschützte und der mit Abraham und Mose sprach. Das Neue Testament gruppiert Gleichnisse und Thesen um Jesus. Buddha und Mohammed, Propheten zum Anfassen, stifteten Religionen. Wo je in der Welt Religionen entstanden, sind sie gottmenschlichen Gestalten zuzuordnen. In keinem Fall kamen Religionen sozusagen aus Massenerleuchtungen über die Menschen. Es waren stets Wesen, Persönlichkeiten, die unter den Menschen lebten, oder Figuren, die vorlebten, was sie predigten.

Für den religiösen Chavín-Kult existierte kein Religionsstifter. Es wäre blasphemisch, Jaguare, Kondore oder Schlangen zu Religionsstiftern zu ernennen, weil keine erleuchtete Person aufzutreiben ist.

Es gibt Forscher, die den Tier-Mensch-Kult mit Schamanen vermischen. Schamanen waren die Zauberer, die ihre Seele zu den Geistern aussandten oder ihnen Eintritt in ihre Körper gewähren konnten. Nigel Davies, der seit 20 Jahren in Mexiko lebt, meint:

»Wer einem Tiger im Wald unverletzt entfliehen kann, wird unter den Mojós [Indianerstamm in Ostbolivien, Anmerkung des Verfassers] vom Gott für besonders bevorzugt gehalten und in die Gilde der Jaguar-Schamanen eingeführt. Die Mojós haben immer noch einen Tempelkult, der dieser Gottheit gewidmet ist.«

Zweifellos ist der Schamanenkult bei Naturvölkern verbreitet, es ist auch nachzuempfinden, daß simple Naturkinder gern die Eigenschaften von Tieren besitzen mochten – die Schnelligkeit des Jaguars, die List der Schlange, die Fähigkeit des Vogels zu fliegen (ein Traum, den alle Völker träumten). Es ist eine Binsenweisheit, daß Tieren geopfert wurde – um sie zu besänftigen. Nie im Leben hätten die Künstler unter den Naturvölkern den Wildtieren um sie herum Fähigkeiten »angedichtet«, die sie an ihnen nicht beobachtet hatten: Schlangen ringeln sich am Boden, fliegen nicht – der Jaguar läuft und springt, fliegt nicht – der Kondor verfügt nicht über die Sprungbeine des Jaguars. So einfach ist das.

Religionen und Kulte haben Gesetze und Morallehren. Wurden sie von Jaguaren gestiftet, verheiratet mit einem Schamanen? Krächzten Kondore fromme Lehren von oben herab? Und – Krone des Irrsinns – waren unter den Tieren Architekten, die Chavín de Huantar erbauten, damit sie endlich ihr religiöses Zentrum bekamen?

Akzeptiert man versuchshalber, die Chavín-Religion wäre tatsächlich eine Jaguar-Kondor-Religion gewesen, hätten sich dann die exzellenten Künstler nicht besondere Mühe gegeben, ihre bewunderten, gefürchteten und *angebeteten* Tiere möglichst genau darzustellen? Wären dann unter den steinernen Monumenten von Chavín nicht vollendet gelungene Tierkörper zu bewundern, so herrlich, wie die alten Ägypter und Babylonier die heiligen Apis-Stiere und Löwen modellierten? Könnte nicht erwartet werden, daß in Chavín de Huantar wenigstens ein Jaguar oder ein Kondor mumifiziert zum Vorschein käme, so wie die Ägypter Millionen der heiligen Falken ihres Sonnengotts Re mumifizierten? In Chavín wurde keine Mumie eines heiligen Tieres gefunden.

Was für einem Gott wurde die Tempelanlage gewidmet? Er konnte fliegen wie der Kondor und glich auch dem Jaguar, er tötete wie die Schlange und trug menschliche Züge. Er besaß die Intelligenz eines klugen Herrschers. Was für ein Gott, der diese Eigenschaften in sich vereinigte!

Frühere Untersuchungen datierten den Tempelbau nach 700 bis 1000 vor Christus. – Der Theologe und Historiker Siegfried Huber, der lange in den Andenländern lebte, schreibt:

»Wenn man die Anfänge auf 850 v. Chr. ansetzen darf, erscheint Chavín als ältester und ausgereifter Kunststil in Form und Technik... Danach wären um 850 v. Chr. Fremde ins Land gekommen und hätten die Einheimischen zur Annahme ihres Ideengutes veranlaßt.«

Neuerlich geht man mit den Datierungen etwas weniger weit in die Vergangenheit zurück. Peruanische Archäologen nehmen nun eine Entstehungszeit zwischen 800 und 500 vor Christus an. Genaues weiß man nicht, zumal alle heute angewandten Datierungsmethoden einen Spielraum von 200 Jahren – rückwärts wie vorwärts – tolerieren. Unsere Physik bietet zwar ein modernes Instrumentarium zur Datierung alter und ältester Relikte an, doch die Fragwürdigkeit der gewonnenen Daten ist geblieben.

Da die Beschäftigung mit Archäologie »in« ist, sollte etwas über die Technik der Datierungsversuche gesagt werden.

Datierungen werden mittels radioaktiver Halbwertszeiten errechnet. – Die Halbwertszeit ist jener Zeitraum, in dem von einem radioaktiven Element die Hälfte einer beliebigen Anfangszahl von Isotopen zerfallen ist. – Als Ausgangspunkt ist eine feste Größe notwendig. Bei der bekannten C^{14}-Methode wird die irdische Atmosphäre als Konstante mit der gleichbleibenden Menge an radioaktiven Kohlenstoffisotopen angenommen. Wie windig dieser Ausgangspunkt ist, konstatiert auch die Fachliteratur: Im Laufe der Erdgeschichte war die als konstant eingeschätzte Kohlenstoffisotopen-Menge Schwankungen unterworfen. Warum, ist unbekannt, doch unbestritten ist mittlerweile, daß dadurch die Datierungen in Frage zu stellen sind.

Überdies kommt es darauf an, was für Relikte physikalisch datiert werden sollen. Aus demselben Tempel kann sowohl der Fetzen eines Tuches als auch der Rest eines Holzkohlenfeuers untersucht werden. Was ist, wenn der Stoffrest zum Gewand einer Tempeltänzerin gehörte, die ihre Künste in einem bereits uralten Tempel vorführte? Auch die Holzkohlenüberbleibsel sagen über das Alter des Tempels nichts aus, das Feuer loderte möglicherweise in einer Tempelruine.

Heute stellt die Physik elf Datierungsmethoden zur Verfügung, doch eindeutige Daten liefern sie nur sehr begrenzt. Jedes Verfahren hat seine Haken, Ösen und Fehlerquellen. Die Analysen sind jeweils nur auf bestimmte Materialien anwendbar und setzen an dem jeweiligen Ort die Kenntnis lokalgebundener Eigenschaften voraus, die oft unbekannt sind.

So setzt die Mikroanalyse die Kenntnis voraus, wie hoch einst am Ort der Untersuchung die Konzentration von Stickstoff, Fluor und Uran gewesen ist. Wer will das mit Bestimmtheit wissen? – Beim Kalium-Argon-Verfahren steht und fällt der Meßwert mit dem Wissen von der im Laufe der Jahrtausende ins Gestein eingedrungenen (und wieder verlorengegangenen) Argon-Menge. – Die Aminosäure-Analyse hat die Schwäche, daß sie nur an Objekten anwendbar ist, die in gemäßigten Temperaturen lagerten, weil chemische Reaktionen sich bei höheren Temperaturen ändern. Kein Mensch kann wissen, ob der zu untersuchende Gegenstand nicht irgendwann höheren Temperaturen ausgesetzt war. Tempel brannten nieder und wurden auf den Grundmauern wieder aufgerichtet. – So hat jede Methode ihre Macken.

Professor Richard Burleigh, Spezialist für Datierungen, macht Zukunftshoffnungen:

»Der nächste größere Fortschritt in der Radio-Karbon-Datierung ist wohl von dem Teilchenbeschleunigerverfahren zu erwarten. Dieses Verfahren benötigt nur wenige Milligramm Probenmaterial und ermöglicht schnellere Ergebnisse als die heutigen Methoden, wobei die obere Altersgrenze wahrscheinlich bei ungefähr 100 000 Jahren liegt. Wegen der hohen Kosten werden sich nur wenige begünstigte Institutionen diese Anlage leisten können.«

Eine Macke hat das Verfahren jetzt schon: Die Apparatur ist zu teuer. Bei dem amtlichen Desinteresse der Staaten an der frühesten

Menschheitsgeschichte werden in verarmten Budgets keine Heller für die Anschaffung zur Verfügung stehen. Vielleicht sollten die Techniker in geballtem Sachverstand eine Zeitmaschine erfinden, mit der sich in die Vergangenheit reisen läßt. Die Augen würden uns vor Staunen aus dem Kopf quellen!

Die Datierung für Chavín de Huantar dürfte irgendwo zwischen 500 und 1000 vor Christus richtig liegen.

Amerikanisten, zuständig für amerikanische Archäologie, weisen darauf hin, daß etwa zur gleichen Zeit in Mexiko die gleichermaßen rätselhafte Kultur der Olmeken entstand. Tatsächlich schufen die Olmeken, Ureinwohner an der mexikanischen Golfküste, Kunstwerke, die oft Ähnlichkeiten mit dem Chavín-Stil vorzeigen. Keramiken solcher Art wurden auf dem Monte Albán, religiöses Zentrum der Zapoteken, gefunden wie in Veracruz und in Tlatlico am Rande von Mexico-City. Die von Olmeken in Stein modellierten Monsterköpfe haben Ähnlichkeiten mit den unbekannten Brüdern von Chavín, nur sind die Kameraden, die heute im Museumspark von La Venta bei Villahermosa paradieren, ungleich größer. Im Besitz des Museo Nacional de Antropologia von Mexico-City sind steinerne olmekische Schlangenköpfe mit technischen Attributen zu sehen, die aus Chavín stammen könnten. Hat die Chavín-Kultur also doch ein Pendant?

In die Gelehrtenfehde, welche Kultur von welcher beeinflußt wurde, möchte ich mich nicht einmischen, doch feststellen, daß Chavín de Huantar in den südamerikanischen Anden und nicht im mittelamerikanischen Mexiko liegt. Bei einer Karenzzeit von 200 Jahren für die »Copyright«-Daten läßt sich nicht ausschließen, daß Gruppen von Chavín-Leuten nach Norden wanderten oder übers Meer dorthin segelten und die Olmeken infizierten. Es gibt zwischen Peru und Mexiko keine unüberwindlichen Barrieren, doch Antriebe genug, auf Wanderschaft zu gehen, beispielsweise um mit der vortrefflichen und erfolgreichen Religion zu missionieren. Religiöser Eifer war stets für abenteuerlichste Exkursionen gut. Was kann in 200 lückenhaften Jahren nicht alles geschehen sein!

Die Fachliteratur vertritt im allgemeinen die Ansicht, Amerika sei vom Norden, dem heutigen Kanada, aus in Richtung Süden besiedelt worden. Daß dieses Vordringen von Nord nach Süd nicht ausschließlich gelten kann, belegte Josef Blumrich in seinem Buch

»Kasskara und die Sieben Welten« mit Daten und Fakten. Es gibt viele süd- und zentralamerikanische Datierungen, die älter sind als die nordamerikanischen, wie vice versa Archäologen im Norden Kunsterzeugnisse ins Licht hoben, die älter als südliche Artefakte sind.

Weshalb dieser Streit um ein Windei? Es wurde sowohl von Norden nach Süden als auch von Süden nach Norden besiedelt. Zu solchen Binnenwanderungen kamen überraschend Einwandererwellen hinzu, die über den Ozean schipperten und ihre Kulturen, die beispiellosen, mitbrachten.

Auf seinen Platten im Buch Mormon erzählt Nephi, er habe die Berichte über die Vergangenheit seines Volkes aus Übersee mitgebracht. Nach der Ankunft ließ er »einen Tempel in der Art des Tempels Salomons« bauen. Chavín de Huantar bietet sich an.

Den Einwand, weshalb Nephi nicht nahe der Küste schaffen ließ, sondern in den hohen Anden das Terrain fand, begründet er selbst. Nach der Landung hatte er Streit mit seinen Brüdern:

»Aber ihr Zorn gegen mich nahm so zu, daß sie mir nach dem Leben trachteten. Ja, sie murrten wider mich und sagten: Unser jüngerer Bruder denkt, er könne über uns herrschen; und seinetwegen hatten wir viel zu leiden; daher wollen wir ihn jetzt erschlagen, daß wir nicht mehr durch seine Worte betrübt werden. Denn sehet, wir wollen nicht, daß er unser Herrscher sei, denn es ist unser Recht, als die älteren Brüder über dieses Volk zu herrschen.« (2. Buch Nephi, Kapitel 5, Vers 2ff.)

Der Konflikt ist programmiert. »Gott« empfiehlt Nephi, sich mit seinen Anhängern abzusetzen. Nephi gehorcht:

»Und wir nahmen unsere Zelte und alles, was wir mit uns führen konnten, und reisten in die Wildnis, viele Tage lang. Und nachdem wir viele Tage lang gereist waren, schlugen wir unsere Zelte wieder auf.« (2. Buch Nephi, Kapitel 5, Vers 7)

Wo immer die Einwanderer landeten, befanden sie sich im Andenvorland, und das war – mit Ausnahme der wenigen fruchtbaren Streifen neben den Flüssen – Wüste, echte Wüste. »In die Wildnis gehen« konnte somit nur heißen, daß die Nephiten sich den Bergen zuwandten, weil es sonst nirgendwo Wildnis gab. Wo auch bietet sich für eine Flucht besser Schutz als in Gebirgstälern?

Im fremden Land orientieren sich Greenhorns an Wasserläufen, die zwangsläufig in deren Quellgebiete führen. Und der »Gott« war immer dabei. Nephi notierte es und auch, daß dieser Gott zu fliegen vermochte. Er befahl dem auserwählten Nephi, »neue Metallplatten anzufertigen, um viele Dinge darauf zu gravieren«, die ihm wohlgefällig schienen.

Die Beziehung der Erbauer von Chavín de Huantar zum Meer ist unbestritten: Es wurden hoch oben in den Bergen Muscheln und Arbeiten aus Perlmutt gefunden.

Um 590 vor Christus soll Nephi in Südamerika angelangt sein. 30 Jahre später ließ er den Tempel erbauen. Die Anlagen von Chavín werden in die Zeiten zwischen 800 und 500, spätestens zwischen 1000 und 600 vor Christus datiert.

Nephi hat den Salomontempel aus eigener Anschauung gekannt; in seiner Begleitung waren sehr gebildete Familien – er erwähnt es im 1. Buch –, vielleicht waren mit den Tempelplänen vertraute Architekten darunter.

Als Nephi Jerusalem verließ, war die Stadt vermutlich von den Babyloniern besetzt. – 586 vor Christus wurde der Salomontempel von Nebukadnezars Soldaten völlig zerstört. Spekulation, doch nicht undenkbar, daß man die Pläne des heiligen Tempels außer Landes geschmuggelt hat, um ihn an neuem Platz in alter Schönheit wieder erstehen zu lassen – als Denkmal der alten Heimat und als Symbol des alten Glaubens.

Die Tempelanlage von Chavín de Huantar kann durchaus ein Abbild des Salomontempels gewesen sein:
- Chavín de Huantar hatte Vor- und Innenhöfe, geweihte Bezirke, das Heiligtum (El Castillo), getrennte Territorien für Pilger, Priester und Oberpriester, die Tempelmauer mit Außenräumen für die »Unreinen« und auch das in der Bibel vermerkte Bächlein... alles wie beim Tempel des Salomon;
- Chavín de Huantar war in die vier Richtungen der Windrose ausgerichtet... wie der Tempel Salomons;
- Chavín de Huantar galt die Zahl Sieben als heilig... wie dem Tempel Salomons;
- Chavín de Huantar war Heiligtum, religiöses Zentrum und Wallfahrtsort... wie der Tempel Salomons;

– Chavín de Huantar liegt über unterirdischen Stollen und Kanälen… wie der Tempel Salomons;
– Chavín de Huantar besaß im fensterlosen Heiligtum (El Castillo) ein Ventilationssystem, die Innenräume wurden künstlich beleuchtet… wie beim Allerheiligsten des Tempels Salomons;
– Chavín de Huantars Erbauer verehrten einen »fliegenden Gott«… wie die Israeliten.

Die letzte Feststellung wird Widerspruch bewirken: Die Israeliten hätten nur den einzigen, »unaussprechlichen« Gott verehrt. Es war der israelitische Gott, der in Feuer, Lärm, Beben und Gestank niederfuhr, wie das Alte Testament eindrucksvoll schildert. Es war dieser Gott, der Mose befahl, einen Zaun um den heiligen Berg zu errichten, damit das Volk nicht vernichtet werde, wenn er hereinbreche:

»Der Berg Sinai aber war ganz in Rauch gehüllt, weil der Herr im Feuer auf ihn herabgefahren war. Und der Rauch stieg von ihm auf wie von einem Schmelzofen, und der ganze Berg bebte stark.« (2. Mose, 19,18)

Ja, es gab das Verbot, vom israelitischen Gott ein Bildnis zu machen:

»Du sollst dir kein Gottesbild machen, keinerlei Abbild, weder dessen, was oben im Himmel, noch dessen, was unten auf Erden, noch dessen, was in den Wassern unter der Erde ist.« (2. Mose, 20,4)

Diesem Verbot gemäß hätte es im Tempel Salomons keine Gottesdarstellungen geben dürfen. Wurde dem Gebot entsprochen, und wurde es doch umgangen, indem abstrakte Götterbildnisse geschaffen wurden – wie in Chavín de Huantar? Daß Salomon nicht nur seinem Gott diente, sondern auch andere Götter duldete, bestätigt sogar das Alte Testament:

»Der König Salomo[n] liebte viele ausländische Frauen…, aus den Völkern, von denen der Herr den Israeliten gesagt hatte: Ihr sollt nicht mit ihnen verkehren, …sonst verführen sie euch, ihren Göttern zu dienen. An diesen hing Salomo[n] mit Liebe. Er hatte siebenhundert Hauptfrauen und dreihundert Nebenfrauen, und seine Frauen verführten ihn. Als Salomo[n] alt war, verführten ihn seine Frauen, daß er andern Göttern diente, und sein Herz gehörte nicht mehr so ungeteilt dem Herrn, seinem Gott, wie das Herz seines Vaters David.« (1. Könige, 11,1ff.)

Ob dann auch sein Tempel mit abstrakten Darstellungen fremder Götter geschmückt wurde, wird nie mehr feststellbar sein: Der Tempel wurde 586 vor Christus von den Babyloniern total zerstört. Wieder aufgebaut, ließ ihn der römische Kaiser Titus Flavius im Jahre 70 nach Christus neuerlich niederbrennen. Waren in Reliefs oder Steinskulpturen Götterbildnisse vorhanden, die vernichtet wurden? Für deren Vorhandensein spricht die Existenz tiermenschlicher Götterbilder in diesem engsten geographischen Raum: Die Babylonier kultivierten sie in hoher Vollendung. Wie in Chavín de Huantar.

Für Nephis Tempel ergaben sich in Chavín de Huantar mehr Übereinstimmungen mit dem salomonischen Tempel zu Jerusalem, als der Zufallsmagen verdauen kann. Ich fand sie auf meiner Exkursion, die die Spur zum Tempel Hesekiels aufnehmen sollte.

Die Akte Hesekiel ist eine Akte für sich, ein Kriminalfall. Ein Fall für Heinrich Schliemann.

Schlagen wir die Akte auf!

17. KAPITEL

Hesekiel hatte keine Visionen · Die NASA und der Bibeltext · Eine Bombe mit Zeitzünder · Hesekiels Flug in die hohen Berge · Ein Gebäude wird vermessen · Täuschungsmanöver der Bibelexegeten – ...»denn dazu bist du hierher gebracht worden« · Der Mann in Erz · Der Krimi löst sich auf · Zufälle, nichts als Zufälle? · Aber meine Herren!

Hesekiel war ein Prophet des Alten Testaments. Die folgende Schilderung hat ein Ereignis zum Gegenstand, das um 592 vor Christus stattgefunden haben soll.

»Es begab sich im dreißigsten Jahre, am fünften Tage des vierten Monats, als ich am Flusse Chebar unter den Verbannten war, da tat sich der Himmel auf...

Ich sah aber, wie ein Sturmwind daherkam von Norden her und eine große Wolke, umgeben von strahlendem Glanz und einem unaufhörlichen Feuer, aus dessen Mitte es blinkte wie Glanzerz. Und mitten darin erschienen Gestalten wie von vier lebenden Wesen; die waren anzusehen wie Menschengestalten. Und ein jedes hatte vier Gesichter und ein jedes vier Flügel. Ihre Beine waren gerade, und ihre Fußsohle war wie die Fußsohle eines Kalbes, und sie funkelten wie blankes Erz... Und zwischen den lebenden Wesen war es anzusehen, wie wenn feurige Kohlen brannten; es war anzusehen, als würden Fackeln zwischen den lebenden Wesen hin und her fahren, und das Feuer hatte einen strahlenden Glanz, und aus dem Feuer fuhren Blitze...

Weiter sah ich neben jedem der vier lebenden Wesen ein Rad auf dem Boden. Das Aussehen der Räder war wie der Schimmer eines Chrysoliths, und die vier Räder waren alle von gleicher Gestalt, und sie waren so gearbeitet, als wäre je ein Rad mitten in dem andern. Sie konnten nach allen vier Seiten gehen, ohne sich im Gehen zu wenden.

Und ich sah, daß sie Felgen hatten, und ihre Felgen waren voll Augen ringsum an allen vier (Rädern). Wenn die lebenden Wesen

So stellten sich fromme Mönche vor vier Jahrhunderten die Hesekiel-Vision vor. Oben die »geraden Beine, die funkelten wie blankes Erz«, unten das »Rad, in dessen Mitte sich andere Räder drehten«.

gingen, so gingen auch die Räder neben ihnen; und wenn sich die lebenden Wesen vom Boden erhoben, so erhoben sich auch die Räder... Und wenn sie gingen, hörte ich ihre Flügel rauschen gleich dem Rauschen großer Wasser, gleich der Stimme des Allmächtigen, und ein Getöse wie das eines Heerlagers. Wenn sie aber stillstanden, senkten sie ihre Flügel. Und siehe, über der festen Platte, die über ihrem Haupte lag, war es anzusehen wie Saphirstein mit etwas wie einem Thron darauf; und auf dem, was wie ein Thron aussah, war eine Gestalt wie ein Mensch anzusehen, oben darauf...« (Hesekiel 1,1. 4-7. 13. 15-19. 24-26)

»Da hob mich der Geist empor, und ich hörte hinter mir ein gewaltiges Getöse, als sich die Herrlichkeit des Herrn von ihrer Stelle erhob, das Rauschen der Flügel der lebenden Wesen, die einander berührten, und das Rasseln der Räder zugleich mit ihnen, ein gewaltiges Getöse...« (Hesekiel 3, 12-13)

»Und ich schaute hin, da sah ich vier Räder neben den Cheruben, je ein Rad neben jedem Cherub; und das Aussehen der Räder war wie der Schimmer eines Chrysoliths. Dem Aussehen nach waren sie alle vier von derselben Gestalt, als wäre je ein Rad mitten in dem andern. Wenn sie gingen, konnten sie nach allen vier Seiten gehen, ohne sich im Gehen zu wenden; denn in der Richtung, nach der sich das vorderste wandte, gingen sie ihm nach, ohne sich im Gehen zu wenden. Ihr ganzer Leib, ihr Rücken, ihre Hände und ihre Flügel, auch die Räder, waren alle ringsum voll Augen... Wenn die Cherube gingen, so gingen auch die Räder neben ihnen, und wenn die Cherube ihre Flügel schwangen, um sich vom Boden zu erheben, so wichen auch die Räder nicht von ihrer Seite. Wenn jene stillstanden, so standen auch sie stille, und wenn jene sich erhoben, so erhoben sie sich mit ihnen...« (Hesekiel 10, 9-12. 16-17)

Vom Blatt las ich diesen Text nach einem Vortrag in einer außerordentlich heftigen Diskussion vor und sagte, er stamme aus der Bibel. Ein empörter Gegner rief mir zu: »Unverschämt, das zu behaupten!« Aus meiner Aktentasche holte ich »Die Heilige Schrift des Alten und des Neuen Testaments«, Stuttgart 1972, die sogenannte Zürcher Bibel. Feineres gibt es nicht. Ich reichte sie dem empörten Gast, und der verstummte. Der Zürcher Bibel entstammen auch die vorstehenden Zitate.

Als ich erstmals auf die Texte stieß, war ich genauso verblüfft, dachte mir aber gleich, daß sie zu technisch anmuten, als daß man sie allein der theologischen Interpretation überlassen dürfte.

Frech behauptete ich, Hesekiel – oder wer immer die erste, älteste Version formulierte – habe ein mechanisches Gebilde gesehen und beschrieben, das plötzlich aus den Wolken kam und ihn begreiflicherweise stark beeindruckte. Wortmächtig, konnte er nur stammeln. Noch nie hatte er eine Maschine gesehen, konnte also Räder und Flügel in ihrer Funktion nicht begreifen – für ihn waren sie Glieder eines »lebenden Wesens«, weil sie sich bewegten. Selbstverständlich senkten sich die »vier Flügel« – Flügelblätter –, als der Hubschrauber landete, das bedingen seit eh und je die Gesetze der Schwerkraft. Räder und Felgen bestaunte der Augenzeuge und wunderte sich, daß sie sich zusammen mit dem »lebenden Wesen« vom Boden erhoben. Das haben Helikopter so an sich, daß sie das Fahrgestell beim Flug mitnehmen.

Lokalreporter Hesekiel vernahm einen nie gehörten Krach. Um vorstellbar zu machen, wie lärmvoll es zuging, fällt ihm nur ein, das »Getöse eines Heerlagers« und das »Rauschen vieler Wasser« beizuziehen. Darunter konnten sich die Leute etwas vorstellen. Genau hat er hingeschaut, sogar den Piloten sah er auf »etwas wie einem Thron« sitzen.

Nun, der modernen technischen Textübertragung mangelt es nicht an handfesten Vergleichen. Mir war klar, daß Hesekiel keine Vision hatte, vielmehr eine technische Realität beschrieb. Ich bezog für meine Kühnheit arge Kritikerprügel, ich konnte meine Behauptungen nicht beweisen, und »Kritiker sind blutrünstige Leute, die es nicht bis zum Henker gebracht haben« (George Bernard Shaw). Beweisen konnte es ein Toptechniker, der auszog, meine Vermutungen als puren Unsinn zu entlarven.

Es war ein Novum in der mehrtausendjährigen Geschichte der Bibelexegese, daß sich ein Ingenieur kritisch mit den Texten auseinandersetzte. Josef F. Blumrich heißt der Ingenieur, ehemaliger Leiter der Gruppe für Konstruktionsforschung bei der NASA in Huntsville, Alabama, Inhaber zahlreicher Patente für den Bau von Großraketen, Träger der Exceptional-Service-Medaille der NASA. In seinem Buch »Da tat sich der Himmel auf« lieferte er den ingenieurmäßigen Beweis für die ehemalige Existenz des Raumschiffs

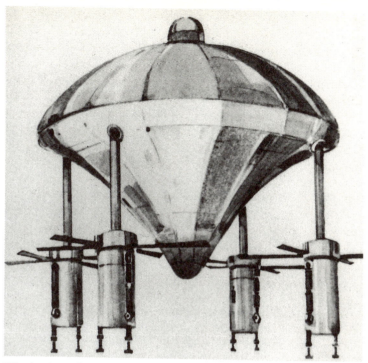

Dies ist die Rekonstruktion des Zubringer-Raumschiffs, das der Prophet Hesekiel aus etwa 60 Meter Distanz sah. Die technisch einwandfrei berechnete Rekonstruktion stammt vom ehemaligen Chefkonstrukteur der NASA, Ingenieur Josef Blumrich.

des Propheten Hesekiel. Im Vorwort schreibt Blumrich, eigentlich habe er die »Unhaltbarkeit« meiner Behauptungen beweisen wollen, doch: »Kaum jemals war eine absolute Niederlage so reich belohnt, so faszinierend und erfreulich.« Die Resultate von Blumrichs technischen Untersuchungen:

»Man kann das allgemeine Aussehen der von Ezechiel [Hesekiel] beschriebenen Raumschiffe aus seinem Bericht herauslesen. Man kann dann, und zwar als Ingenieur, völlig unabhängig vom Bericht, ein Fluggerät solcher Charakteristik nachrechnen und rekonstruieren. Wenn man dann feststellt, daß das Resultat nicht nur technisch möglich ist, sondern sogar in jeder Hinsicht sehr sinnvoll und wohl-

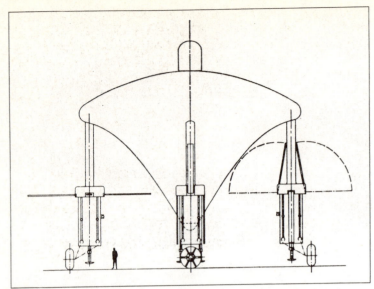

Das Rad ist von der Radnabe aus in mehrere Segmente unterteilt. Jedes Segment endet in einer eigenen Walze, die links- und rechtsherum drehbar ist. Würde sich das Raumschiff auf den Leser zubewegen, so drehten sich die Räder rechts und links normal um die Radachse, das vordere und (hier nicht sichtbare) hintere Rad hingegen nur um die unterste Walze. Genauso beschrieb es der Prophet Hesekiel, als er sagte: »Die Räder konnten nach allen vier Seiten gehen, ohne sich im Gehen zu wenden.«

durchdacht, und ferner im Ezechiel-Bericht Details und Vorgänge beschrieben findet, die sich mit dem technischen Ergebnis ohne Widerspruch decken, dann kann man nicht mehr nur von Indizien sprechen. Ich habe gefunden, daß Ezechiels Raumschiff sehr glaubhafte Dimensionen hatte.

Spezifischer Impuls	I_{sp} =	2 080 sec
Konstruktionsgewicht	W_o =	63 300 kg
Treibstoff für den Rückflug	W_9 =	36 700 kg
Rotordurchmesser	D_r =	18 m
Rotorantriebsleistung (total)	N =	70 000 PS
Durchmesser des Hauptkörpers	D =	18 m

Die gewonnenen Ergebnisse zeigen uns ein Raumfahrzeug, das nicht nur technisch ohne Frage möglich ist, es ist auch in seinen Funktionen und für seine Mission sehr sinnvoll angelegt. Wir sind überrascht, einen Stand der Technik vorzufinden, der in keiner Weise phantastisch ist, vielmehr selbst im extremsten Fall schon beinahe im Bereich unserer heutigen Möglichkeiten liegt, also unserer Zeit nur um ein geringes voraus ist. Außerdem zeigen die Ergebnisse ein Raumschiff, das in Verbindung mit einem Mutterraumschiff benutzt wurde, welches sich in einer Umlaufbahn um die Erde befand. Phantastisch bleibt nur, daß ein solches Raumschiff bereits vor mehr als 2500 Jahren greifbare Wirklichkeit war.«

Großartiges Nebenprodukt der Blumrichschen Forschungen war ein nach den Beschreibungen Hesekiels konstruiertes, nach allen Richtungen drehbares Rad, für das der Ingenieur am 5. Februar 1974 das »United States Patent« No. 3.789.947 bekam, auch eine späte Anerkennung für den exakten Reporter Hesekiel.

So falsch lag ich mit meiner Interpretation also nicht.

Meine erste Beschäftigung mit Hesekiel-Texten liegt nun etliche Jahre zurück. Der alte Herr ließ mir keine Ruhe. Schließlich besteht sein Buch nicht nur aus den vier Kapiteln, die mich zu meinen Raumschiffspekulationen animierten; es umfaßt 48 Kapitel – randvoll mit Sprüchen, Drohungen, Geboten, Prophezeiungen und genauen Berichten. Sie stecken voller Merkwürdigkeiten.

Im Laufe der Jahrhunderte mußte das Buch Hesekiel zahllose Interpretationen ertragen. In einer 1981 erschienenen Arbeit werden 270 Abhandlungen über den Propheten bibliographiert, zitiert und verarbeitet. 272 Gelehrtenköpfe widmeten Jahre ihres Lebens den alten Texten. Wenn bei den oft rabulistischen Exegesen auch wenig Neues herauskam – alle tragen theologische Scheuklappen –, beweisen sie immerhin das bis heute wache Interesse an Hesekiel. Kein Wunder, weil in den Texten eine Zeitbombe tickt, die zu Spuren führen soll, die der »Herr« absichtsvoll legte. Geheimnisse haben eine unerhörte Anziehungskraft.

Brandneu sind meine Recherchen auf ein Bauwerk hin, die einem Heinrich Schliemann unserer Tage Grabungstips vermitteln könnten, die ebenso präzise sind, wie sich die Homersche Dichtung einst als Wegweiser zu Troja erwiesen hat.

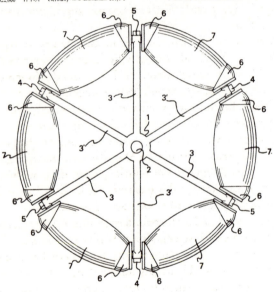

Nach den Beschreibungen des Propheten Hesekiel konstruierte Josef Blumrich ein nach allen Richtungen drehbares Rad, für das er am 5. Februar 1974 das »United States Patent« Nr. 3.789.947 erhielt.

Die Fundgrube decke ich mit dem Hesekiel-Kapitel 40 auf und schließe sie mit dem 47. Kapitel. Ich nehme mir die Freiheit, nur die für meine Betrachtung wichtigen Passagen zu exzerpieren, wie ich darin die für die Verfolgung der Story bedeutsamen Stellen im Druck hervorhebe. Dieses Verfahren ist nicht unredlich: Jedermann hat eine Bibel zur Hand und kann den ungekürzten Text zu Rate ziehen. Ich kenne hochwissenschaftliche Bücher, die Zitate benutzen, deren Quellen dem Leser nicht zugänglich sind.

Hesekiel berichtet:

»Im 25. Jahre unsrer Verbannung, im Anfang des Jahres, am zehnten Tage des Monats, im vierzehnten Jahre nach der Einnahme der Stadt... kam die Hand des Herrn über mich, und er führte mich in Gottesgesichten in das Land Israels und ließ mich nieder auf einem *sehr hohen Berg*; auf dem stand mir gegenüber etwas wie der *Bau einer Stadt*.

Dorthin führte er mich. Und siehe, da war *ein Mann, der war anzusehen wie Erz*, und er hatte eine leinene Schnur in der Hand und eine Meßrute; und er stand am Tore. Und der Mann sprach zu mir: *Menschensohn*, schaue mit deinen Augen und höre mit deinen Ohren, und achte auf alles, was ich dir zeigen werde; *denn dazu bist du hierher gebracht worden, daß man es dir zeige...*

Und siehe, es war eine Mauer außerhalb um das ganze Gebäude herum; die Meßrute aber, die der Mann in der Hand hatte, war sechs Ellen lang, die Elle eine Handbreite länger als die (gewöhnliche) Elle gerechnet. Damit maß er das Bauwerk (d. h. die Mauer); die Breite betrug eine Rute, die Höhe auch eine Rute.

Darnach trat er in den Torbau, dessen Front *gegen Osten* gerichtet war, indem er auf seinen *sieben Stufen* emporstieg... Darnach maß er die Breite des Vorhofes von der innern Front des untern Tores bis zur äußern Front des innern Tores: das waren hundert Ellen. Dann führte er mich *gegen Norden*, und siehe, da war am äußeren Vorhof ein Tor, dessen Front *gegen Norden* gerichtet war... Dann führte er mich gegen Süden, und siehe, da war ein Tor *gegen Süden* gerichtet... Dann führte er mich zu dem Tore, das *gegen Osten* gerichtet war, und er maß das Tor, und es hatte dieselben Maße...

Und er maß den Vorhof: der war ein Viereck von hundert Ellen Länge und hundert Ellen Breite... Dann maß er die Mauer des Hauses, die war sechs Ellen dick. Und die Breite des Seitenbaus rings um das Haus betrug vier Ellen. Die Seitengemächer aber reihten sich eins ans andre, je dreißig in drei Stockwerken...

Und rings um das Tempelhaus her war ein erhöhtes Pflaster sichtbar... Und er maß die Länge des Westbaus vor dem abgesperrten Platz, auf der Rückseite desselben, samt den Galerien zu beiden Seiten; sie betrug hundert Ellen...

Inwendig waren die Wände *ringsum mit Holz verkleidet.* Und vom Boden bis an die Fenster, von den *Seitenwänden des Einganges* bis zum innern Hause und auch *draußen... waren an der ganzen Wand ringsum, innen und außen, Bildwerke angebracht;* Cherube und Palmbäume, je ein Palmbaum zwischen zwei Cheruben und jeder Cherub *mit zwei Gesichtern...*

Als er die innern Bauten ganz vermessen hatte, führte er mich hinaus durch das Tor, das nach Osten gerichtet war, und maß den ganzen Umfang. Er maß die Ostseite mit der Meßrute: fünfhundert Ellen nach der Meßrute. Dann wandte er sich nach Norden und maß die Nordseite: fünfhundert Ellen nach der Meßrute... Und ringsherum ging eine Mauer, fünfhundert Ellen lang und fünfhundert Ellen breit, um das Heilige von dem Nichtheiligen zu trennen...

Dann führte er mich zu dem Tor, das nach Osten gerichtet war, und siehe, da kam die Herrlichkeit des Gottes Israels *von Osten her,* und es rauschte wie das *Rauschen großer Wasser,* und das Land *leuchtete* von seiner Herrlichkeit. Und die Erscheinung, die ich schaute, war wie die Erscheinung, die ich geschaut hatte, als er kam, die Stadt zu verderben, und der Anblick des Wagens, den ich sah, war *wie der Anblick, den ich am Flusse Chebar gehabt hatte...*

Darnach führte er mich wieder an den Eingang des Tempels. Da sah ich Wasser unter der Schwelle des Hauses hervorquellen *nach Osten hin; die vordere Seite des Tempels war ja nach Osten gerichtet.* Und das Wasser floß unterhalb der *südlichen Seitenwand* des Tempels hinab...

Da sprach er zu mir: Dieses Wasser fließt hinaus in den östlichen Landstrich, strömt dann hinab in die Steppe und ergießt sich ins Meer, in die salzige Flut, und die Flut wird gesund. Und alle lebenden Wesen, alles, was dort wimmelt, wohin immer der Fluß kommt, das wird leben, und die Fische werden sehr zahlreich sein...

Und an diesem Fluß, auf seinen beiden Ufern, werden allerlei Bäume mit eßbaren Früchten wachsen; ihre Blätter werden nicht verwelken, und ihre Früchte werden nicht alle werden. Je in ihrem Monat werden sie frische Früchte bringen; denn ihr Wasser quillt aus dem Heiligtum hervor...«

Pauschal wird der erste Teil des Buches als »Gotteserscheinung« bezeichnet. Visionen von höchst eigenartigen »Wagen«, die leuchtend und funkensprühend herniederkamen, spielten in der mythologischen Literatur des alten Israel eine Rolle. Selbst Eva, Adams Frau, soll einen Himmelswagen gesehen haben:

»Da blickte Eva gegen Himmel und sah einen Lichtwagen kommen, gezogen von vier glänzenden Adlern, deren Herrlichkeit kein vom Mutterleibe Geborener auszusprechen noch ihr Antlitz anzusehen vermochte, und Engel gingen dem Wagen voran.«

Die Himmelsfahrzeuge, die durch die Überlieferungen fliegen, passen in keinen Hangar! Der Prophet Henoch schildert »feurige Himmelswagen«, Elias verschwand in einem solchen Modell – »von feurigen Pferden gezogen« – gen Himmel. Da die Ausdeuter des Alten Testaments ihre Blicke stur auf israelitische Überlieferungen fixierten, entging ihnen, daß Himmelswagen – beispielsweise – auch durch die buddhistische Mythologie brummen: Der »große Lehrer« Padmasambhava benutzte ein solches Gefährt. Auch Ardschuna, Held des indischen Epos Mahabharata, fährt frischfröhlich mit einem Himmelswagen ins Weltall.

Bei den Göttern aller Mythen, Religionen und Sekten in aller Welt: Warum darf es solche »Himmelswagen« nicht gegeben haben?! Warum drückt man sich um eine plausible Erklärung des Phänomens?

Drei Ansichten aus der Fachwelt mögen die wichtigsten Interpretationen abdecken: Der Theologe Professor J. Lindblom sieht in den Vorkommnissen »halluzinatorische Erlebnisse« – sein Schweizer Kollege Othmar Keel erkennt »Erscheinungen«, während Professor W. Beyerlin sie als rituelle Teile des israelitischen Festkultes verstanden wissen möchte. Nur der Theologe Fritz Dummermuth räumt ein, daß »... die in Frage stehenden Berichte sich bei genauem Hinsehen schlecht mit Naturerscheinungen meteorologischer oder vulkanischer Art zur Deckung bringen lassen«, und Dummermuth vermerkt in einem späteren Aufsatz in der »Zeitschrift der Theologischen Fakultät Basel« sogar: »Es wäre an der Zeit, die Dinge unter einem neuen Sehwinkel anzugehen, soll die Bibelforschung hier weiterkommen.«

Bravo! Ein Schritt in die richtige Richtung wäre getan, wenn es zu einem internationalen Typenvergleich der Himmelskarossen käme, wenn sich Kenner des Alten Testaments zuvorderst mit Gelehrten für indische Mythologie um den beliebten runden Tisch versammeln würden, um ihre Dokumente darauf auszupacken.

Es ist witzlos, ein globales Auftreten von »Himmelswagen« auf ein spezifisch lokales Ereignis im israelitischen Raum zu reduzieren. Weil es nicht stimmt!

In den vergangenen Jahrhunderten ließ man der Gestalt des Propheten verblüffende Wandlungen angedeihen: Aus dem Propheten, dessen Wort nicht anzutasten war, entstand der »Visionär«, über den »Träumer« und »Phantasten« wurde er zum »Kataleptiker«, ein Schizophrener mit Starrkrämpfen.

Man war und ist erfindungsreich und scheut keine Finte, um sich vor dem Unerklärbaren zu drücken.

Das Buch Hesekiel wurde seziert. Semantiker stellten fest, daß Stil und Wortwahl auf mehr als einen Autor schließen ließen. Kurzerhand wurde der Prophet zum »Pseudo-Hesekiel« erklärt, dessen Buch erst um 200 vor Christus aus verschiedenen anderen Texten kompiliert worden sei. Vor 100 Jahren schrieb der Theologe Rudolf Smend (1851–1913), Hesekiel-Forscher von Rang:

»Daß die Schilderung auf einem visionären Erlebnis beruht und die Vision keineswegs nur Form der schriftstellerischen Darstellung ist, wird nicht bezweifelt werden dürfen.«

Inzwischen ist die Mehrheit der Theologen der Ansicht, das Buch Hesekiel habe nicht den Propheten zum Autor, es sei vielmehr das Gemeinschaftswerk von Redakteuren, die ältere Texte – darunter möglicherweise solche vom Propheten selbst – mit weiteren, zeitgebundenen Zusätzen mixten.

Dieser Auffassung neige ich auch zu: »Hesekiel« ist kein Original mehr. Ganz praktische Fragestellungen machen die Autorschaft unerheblich; es ist egal, ob Hesekiel Visionen widerfuhren oder ob das nach ihm benannte Buch aus alten und beigefügten Überliefe-

rungen entstanden ist. Meine Fragen gehen an den Nerv des Berichts:
- Falls Hesekiel eine Vision hatte, was bezweckte sein Gott damit?
- Gab es die Vision nicht, welche Textteile sind als Beschreibungen von Realitäten, welche als Phantasieprodukte zu werten?
- Stellen sich die Schilderungen als Phantasmagorien heraus, können wir sie unter Science-fiction ablegen...
- Erweisen sich die Reportagen als Berichte von Wirklichkeiten, wo müßte dann der im Detail beschriebene Tempel zu finden sein?
- Die Frage erheischt Antwort, wie Hesekiel – oder Mister X – zu diesem Tempel hingelangte und wieder nach Jerusalem zurückkam.

Der Berichterstatter des Hesekiel-Buches schreibt in der Ich-Form: »...ich sah... ich erlebte... ich hörte... ich wurde gebracht...« – Seit eh und je bekundet die Ich-Form Augenzeugenschaft oder Bekennermut. Hat, wer auch immer hinter dem Ich stand, gelogen? Angegeben, um sich interessant zu machen?

Fakten belegen, daß die Hesekiel-Berichte ins 6. Jahrhundert vor Christus zu datieren sind, ob sie dem Propheten (der zu dieser Zeit gelebt hat) oder seinen Schülern zugeschrieben werden. Es war die Zeit orthodox-strengen Glaubens. Kein Schreiber hätte es gewagt, den großen Gott als Kronzeugen herbeizurufen, keiner hätte es riskiert, dem großen Gott Worte in den Mund zu legen, die nicht der Wahrheit entsprachen:

»Du sollst den Namen des Herrn, deines Gottes, nicht mißbrauchen; denn der Herr wird den nicht ungestraft lassen, der seinen Namen mißbraucht.« (2. Mose 20,7)

Wenn aber im Namen Hesekiels Lügen aufgetischt werden, warum steht er dann als Prophet noch im Buch der Bücher? Auch wenn Hesekiel nicht der (Allein-)Autor gewesen ist, der Originalbericht wurde in der Ich-Form niedergeschrieben!

Getreu dem Grundsatz »Im Zweifelsfalle zugunsten des Angeklagten« halte ich mich an Hesekiel als Schilderer von Realitäten.

Im Text sagte er, die Hand des Herrn habe ihn auf einem *sehr hohen Berg* niedergelassen. In Israel gibt es keinen sehr hohen Berg. Interpretationen, Hesekiel habe den Salomontempel zu Jerusalem beschrieben, können nicht stimmen, weil der Salomontempel nicht auf einem *sehr hohen Berg* liegt. Es gibt auch in und bei Jerusalem keine Erhebung, die einem *sehr hohen Berg* nahekommt, es gibt nur einige Hügel. Zudem: Hesekiel wuchs in Jerusalem auf, er kannte die Hügel mit Namen. Hätte der Herr ihn auf einen der Hügel versetzt, hätte er bei der Genauigkeit seiner Buchführung gesagt, auf welchem Hügel er abgesetzt wurde.

Von dem *sehr hohen Berg* aus bemerkte Hesekiel *gegenüber etwas wie der Bau einer Stadt*. Wäre es Jerusalem gewesen, hätte er seine Vaterstadt erkannt und beim Namen genannt.

Es gibt keinen Zweifel: Jerusalem und sein Salomontempel waren nicht gemeint.

»Und siehe, da war ein Mann, der war anzusehen wie Erz...« Daß Hesekiel die unbekannte Gestalt sofort als *Mann* identifiziert, muß er – da Geschlechtsmerkmale sich nicht anboten – dem Gesichtsausdruck entnommen haben oder aber dem Umstand, daß Frauen noch keine Befehle zu erteilen pflegten.

Dieser Mann war anzusehen *wie Erz*. Halten zu Gnaden, verehrte Exegeten, warum dämmert nicht der Gedanke, daß dieser Mann einen Raumfahrerdreß trug, der dem Berichterstatter wie eine Rüstung zu glitzern schien?

Als *Menschensohn* redete der Fremdling den Propheten an. Interessant, denn diese Anrede läßt den Rückschluß zu, daß der *Mann wie Erz* selbst kein Mensch war, dem auch der Name des Angesprochenen unbekannt war. *Menschensohn* bleibt die stereotype Anrede. Wenn ich auf dem Mars unter den kleinen grünen Männchen lande und sich eins davon vor mir in den Sand wirft, könnte ich auch nicht sagen: »Friedrich Müller, erhebe dich!« Ich müßte dem grünen Männchen zurufen: »Marswesen, erhebe dich!« Die unpersönliche Anrede *Menschensohn* scheint mir ein gutes Indiz dafür zu sein, daß es sich bei dem fremden Herrn keinesfalls um den zeitlosen, allmächtigen Gott gehandelt hat: Der hätte Hesekiels Namen gekannt.

Skeptiker können fragen, wieso Außerirdische – wie ich annehme – die Sprache Hesekiels beherrschten. Wie der Mensch zu jeder Zeit die fremden Sprachen frisch entdeckter Völker sehr bald lernte, mußten Extraterrestrier ihre Zielgruppen lediglich eine Weile observieren, um sich die unbekannten Idiome anzueignen.

Jetzt wird es spannend!

Der *Mann wie Erz* fordert den Propheten auf, genau zu beobachten, was er nun sehen werde, *denn dazu bist du hierher gebracht worden, daß man es dir zeige*.

In diesem Satz steckt der Code für eine tolle Geschichte. Vergessen wir die Mitwirkung von Außerirdischen, dann ließ der große, allmächtige Gott unseren Hesekiel auf den *hohen Berg* transportieren und vor seinen Augen einen *Mann wie Erz* mit der Meßrute den Tempel vermessen, damit Hesekiel sich die Maße einpräge. Die genauen Angaben beweisen, daß der Prophet den Auftrag sehr ernst genommen hat. Was war der Zweck der Belehrung?

Theologen sind der Auffassung, Gott habe Hesekiel eine Vision des Tempels vermittelt, damit er ihn in der Zukunft habe bauen können. Aber: Der Hesekiel-Tempel wurde nie gebaut. Wenn Gott seinem Auserwählten ein Phantom vorgaukelte, kannte er die Zukunft nicht, war demnach nicht allwissend.

Der Haken steckt in diesem Faktum: In der Urform des Hesekiel-Textes existierte keine grammatikalische Zukunftsform! Das Hebräische war in der Schrift eine reine Konsonantensprache – ohne Vokale. Um die Textlektüre zu erleichtern, wurden Vokale durch kleine Punkte zwischen den Konsonanten angedeutet. Im Urtext gab es das *Imperfekt* (unabgeschlossene Vergangenheit) oder *Perfekt* (vollendete Gegenwart), doch das *Futurum* (Zukunftsform) existierte nicht. Die je nach dem Sinn des Textes in ein grammatikalisches Korsett gezwängten Aussagen lassen Theologiestudenten Klagelieder anstimmen: Aus dem *Perfectum consecutivum*, Aufeinanderfolge der Zeiten, wird – nach Bedarf – das *Futurum*. Genaugenommen läßt sich Hesekiels Urtext in die Vergangenheit, die Gegenwart oder die Zukunft übersetzen – nach dem Motto »Wie hätten Sie's denn gern?« Es war ein Tempel – es ist ein Tempel –, es wird ein Tempel sein.

Da die Gelehrten an der Version einer Vision kleben, wird der von Hesekiel mit genauen Maßen zur Kenntnis genommene Tempelbau natürlich in die Zukunft projiziert. Das *Perfectum consecutivum* macht's möglich.

Gehen wir davon aus, daß Hesekiel (oder Mister X) zu einem Tempel gebracht wurde, der vor seinen aufmerksamen Augen vermessen wurde, dann bohrt die Frage: Welchen Sinn verfolgte die präzise Vermessung? Der Text selbst beantwortet diese Frage: Der Prophet sollte sich alles merken, weil er dazu hergebracht wurde.

In meiner Zürcher Bibel, aus der ich zitiere, steht präzise: *»Denn dazu bist du hierher gebracht worden.«*
In der Göttinger Übersetzung lautet die gleiche Passage: *»Denn um es dir zu zeigen, bin ich hergekommen.«*
Welten liegen zwischen diesen Übersetzungen!

»Dazu bist du hierher gebracht worden« bedeutet, daß Hesekiel nach einer Reise am Tatort anlangte. »Um es dir zu zeigen, bin ich hergekommen« will sagen, daß der *Mann wie Erz* den Propheten aufgesucht hat. Diese Übersetzung wurde wohl von dem Theologenwunsch nach einer Vision beflügelt. Im Kontext verliert sie aber das Ziel: Hesekiel wurde auf einen *hohen Berg* gebracht und entdeckte etwas *wie den Bau einer Stadt*, er ist also mit einer neuen Situation konfrontiert worden. Er empfing den Auftrag, sich genauestens Daten zu merken, die der *Mann wie Erz* von Räumen und Mauern nahm.

Die wache Aufmerksamkeit, mit der Hesekiel die Daten registrierte, läßt die Annahme zu, daß er sie vor Ort notiert hat. Damit erreichte die *Hand des Herrn* durch den Sendboten, den *Mann wie Erz*, das Klassenziel: Ein bis zu diesem Moment unbekannter Tempel ging in die Annalen der Überlieferung ein! Die Daten eines realen Tempelbaus – keines visionären Phantoms! – würden künftig die Intelligenzen über Jahrtausende beschäftigen.

Die Fremden, meine Außerirdischen – um endlich die Katze wieder aus dem Sack zu lassen –, witterten, daß heilige Überlieferungen nie verlorengehen, daß sie – abgeschrieben, vervielfältigt oder gedruckt – Kriege und Naturkatastrophen überdauern würden. Sie wußten, daß sich an dem in die alten Texte eingefügten rätselhaften Ereignis Priester und Textdeuter die Zähne ausbeißen würden. Sie wußten, daß in irgendeiner Zukunft auch die feurigen, gen Himmel fahrenden Wagen *technisch* erklärt werden könnten, ohne den Glauben an Wunder strapazieren zu müssen.

Überzeugt, daß im Buch Hesekiel – gleich, ob vom Propheten selbst oder anderen Autoren – reale Maße eines realen Tempels festgeschrieben wurden, müßte sich dieses schon seiner Größe wegen unübersehbare Bauwerk mindestens in Rudimenten heute noch finden lassen. – Auf geht's zur Schnitzeljagd!

Die Front des bei Hesekiel beschriebenen Tempels ist *gegen Osten* ausgerichtet. Gemäß der untadeligen Zürcher Bibel vermißt der *Mann wie Erz* zunächst eine Mauer, andere Übersetzungen sprechen pauschal von »Bau« oder »Bauwerk«.

Der *Mann wie Erz* benutzt eine besondere Meßrute, die *sechs Ellen lang, die Elle eine Handbreit länger als die Elle gerechnet* wurde. Lustig. Durch eine visionäre Schau wäre doch – wenn schon – die handelsübliche Elle geeistert. Nein, die wird bei der Vermessung nicht benutzt, es ist eine Spezialanfertigung. – Und so wird die Fachwelt mit derart hochnotpeinlichen Ungereimtheiten fertig:

»Bei einem ›geistlichen Bau‹ ist es von geringer Bedeutung, zu wissen, ob hier die ›gewöhnliche‹ babylonische Elle (458 Millimeter) oder die bei den Israeliten gebräuchlichere ›königliche‹ ägyptische Elle (525 Millimeter) gemeint ist... Die Schilderung soll nur versinnbildlichen, daß der heilige Ort sich von jedem anderen unterscheidet.«

Richtig. Wenn schon Vision, dann ist egal, was für eine Meßrute verwendet wurde. Aber: Es war keine Vision.

Im Text ersteht ein viereckiger Bau, der nach der Windrose ausgerichtet ist. Der *Mann wie Erz* vermißt einen viereckigen Vorhof mit *hundert Ellen Länge und hundert Ellen Breite*. Hesekiel beobachtet an den Wänden des Eingangs *und auch draußen, an der ganzen Wand ringsum... innen und außen Bildwerke*, und zwar Cherube und Palmbäume und: *jeder Cherub mit zwei Gesichtern*. Ein Cherub (Cherubim) wird als halb tier-, halb menschengestaltiges, götterähnliches Mischwesen definiert. Stellten die doppelgesichtigen Wesen fliegende Götterboten dar? Fliegende Wesen wie jene Adler, die Eva gesehen hat, als sie den Himmelswagen beschrieb? Handelte es sich um fliegende Jaguare, um mechanische Gebilde? Die Fragezeichen bleiben stehen, nur: Mit Fliegen haben Cherube immer zu tun.

Zur Gesamtanlage steht im Buch ein wichtiger Hinweis: An der *südlichen Seitenwand* des Tempels fließt ein Wasser, ein Fluß, *hinaus in den östlichen Landstrich* und ergießt sich ins *Meer*.

Für eine Vision bemerkenswert konkrete Angaben!

Ebenso präzise Angaben werden über die Struktur des Baukomplexes gegeben:

»Gegenüber den zwanzig Ellen, die zum inneren Vorhof gehören, und gegenüber dem Steinpflaster, das zum äußeren Vorhof gehörte, lief eine Galerie neben der andern her in drei Stockwerken. Vor den Zellen war ein Gang, zehn Ellen breit und hundert Ellen lang, und ihre Türen lagen gen Norden zu. Die obersten Zellen aber waren, weil ihnen die Galerien Raum wegnahmen, im Vergleich mit den untersten und mittleren verkürzt.«

Die Göttinger Bibel spricht davon, daß *»Felsenvorsprünge«* in die Stockwerke hineinragten, daß sich die Stockwerke *»in drei Stufen«* aufbauten und darum *»im Vergleich zu den unteren und mittleren verkürzt«* waren. Darum *»war terrassiert bei den unteren und mittleren von der Erde an,«* ja und *»und quer zu dem Pflaster, das zum äußeren Vorhof gehört, war Böschung vor Böschung in drei Stufen«*.

Dazu der lakonische Kommentar der Göttinger Bibel:

»Die Vorstellung scheint zu sein, daß das ganze Gebäude mit Rücksicht auf das unebene Gelände in drei Abteilungen zerfiel, von denen jede ein Stück unterhalb der benachbarten von Boden aufstieg.«

Dem gläubigsten unter allen gläubigen Theologen müßten doch Zweifel aufkommen, ob man stur auf einer Vision bestehen kann. Würde der allmächtige Gott das Wunschbild eines künftig in Israel zu bauenden Tempels nicht lediglich mit einem glanzvoll leuchtenden Bild signalisiert haben? Hätte er eine Vision vom Wunschbau mit der Angabe seiner Lage in den Himmelsrichtungen befrachtet? Wären in einer Erscheinung derart profane Angaben wie Maße der Räume und Gänge, wie der Lage des Baues an Böschungen im unebenen Gelände vermittelt, wäre ein Bach erwähnt worden, der gen Osten ins Meer abfließt? Die Theologen selbst widersprechen der Unterstellung, Hesekiel könnte den Tempel zu Jerusalem beschrieben haben:

»Aus der Schrift wissen wir nichts von einer solchen Tempelquelle. Denn die sanften Wasser von Siloah – Jesaja 8,6 – können schwerlich damit identifiziert werden; sie flossen auch in einer ganz anderen Richtung.«

Dieses Baches aber hat sich Hesekiel besonders genau angenommen:

»Und alle lebenden Wesen, alles, was dort wimmelt, wohin immer der Fluß kommt, das wird leben, und die Fische werden sehr zahlreich sein… Und an diesem Fluß, auf seinen beiden Ufern, werden allerlei Bäume mit eßbaren Früchten wachsen; ihre Blätter werden nicht verwelken, und ihre Früchte werden nicht alle werden. Je in ihrem Monat werden sie frische Früchte bringen…«

Ab Jerusalem fließen weder Bach noch Fluß, an dessen Ufern es von »Leben wimmelt«. Phantastisch, was theologische Interpreten in heiligem Eifer aus dem Fluß gemacht haben. Da auch im Toten Meer buchstäblich alles tot ist und beim besten Willen von Fischreichtum keine Rede sein kann, wurde der von Hesekiel beschriebene Fluß zur *Zukunftsvision!*

Um dem Fluß – der in Jerusalem nicht existierte – wenigstens visionäres Leben einzuhauchen, bedienten sich Übersetzer und Exegeten zweier Tricks: Im Hesekiel-Text steht kein Sterbenswörtchen vom »Toten Meer« – also schmuggelte man es in die Übersetzung ein:

»Übrigens ist ›das Meer‹ gleich in der Übersetzung als ›das Tote‹ zu bezeichnen, da diese Beziehung wohl dem jüdischen, aber nicht dem deutschen Leser klar ist und eine Übersetzung weniger Wert hat, wenn ihr Sinn erst durch eine Anmerkung erschlossen werden muß.«

Kommt der zweite Trick!

Nachdem »das Meer« mit willkürlicher Textergänzung einen Namen bekam, wird es samt Fluß per Wunder zum ökologischen Zukunftsereignis manipuliert:

Erster Kommentar:

»Und nun sieht Ezechiel ein zweites Wunder: In der vorher offenbar kahlen Umgebung des Wasserlaufes stehen unzählige Bäume und verwandeln die unfruchtbare Wüstenlandschaft in ein in schmuckem Grün leuchtendes Gefilde…, bis hinunter in die Jordansenke strömt der Fluß in gleicher Kraft, um sich in die Salzwasser des Toten Meeres zu ergießen… Diese Wunderwirkungen des vom Tempel herabströmenden Wassers lassen jeden Zweifel schwinden, aus welcher Erzählungsart unser Kapitel seine Bilder und Farben schöpft; es ist der Paradiesstrom, dessen Wasser die Gottesstadt erfreuen.«

Zweiter Kommentar:

»Es wäre ein verkehrtes Beginnen, an solchen Phantasien wissenschaftliche Kritik zu vergeuden. Man halte sich an die Idee einer Verklärung der Natur...«

Dritter Kommentar:

»Hiernach ist die Erwartung Ezechiels, daß in Zukunft die Quelle des Tempels zu einem wasserreichen Strome werden, die öde Ostmark Juda bewässern und selbst das Tote Meer gesundmachen werde, sehr verständlich. Wenn einmal der wahre Gottesdienst im Tempel statthat, dann muß die öde Umgebung des Tempels sich in einen Fruchtgarten verwandeln.«

Vierter Kommentar:

»...beschreibt den Strom lebendigen Wassers, der vom Heiligtum ausgehend das Land fruchtbar und das Tote Meer gesund macht.«

Fünfter Kommentar:

»Warum überhaupt bei solchen Visionen nach natürlichen Anknüpfungen von so zweifelhaftem Wert suchen? Für uns Christen jedenfalls, wenn wir nicht bloß nüchterne Textkritiker sind, hat dieser heilige Strom die Bedeutung einer von Gott eingegebenen Weissagung..., wir erkennen in ihm und der von ihm ausgehenden Wirkung ein liebliches Sinnbild der Segnungen des Heiligen Geistes.«

Vision. Weissagung. Erleuchtung. – Im Sinne der Kommentare hat Hesekiel einen Fruchtgarten versprochen, der Judäa bewässern und das Tote Meer gesundmachen würde. Nichts davon ist eingetreten. Israel wartet immer noch auf den Paradiesstrom mit den lieblichen Segnungen des Heiligen Geistes.

Kritik ist, heißt es, nicht zu vergeuden, das Ganze als eine Verklärung der Natur hinzunehmen.

Hätte Schliemann in dieser Weise seinen Homer behandelt, wäre Troja vermutlich bis heute nicht entdeckt worden.

Zusammen mit seinem Mitarbeiter Charles Chipiez legte der Archäologe Georges Perrot (1832–1914) im Jahre 1889 eine zeichnerische Rekonstruktion des Tempels anhand des Hesekiel-Textes vor; die beiden Wissenschaftler entnahmen dem Buch der Könige zusätzliche Beschreibungen.

Die exakte Rekonstruktion stieß bei den Maßeinheiten auf Schwierigkeiten. Welche Elle hat der *Mann wie Erz* verwendet? Die babylonische Elle mit 45,8 Zentimeter Länge oder die ägyptische mit 52,5 Zentimetern? Oder war die Elle auf andere Maße geeicht? Direktgenommen unerheblich, denn aus den Maßen wuchs allemal ein Riesenbau empor.

Perrot stolperte über eine Sache, die ihm bei gründlichem Nachdenken keine Überraschung hätte bieten müssen:

»Wenn man den Ezechiel-Text genauer studiert, wird man feststellen, daß der Tempel selbst weniger ausführlich beschrieben wird als die Höfe und Vorhöfe, die ihn umgeben. Diese Außenbezirke sollten eigentlich für den Propheten nicht so wichtig sein wie das Heiligtum selbst. Auf den ersten Anhieb überrascht diese Disproportion, doch hat es sicherlich seinen Grund.«

Die Autoren verfielen einer paradoxen Logik: Vermutlich, sagten sie, sei Hesekiel auf das Heiligtum nicht ausführlich eingegangen, weil es den Israeliten ohnehin bekannt gewesen sei. – Umgekehrt wird ein Schuh daraus: Die Israeliten kamen in der Mehrzahl kaum über Vor- und Innenhöfe hinaus, kannten sie also besser als das Heiligtum, das nicht jedermann betreten durfte. Weshalb also beschrieb Hesekiel die Außenbezirke derart genau?

Auch der Theologe Rudolf Smend wagte im vorigen Jahrhundert eine zeichnerische Rekonstruktion und wunderte sich, daß bei der Vermessung des Tempels »mit zwei Ausnahmen, die eigentlich keine sind (Ez. 40,5 und 41,8), nur Längen und Breiten berücksichtigt werden«.

Mich wundert diese Fehlanzeige nicht. Der *Mann wie Erz* war sich darüber klar, daß in Jahrtausenden von der Höhe nicht mehr viel zeugen würde. Wichtig waren nur die Maße der Grundmauern, die das Erdreich schützte. Die Tatsache aber, daß Hesekiel keine Höhenmaße notierte, widerlegt zugleich den Theologenwunsch, der Prophet habe in Halluzinationen einen künftig zu errichtenden Bau beschrieben: Für einen futuristischen Bau wären die Höhenmaße unerläßlich gewesen. Könnten die Interpreten aus ihrem Schatten treten und akzeptieren, daß ein realer Bau mit seinen Maßen von Hesekiel festgehalten wurde, wären die Rätsel gelöst.

Versuche von Rekonstruktionen verhedderten sich immer wieder im Netz gläubiger Annahmen, der Salomontempel zu Jerusalem wäre zwingendes Vorbild gewesen. Aus diesem Irrtum ergeben sich Unstimmigkeiten, die Rudolf Smend offen zugab:

»Die übrigen Verse können unmöglich heißen ›in den Pfeilern der Tore‹, und übrigens wäre es sachlich ein Unding... Auch wäre in diesem Fall der Ausdruck widersinnig, da Tür und Halle dann selbstverständlich zusammenfielen. ...daß an allen Toren eine solche Kammer war, scheint deshalb von vornherein unmöglich, weil die Schlachttische [für die kultische Tötung lebender Tiere, Anmerkung des Verfassers], von denen sie nicht getrennt werden kann, nur in einem und zwar im Osttor standen. ...wenn dagegen die Brand-, Sünd- und Schuldopfer an der Nordseite des Altars geschlachtet werden sollten, so steht unsere Stelle damit eben in Widerspruch.«

Bei der irrigen Ausgangsposition mußte freilich an »Hesekiel« emsig herumgefeilt werden, bis er sich ins Schema des salomonischen Tempels einfügte.

Wie Smend erstaunte sich auch der Theologe und Philosoph Otto Thenius beim Versuch einer Rekonstruktion über die fehlenden Höhenangaben, bewunderte aber zugleich die nüchtern exakte Beschreibung:

»Man beachte die völlig nüchterne, alles Schmuckes ermangelnde, die einzelnen Maße bis auf die Weite der Türen und Stärke der Mauern darbietende Beschreibung, und berücksichtige, daß nach dieser Beschreibung ein durch seine Verhältnisse sich empfehlender Grundriß, und zwar eben nur ein Grundriß, gezeichnet werden kann. Auf die Frage nämlich, warum Ezechiel beim Tempelhause selbst keine einzige Höhenangabe darbiete, findet man bei Annahme eines Phantasiegebildes gar keine Antwort...«

Eben drum! Es war ja kein Phantasiegebilde.

Auch der Theologe Eduard Reuss (1804–1891), führender Vertreter der historisch-kritischen Theologie, hatte Schwierigkeiten mit der Rekonstruktion:

»...Es bleiben unüberwindliche Schwierigkeiten in Betreff anderer Elemente... die 60 Ellen hohen Pfeiler sind uns verdächtig. ...um die 25 Ellen der ganzen Breite zu finden, muß man wohl zu den Maßen des Ganges und der Wachstuben noch die Dicke seiner Hinterwand rechnen, die hier nicht erwähnt ist... Was heißt das: Türe gegen Türe, oder: von einer Türe zur anderen? Sind Türen zu denken in der Hinterwand der Wachstuben nach dem Hofe zu?«

Zwei Dinge traf der Theologe Thenius auf den Punkt genau: Anhand des Hesekiel-Textes kann ein Grundriß gezeichnet werden und: Bei Annahme eines Phantasiebildes findet die Frage nach den fehlenden Höhenangaben keine Antwort.

Insgesamt stehen die Rekonstruktionsversuche auf wackligen Füßen. Maße und Annahmen – beispielsweise an welchen Mauern Altare und Waschbecken gestanden haben sollen – wurden aus anderen biblischen Quellen dem salomonischen Tempel angepaßt.

Trotz einiger Widersprüche liefert »Hesekiel« recht brauchbare Daten, die eine Vorstellung von dem geben, was ihm auf dem *hohen Berg* gezeigt wurde.

I. Den von Hesekiel beschriebenen Tempel hat es gegeben. Hesekiels – und/oder seiner Mitautoren – Beschreibungen resultieren nicht aus einer Vision. Es wurde kein architektonischer Plan für einen in der Zukunft zu errichtenden Tempel in einer Erscheinung projiziert.

In einer Vision wären reale Angaben über das Gelände, in dem der Tempel entstehen soll, widersinnig, tektonische Hinweise auf »Böschungen« oder »Felsen«, die in den futuristischen Tempel eindringen werden, absurd. Abwegig wäre ebenso die genaue Lokalisierung eines Baches »an der Südseite« gewesen. Ins Groteske scheint sich mir eine Vision zu steigern, die es riskiert, an diesen Bach oder Fluß auch noch unerhört trächtige Bäume mit üppigen Früchten zu pflanzen, Bäume mit Blättern, die nicht welken. Und das alles im Raume Jerusalem! – Übrigens stimmt es nicht, daß der Prophet selbst das alles registriert habe, der *Mann wie Erz* wußte davon. Woher?

Daß im Bibeltext das *Futurum* bei der Beschreibung verwendet wurde – »...an beiden Ufern *werden* allerlei Bäume mit eßbaren Früchten wachsen; ihre Blätter *werden* nicht verwelken, und ihre Früchte *werden* nicht alle *werden*...« –, stand im grammatikalischen Ermessen des Übersetzers. Er hätte genausogut formulieren können: »...an beiden Ufern *wachsen* allerlei Bäume... ihre Blätter *verwelken* nicht...«

Gegen die Annahme einer Vision spricht die Spezialelle, die der *Mann wie Erz* benutzte. Hesekiel war Prediger und Prophet, kein Architekt. Aus seinem eigenen Bewußtsein oder Unterbewußtsein konnte er die präzisen Maßangaben nicht »schöpfen«, ihm wäre sogar die handwerkliche Technik des Maßnehmens fremd gewesen. Ohne den *Mann wie Erz* hätte es die Tempelmaße nicht gegeben.

Die Ich-Form des Hesekiel-Berichts spricht für eine Augenzeugenschaft. Wer seine Aussage als realen Report ablehnt, stempelt das ganze Buch zu einer phantastischen Lüge.

Wie wollen die beflissenen Exegeten dieses brisante Vakuum füllen?

Im Buch Hesekiel wird weder bei der allgemeinen Tempelbeschreibung noch bei der Schilderung des Heiligtums die Bundeslade erwähnt. Wäre der Salomontempel zu Jerusalem Gegenstand des Berichts gewesen, wäre das wichtigste aller Heiligtümer, die Bundeslade, mit Sicherheit nicht vergessen worden.

II. Hesekiel beschrieb die Tempelanlage von Chavín de Huantar in den peruanischen Anden.

Bescheidener als jene, die alles genau zu wissen vorgeben – als ob sie anno 573 vor Christus dabeigewesen wären, als der Prophet seine »Vision« gehabt haben soll –, summiere ich mehr als ein Dutzend »Zufälle« und überlasse dem kritischen Leser sein Urteil.

1. Zufall: Hesekiel wurde mit einem *Himmelswagen* auf einen *sehr hohen Berg* gebracht, der ihm unbekannt war. – Chavín de Huantar liegt auf einem solchen Berg, und es war Hesekiel bis zu seinem Eintreffen unbekannt.
2. Zufall: Hesekiel sah unter sich etwas wie den *Bau einer Stadt*. – Es gilt als archäologisch erwiesen, daß bei Chavín de Huantar einst eine ausgedehnte Stadtsiedlung gelegen hat.
3. Zufall: Hesekiel beschrieb einen Tempel, dessen Hauptfront samt dem Haupttor gegen Osten lag. – So in Chavín de Huantar.
4. Zufall: Hesekiels Gesamtanlage hatte einen dreistufigen Aufbau in drei übereinanderliegenden Terrassen – wie in Chavín de Huantar.
5. Zufall: Im Hesekiel-Bericht war der äußere Vorhof durch drei Tore – nach Norden, Süden, Osten ausgerichtet – zu erreichen. Wie in Chavín de Huantar. Nach Westen liegt natürlich der Block des Castillo.
6. Zufall: Der vom *Mann wie Erz* vermessene »innere Hof« ergab ein Quadrat mit Seitenlängen von rund 50 Metern. – Meine israelischen Freunde und ich vermaßen in Chavín de Huantar 49,70 Meter.

7. Zufall: Vom »inneren Hof« des Hesekiel-Reports führten vier Treppen in die vier Himmelsrichtungen. – Genauso wie in Chavín de Huantar.
8. Zufall: Der *Mann wie Erz* maß die Höhe der Pfeiler zwischen den Tornischen mit fünf Ellen. Das ergäbe nach der babylonischen Elle 2,29 Meter Höhe, nach der ägyptischen 2,62 Meter. – Meine israelischen Freunde und ich lasen 2,30 Meter vom Meßband ab.
9. Zufall: Hesekiel sah ringsum an den Innen- und Außenwänden Bildwerke, vornehmlich Cheruben. – Wie in Chavín de Huantar.
10. Zufall: Laut Hesekiel floß eine Quelle an der Südwand des Tempels. – Im heutigen Chavín de Huantar fließt das Bächlein von Süden her, tangiert die Anlage aber an der Südostecke.
11. Zufall: Das »Wasser« des Hesekiel-Berichts mauserte sich zum Fluß, der in die östlichen Landstriche eilte. – Tatsächlich fließt in Chavín de Huantar die kleine Mosna zuerst östlich bis zum Ort Huycaybamba, wo sie sich in den Rio Marañon ergießt. Der Marañon fließt anfänglich in nördlicher Richtung, wendet sich dann aber über mehrere tausend Kilometer kompaßgenau in östliche Richtung ins Becken des Amazonas, der in den Atlantischen Ozean mündet, ins Meer.
12. Zufall: Der *Mann wie Erz* schilderte dem Propheten: Das Gebiet, in das der Fluß gelange, wimmle von Leben, im Wasser seien Fische jeder Menge. – Diese Beschreibung trifft in vorzüglicher Weise auf den Rio Marañon und den Amazonas mit dem größten Stromgebiet der Erde zu.
13. Zufall: Der *Mann wie Erz* rühmte gegenüber Hesekiel die außerordentliche Fruchtbarkeit dieser Landstriche mit immergrünen Bäumen und Früchten. – Treffender ließe sich die reiche Vegetation an den Ufern des Marañon und des Amazonas nicht beschreiben.
14. Zufall: In Chavín de Huantar spielte die heilige Zahl Sieben eine gleich große Rolle wie bei den Israeliten.
15. Zufall: Hesekiel zeichnete seine Erlebnisse zwischen 592 und

570 vor Christus auf. – Chavín de Huantar wurde zwischen 800 und 500 vor Christus erbaut! – Die schon erwähnten Spielräume bei archäologischen Datierungen vorausgesetzt, würde eine Karenz von 200 Jahren immer noch eine zeitliche Übereinstimmung zulassen, auch wenn der Originaltext 200 Jahre älter wäre, als derzeit angenommen wird.

16. Zufall: Der *Mann wie Erz* sagte Hesekiel, sein Volk habe ihm hier *einen neuen Tempel* erbaut. Chavín de Huantar entstand aus dem Nichts. Ohne Vorläufer.

Weit weniger »Zufälle« animierten Heinrich Schliemann, in Hissarlik graben zu lassen.

Um korrekt zu sein, erwähne ich auch jene Hesekiel-Angaben, die sich mit Gegebenheiten in Chavín de Huantar nicht zur Deckung bringen lassen. So ist bei Hesekiel die Gesamtanlage des Tempelbezirks quadratisch. Vielleicht war auch Chavín de Huantar von quadratischer Grundform, nur müßte man dann wissen, wo die östliche Begrenzung einst gelegen hat, sie ist heute nicht mehr erkennbar. – Hesekiels Heiligtum stellte ein Quadrat mit Seitenlängen von 50 Metern dar. Diese Maße harmonieren nicht mit dem Castillo. Seine Maße betragen 70 mal 72,90 Meter, ergeben also nur *fast* ein Quadrat. Die Crux ist, daß man nicht weiß, ob spätere Redakteure die Maße des Hesekiel-Berichts korrigiert haben – um den salomonischen Tempel über die »Vision« stülpen zu können. Auf solche Möglichkeiten weist auch Professor Walther Eichrodt hin: »Daß es aber auch hier [bei den Messungen, Anmerkung des Verfassers] nicht ohne Änderung von fremder Hand abgegangen ist, darauf könnten einige stilistische Eigenheiten hinweisen...«

Freilich ist von den bei Hesekiel erwähnten Holztäfelungen in Chavín de Huantar nichts mehr feststellbar. Binnen mindestens 2500 Jahren bleibt von Holz – auch ohne Brand – nichts mehr übrig. Auch von Palmen auf Bildwerken konnte ich nichts entdecken, es sei denn, man wollte in einigen Stilisierungen diese tropischen Gewächse erkennen. Meines Erachtens können – außer Cheruben – im Urtext auch tiermenschliche Darstellungen erwähnt worden sein, wie es sie in Chavín de Huantar gibt. Die fielen dann den Bearbeitern und Zensoren zum Opfer, denen solche Bildelemente nicht zeitgemäß erschienen. Unbegreifliches wurde weggelassen. Kein Wunder, daß das Buch Hesekiel abrupt endet.

Um Hesekiel wabern immer noch Merkwürdigkeiten. Vor einigen Jahren kam eine Pressemeldung auf meinen Schreibtisch: In den Höhlen von Qumran am Toten Meer seien auch Ergänzungen zum Hesekiel-Text aufgetaucht. Ich schrieb alle Adressen, die in Frage kamen, an, um an die Funde heranzukommen. Erfolglos. Selbst der Gutmeinende muß auf den Gedanken kommen, es könnten in den Texten Mitteilungen stehen, die man der Öffentlichkeit nicht zumuten will.

Mir ist bewußt, daß ich trotz der grotesken Häufung von »Zufällen« keinen *Beweis* für die Richtigkeit meiner Hypothesen erbracht habe. Irgendwo auf der Welt mag es andere Tempel geben, auf die Hesekiels Beschreibung noch besser paßt als auf die Bauten in Chavín de Huantar. Zumindest hoffe ich, dazu beigetragen zu haben, Wagen- und Tempelvisionen realistischer unter die kritische Lupe zu nehmen.

Der *Mann wie Erz* hatte triftige Gründe, Hesekiel nach Südamerika zu fliegen.

Irgendwann zwischen 1000 und 500 vor Christus tauchten die Außerirdischen wieder auf. Sie lockten eine Gruppe Israeliten – die Nephiten des Buches Mormon – nach Südamerika. Sie instruierten die Auswanderer, gaben ihnen den Kompaß, beschützten sie.

Diese Gruppe wurde in Südamerika angehalten, einen Tempel nach dem Muster des Salomontempels zu bauen. Unter »göttlicher« Regie gingen die Nephiten mit ihren Helfern ans Werk. Nach Fertigstellung flog einer der »Götter«, der *Mann wie Erz*, mit einem Zubringerschiff nach Babylonien, landete am Fluß Chebar, dort, wo Hesekiel mit anderen Israeliten in Gefangenschaft war. Bis auf Hesekiel, den Propheten, stoben alle davon. Der *Mann wie Erz* erkannte am Verhalten Hesekiels den geistigen Führer der Gruppe. Er flog mit ihm nach Chavín de Huantar und zeigte ihm den soeben von den Nephiten vollendeten Tempel.

Wozu das alles?

Um Spuren in die Zukunft zu legen! *Die Adressaten sind wir.* Die Extraterrestrier bezweckten, daß Hesekiels Nachfahren – irgendwann in der Zukunft – Zusammenhänge entdecken und erkennen würden. In die Vergangenheit deponierten sie eine Zeitbombe für die Zukunft.

Wenn in babylonischen Zeiten Außerirdische auf der Erde gewesen wären, müßten sie auch in der Literatur und Kunst dieses Raumes Spuren ihrer Anwesenheit hinterlassen haben, höre ich unken. *Aber das haben sie ja!* Wir machen den Fehler, diese Überlieferungen nicht beim Wort zu nehmen, die Bildwerke nicht durch moderne Brillen technisch zu interpretieren.

Eine lange Nacht mit mir freundschaftlich verbundenen Archäologen in meinem Hause bleibt mir unvergeßlich.

Weil mir oft im Umfeld der Archäologie nicht geheuer ist, stellte ich ketzerische Fragen. Was man mit Funden anfangen würde, fragte ich, die nicht ins Schema passen, beispielsweise mit technischen Relikten, die alle bisherigen Annahmen zu Schrott machen würden? – Technische Funde aus frühester Zeit? Die würde man für den üblen Streich eines spleenigen Kollegen halten. Und? Erwiese sich so ein Fund als »nicht irdisch« oder nicht in bereits festgelegte Kulturen passend, würde man darüber schweigen. – Über die Pointen wurde sehr gelacht, doch mir dämmerte, wie unverantwortlich selbst im Spaß solche Einstellung ist: Die vorgeblich sakrosankte Lehrmeinung darf nicht erschüttert werden.

Schon der *Mann wie Erz* ahnte es, als er Hesekiel sagte:

»Menschensohn, du wohnst inmitten eines widerspenstigen Geschlechts, das Augen hat zu sehen und doch nicht sieht und Ohren hat zu hören und doch nicht hört.«

LITERATURVERZEICHNIS

Kapitel I–X

Allan, Tom: Wesen, die noch niemand sah, Bergisch Gladbach 1966.
Andreas, Peter: Was niemand glauben will, Berlin, Frankfurt a. M., Wien 1967.
Bacon, Edward: Auferstandene Geschichte, Zürich 1964.
Betz, Otto: Offenbarung und Schriftordnung der Qumransekte, Tübingen 1960.
Blavatsky, Helena Petrowna: Die Geheimlehre, ursprünglich Leipzig 1888, gekürzte Ausg. Graz 2. Aufl. 1984.
dies.: Die Stimme der Stille, ursprünglich Leipzig 1928, München 1986.
Bogen, Hans Joachim: Knaurs Buch der modernen Biologie, München, Zürich 1967.
Boschke, Friedrich Ludwig: Erde von andern Sternen, Düsseldorf, Wien 1965.
ders.: Die Schöpfung ist noch nicht zu Ende, Berlin, Darmstadt, Wien 1963.
Braun, Wernher von: Die bemannte Raumfahrt, Frankfurt a. M. 1969.
Brentjes, Burchard: Fels- und Höhlenbilder Afrikas, Leipzig 1965.
Brion, Marcel: Die frühen Kulturen der Welt, Köln 1964.
Burrows, Millar: Mehr Klarheit über die Schriftrollen, München 1958.
Camp, Lyon Sprague de: Geheimnisvolle Städte der Geschichte, Düsseldorf, Wien 1966.
Clarke, Arthur: Im höchsten Grade phantastisch, Düsseldorf, Wien 1963.
Cordan, Wolfgang: Das Buch des Rates. Mythos und Geschichte der Maya, Düsseldorf, Köln 1962.
Cottrell, Leonard: Die Schmiede der Zivilisation, ursprünglich Zürich 1962, München 1990.
Covarrubias, M.: Indian Art of Mexico and Central America, o. O. 1957.
Danielsson, Bengt: Vergessene Inseln der Südsee, Wien 1955.
Disselhoff, Hans-Dietrich: Gott muß Peruaner sein, Wiesbaden 1956.
ders.: Alltag im alten Peru, o. O., o. J.
Dupont, A.: Les ecrits esseniens decouverts prés de la mer morte, o. O. 1959.
Dutt, M.: Ramayana, o. O. 1891.
Einstein, Albert: Grundzüge der Relativitätstheorie, Wiesbaden 5. Aufl. 1969.
Eugster, Jakob: Die Forschung nach außerirdischem Leben, Zürich 1969.
Faust, Helmut: Woher wir kommen – wohin wir gehen, Frankfurt a. M. 1967 (aus: »Genossenschaftliches Lesebuch«).
Frischauer, Paul: Es steht geschrieben, Hamburg 1967 (aus: »Die Welt der Bühne als Bühne der Welt«).
Gamow, George: Die Lebensgeschichte der Erde, München 1941.
Georg, Eugen: Verschollene Kulturen, Leipzig 1930.

Hapgood, Ch.: Maps of the ancient Sea Kings, o. O. 1965.
Heberer, Gerhard: Homo – unsere Ab- und Zukunft, Stuttgart 1968.
Hertel, Johannes: Indische Märchen, Düsseldorf, Köln 1962.
Herodot: Historien, Bücher I–IX, Stuttgart 4. Aufl. 1971.
Hoenn, Karl: Sumerische und akkadische Hymnen und Gebete, Zürich 1953 (aus: »Die Bibliothek der Alten Welt«).
Homet, Marcel François: Die Söhne der Sonne, Olten u. Freiburg i. Br. 1958.
Honoré, Pierre: Das Buch der Altsteinzeit, Düsseldorf, Wien 1967.
Kramer, Samuel Noah: Geschichte beginnt mit Sumer, München 1959.
Krickeberg, Walter: Märchen der Azteken und Inkaperuaner, Maya und Muisa, Jena 1928.
ders.: Altmexikanische Kulturen, Berlin 1956.
Kühn, Herbert: Wenn Steine reden, Wiesbaden 1966.
Lajoux, Jean-Dominique: Wunder des Tassili n'Ajjer, München 1967.
Lhote, Henry: Die Felsbilder der Sahara, o. O. 1964.
Lohse, Eduard: Die Texte aus Qumran, Darmstadt 1964.
Ley, Willy: Die Himmelskunde, Düsseldorf, Wien 1965.
Mason, John Alden: Das alte Peru, Zürich 1965.
Pauwels, Louis, und Bergier, Jacques: Aufbruch ins dritte Jahrtausend, Bern und Stuttgart 1962.
dies.: Der Planet der unmöglichen Möglichkeiten, Bern u. Stuttgart 1968.
Prause, Gerhard: Niemand hat Kolumbus ausgelacht, Düsseldorf, Wien 1966.
Reiche, M.: The mysterious markings on Nazca, o. O. 1947.
ders.: Mystery on the Desert, o. O. 1949.
Rüegg, Walter: Kulte und Orakel im alten Ägypten, Zürich und Stuttgart 1960.
ders.: Zauberei und Jenseitsglauben im alten Ägypten, Zürich und Stuttgart 1961.
ders.: Die Ägyptische Götterwelt, Zürich und Stuttgart 1959.
Roy, P. Ch.: Mahabharata, o. O. 1889.
Santa, della, E.: Viracocha, o. O. 1963.
Sullivan, Walter: Signale aus dem All, Düsseldorf, Wien 1966.
Teilhard de Chardin, Pierre: Die Entstehung des Menschen, München 1963.
ders.: Die Zukunft des Menschen, Olten und Freiburg i. Br. 1963.
ders.: Der Mensch im Kosmos, München 1965.
Wauchope, R.: Implications of radiocarbon dates, o. O. 1954.
Ziegel, F. Y.: Nuclear explosion over the Taiga, o. O. 1962.

Allgemeines und Zeitschriften:
Die Edda, 2 Bände (Altnordische Dichtungen). (In verschiedenen Ausgaben lieferbar.)
Gilgamesch, Epos der Alten Welt. (In verschiedenen Ausgaben lieferbar.)
Das Mahabharata. (In verschiedenen Ausgaben lieferbar.)
La Mañana, Talca/Chile, 11. 8. 68: Amplia Repercusion han tenido Noticias Sobre la Curiosa Planicie Cordillerana.
El Sur, Conception/Chile, 25. 8. 68: El Enladrillado, und Lugar de Misterio.
El Mercurio, Santiago/Chile, 26. 8. 68: Neue archäologische Entdeckung.
Las Ultimas Noticias, Santiago/Chile, 26. 10. 58: Sensationel Hallazgoen Talca – Descubren Antigua Civilisation.

Kapitel XI und XII

Baumann, Hermann: Schöpfung und Urzeit des Menschen im Mythos der afrikanischen Völker, Berlin 1936.
Bopp, Franz: Ardschuna's Reise zu Indra's Himmel, Berlin 1824.
Campbell, H. J.: Der Irrtum mit der Seele, Bern 1973.
Christie, Anthony: Chinesische Mythologie, Wiesbaden 1968.
Deussen, Paul: Die Geheimlehre des Veda, Leipzig 1921.
Ebermann, Prof. Oskar: Sagen der Technik, Leipzig 1930.
Feer, Léon: Anales du Musée Guimet, Eytraits du Kandjour, Paris 1883.
Florenz, Karl: Die historischen Quellen der Shinto-Religion, Göttingen 1919.
ders.: Japanische Mythologie, Tokio 1901.
Freuchen's, Peter: Book of the Eskimos, Greenwich, Con. 1961.
Frobenius, Leo: Volksmärchen und Volksdichtungen Afrikas, Jena 1921/1928.
Gorju, P.: Entre le Victoria, l'Albert et l'Eduard, Marseille 1920.
Griaule, Marcel: Schwarze Genesis, Freiburg 1970.
Grünwedel, Albert: Mythologie des Buddhismus in Tibet und in der Mongolei, Leipzig 1900.
Gundert, Wilhelm: Japanische Religionsgeschichte, Stuttgart 1936.
Journal de le Société des Africanistes: Tome XXI, Fascicule I, Paris 1951, Un système soudanais de Sirius.
Laufer, Berthold: Dokumente der indischen Kunst, Heft 1: Das Citralakshana, Leipzig 1913.
Ludwig, Alfred: Der Rigveda oder die heiligen Hymnen der Brâhmana, 1. Bd., Prag 1876.
Müller, Prof. Max: Beiträge zu einer wissenschaftlichen Mythologie, Bd. 2, Leipzig 1899.
ders.: Einleitung in die vergleichende Religionswissenschaft, Leipzig o. J.
NATURE: Vol. 261, June 17, 1976 / Mustard sees of mystery.
Olschak, Blanche: Tibet – Erde der Götter, Zürich 1960.
Roy, Potrap Chandra: The Mahabharata, Kalkutta 1891.
Simon, Pedro: Noticias Historiales de las Conquistas de Tierra en las Indias Occidentales, Bogota 1890.
Stucken, Eduard: Astralmythen der Hebräer, Babylonier und Ägypter, I. Teil, o. A.
Temple, Robert K. G.: The Sirius Mystery, London 1976.
Tessmann, G.: Die Pangwe, Bd. II, Berlin 1913.
Torday, E. and Joyce: Notes éthnographiques sur les Peuples communement appelées Bakuba, ainsi que sur les Peuplades apparantées les Bushongo, Bruxelles 1910.
Wendland, Prof. Joh.: Die Schöpfung der Welt, Halle 1905.

Kapitel XIII und XIV

Berlitz, Charles: Geheimnisse versunkener Welten, Frankfurt 1973.
Biren, Roy: Das Mahabharata, Düsseldorf, Köln 1961.
Blumrich, Josef F.: Da tat sich der Himmel auf, Düsseldorf 1973.
Burrows, Millar: Mehr Klarheit über die Schriftrollen, München 1958.

Cabrera, Janvier: El mensaje de las piedras grabbadas de Ica, Lima 1976.
Charroux, Robert: L'engime des andes, Paris 1974.
Dalberg, F. von: Scheik Mohammed Fani's Dabistan oder Von der Religion der ältesten Parsen, Aschaffenburg 1809.
Deussen, Paul: Sechzig Upanishad's des Veda, Leipzig 1905.
Ditfurth, Hoimar von: Der Geist fiel nicht vom Himmel, Hamburg 1976.
Duncan, Lunan: Man and the Stars. London 1974.
Dutt, Nath. M.: The Râmâyana, Kalkutta 1891.
Grassmann, Hermann: Rig-Veda, Leipzig 1876.
Jacobi, Hermann: Das Râmâyana, Bonn 1893.
Prof. Dr. Dilepp Kumar Kanjilal / Mitteilungen vom 13. 7. 1975.
Kautzsch, Emil: Die Apokryphen und Pseudigraphen des Alten Testaments, Bd. 1+2, Tübingen 1900.
Ludwig, A.: Abhandlung über das Râmâyana und die Beziehungen desselben zum Mahabharata, Prag 1894.
Pucceti, R.: Außerirdische Intelligenz, o. O. 1970.
Riessler, Paul: Altjüdisches Schrifttum außerhalb der Bibel, Augsburg 1928.
Roy Potrap Chandra: The Mahabharata, Kalkutta 1896.
Spiegel, Friedrich: AVESTA, Die heiligen Schriften der Parsen, Leipzig 1852.

Allgemein:
Alfred, Ludwig: Die Nachrichten des Rig- und Atharvaveda über Geographie, Geschichte und Verfassung des Alten Indien, Prag 1875.
Dupont, A.: Les écrits esseniens dćouverts près de la mer morte, Paris 1959.
Dutt, Romesh C.: The Râmâyana & Mahabharata, London 1910.
Geldner, K., und Kägi, A.: Siebenzig Lieder des Rigveda, Tübingen 1875.
Geldner, Karl F.: Der Rig-Veda, Leipzig 1951.
Ions, Veronica: Indian Mythology, New York 1967.
Krassa, Peter: Als die gelben Götter kamen, München 1973.
ders.: Gott kam von den Sternen, Freiburg 1974.
Lohse, Eduard: Die Texte aus Qumran, München 1964.
Meyer, Eduard: Der Papyrusfund von Elephantine, Leipzig 1912.
Müller, Prof. Max: A History of Ancient Sanskrit Literature, London 1859.
ders.: Rig-Veda oder Die Heiligen Lieder der Brahmanen, Leipzig 1856.
Rajagopalachari, C.: Râmâyana, Bombay 1975.
Schlisske, Werner: Gottessöhne und Gottessohn im Alten Testament, Berlin 1973.
Sen Umapada: The Rig Vedic Era, Calcutta 1974.
Die Heilige Schrift des Alten Testaments, Verlag der Zürcher Bibel, Zürich 1942.

Kapitel XV–XVII

Bärwolf, Adalbert: Radar entschleiert die Äcker der Maya, aus: DIE WELT, Hamburg, 6. 9. 1980.
Baumann, Eberhard D.: Die Hauptvisionen Hesekiels, aus: Zeitschrift für die Alttestamentliche Wissenschaft, Band 67, Berlin 1956.
Baumgartner, W.: Hebräisches Schulbuch, 26. Auflage, Basel 1971.

Bennett, Wendell C.: The north highlands of Peru, Part 2, Excavations at Chavín de Huantar, aus: Anthropological Papers of the American Museum of Natural History, Vol. 39, New York 1944.
Beyerlein, W.: Herkunft und Geschichte der ältesten Sinai-Traditionen, 1961.
Bin Gorion, Micha Josef: Die Sagen der Juden von der Urzeit, Frankfurt 1919.
Blumrich, Josef F.: Da tat sich der Himmel auf – Die Raumschiffe des Propheten Hesekiel und ihre Bestätigung durch modernste Technik, Düsseldorf 1973.
ders.: Kasskara und die Sieben Welten, Düsseldorf 1979.
Bopp, Franz: Ardschuna's Reise zu Indra's Himmel, Berlin 1824.
Brugg, Elmar: Tragik und schöpferischer Mensch, Baden/Schweiz 1965.
Burckhardt, Georg: Gilgamesch – Eine Erzählung aus dem alten Orient, Insel-Verlag o. J.
Burleigh, Richard: Naturwissenschaftliche Methoden der Altersbestimmung, aus: Die Cambridge Enzyklopädie der Archäologie, München 1980.
Coe, Michael D.: Olmec and Chavín: Rejoinder to Lanning, aus: American Antiquity, Vol. 29, No. 1, Salt Lake City 1963.
Cordan, Wolfgang: Das Buch des Rates Popol Vuh – Schöpfungsmythos und Wanderung der Quiché-Maya, Düsseldorf 1962.
DAS BUCH MORMON, 16. Auflage, 1966.
Davies, Nigel: Bevor Kolumbus kam – Ursprung, Wege und Entwicklung der altamerikanischen Kulturen, Düsseldorf 1976.
Disselhoff, H. D.: Alt-Amerika, Baden-Baden 1961.
ders.: Das Imperium der Inka, Berlin 1972.
Dummermuth, Fritz: Biblische Offenbarungsphänomene, aus: Theologische Zeitschrift, Nr. 21, 1965.
ders.: Separatdruck der Theologischen Fakultät der Universität Basel, Theol. Zeitschrift, Nr. 17, 1961 und Nr. 19, 1963.
Eichrodt, W.: Das Alte Testament deutsch – Der Prophet Hesekiel, Göttingen 1968.
Eissfeldt, Otto: Einleitung in das Alte Testament, Tübingen 1964.
Franz, Heinrich G.: Tiermaske und Mensch-Tier-Verwandlung als Grundmotive der altamerikanischen Kunst, aus: Jahrbuch des kunsthistorischen Instituts der Universität Graz, 1975.
Grünwedel, Albert: Mythologie des Buddhismus in Tibet und in der Mongolei, Leipzig 1900.
Hammond, Norman: The earliest Maya, aus: Scientific American, New York, März 1977.
Hassler, Gerd von: Noahs Weg zum Amazonas, Hamburg 1976.
Hauck, Albert D.: Realenzyklopädie für Protestantische Theologie und Kirche, Kap. Ezechiel, Graz 1969.
Hertzberg, H. W.: Die Melkisedeq-Traditionen, aus: The Journal of the Palestine Oriental Society, Vol. VIII, Jerusalem 1928.
Heyerdahl, Thor: Wege übers Wasser – Völkerwanderungen der Frühzeit, München 1978.
Hinckley, Gordon B.: Die Wahrheit wiederhergestellt – Kurzer Abriß über die Geschichte der Kirche Jesu Christi der Heiligen der Letzten Tage, o. O. 1978.
Honoré, Pierre: Ich fand den Weißen Gott, Frankfurt 1965.
Huber, Siegfried: Im Reich der Inka, Olten 1976.

Kano, Chiaki: The origins of the Chavín culture, Studies in pre-columbian Art & Archaeology, Nr. 22, Washington 1979.
Katz, Friedrich: Vorkolumbische Kulturen – Die großen Reiche des alten Amerika, München 1969.
Kauffmann Doig, Federico: La cultura Chavín, aus: Las grandes Civilizaciones del Antiguo Peru, Tomo III, Lima 1963.
Kautzsch, Emil: Die Apokryphen und Pseudepigraphen des Alten Testaments, Band II, Kap. 7: Das Leben Adams und Evas, Hildesheim 1962.
Keel, Othmar: Zurück zu den Sternen, Fribourg 1970.
Krickeberg, Walter: Altmexikanische Kulturen, Berlin 1975.
ders.: Die Religionen des Alten Amerika, Stuttgart 1961.
Kubler, George: The art and architecture of Ancient America, Harmondsworth 1962.
Lambert, Wilfried G., und Millard, Alan Ralph: Atra-Hasis, The Babylonian Story of the flood, Oxford 1970.
Lang, Bernhard: Ezechiel – Der Prophet und das Buch, Darmstadt 1981.
Lindblom, J.: Prophecy in ancient Israel, Oxford 1962.
Lothrop, Samuel K.: Das vorkolumbianische Amerika und seine Kunstschätze, Genf 1964.
Mader, A. E.: Neue Dolmenfunde in Westpalästina, aus: The Journal of the Palestine Oriental Society, Vol. VII, Jerusalem 1927.
Mason, Alden J.: Das alte Peru, Zürich 1965.
Mazar, Benjamin: Der Berg des Herrn – Neue Ausgrabungen in Jerusalem, Bergisch Gladbach 1979.
Middendorf, E. W.: Das Hochland von Peru, Band III, Berlin 1895.
Möller, Gerd und Elfriede: Peru, Pforzheim 1976.
Nachtigall, Horst: Die amerikanischen Megalithkulturen, Berlin 1958.
Pörtner, Rudolf, und Davies, Nigel: Alte Kulturen der Neuen Welt. Neue Erkenntnisse der Archäologie, Düsseldorf 1980.
Prager, Mirjam, und Stemberger, Günter: Die Bibel, Salzburg 1976.
Raimondi, Antonio: El Peru, Tomo I, Lima 1940.
Reuss, Eduard D.: Das Alte Testament – Die Propheten, Band 2, Braunschweig 1892.
Richter, G.: Der ezechielsche Tempel – Eine exegetische Studie über Ezechiel, aus: Beiträge zur Förderung christlicher Theologie, 16. Jahrgang, Heft 12, Tübingen 1912.
Séjourné, Laurette: Altamerikanische Kulturen, Band 21, Frankfurt 1971.
Sitchin, Zecharia: Der Zwölfte Planet, Unterägeri bei Zug 1979.
Smend, Rudolph: Der Prophet Ezechiel, Leipzig 1880.
Stingl, Miloslav: Die Inkas – Ahnen der »Sonnensöhne«, Düsseldorf 1978.
Talmage, James E.: Die Glaubensartikel – Eine Untersuchung und Betrachtung der Hauptlehren der Kirche Jesu Christi der Heiligen der Letzten Tage, Salt Lake City o. J.
Tello, Julio C.: Discovery of the Chavín Culture in Peru, aus: American Antiquity, Vol. IX, No 1, Menasha 1943.
Thenius, Otto: Die Bücher der Könige – Kurzgefaßtes exegetisches Handbuch zum Alten Testament, Leipzig 1849.
Torrey, C.: Pseudo-Ezekiel and the original Prophecy, New Haven 1930.

Trimborn, Hermann: Das Alte Amerika, Stuttgart 1959.
Waisbard, Simone: Die Kultur der Inkas, Zürich 1980.
Wedemeyer, Inge von: Sonnengott und Sonnenmenschen, Tübingen 1970.
Willey, Gordon R.: The early great styles and the rise of the pre-columbian civilizations, aus: American Anthropologist, Band 64, 1962.
ders.: The Chavín Problem, aus: Southwestern Journal of Anthropology, Vol. 7, No. 2, Albuquerque 1951.
Wuttke, Gottfried: Melchisedech, der Priesterkönig von Salem. Eine Studie zur Geschichte der Exegese, Gießen 1929.
Zimmerli, Walther: Ezechiel, Band XIII/2, Neukirchen-Vluyn 1969.

Liebe Leserin,
Lieber Leser,

sind Sie an der Thematik, die ich behandle, interessiert? Dann möchte ich Ihnen die *Gesellschaft für Archäologie, Astronautik und SETI (AAS)* vorstellen (SETI steht in der Astronomie für Search for Extraterrestrial Intelligence, Suche nach außerirdischer Intelligenz).

Die AAS sammelt und publiziert Informationen, welche die Theorie unterstützen, die ich seit über 40 Jahren behandle. Gab es vor unbekannten Jahrtausenden einen Besuch von Außerirdischen? Wie kann eine derartig faszinierende Theorie bewiesen werden? Was spricht dafür? Was dagegen?

Die AAS organisiert Kongresse, Tagungen, Seminare und Studienreisen. Die AAS gibt alle zwei Monate das reich bebilderte Magazin *Sagenhafte Zeiten* heraus. Dort finden Sie die aktuellsten Beiträge zur Thematik sowie alle Informationen über unsere Aktivitäten. Besuchen Sie uns auf der Homepage:

Privat: www.daniken.com
AAS: www.aas-fg.org
USA e-mail: info@legendarytimes.com

Die Mitgliedschaft in der AAS steht jedermann offen. Wir sind eine Organisation von Laien und Wissenschaftlern aus allen Fachbereichen. Der Jahresbeitrag beträgt 35 Euro (Stand 2002). Im deutschsprachigen Raum sind wir zurzeit rund 8000 Mitglieder.

Schicken Sie eine Postkarte mit Ihrem Absender an folgende Adresse:

AAS, CH-3803 Beatenberg

Sie werden binnen vier Wochen einen Gratisprospekt der AAS erhalten.

Mit freundlichen Grüßen
Erich von Däniken

GOLDMANN

*Das Gesamtverzeichnis aller lieferbaren Titel erhalten Sie
im Buchhandel oder direkt beim Verlag.
Nähere Informationen über unser Programm erhalten Sie auch im Internet unter:*
www.goldmann-verlag.de

★

Taschenbuch-Bestseller zu Taschenbuchpreisen
– Monat für Monat interessante und fesselnde Titel –

★

Literatur deutschsprachiger und internationaler Autoren

★

Unterhaltung, Kriminalromane, Thriller
und Historische Romane

★

Aktuelle Sachbücher, Ratgeber, Handbücher und
Nachschlagewerke

★

Bücher zu Politik, Gesellschaft, Naturwissenschaft und Umwelt

★

Das Neueste aus den Bereichen
Esoterik, Persönliches Wachstum und Ganzheitliches Heilen

★

Klassiker mit Anmerkungen, Anthologien und Lesebücher

★

Kalender und Popbiographien

★

Die ganze Welt des Taschenbuchs

★

Goldmann Verlag • Neumarkter Str. 28 • 81673 München

Bitte senden Sie mir das neue kostenlose Gesamtverzeichnis

Name: _____

Straße: _____

PLZ / Ort: _____